# 马克思主义方法论的发展历程与当代创新研究

崔华前 著

2019年浙江省高校思政名师工作室（崔华前名师工作室）、温州医科大学第八批人文社会科学科研团队"习近平新时代中国特色社会主义思想融入思政理论课的研究与实践研究"课题以及温州医科大学引进人才科研启动项目的阶段性成果

武汉大学出版社

图书在版编目(CIP)数据

马克思主义方法论的发展历程与当代创新研究/崔华前著.—武汉：
武汉大学出版社,2022.6
ISBN 978-7-307-23081-1

Ⅰ.马…　Ⅱ.崔…　Ⅲ.①马克思主义哲学—方法论—研究　②马
克思主义—发展—研究—中国　Ⅳ.①B026　②D61

中国版本图书馆 CIP 数据核字(2022)第 081951 号

责任编辑:聂勇军　　　　责任校对:汪欣怡　　　　版式设计:马　佳

出版发行:**武汉大学出版社**　（430072　武昌　珞珈山）
　　　　（电子邮箱: cbs22@ whu.edu.cn　网址: www.wdp. com.cn）
印刷:武汉图物印刷有限公司
开本:720×1000　　1/16　　印张:24.25　　字数:393 千字　　插页:2
版次:2022 年 6 月第 1 版　　2022 年 6 月第 1 次印刷
ISBN 978-7-307-23081-1　　　　定价:78.00 元

# 马克思主义方法论研究的新成果

## ——读崔华前《马克思主义方法论的发展历程与当代创新研究》（代序）

黄　钊①

本书题名为《马克思主义方法论的发展历程与当代创新研究》，仅从题目上看，就让人意识到它是一部非同寻常的理论著作。全书以"马克思主义方法论"为研究对象，围绕"发展历程"与"当代创新"两个宽阔层面与理论视域，展开系统而深刻的理论求索。面对这一极其艰巨的前沿研究课题，作者不负重托，自觉地以马克思主义唯物史观为指导，运用理论与实际相结合的指导原则，沿着读书求是路径，广猎博采相关资料，终于按原计划圆满地完成了书稿的撰著。我有幸较早读到这部书稿，为作者表现出的大胆求索、敢于创新的理论勇气和奋力拼搏、缜密思考的治学精神所感动。我的脑海中此时此刻仍保存着对书稿的良好印象。全书以数十万字的篇幅，对马克思主义方法论所涉及的一系列学术问题，分别作了从宏观到微观、从历史到现实、从理论到实践之系统而深刻的阐述。其理论体系之宏博、思想观点之新颖、历史资料之翔实以及学术创新点之鲜明，等等，都显示出本书独特优势，并给人以智慧的启迪。

## 一、全书对研究对象的深入探讨，富有重大理论参考价值

本书将"马克思主义方法论"确定为研究对象，这就树起了一个严谨而精深

---

① 作者黄钊，系武汉大学马克思主义学院教授、博士生导师，曾任武汉大学中外德育研究中心主任，现兼任国际儒学联合会顾问、湖北省炎黄文化研究会顾问、湖北省孔子问津文化促进会顾问、湖北省周易学会顾问等职。长期从事中国传统文化与当代思想道德建设研究，出版学术著作十余部，发表论文两百余篇。

的研究目标，它不仅要求作者系统揭示马克思主义方法论所涉及的基本原则和学术精神，更要求作者全面阐析马克思主义方法论的丰富内涵及其自诞生以来所跨越的发展历程和所达到的光辉现状。这就使研究具有无比重大的理论探索意义，它必将对当代社会发展和人类事业的进步产生至关重要的深远影响。

对"方法论"的系统研究，同社会进步和人类文明发展关系无比紧密。那么，什么叫"方法论"呢？对于这一问题，学界见仁见智，说法有别，我以为陈寿灿先生把"方法论"概括为"关于方法的规律性知识"，显得较为客观准确。借鉴他的基本见解，我认为："方法论是关于方法的起源、构建、形成并在付诸实践后被证明为正确认识之系统理论。"由此可知，方法论是孕育方法的理论。正是从这个意义上说，我们可以把"方法论"视为"方法之母"，一切正确方法，都是在科学的方法论指导之下形成的。没有科学的方法论指导，就不可能产生正确的方法。而正确的方法，又是取得一切成功的宝贵武器，绝不可少。正是有鉴于此，毛泽东同志特别看重方法的价值。他曾把"方法"比做过河的"桥"或"船"，指出："我们不但要提出任务，而且要解决完成任务的方法问题。我们的任务是过河，但是没有桥或没有船就不能过。不解决桥或船的问题，过河就是一句空话。不解决方法问题，任务也只是瞎说一顿。"①可见，正确方法的创建，是保证一切事业走向成功的关键。

党的十九大以后，中国特色社会主义进入了新时代。如习近平同志所指出的："这个新时代，是承前启后、继往开来、在新的历史条件下继续夺取中国特色社会主义伟大胜利的时代，是决胜全面建成小康社会、进而全面建设社会主义现代化强国的时代，是全国各族人民团结奋斗、不断创造美好生活、逐步实现全体人民共同富裕的时代，是全体中华儿女勠力同心、奋力实现中华民族伟大复兴中国梦的时代，是我国日益走向世界舞台中央、不断为人类作出更大贡献的时代。"面对这样无比伟大、无比璀璨的新时代，全党和全国人民需要创造的事业更加伟大，需要夺取的胜利更加辉煌，为此，我们必须与时俱进地不断革新完善中国特色社会主义建设一系列相关方法。正确方法的确立，不是从天上掉下来的，它是我党率领人民群众在革命和建设的实践中，不断探索出来的。中国共产党人在百年奋斗的光辉历程中，已围绕马克思主义方法论的实践探索，做了许多有益

---

① 《毛泽东选集》第一卷，人民出版社1991年版，第139页。

的工作，积累了无比丰富的经验，需要我们大力发掘，认真总结。值得提及的是，本书作者以敏锐的学术眼光，较早关注马克思主义方法论的研究。他的这部书稿，紧扣时代主题，对马克思主义方法论进行了自己的智慧思考，既揭示了马克思主义方法论的理论构架（第二章），又勾画了"马克思主义方法论的创立"过程（第三章），进而系统总结了"马克思主义方法论发展的列宁主义阶段"（第四章）和"马克思主义方法论的中国化历程"（第五章），最后集中探索了马克思主义方法论的"当代理论创新"和"当代实践创新"（第八、九章）等一列重大问题。应当说，这些重大问题的深入探讨，不仅有助于人们系统了解马克思主义方法论的理论构架，而且有助于人们全面认识马克思主义方法论的历史演变过程和所达到的现代最高水平。毫无疑义，这一切均可以启迪人们正确把握马克思主义方法论的系统理论，均可以激励人们在这一方法论指导下正确运用和选择相关科学方法，从而将新时代中国特色社会主义推向前进。正是从这些意义上，我们可以充分肯定本书所坚持的理论探讨，富有重大理论参考价值。

## 二、全书自觉坚持理论探索，倾心关注创新思维

本书在撰著中表现出的又一鲜明特色，是作者较为自觉地坚持理论探索，全力关注创新思维。综观书稿，从章节的构建到具体的文字表述，从理论的内在联系到历史的演变过程，作者都能全身心扑入其中，尽力将自己的研究引向完善。书中的内容表述，既有宏观的文字概括与归纳，又有微观的探析与论证，以至在许多方面有发人所未发的独到见解，读后让人耳目一新。

首先，作者十分注重宏观概括。例如，关于"马克思主义方法论发展的列宁主义阶段"，是本书的一个重要环节，不仅体系宽阔，而且内容极其丰富，构建十分复杂，特色相当鲜明，要将之说清楚，确实很不容易。然而，作者却站在历史的高度，运用自己的聪明睿智，对之做出如下简要概括：列宁"推动马克思主义方法论发展到一个全新的列宁主义阶段。这一原创性贡献表现为：一是明确马克思主义是一个'由一整块钢铸成的'完整的方法论体系，确立马克思主义的'整个世界观'在马克思主义方法论中的统领地位；二是首次明确提出'唯物主义的逻辑、辩证法和认识论是同一个东西'命题、'对立面的统一'范畴，确立科学理

解唯物辩证法的基本原则、建构唯物辩证法的主体结构、创造性运用唯物辩证法于认识论和社会发展领域；三是首次明确提出'对具体情况作具体分析'方法，确立其在马克思主义方法论中的'灵魂'地位；四是提出批评与自我批评及'抓住主要环节'……丰富了马克思主义方法论的基本内容。"以上这段概括，用字不算多，但却对马克思主义方法论发展的关键环节——"列宁主义阶段"，做出了简要而明晰的理论概括与内容归纳。这对于帮助人们正确把握马克思主义方法论发展到列宁主义阶段的理论构建和历史贡献，无疑有着不可低估的启迪意义。

其次，作者也十分注重微观探析。这里所说的"微观探析"，指的是注重理论研究的缜密性，善于从微观视角去具体而细腻地揭示若干相关重大理论问题的特定研究艺术。例如，在本书第五章中，围绕"开创性构建中国化的马克思主义方法论体系"这一基本内容，作者运用了"微观探析"法，将之解剖为四个小问题，即：（1）"首次提出'实事求是'这一中国化的马克思主义根本方法"；（2）"首次提出'矛盾法则'这一中国化的马克思主义基础方法"；（3）"首次提出'对具体问题作出具体的分析'这一中国化的马克思主义灵魂方法"；（4）"开创性确立中国化的马克思主义方法论的基本内容"。对于这四个问题，作者运用解剖麻雀的具体方法，分别一个个联系中国革命具体实践，对之作了系统阐述和具体论证，从而集中展现出毛泽东对创建中国化马克思主义方法论所作的重大理论贡献。不难看出，这种注重微观的理论探析，对于推动理论研究的深化，提高学术探讨的理论水平，从而帮助人们从微观到宏观系统把握研究内容的复杂性，无疑有其独到之功，值得特别肯定。

再次，作者还特别重视书稿体系的整体性建构和全书内在联系的逻辑展示。细读书稿，不难发现全书体系宏博、内涵丰富、理论深邃。这一切，均从特定视角透视出本书撰著的艰巨性。尽管撰著难度很大，但由于作者善于把书稿的整体建构和内在的逻辑联系结合起来，终于得心应手地给自己的探索画上了完美的句号。关于这一切，作者在《绪论》中曾作过简要说明，他指出："本书以整体性视角，对当代中国马克思主义方法论进行整体性把握，从理论、历史、现实三维视角，先系统总结从马克思主义经典作家到历代中国共产党人创立、发展马克思主义方法论的历史进程，深刻剖析各阶段的马克思主义方法论的主要内容和逻辑构成，深刻揭示马克思主义方法论历史发展的主脉主线、基本经验和内在规律，夯实马克思主义方法论研究的理论基础；然后坚持历史与现实相结合，阐明马克思主义方法论当代创新的历史方位与现实境遇；最后坚持理论与实践相结合，总结凝练马克思主义方法论的当代理论与实践创新。"不难看出，仅上述廖廖数语，作者就将本课题研究所经历的把整体性体系建构与书稿具体内容之逻辑联系结合起来的研究方法清晰地表达了出来，并呈现于读者眼前。可以说这些描述，是作者研究心得的凝聚。

## 三、全书坚持突出中心内容，注重服务当代现实

本书撰著的第三大特色，是作者较为自觉地坚持突出中心内容，注重服务当代实。关于这一点，只要我们翻开书稿的目录，对之作全面审视，就不难发现，它给人以"中心内容突出"、注重"服务现实"的鲜明倾向。例如全书共有九章，其中涉及中国化马克思主义方法论的内容，就达五章之多，占了全书一大半。之所以如此，是因为"中国化"问题，是全书的中心内容。不仅如此，作者在研究"中国化"问题的同时，还把《马克思主义方法论的当代实践创新》列为第九章标题，以作为研究的归宿点和研究的最高境界，毫无疑问，这集中表达了作者突出中心、服务现实的学术情怀和风格追求，这就保证了研究方向的正确性，完全符合马克思主义方法论所倡导的党性原则。

从一定意义上说，坚持突出中心、服务现实，是中国共产党人的优良传统，这一优良传统，早已成为党的百年辉煌历程的重要组成部分。正是在突出中心、服务现实的引导下，我党先后推出了"毛泽东思想""邓小平理论""江泽民'三个代表'重要思想""胡锦涛'科学发展观'"以及"习近平'新时代中国特色社会主义思想'"等中国化的马克思主义理论成果。需要特别重视的是，党的总书记习近平同志自党的十八大以来，在领导全党和全国人民推进中国特色社会主义的伟大实践中，对中国化马克思主义理论在当代中国的创新和发展，做出了无比辉煌的理论贡献。正是因为这些，党的十九届六中全会所通过的《中共中央关于党的百年奋斗重大成就和历史经验的决议》（以下简称《决议》），特别强调"两个确立"，即："确立习近平同志党中央的核心、全党的核心地位，确立习近平新时代中国特色社会主义思想的指导地位。"这两个"确立"，"反映了全党全军全国各族人民

共同心愿，对新时代党和国家事业的发展、对推进中华民族伟大复兴历史进程具有决定性意义"。本书作者在党中央《决议》通过之前，早就致力于马克思主义方法论的当代创新研究，并把习近平同志在这方面的理论贡献作为核心内容，对之进行系统研究与探索。毫无疑问，这表明作者具有相当的学术自觉和理论自信素养以及敏锐的政治生态洞察力，值得特别肯定。

本书之六、七、八、九等章，以较大篇幅，集中探讨了马克思主义方法论在当代中国的系统发展与理论创新，并把习近平新时代中国特色社会主义思想放在核心地位，进行艰苦探索。在这方面，作者用功十分勤奋，研究相当深入，考察极为细腻，显示出作者注重突出中心、服务当代现实的学术追求。例如，在第八章的第七节中，作者为了揭示习近平"原创性提出马克思主义思维方法和工作方法"这一重大理论问题，进行了自己的系统思考。他首先列出习近平所强调的"战略思维""创新思维""辩证思维""法治思维""底线思维"等五种思维新概念，然后分别揭示出这些新概念的基本内涵、表现形式、实践功效以及指导意义等相关问题，从而深化了对这些思维方法的理论探讨，使之在工作实践中具有方法论指导意义。不仅如此，作者在书中还就习近平同志长期倡导的"四个自信"（即"道路自信""理论自信""制度自信""文化自信"）理念、"五位一体"（即"经济、政治、文化、社会、生态)理念、"五大新发展"（即"创新发展""协调发展""绿色发展""开放发展""共享发展"）理念等相关理念所含纳的方法论之深刻思想，分别作了系统、深入而翔实的具体论述。由于篇幅所限，这里就不对之一项项加以引证。需要特别补充说明的是，这次党的六中全会所通过的重要《决议》，特别强调了"十个坚持"，即："坚持党的领导、坚持人民至上、坚持理论创新、坚持独立自主、坚持中国道路、坚持胸怀天下、坚持开拓创新、坚持敢于斗争、坚持统一战线、坚持自我革命。"不难看出，这"十个坚持"，集中表达了以习近平同志为核心的党中央自觉运用马克思主义方法论来指导党和国家未来事业发展的政治智慧和理论创新的光辉结晶，值得我们特别重视。对此，本书稿虽然未来得及对之做出系统探讨，但在书稿中作者对"十个坚持"所涉及的相关内容，多已作过某些具体阐述。例如，关于"坚持党的领导"，书稿已在"创造性推进新时代中国特色社会主义的党的建设"专题中，联系习近平的重要指示强调指出："坚持党的集中统一领导是中国共产党的优良传统，是中国人民的利益所在，是实现中华民族伟大复兴的根本保障。"毫无疑问，这同上述第一个坚持的内容，是完全一致的；又如，关于"坚持人民至上"，书稿也已有"原创性提出'以人民为中心'，创新群众路线方法"专题，集中对习近平同志坚持群众路线的思想方法作了系统探索，系统讲述习近平同志要求各级党政干部要确立"始终站在人民大众立场上"的思想情怀。毫无疑问，这同上述第二个坚持的内容也是完全一致的。

基于以上分析，作者对习近平新时代中国特色社会主义思想中所含纳的中国化马克思主义方法论的探讨，用功格外扎实，探索相当广泛，从而显现出"习近平新时代中国特色社会主义思想"中，包含着无比丰富、无比深刻、无比系统的中国化马克思主义方法论的光辉内容。它既符合科学的马克思主义世界观，又符合科学的马克思主义方法论，代表了当代中国共产党人对马克思主义唯物辩证法的直接继承和重大发展，体现了中国化马克思主义方法论所达到的极高学术造诣。正因如此，《决议》特别指出："习近平新时代中国特色社会主义思想是当代中国的马克思主义、二十一世纪马克思主义，是中华文化和中国精神的时代精华，实现了马克思主义中国化新的飞跃。"这一切，对于启示党的各级干部做好本职工作、教育广大群众解决发展中的实际问题，实现中华民族伟大复兴的中国梦，均有不可忽略的重大指导意义，值得我们大加发扬，并努力将之付诸实践。

以上我从三个主要方面，集中阐述了本书在理论探索和学术创新方面所取得的重大收获，是一部值得重视的科研新著。但是，金无足赤，书亦难尽善尽美。本书在理论探索和基本内容表述方面，也还存在某些不足。这是由于本课题的研究，客观上有相当的难度。如前所述，本书研究的重点，在于揭示马克思主义方法论中的"发展历程"与"当代创新"这两项核心内容。这两项内容涉及面宽厚而复杂，前者涉及马克思主义方法论发展演变之系统历史，后者涉及马克思主义方法论在当代中国所取得的全部成就。这两个方面所彰显出的研究复杂性确实不可低估。特别是后者，因跨越的时间较短，人们对它的规律性认识之探索，还刚刚起步，导致有的认识成果还未能经历实践的检验而在客观上存在不够成熟性，这就难免给书稿带来这样或那样的欠缺。综观全书，某些环节性的论述与分析，稍显粗糙乃至稚嫩，因而给读者以不尽如人意之感。尽管如此，但它并不妨碍本书仍是一部好书，其所存在的问题，随着研究的深入，也不难在未来的再版中，得到完美解决。

据我所知，作者崔华前同志，在学术上具有积极开拓、勇于探求的可贵品格，他早在十余年前博士毕业时，就已著成《先秦诸子德育方法思想研究》书稿，并于 2008 年在中国社会科学出版社公开出版。那部书所研究的重点，集中于传统文化中的德育方法论。也就是说，从那时起，他就开始关注"方法论"的研究。随着时间的推进，如今他的研究素养已有显著提高，本书同前书相比，视域更宽，体系更宏，内容更丰，价值更大。相信沿着这一研究方向发展下去，他一定能取得更丰硕的学术成果。祝崔华前同志百尺竿头，更加奋勇开拓，努力将马克思主义方法论的研究，不断地推向前进。

2021 年 11 月 17 日于珞珈山勤补书斋

# 目　　录

# 第一章 绪 论

方法论是贯穿于马克思主义理论体系的精髓和主线。马克思主义者历来高度重视科学方法论对推进无产阶级革命实践的重要意义，并在创造性运用马克思主义方法论分析、解决实际问题的过程中，不断对其加以创新性丰富完善。习近平总书记强调，马克思主义科学揭示了事物发展的客观规律，为人们提供了认识世界和改造世界的伟大工具和有力武器，"为人类社会提供了最科学、最完整、最严谨的世界观和方法论"，① 为当代中国哲学社会科学研究提供了"基本的世界观、方法论"。② 学习马克思主义理论，最根本的就是学深、悟透、善用贯穿于其中的马克思主义方法论。

## 一、国内外研究现状

### (一) 国外研究现状

人类社会的每一步前进都离不开科学方法的指导，自然科学与社会科学的每一个理论完善和实践推进都伴随着方法论的创新。近代以降，西方哲学在从本体论研究转向认识论研究的过程中，一直把方法论作为一个重要的研究视域来抓。

### 1. 方法论

为了推进自然科学的发展，一些学者先后提出了实验方法（罗吉尔·培根，

---

① 习近平：《领导干部要树立正确的世界观权力观事业观》，《中国党政干部论坛》2010年第9期，第4页。

② 习近平：《在哲学社会科学工作座谈会上的讲话》，《人民日报》2016年5月19日，第2版。

1267；伽利略，1589）、科学的证伪方法（卡尔·波普尔，1945）、模型方法（沃森，1951）、统计与概率方法（费马、帕斯卡，1654；惠更斯，1657）、范式方法（托马斯·库恩，1970）等具体方法。

社会科学工作者更是多学科、多视角、多维度对方法论进行探讨，主要提出了如下社会科学方法论：一是实证主义。实证主义形成于 19 世纪三四十年代（孔德，自 1930 年起），倡导实证原则、知识相对主义、现象研究，重视感觉经验，轻视抽象理论，主张通过观察和试验来把握经验事实；后来又发展出逻辑实证主义（以石里克、卡尔纳普为代表的维也纳学派，19 世纪 30—50 年代），这是一种以经验为推理根据、以逻辑为推理工具、以概率论来修正结论的研究方法；迪尔凯姆方法论（迪尔凯姆，自 1895 年起），这一方法论阐释社会事实的特性、研究原则，强调"社会事实必须根据社会事实来解释"是社会学方法论最基本的准则，历史分析和功能分析对于社会现象的分析缺一不可。实证主义的共同点是效仿自然科学，强调客观性，主张价值中立。二是人文主义。人文主义又称反实证主义（马克斯·韦伯，于 1904—1906 年间），首次用"价值中立"（Value-free）一词表述实证主义所倡导的客观性原则，既倡导价值中立原则，又拥护价值关联（value-relevance）原则，认为价值中立原则的适用范围是有限的，主张社会学的研究目的是理解行为本身而不是对行为做出价值判断，但社会学的研究与行为者的目的、动机和价值观息息相关，"理想类型"是最佳研究方法。三是诠释学。诠释学既注重定量研究，也重视定性研究。古典诠释学（奥古斯汀，于 400—420 年间）将"符号"与"事实"相等同，注重挖掘和开发语句背后的意义；中世纪诠释学（马丁·路德，自 1517 年起）主要包括神学诠释学和法学诠释学两大类，强调理解真理内容和服从真理旨意，展示出独断的规范性；近代诠释学（施莱尔马赫，1959；狄尔泰，1958）将诠释学从宗教和法学领域扩展为更为广泛的人文研究领域，试图建构关于规律研究的方法论原则；现代诠释学（伽达默尔，1960；利科，2004）把诠释学发展成为人文研究各领域的一个世界性潮流，认为"语言"与"存在"密不可分，发展出语言诠释学。

## 2. 马克思主义方法论

苏联、东欧学者阐释了马克思主义方法论的主要观点、基本原则和性质特征。有学者(沙夫，1963)以历史唯物主义为基础，对马克思主义史学方法论进行了专门性研究；有学者(库兹明，1980)认为，马克思确定了社会功能的系统观点和系统概念的基本原则，系统性是马克思主义方法论的基本特征；有学者(塔布诺夫、鲍卡列夫，1985)认为，马克思主义方法论代表工人阶级和全体劳动人民的利益，以辩证唯物主义和历史唯物主义为根本内容，分为一般方法论、专门(或区域性)方法论、个别方法论三个层次，具有严格的科学性、公开承认的党性、国际主义性质、人道主义性质、创造性、革命性。上述研究成果，较为客观公正，值得借鉴。

一些欧美学者(西方马克思主义的创始人卢卡奇，1923；柯尔施，1923)强调，马克思主义的功用仅仅是方法，把马克思主义的辩证法严格限定在历史领域。一些欧美学者从不同视角阐释马克思主义方法论。有学者(美国著名的"马克思学"学者悉尼·胡克，1933)强调应从方法论意义上把握马克思主义，马克思主义的鲜明特点在于其实践性、辩证法；有学者(萨特，1943)从存在主义视角，阐释马克思主义辩证理性方法论；有学者(法兰克福学派代表人物阿多诺，1970)认为，马克思主义是一种否定的辩证法。一些欧美学者试图重构、重释马克思主义方法论。有学者("新实证主义的马克思主义"的开创者德拉·沃尔佩，1993)在非法僭越马克思哲学的基础上，阉割马克思历史唯物主义的革命意义，把马克思称为道德的伽利略主义者，装扮成实证主义的"科学家"；有学者(分析马克思主义代表人物乔恩·埃尔斯特，1997)质疑和批判传统马克思主义的整体主义研究方法，试图构建以个人主义、意向性解释、博弈论为工具的马克思主义方法论研究的另一个框架；有学者(乔恩·埃尔斯特，2008)试图通过系统的批判性审视、广泛的文本解读，评判"马克思哲学中活的东西和死的东西"；有学者(诺曼·莱文，2015)把马克思主义辩证法分为马克思的辩证法即黑格尔式的关于人类社会的辩证法、恩格斯式的辩证法即自然辩证法、列宁式的辩证法，人为地将马克思主义经典作家的方法论相互对立，对马克思主义方法论进行阶段性阉割。欧美学者以个人主义、实证主义为理论基础，对马克思主义方法论的重构、重释，存有一些对马克思主义方法论的误解、曲解、肢解问题，需要我们认真加以鉴别。

### 3. 当代中国马克思主义方法论

当代中国马克思主义方法论的相关研究起步较晚，掌握资料有限，主要集中于习近平的个人魅力和重要思想。有学者(史尤里·塔夫罗夫斯，2015)认为，习近平带领中国人民正圆中国梦；有学者(熊玠，2015)用"习近平时代""习大大"等通俗化语言展示了习近平的伟大与亲民；有学者(威廉·琼斯，2015)认为，习近平提出的"一带一路"倡议架设了联系世界的"大陆桥"；有学者(托尼·塞奇，2015；罗斯·特里尔，2016；李成，2016)认为，习近平是世界上杰出的政治家和战略家，他系统阐释了习近平的政治思想和国家治理方略。这些研究成果，具有借鉴价值，值得我们去进一步挖掘。

国外学者关于当代中国马克思主义方法论的相关研究，大都渗透于对习近平治国理政思想的研究中。

(1)当代中国马克思主义方法论的具体内容。有学者(林任君，2012)认为，"习式改革"是"用一种实事求是的态度"来分析、处理问题；有学者(葛来仪，2015)认为，习近平运用底线思维来处理两岸关系，用"九二共识"为海峡两岸关系画出明确底线；有学者(库恩卡，2014)认为，习近平全面深化改革是一种战略性的顶层设计；有学者(亚斯娜·普雷夫尼克，2014)认为，习近平全面深化改革最可贵的是以点带面的试点方法。

(2)当代中国马克思主义方法论的基本特征。有学者(帕特里克·特雷，2013；伊丽莎白·伊科诺米，2014)认为，习近平是一名真正的共产主义信仰者，其改革方法本质上是以马克思主义哲学方法论为依据，为实现共产主义社会服务的，具有鲜明的政治性；有学者(马丁·李斯，2015)认为，当代中国改革是结合中国的实际情况，为解决中国面临的实际问题而进行的，"'四个全面'中的每一个'全面'都对应着当今中国所面临的具体挑战"，具有鲜明的现实性；有学者(郑永年，2012；马丁·李斯，2015；罗伯特·劳伦斯·库恩，2015；谢刚，2017)认为，习近平的"四个全面"战略布局、对内与对外经济发展思想、"人类与自然的和谐"主张等，均具有鲜明的系统性；有学者(史尤里·塔夫罗夫斯基，2016)认为，习近平坚持共同富裕，根据人民意愿，代表人民利益，致力于脱贫攻坚，为人民创造更加美好的生活，其治国理政思想具有鲜明的人民性；有学者

(施密特，2014；赵全胜，2015)认为，习近平的治国理政思想是在继承前人思想成果基础上的当代发展，具有鲜明的创新性。

## (二)国内研究现状

学界一直重视方法论问题研究，党的十八大后，当代中国马克思主义方法论的研究日渐升温。

### 1. 方法论

有学者(陈先达，1962；杨耕，2014)从哲学视角，认为世界观与方法论是一致的；有学者(王文卿，1989；梁慧星，1995；金炳华，2003)从人的活动视角，认为方法论服务于人类认识世界和改造世界的活动；有学者(陈其胜，2008)从研究内容视角，认为方法论是关于方法的理论。

一些自然科学工作者(钱学森，1990；张奠宙，2012；张涛光，1983)结合自身研究领域，分别提出了从定性到定量的综合集成方法、数学方法论、物理学方法论等。社会科学工作者从各学科视角，展开方法论研究。有学者(葛洪义，2007；杨仁寿，1990)从法学视角，阐释了法学认识论、法学发展论、法学实践论、法学构成论等法学方法论；有学者(杨过赐，1974；薛理银，2009)从教育学视角，阐释了辩证唯物主义与历史唯物主义，中国特色社会主义，西方实证主义、实用主义、文化相对主义、新马克思主义等流派的教育方法论；有学者(李辰冬，1982)从文学视角，阐释了诗经研究方法论；有学者(李怀祖，2012)从管理学视角，探讨了管理研究工作过程的规范和结构问题。

### 2. 马克思主义方法论

关于马克思主义方法论，研究视角有：整体性研究。学者们分别从理论与实践的结合(孙显元，1993)、世界观与方法论的统一(陈章龙、龚廷泰，1996)、各种方法的类型与层次(李瑞清等，2007)等方面，对马克思主义方法论展开宏观上的系统整理。多学科的具体性研究。学者们从哲学(陶传友，1998；胡延风等，2005；倪志安，2007)、经济学(刘永佶，1990；刘炯忠，1991)、数学(许菁菁，2013)等学科视角，对马克思主义方法论展开学科特色鲜明的具体研究。个体视角的个别性研究。学者们从主体(黄瑞祺,1994;王南湜,2010;安启念,2020)和结构层次(王晓林,2015)等视角,对马克思主义经典作家和中国共产党历代领导人的方法论、马克思主义哲学政治经济学科学社会主义方法论,展开典型性、代表性的个案分析。过程性研究。学者从历史视角(郑必坚,2000;陶德麟,2005),展开对马克思主义方法论及其中国化的发展历程的梳理。相对而言,具体性、个别性研究较为充分,整体性研究较为薄弱;哲学方法论研究较为充分,政治经济学、科学社会主义方法论研究较为薄弱;某一阶段的方法论研究较为充分,整个过程的方法论梳理较为薄弱。

(1)马克思主义方法论的基本内容。有学者(孙伯鍨,2001;黄楠森,2003)认为,辩证唯物主义与历史唯物主义是马克思主义根本世界观与方法论,这是同一个"主义"的相互统一的两个方面,在历史主义的方法中涵盖着辩证方法的原则,在辩证方法中涵盖着历史主义的内容;有学者(李瑞清,2013)认为,马克思主义方法论主要包括唯物主义、辩证分析、历史唯物主义、实践、批判等方法;有学者(胡延风,2011)认为,其主要包括实事求是、实践观点看问题、联系观点看问题、发展观点看问题、系统分析、矛盾分析、历史分析、价值分析等方法。

(2)马克思主义方法论的体系结构。关于马克思主义方法论的体系结构,学界尚未达成共识,主要观点有:"一元多支说"(庞元正、董德刚,2004)认为,马克思主义方法论是一个以历史唯物主义方法为总,下分辩证决定论、社会本体论、群众路线、阶级分析、历史主义、社会评价等方法的结构体系;"二层次说"(赵家祥,2018)认为,马克思主义方法论由研究方法和叙述方法两个层次所构成;"三层次说"(总政治部宣传部,2003)认为,马克思主义方法论由以唯物论为指导的实事求是方法论、以辩证法为指导的辩证分析方法论、以唯物史观为指导的社会分析方法论三个层次所构成;"四层次说"(高建德,1992)认为,马克思主义方法论由实事求是、分析、民主、群众路线四个层次所构成。

(3)马克思主义方法论的基本原则。关于基本原则,学界看法不一,主要观点有:"一原则说"或认为实事求是是马克思主义哲学方法论的根本原则(曹满生等,1984);或认为辩证法、认识论和逻辑学三者同一是马克思主义方法论的根本原则(安稚桥,2015)。"两原则说"(董学文,2003)认为,理论与实践相结合、逻辑与历史相统一是马克思主义哲学方法论的两条基本原则。"三原则说"认为,逻辑与历史一致、"三者一致"的思想方法和对有限和无限、相对和绝对的辩证理解，此三大辩证法规律，是马克思主义哲学方法论的三大基本原则（翁寒松，1990）；或认为实践思维方式和实践逻辑相结合、理论和实际相结合、坚持和发展相统一，是马克思主义哲学方法论三大基本原则（倪志安，2007）。"五原则说"（《马克思主义与社会科学方法论》编写组，2018）认为，客观性、主体性、整体性、具体性、发展性是马克思主义方法论的基本原则。

（4）马克思主义方法论的鲜明特征。学界对其已达成基本共识，虽然表述方式不同，但普遍认为马克思主义方法论具有实践性、科学性、革命性，主要观点有："一特征说"（刘永福，2002）认为，实践性是马克思主义方法论的显著特点；"二特征说"（赵明义，2006）认为，科学性与阶级性是马克思主义方法论的两大特征；"三特征说"（田克勤，2015）认为，马克思主义方法论在发展趋势、内容结构、功能价值三个方面具有自身的鲜明特征；"四特征说"（姜建成，2010）认为，整体性、实践性、开放性、真理性是马克思主义方法论的鲜明特征。

（5）马克思主义方法论的发展历程。学界从不同视角，对其得出不同结论："三阶段论"（郑必坚，2000）认为，第一轮经济全球化促进了马克思主义方法论的诞生，第二轮经济全球化的逆转、中断和断裂"逼"出了列宁主义方法论和毛泽东思想方法论，第三轮经济全球化的挑战和机遇"逼"出了邓小平理论方法论。"四阶段论"认为，马克思主义方法论分为1848年、列宁时代、毛泽东时代、邓小平时代四个发展阶段（李林罡，2003）；或把改革开放以来中国化的马克思主义方法论的发展历程分别对应于关于社会主义、党的建设、科学发展、中国特色社会主义四个基本问题的解答（宋宏娟，2019）。"五阶段论"（王增福，2020）把新中国成立以来中国化的马克思主义方法论的发展历程，分为新中国成立至党的八大召开之前、党的八大至十一届三中全会前、党的十一届三中全会至十五大、党的十六大至十八大前、党的十八大以来共五个阶段。

### 3. 当代中国马克思主义方法论

关于当代中国马克思主义方法论，研究视角主要有：①整体研究。有学者（上官酒瑞，2019）对这一方法论的理论体系、逻辑结构进行了系统分析；有学者（郑又贤，2018）对这一方法论的思想方法与工作方法的有机统一的理论特色进行了系统分析；有学者(秦晓茹，2019)从宏观、中观、微观三个层面，对这一方法论的丰富内涵和科学体系进行了系统分析。②具体研究。学者们从习近平新时代中国特色社会主义思想的主要内容出发，分别对习近平全面深化改革方法论(李海青，2014)、经济建设方法论(谭苑苑，2019)、政治建设方法论(张瑞，2018)、意识形态建设方法论(唐爱军，2014)、党的建设方法论(黄锐波、程浩，2018)、生态文明建设方法论(靖洁，2019)、脱贫攻坚方法论(张光辉，2019)等展开具体研究。相对而言，整体性研究较为薄弱，关于习近平全面深化改革方法论的研究较为充分。

(1)当代中国马克思主义方法论的基本内容。学界对其看法不一，主要观点有："一元论"(田心铭，2015；韩震，2018；欧阳康，2019)认为，辩证唯物主义和历史唯物主义或唯物辩证法是这一方法论的根本方法、元方法。"二元论"认为，这一方法论分为摸着石头过河与顶层设计、坚持问题导向与建构解决问题的回应机制两个方面(唐爱军，2014)；或认为，这一方法论分为立足新时代中国实际与深刻把握时代发展趋势和世界发展走向两个方面(姜辉，2018)。"三元论"认为，习近平全面深化改革方法论分为一切从实际出发、结构功能论、适时化量变为质变三个方面(李海青，2014)；或认为，习近平党的建设方法论分为整体性认识论、历史主义的大历史观、现实主义的实践论三个方面(黄锐波、程浩，2018)；或认为，习近平治国理政方法论分为把握时代问题、阐发时代精神、引领时代潮流，确立以现代工人阶级为核心的人民历史主体地位，坚定不移追求真理的科学态度和勇于自我革命的理论品格三个方面(侯惠勤，2018)。"四元论"认为，习近平经济思想方法论分为具体问题具体分析、两点论和重点论的统一、灵活性和原则性相统一、群众路线群众观点四个方面(吴云云，2018)；或认为，习近平思想认识方法论分为马克思主义唯物论、认识论、辩证法、唯物史观四个方面(韩庆祥，2019)。"五元论"(张异宾，2018)认为，习近平新时代中国特色社会主义思想体现了战略思维、历史唯物主义、矛盾分析、群众史观、社会基本矛盾分析等马克思主义方法论。此外，还有"六元论"(《习近平总书记系列重要讲话读本》，2016)、"八元论"(李永胜，2015；韩玉芳、何军，2015)乃至更多。

(2)当代中国马克思主义方法论的体系结构。学界依据不同的标准，划分出不同的层次，主要划分方法有两种："二分法"（田辉，2018）将这一方法论分为思想方法和工作方法两个层次。"三分法"或将这一方法论分为辩证唯物主义和历史唯物主义根本方法、五个思维方法、一系列工作方法三个层次（上官酒瑞，2019）；或将习近平全面深化改革方法论分为最根本方法论、最基本方法论、重要方法论（杜飞进，2013），根本方法、原则方法、一般方法（叶钰剑，2016），根本方法、思维方法、实践方法（张雪萌，2019），根本遵循、具体体现、实际应用（姜慧慧，2019）等三个层次。"二分法""三分法"均不能完全涵盖当代中国马克思主义方法论的基本内容，均没有对划分标准、划分依据做出令人信服的深入阐述。

（3）当代中国马克思主义方法论的基本特征。学界普遍认为，这一方法论既具有马克思主义方法论的本质特征，又富有自身特色，主要观点有："三特征说"（田辉，2018）认为，这一方法论既有继承性又有创新性、既有全面性又有针对性、既有人民性又有党性。"四特征说"认为，这一方法论具有政治上的大气、自信心上的勇气、人民性上的底气、世界性上的朝气；或认为这一方法论实现了继承与创新、历史与时代、民族与国际、党性与人民性四个方面的有机统一（梅荣政，2018）。此外，还有"五特征说"（张雷声，2018）、"六特征说"（韩庆祥，2019）、"七特征说"（秦宣，2018）、"八特征说"（邓纯东，2018）等。

（4）当代中国马克思主义方法论的创新之处。学界普遍认为，这一方法论是马克思主义方法论的当代创新，是一种创新性理论成果，主要观点有："继承创新论"（靳诺，2018）认为，这一方法论既体现了马克思主义方法论的一脉相承与接续发展，又以实践创新推动理论创新，开辟了马克思主义方法论发展的新境界；"坚持发展论"（侯惠勤，2018；王永贵，2018）认为，这一方法论既坚持马克思主义方法论的基本原则，又发展了马克思主义方法论的具体内容；"丰富发展论"（苏伟，2014）认为，这一方法论丰富发展了"结合"这一根本的方法论原则以及"怎样认识社会主义"的方法论思想；"创造性运用论"（高军、刘卫国，2018）认为，这一方法论是"三位一体"创造性运用战略思维、发展思维、群众路线，创造性破解当代中国发展问题的思想结晶；"原创性贡献论"（韩庆祥，2019）认为，这一方法论围绕实现"强起来"，从十个不同侧面和角度，对马克思主义方法论做出了原创性贡献。

### (三)国内外研究现状述评

#### 1. 方法论研究成果丰硕

众多学者多维度、多视角、多学科，探讨了方法论的科学内涵、基本特征、主要内容、体系结构、功能作用、发展历程，形成了较为成熟的研究内容、研究方法、话语体系，相关研究成果已被广泛运用于实践特别是社会科学领域中。

#### 2. 马克思主义方法论研究逐步深化

学者们分学科对马克思主义哲学、经济学、政治学、社会学、数学方法论，分内容对马克思主义哲学、政治经济学、科学社会主义方法论，分人物对马克思主义经典作家与历代中国共产党领导人的方法论，进行了专门性研究。但对马克思主义方法论的整体性研究较为薄弱，对马克思主义方法论的体系结构尚存争议，对马克思主义方法论发展的历史进程缺乏完整梳理，对马克思主义方法论发展的基本经验教训缺乏深刻总结反思。

#### 3. 当代中国马克思主义方法论研究相对薄弱

大多数成果的研究对象是当代中国马克思主义，缺乏对这一思想的方法论的专门性研究成果。为数不多的专门性研究成果，则在当代中国马克思主义的体系结构方面存在较大争议，未达成共识，在这一方法论"为什么新""新在何处"等方面缺乏深入系统的分析。

## 二、研 究 价 值

本书将完整梳理马克思主义方法论形成、发展的历史进程，全面总结马克思主义方法论发展的基本经验和内在规律，深刻剖析当代中国马克思主义方法论的主要内容、逻辑结构、基本特征，专门、系统地阐释这一方法论的原创性贡献，总结其重要的理论意义与现实价值。

## （一）有助于完整把握马克思主义方法论的发展历程

马克思主义是一个不断发展的学说，在实践中不断完善自身是马克思主义的本质要求，为人们提供认识和改造世界的科学世界观与方法论是马克思主义的内在功能。马克思、恩格斯创立唯物辩证法，并将之运用到社会历史领域，确立了关于世界的本质和规律的科学世界观和方法论，实现了方法论发展的重大突破。

辩证唯物主义和历史唯物主义是整体性、根本性、统领性的马克思主义世界观和方法论。是否坚持辩证唯物主义和历史唯物主义，是检验是否坚持马克思主义方法论的根本标准。

马克思、恩格斯虽然创立了辩证唯物主义和历史唯物主义学说，但是并没有确立"辩证唯物主义"的使用范畴，狄慈根在《一个社会主义者在认识论领域中的漫游》中首次确立了这一范畴，后来普列汉诺夫也多次确立这一范畴。列宁不仅多次指出："马克思和恩格斯几十次地把自己的哲学观点叫做辩证唯物主义"，[1]认为恩格斯的《反杜林论》也对这一世界观进行了阐释，而且多次肯定辩证唯物主义与历史唯物主义的理论创新与实践价值；不仅经典性阐释了"物质"的基本内涵，论述了物质与意识、相对真理和绝对真理的辩证关系，强调了辩证法、认识论和逻辑学的统一关系，剖析了唯物辩证法的内在逻辑结构，构建了辩证唯物主义体系的整体雏形，而且论述了社会存在和社会意识的辩证关系、唯物辩证法与唯物史观的统一关系、社会形态学说与历史唯物主义的深刻关联，对辩证唯物主义与历史唯物主义做出了重大理论贡献。

中国共产党人在马克思主义中国化的过程中，始终坚持创造性运用马克思主义基本原理来解决中国实际问题，推进马克思主义方法论的中国化，构建中国化的马克思主义方法论。毛泽东明确要求建设一支强大的马克思主义理论队伍，学习、掌握唯物辩证法和唯物史观，反对唯心论和形而上学，认为马克思主义可以分为哲学、经济学、科学社会主义几个部分，其中哲学是基础，认为不学好马克思主义哲学，就没有共同的语言和方法，强调辩证唯物论是具有广泛适用性的"普遍真理"。1945 年党的七大党章中明确规定："中国共产党以马克思主义的辩

---

[1] 《列宁专题文集·论辩证唯物主义和历史唯物主义》，人民出版社 2009 年版，第 2 页。

证唯物主义与历史唯物主义为基础。"①1945 年党中央《关于若干历史问题的决议》中强调"路线"的正误根源在于是否从马克思主义的辩证唯物论和历史唯物论出发。邓小平认为，毛泽东的"实事求是"是"用中国语言"②对辩证唯物主义与历史唯物主义的概括。江泽民、胡锦涛也强调，辩证唯物主义和历史唯物主义是科学的世界观和方法论。

中共中央政治局 2013 年第十一次集体学习内容是历史唯物主义基本内容和方法，2015 年第一次集体学习内容是辩证唯物主义基本内容和方法。这两次集体学习的目的是推动全党学习和掌握、自觉地坚持和运用辩证唯物主义和历史唯物主义的世界观和方法论。党的十九大报告强调，当代中国马克思主义是中国共产党"坚持辩证唯物主义和历史唯物主义，紧密结合新的时代条件和实践要求"，以全新的视野深化规律性认识，而取得的"重大理论创新成果"。③ 2019 年，习近平总书记在《求是》杂志第 1 期发表篇名为《辩证唯物主义是中国共产党人的世界观和方法论》的重要文章，要求新时代必须更加自觉地坚持和运用这一世界观和方法论。

本书将通过比较分析各阶段的马克思主义方法论的异同点，深刻阐明辩证唯物主义与历史唯物主义是马克思主义方法论的理论基础，是贯穿于马克思主义方法论发展过程之始终的"红线"，有助于人们准确理解马克思主义方法论的理论本质和精髓，完整把握马克思主义方法论既一脉相承又与时俱进的发展历程。

## (二) 有助于充分认识当代中国马克思主义方法论的重大价值

思想来源于实践，方法论是实践经验的凝练。新时代中国特色社会主义伟大实践，既为马克思主义方法论的当代创新提供了现实土壤，又呼唤着创新的马克思主义方法论的科学指导。在新的历史条件下，面对新时代我国社会主要矛盾的新变化，为了完成社会主义现代化建设的新目标，实现中华民族从"站起来""富起来"到"强起来"的新飞跃，习近平把马克思主义基本原理与新的世情国情党情相结合，用马克思主义方法论指导新时代实践，有力推进了马克思主义方法论的

---

① 《中共中央文件选集》(1945—1947)，中共中央党校出版社 1987 年版，第 52 页。
② 《邓小平文选》第 2 卷，人民出版社 1994 年版，第 278 页。
③ 《习近平谈治国理政》第 3 卷，外文出版社 2020 年版，第 15 页。

当代创新。

方法论是行动指南。当代中国马克思主义，站位高、格局大、视野远，着眼于中华民族的长远发展，致力于奠定中国特色社会主义事业的坚实制度基础，从理论和实践的结合上系统回答了新时代重大基本问题，科学反映了当代中国经济社会发展规律，既确立了科学世界观，也提供了科学方法论；既提出了"过河"的目标、任务，又探索了"过河"的方法、手段；既对马克思主义思想方法做出了原创性贡献，也对马克思主义工作方法做出了原创性贡献。党的十八大以来，中国共产党之所以能够领导全国人民成功解决一个又一个难题，取得一个又一个骄人成就，一个重要原因就在于始终坚持和发展马克思主义方法论。实现"两个一百年"奋斗目标、实现中华民族伟大复兴的中国梦、确保中国特色社会主义发展的正确方向、夺取中国特色社会主义的伟大胜利，乃至最终实现共产主义奋斗目标，都必须始终坚持马克思主义方法论的科学指导，始终坚持在实践中创新马克思主义方法论。

本书将全面论证当代中国马克思主义方法论，通过对 21 世纪科学社会主义的发展、"四大考验""四种危险"的紧要关头党的建设的加强、由"富起来"到"强起来"转变的关键阶段中国特色社会主义新胜利的夺取、百年未有之大变局下促进世界文明进步的中国方案的提供等方面的深入探讨，促进人们充分认识这一方法论的重大价值，增强人们学习、运用这一方法论的自觉性、主动性、积极性。

## (三) 有助于学深悟透当代中国马克思主义

当代中国马克思主义，把马克思主义普遍原理与中国具体实际有机结合，紧紧围绕中国特色社会主义这个主题，致力于创造性运用马克思主义方法论，积极回应时代之问、科学解答时代课题，建构了当代中国马克思主义方法论，推动了 21 世纪马克思主义方法论的新发展，对马克思主义方法论做出了原创性贡献。

真学、真懂、真信、真用当代中国马克思主义，最根本的是要学深、悟透、善用贯穿于其中的马克思主义方法论。当代中国马克思主义方法论，内容丰富、逻辑严密、层次清晰、结构严整。目前学界关于习近平新时代中国特色社会主义思想方法论研究已初步展开，取得了一系列重要成果，达成了一系列重要共识，如探讨了这一方法论的基本内容、体系结构、鲜明特征、重大价值，普遍认为这一方法论本质上是马克思主义方法论，但也存在一些有待于进一步深入研究之处，如关于这一方法论的基本内容，看法不一，对传承性方法与原创性方法的区分、原创性方法的全面总结显得相对薄弱；关于这一方法论的研究视角，从全面深化改革、五大文明建设、脱贫攻坚等多维度进行的具体研究成果较多，但整体性研究相对薄弱；关于这一方法论的体系结构，对"应该依据什么标准划分""确立划分标准的依据是什么""到底应该分为几个层次""各层次之间有什么样的内在关联"等问题的论证相对薄弱；关于这一方法论的创新之处，对"为什么能够创新""为什么说是创新""在哪些方面进行了创新"等问题的论证相对薄弱。上述薄弱之处，需要在今后研究中重点关注。

本书采用多学科、多维度、多视角，全面深刻剖析当代中国马克思主义方法论的原创性贡献，有助于人们学深、悟透、把握当代中国马克思主义的精髓和要义。

### (四)有助于推进新时代马克思主义理论学科的新发展

在中国这样一个东方大国建设社会主义，是一项崭新的事业，既没有可以借鉴的前人经验，也没有可以复制的现成模式，只能"摸着石头过河"。但"摸着石头过河"不是盲目的，而是在认识和遵循事物发展客观规律的前提下，创造性运用马克思主义方法论来解决探索中遇到的实际问题。中国共产党的创新性理论成果，都是在创造性运用马克思主义方法论来解决中国实际问题的过程中形成的。

当代中国马克思主义，创造性运用马克思主义方法论，从我国基本国情出发，正确认识和把握我国经济社会发展的实际状况和客观规律，准确判断中国特色社会主义进入到一个新的发展阶段，科学解答新时代一系列重大基本问题，是马克思主义方法论当代创新的光辉典范。

当代中国马克思主义方法论，是新时代马克思主义理论学科发展的根本指导、重点内容。本书将对"当代中国马克思主义方法论的发展历程与当代创新"展开专题研究，有助于总结凝练马克思主义中国化的最新成果，拓展马克思主义理论学科的研究视域，丰富马克思主义理论学科的研究内容，深化马克思主义理论学科的研究层次，提升马克思主义理论学科的研究水平，确立马克思主义理论学科的发展定位、培养目标、研究范围、课程设置、相关学科，推进新时代马克思主义理论学科的新发展。

# 三、研究方法

本书将根据研究对象、研究目标、研究内容等实际需求，主要采取如下方法：

## (一)逻辑与历史相统一方法

"逻辑"以"历史"为基础，是"历史"的理论再现、"修正过"了的"历史"。方法论既是一定历史时期人类认识世界和改造世界的一种工具、手段，是一定历史时代的产物，受到一定历史条件、认知水平的制约，具有社会历史性，又是对"方法"的经验总结、规律揭示和逻辑构建，具有理论抽象性。

研究马克思主义方法论，必须坚持逻辑与历史相统一，既要用历史的方法去"还原"其形成及发展的历史境遇、历史进程、历史贡献，又要用逻辑的方法去"抽象"其内在本质、内在规律；既要探究其形成、发展的历史条件，又要分析其理论基础、理论特征、逻辑结构等；既要总结其历史经验、揭示其历史规律，又要比较其与马克思主义经典作家、中国共产党历代领导人方法论的逻辑联系；既要凝练其历史性、阶段性创新，又要把握其马克思主义方法论的抽象性、共同性本质，等等。

## (二)比较分析法

要想全面、彻底地认识某一事物，仅仅从这一事物本身来考察是不够的，还必须将这一事物与其相关联的事物进行比较，才能更完整、更清楚地认识这一事物。只有比较，才能鉴别。

比较分析法的类别有："纵向比较、横向比较、同类比较、相异比较、定性比较、定量比较。"①纵向比较是对同一事物的历史情况进行比较，如可以通过对马克思主义经典作家、中国共产党历代领导人的方法论与当代中国马克思主义方法论的比较分析，以把握马克思主义方法论一脉相承的发展历程，凝练当代中国

---

① 王汉澜：《教育学》，河南大学出版社1989年版，第18页。

马克思主义方法论的原创性贡献；通过对毛泽东、邓小平、江泽民、胡锦涛的方法论与当代中国马克思主义方法论的比较分析，以把握马克思主义方法论中国化的发展脉络。横向比较是对同时并存的事物进行比较，如可以通过对列宁主义方法论与同时期的伯恩施坦主义、考茨基主义、托洛斯基主义方法论的比较分析，以把握马克思主义方法论的本质特征。同类比较是对两个或两个以上同类事物的比较，如可以通过对教条主义方法论和冒险主义方法论的比较分析，揭示它们共同的主观主义实质。相异比较是对两个性质相反的事物或一个事物的正反两面进行比较，如可以通过对19世纪40年代马克思、恩格斯方法论同封建社会主义、资产阶级社会主义、小资产阶级社会主义、空想社会主义的比较分析，揭示马克思主义方法论从一开始就是在斗争中不断发展的。定性比较是对两类事物所具有的属性、本质进行比较，从而确定事物的性质，如可以通过对当代中国马克思主义方法论与马克思主义经典作家方法论的比较，揭示其马克思主义的本质特征、阶级属性、社会作用等。定量比较是对事物的属性进行数量上的分析和比较，如可以通过对习近平总书记系列重要讲话中"人民"一词的高频出现，揭示当代中国马克思主义方法论的人民性特征。

### (三) 系统分析法

系统分析法就是根据事物所具有的系统特征，从事物的整体出发，着眼于各构成要素、整体与部分、系统与环境等的相互联系和相互作用，求得优化的整体目标的分析方法。马克思主义方法论是一个开放的、动态的、与时俱进的发展过程；当代中国马克思主义方法论是一个内容丰富、逻辑自洽、体系严整的理论体系，是一个与其他方法论之间的能量、信息和影响的交换过程。因此，本书将坚持整体性、联系性、综合化、最优化等系统原则，采取要素分析、结构分析、层次分析、动态分析等方法，既解剖式分析马克思主义发展过程中各阶段、各代表人物的方法论，又完整梳理马克思主义方法论的发展历程；既解剖式分析当代中国马克思主义方法论的基本内容和丰富内涵，又整体性把握各部分内容之间的内在关联、逻辑联系。

### (四) 多学科融合法

注重多学科融合，是由研究内容决定的。马克思主义方法论内容丰富，涉及经济社会发展的方方面面。因此，马克思主义方法论的发展历程与当代创新研究，必须综合运用马克思主义理论、哲学、党史党建、政治学、社会学、统计学等多学科知识。

注重多学科融合，是本书开展研究的内在需要。本书需要收集、整理、研习马克思主义经典作家、历代中国共产党人与习近平总书记关于马克思主义方法论的经典文献和重要论述，以及其他学科的理论书籍；将运用大数据手段，采用统计学与计量经济学的分析模型与方法，以提高资料收集、整理、分类的精准性和效率。

### （五）阶级分析法

阶级分析法就是运用马克思主义关于阶级、阶级斗争的基本观点，分析阶级社会的实际问题。这一方法，以唯物史观为依据，科学揭示了人类社会发展的客观规律、阶级社会发展的直接动力，蕴涵着认识的真理性和实践的生动性，在阶级社会里具有普遍适用性。

当代中国马克思主义方法论，代表和反映着人民群众的利益、愿望和诉求，具有鲜明的阶级特征，只有采取阶级分析法，才能深刻认识、准确把握其理论本质、理论贡献、价值功能。

## 四、思 路 框 架

本书将以马克思主义方法论为研究对象，以"发展历程与当代创新"为抓手，展开思路清晰、体系完整的多维度、系统性研究。

### （一）基本思路

本书以整体性视角，对当代中国马克思主义方法论进行整体性把握，从理论、历史、现实三维视角，先系统总结从马克思主义经典作家到历代中国共产党人创立、发展马克思主义方法论的历史进程，深刻剖析各阶段的马克思主义方法论的主要内容和逻辑构成，深刻揭示马克思主义方法论历史发展的主脉主线、基本经验和内在规律，夯实马克思主义方法论研究的理论基础；然后坚持历史与现实相结合，阐明马克思主义方法论当代创新的历史方位与现实境遇；最后坚持理论与实践相结合，总结凝练马克思主义方法论的当代理论与实践创新。

### (二) 总体框架

本书共九章内容，第一、二章为绪论和相关基本问题研究，第三、四、五章为马克思主义方法论的发展历程，第六、七、八、九章为马克思主义方法论的当代创新。

第一章为绪论，先全面梳理相关国内外研究现状，剖析相关研究已经取得的成果、存在的薄弱环节，明确今后研究的重点和突破点；然后比较分析本研究的创新之处，系统论证本研究的理论意义与现实价值；最后简要说明本研究方法和主要内容。

第二章马克思主义方法论相关基本问题研究。本章系统梳理方法、方法论、社会科学方法论、马克思主义方法论等基本内容；全面分析马克思主义方法论的哲学基础、体系结构、基本原则、本质特征、价值功能等；深入剖析当代中国马克思主义方法论的主要内容、体系结构、鲜明特征、理论本质等。

第三章马克思主义方法论的创立。本章按照马克思主义方法论的体系结构，系统梳理马克思、恩格斯对马克思主义方法论的开创性贡献。研究认为，这一开创性贡献主要体现在以下几个方面：一是创立整体性推进马克思主义的发展，以革命批判精神对待马克思主义，把马克思主义当成认识和改造世界的"方法"等科学对待马克思主义的方法论；二是创立辩证唯物主义与历史唯物主义这一马克思主义根本方法，确立其在马克思主义方法论体系中的统领地位；三是创立唯物辩证法，确立其在马克思主义方法论体系中"最重要的"地位；四是创立"结合具体情况"方法，确立其在马克思主义方法论体系中的灵魂地位；五是提出发挥主观能动性与尊重客观规律性相结合、"批评"、抓关键、必然性与偶然性相结合、"历史的活动是群众的活动"、阶级分析等方法，创立马克思主义方法论的基本内容。

第四章马克思主义方法论发展的列宁主义阶段。列宁对马克思主义方法论做出了不可磨灭的原创性贡献，推动马克思主义方法论发展到一个全新的列宁主义阶段。研究认为，这一原创性贡献表现为：一是明确马克思主义是一个"由一整块钢铸成的"完整的方法论体系，确立马克思主义的"整个世界观"在马克思主义方法论体系中的统领地位；二是首次明确提出"唯物主义的逻辑、辩证法和认识论是同一个东西"命题、"对立面的统一"范畴，确立科学理解唯物辩证法的基本原则、建构唯物辩证法的主体结构、创造性运用唯物辩证法于认识论和社会历史领域；三是首次明确提出"对具体情况作具体分析"方法，确立其在马克思主义方法论体系中的"灵魂"地位；四是提出批评与自我批评及"抓住主要环节""幻想""分析和综合的结合""组织和引导群众""阶级分析"等方法，丰富了马克思主义方法论的基本内容；五是创造性运用马克思主义方法论，推动马克思主义发展到一个全新的列宁主义阶段、科学社会主义从理想变为现实，对无产阶级执政党建设做出了原创性贡献。

第五章马克思主义方法论的中国化历程。本章分三个阶段，完整梳理马克思主义方法论中国化的历史进程。第一阶段是"站起来"阶段，毛泽东开创马克思主义方法论中国化的历史进程。他开创性提出"马克思主义的中国化"这一重大命题与重要方法论；开创性确立马克思主义中国化的基本原则；首次明确提出"实事求是""矛盾法则""对具体问题作出具体的分析"等中国化的马克思主义根本方法、"基础"方法、"灵魂"方法，提出独立自主、"批评与自我批评"、理论与实际相结合、群众路线、"阶级分析"等中国化的马克思主义具体方法，开创性构建中国化的马克思主义方法论体系；创造性运用马克思主义方法论，探索中国新民主主义革命道路、无产阶级国家政权建设道路、生产资料社会主义改造道路、社会主义建设道路，开创性推进马克思主义方法论中国化的实践历程。第二阶段是"富起来"阶段，邓小平、江泽民、胡锦涛不断推进马克思主义方法论中国化的历史进程。其中，邓小平开启马克思主义方法论中国化的崭新局面。他确立科学认识与对待马克思主义的方法论；坚持和完善马克思主义中国化的基本原则；首次提出"解放思想，实事求是""善于把握矛盾""具体分析"方法，创新性发展中国化的马克思主义根本方法、"基础"方法、"灵魂"方法；开创性提出"三个有利于"标准及"社会主义本质论""社会主义根本任务论"，开启马克思主义方法论中国化的崭新实践。江泽民成功把马克思主义方法论中国化推向二十一世纪。他丰富发展正确对待马克思主义的方法论；始终坚持马克思主义中国化的基本原则；首次提出"解放思想、实事求是、与时俱进""正确分析和处理矛盾""一具体就深入"方法，进一步发展中国化的马克思主义根本方法、"基础"方法、"灵魂"方法；创造性运用马克思主义方法论，大力推进经济体制改革、政治体制改革、党的建设等方面实践。胡锦涛深入推进马克思主义方法论中国化。他牢固确立科学认识和对待马克思主义的方法论；首次提出"解放思想、实事求是、与时俱进、求真务实""正视矛盾，化解矛盾""具体问题具体分析"方法，不断创新中国化的马克思主义根本方法、"基础"方法、"灵魂"方法；创造性运用马克思主义方法论，深入推进"科学发展观""构建社会主义和谐社会""两个根本建设""弘扬和培育社会主义核心价值体系"等方面实践。第三阶段是"强起来"阶段，习近平不断推进马克思主义方法论的当代创新。本章主要论述"站起来""富起来"两个阶段的马克思主义方法论的中国化的历史进程。"强起来"阶段的马克思主义方法论的当代创新放在后面四章加以专门论述。

第六章马克思主义方法论当代创新的历史方位。本章从"四史"的视角，全面论证当代中国马克思主义方法论的当代创新，是在对科学社会主义方法论500多年、中国共产党方法论百年来、新中国治国理政方法论70多年、改革方法论40多年的发展历程的历史性承接与综合性创新的历史方位中不断向前推进的。

第七章马克思主义方法论当代创新的现实境遇。本章系统剖析马克思主义方法论的当代创新，是在科学解答中国特色社会主义进入新时代、当今世界经历新变局、科学社会主义迈向新阶段、中国共产党执政面临新考验等系列时代之间的现实境遇中不断向前推进的。

第八章马克思主义方法论的当代理论创新。本章按照马克思主义方法论的体系结构，系统梳理当代中国马克思主义方法论的"原创性理论贡献"。研究认为，这一"原创性理论贡献"主要有：原创性提出学习和掌握辩证唯物主义与历史唯物主义的方法论；原创性提出"四个是"、坚持"结合"原则的根本方法论，确立科学认识与对待马克思主义的方法论；首次提出坚持"实事求是"的"四个就要"的基本要求、"不断认识和解决矛盾"、"精准思维"，对中国化的马克思主义根本方法、"基础"方法、"灵魂"方法，做出了原创性贡献；原创性提出"五大思维""以人民为中心""抓关键少数""钉钉子""顶层设计""整体推进""照镜子、正衣冠、洗洗澡、治治病""五个不让""以身作则""抓典型"等一系列富有时代气息的思维方法和工作方法。

第九章马克思主义方法论的当代实践创新。本章按照从微观到宏观的基本思路，系统梳理当代中国马克思主义方法论的"原创性实践贡献"。研究认为，这一"原创性实践贡献"主要有：原创性阐释中国特色社会主义的基本内涵、发展阶段、国家治理现代化、战略规划和部署、发展理念、党的建设，推动中国特色社会主义伟大实践取得令人瞩目的成就；原创性准确定位科学社会主义的发展阶段和发展前景、阐释中国特色社会主义与科学社会主义的内在联系、新时代科学社会主义发展新思路，使科学社会主义在 21 世纪焕发出新的时代光彩；原创性提出世界各国一道维护世界和平、构建符合世界各国普遍要求的全球治理体系、全面扩大对外开放、共建一个美好世界设想，推动构建人类命运共同体取得累累硕果。

# 第二章　马克思主义方法论相关基本问题研究

研究马克思主义方法论的发展历程与当代创新，必须从整体上把握马克思主义方法论的科学内涵、理论基础、本质特征、价值功能，进而把握这一方法论的主要内容、体系结构、基本特征、理论本质。

## 一、社会科学方法论

社会科学方法论由一系列基本范畴构成。社会科学方法论的基本范畴，是人们对社会科学方法论的本质属性、规律性关系和应用状况的概括反映，是把握马克思主义方法论的基本工具。

### (一) 方法

"方法"一词来源于希腊文的"方向"或"道路"，中文"方法"一词最早见于《墨子·天志》："中吾矩者，谓之方，不中吾矩者，谓之不方。"在现代汉语中，"方法"一词是指服务于一定目的的解决问题的顺序和步骤。

现代学者多角度阐释了"方法"。《方法百科辞库》把方法视为"行动的指导"；① 《现代汉语词典》把方法视为解决问题的"门路、程序等"；② 《哲学方法论》把方法视为主体认识和改造世界的"科学工具"。③ 《汉语大词典》认为，方法是："a. 测定方形之法，b. 办法、门径，c. 方术、法术，d. 法则。"④

---

① 转引自孙国瑞：《德育科学方法论》，光明日报出版社 1994 年版，第 15 页。
② 中国社会科学院语言研究所词典编辑室：《现代汉语词典》，商务印书馆 1983 年版，第 306 页。
③ 刘幼樵、吴永瑜：《哲学方法论》，河南大学出版社 1992 年版，第 65 页。
④ 罗竹风：《汉语大词典》，汉语大词典出版社 1994 年版，第 1560 页。

美国学者鲍亨斯基把"方法"视为一种组织协调方式;① 美国《哲学百科全书》把"方法"视为一种对步骤、顺序的说明;② 苏联《哲学百科全书》第三卷(1964年)对"方法"的解释为:"方法是根据研究对象的运动规律,从实践和理论上掌握现实的形式;改造的、实践的活动或认识的、理论的活动的调节原则的体系";③ 德国《哲学和自然科学词典》认为,方法是"人的一切有意识、有目的活动的调节原则所组成的体系;达到业已精确陈述的目的的途径";④ 黑格尔认为,方法是"被列为工具,是站在主观方面的手段,主观方面通过它而与客体相关",⑤ "方法并不是外在形式,而是内容的灵魂和概念"。⑥

马克思主义者认为,方法是人们自觉运用规律来认识世界和改造世界的方式、手段。马克思曾引用黑格尔的话说:"方法是任何事物所不能抗拒的一种绝对的、唯一的、最高的、无限的力量。"⑦列宁也曾引用黑格尔的话说:"方法就是对逻辑内容的内部自己运动的形式的意识",⑧ 认为方法是一种主体作用于客体的手段。毛泽东认为,"方法"是"过河"的"桥"或"船"。《马克思主义哲学大词典》认为,方法是"研究自然界、社会现象和精神现象的方式、手段"。⑨ 上述论述有两个共同点:一是肯定了方法具有主体性,服务于一定的主体目的;二是肯定了方法具有客体性,作用于客体、受制于客体的属性。

综合已有研究成果,我们将"方法"定义为:主体在一定的主观动机支配下,认识和改造客体的手段或方式。这一定义具有以下特征:

一是它突出了主客体的统一性,克服了对"方法"本质认识的片面性。对"方法"本质的认识存在着两种典型的片面观点:其一,客观主义者认为,方法是主

---

① [美]J. M. 鲍亨斯基著,童世骏、邵春林、李福安译:《当代思维方法》,上海人民出版社1987年版,第9页。

② 转引自李承贵:《20世纪中国人文社会科学研究方法问题》,湖南教育出版社2001年版,第6页。

③ 转引自李承贵:《20世纪中国人文社会科学研究方法问题》,湖南教育出版社2001年版,第6页。

④ 孙国瑞:《德育科学方法论》,光明日报出版社1994年版,第15页。

⑤ 黑格尔:《逻辑学》下册,商务印书馆1982年版,第532页。

⑥ 黑格尔:《小逻辑》,商务印书馆1981年版,第427页。

⑦ 《马克思恩格斯选集》第1卷,人民出版社2012年版,第220页。

⑧ 《列宁全集》第55卷,人民出版社2017年版,第81页。

⑨ 金炳华:《马克思主义哲学大辞典》,上海辞书出版社2003年版,第160页。

体在认识和改造客体的过程中形成的，发源于客体，受制于客体及其属性、运行规律，方法是否科学有效完全取决于它是否反映客体的属性，是否符合客体的运行规律。这种观点，虽看到了方法对客体的依赖性，但忽视了主体的目的性和能动性，将方法视为纯客观形态的东西。其二，主观主义者认为，方法起源于、服务于、受制于主体的意识及目的，是主体思维的产物，方法能否被有效应用取决于主体的认识水平和改造愿望、改造能力，方法是否科学有效完全取决于它能否满足主体的目的、主体的自觉性和能动性。这种观点，虽看到了主体的目的性和能动性，但又将之片面夸大，将方法视为纯主观形态的东西。实际上，只有在主体认识和改造客体的实践中，才能科学揭示方法的生成机制。离开了实践主体的目的性、能动性，"方法"就会失去存在的必要性，就会无法被灵活地运用而成为一种僵死的自在之物；离开了实践客体的对象性、客观性，"方法"就会成为一种随心所欲、无处安放的空灵之物。只有既满足主体的目的性，又适应客体的属性的方法，才是有效的、科学的方法。上述"方法"定义，突出了主客体的统一性，克服了主观主义者和客观主义者对"方法"本质的认识的片面性。

二是它突出了方法的中介和桥梁作用，肯定了方法的积极功能。上述"方法"定义揭示出，主体和客体之间要相互沟通、相互作用，人类要按照预期目的认识和改造世界，就必须采取一定的方法。方法是人类认识和改造世界的能动性、创造性的集中体现，是人类正确认识世界、成功改造世界的必要前提，任何一种超越传统理论和实践的新理论的产生和新实践的开拓都需要依仗于新方法。俄国生理学家、心理学家巴普洛夫指出：只要有好的方法，即便是一个不十分天才的人也能做出许多成就。而方法不好，纵然是一个天才的人物也是白干，不会得到有价值的、准确的数据。这一论述，旨在强调"方法"决定着主体的实践成效。人们在认识和改造客观世界的过程中常常面临着各种"选择"，而"选择"本身就是方法。方法无处不在、无时不有，它存在于人类活动的所有领域并相伴人类发展过程之始终。主体、客体、方法、实践构成了人类活动的全部过程和历史。

上述"方法"定义指出，方法产生于主体认识和改造客体的活动过程中，由于这一活动过程是在前后相随承接的基础上不断深化进步的，所以方法也必然会在前后延续传承的基础上不断丰富完善。方法的动态性，正是指前人创造的方法能为后人所继承、丰富、发展。正因如此，那些正确反映人类认识发展规律和客观事物运行规律、对人类实践活动起着有效指导作用、担当有效实践工具的科学方法，才不会随着时光的流逝、主体的变化、对象的更替而失效、失传、绝迹，反而能在代代相传的过程中得到不断更新、发展、完善。①

## (二)科学

"科学施工""科学管理""科学种田"等耳熟能详的词语，昭示着新时代是一个"尊重科学""崇尚科学"的时代。那么，到底什么是"科学"呢？在英文中，"科学"(Science)一词来源于拉丁文"Scientia"，就是知识、学问的意思。关于"科学"，古往今来，见仁见智。亚里士多德把"绝对的知"、必然性的知识、关于事实的原因的知识，称为"科学的知识"，指出："绝对的知，乃是认识由于何种原因(或理由)，一个事物恰正是它所是的，而不能异于它所是的"；② 培根进一步把知识与科学联系在一起，强调科学知识是人类驾驭自然、改造社会、完善自我的强大力量，响亮提出"人的知识和人的力量合而为一"③即"知识就是力量"的伟大口号；达尔文强调："科学就是整理事实，以便从中得出普遍的规律或结论"；④ 贝尔纳指出："科学就是发现人们过去所不知道的事物，在本质上是无法预知的"；⑤ T. H. 伏尔科夫认为，科学的本质"在于探索真理"，本质上是"一种科学生产"；⑥ 爱因斯坦把"科学"定义为："寻求我们感觉经验之间规律性关系的有条理的思想"，指出："科学就是一种历史悠久的努力，力图用系统的思维，把这个世界中可感知的现象尽可能彻底地联系起来。说得大胆一点，它是这样一种企图：要通过构思过程，后验(posterior)地来重建存在"；⑦ 苏联《大百科全书》

---

① 崔华前：《先秦诸子德育方法思想研究》，中国社会科学出版社 2008 年版，第 14~18 页。

② 转引自罗斑：《希腊思想和科学精神的起源》，广西师范大学出版社 2003 年版，第 258 页。

③ 转引自北京大学哲学系外国哲学史教研室：《十六—十八世纪西欧各国哲学》，商务印书馆 1975 年版，第 47 页。

④ 转引自贝弗里奇：《科学研究的艺术》，科学出版社 1979 年版，第 96 页。

⑤ 贝尔纳著、陈体芳译：《科学的社会功能》，商务印书馆 1982 年版，第 437 页。

⑥ 转引自夏禹龙：《科学基础》，科学出版社 1988 年版，第 45 页。

⑦ 许良英等编译：《爱因斯坦文集》第三卷，商务印书馆 1979 年版，第 253、181 页。

则把科学视为一个系统化的知识。① 相对而言,《韦伯斯特新世界辞典》给"科学"下的定义,即"科学是从确定研究对象的性质和规律这一目的出发,通过观察、调查和实验而得到的系统的知识",② 得到了学界较为普遍的认可。

综合各种关于"科学"的定义,可以凝练出其以下特征:

(1)客观性。历史事实、社会事实、自然事实等各种事实都是客观存在的,事实之间的联系、影响事实发生的条件也都是不以任何人的主观意志为转移的。科学的目的就是一切从实际出发,以事实为依据,通过整理、认识、分析事实以得出普遍性的规律、结论或发现未知的事实。"科学是知识",但"知识不一定是科学",只有符合事物发展的实际状况、反映事物发展的客观规律的知识才是科学。

(2)系统性。系统性指由子系统及其各构成要素相互之间的非线性作用而形成的结构性或组合性特性、整体和协同效应。科学旨在发现未知事实与各种事实之间的规律性联系。1979 年版和 1999 年版的《辞海》均把科学视为一种"知识体系"。③《现代科学技术概论》则把科学视为一种"系统知识"。④ 可见,单个的、简单的公理、发现、判断、结论等皆非科学,只有正确反映事实及其发展规律的逻辑上相互联系的知识体系才是科学。

(3)自洽性。自洽性是指科学作为一个系统能够通过自组织实现自身的稳定、和谐与发展。科学的自洽性主要表现为:科学系统内部各子系统及其构成要素之间彼此制约、互为因果、彼此响应、相得益彰,整个系统保持一种有序化的运行状态;科学系统通过自我调节、自我适应,与外界环境之间发生着一种有序的物质、能量、信息的输入、输出关系;科学系统通过结构化、组织化、体系化、有序化运营,自主地不断地由低级向高级进化。

(4)可验证性。科学揭示的是事实之间的普遍性、规律性联系,这种普遍性、规律性联系表现为:相同条件下同样的原因会产生同样的结果;按相同视角观察同一对象,可以得出与科学预测相符的结论;通过技术手段,可以重复验证

---

① 转引自阿列克谢耶夫:《科学与哲学》,《科学》1982 年第 6 期,第 4 页。
② 转引自林聚任:《社会科学研究方法》,山东人民出版社 2017 年版,第 2 页。
③ 《辞海》,上海辞书出版社 1999 年版,第 1154 页。
④ 赵祖华:《现代科学技术概论》,北京理工大学出版社 1999 年版,第 2 页。

科学预测的结论；通过验证，可以观察条件和参数的变化对结论的影响，从而不断深化和完善科学表述的内容。科学的所有发现、所有表述、所有预测、所有结论都必须经过实践检验才能确证，未经确证或不能确证的知识尚不能称之为科学。

（5）开放性。系统的开放性是指一个系统通过内部子系统及其各构成要素之间的不断相互作用而实现自我更迭，通过与外部环境之间不断的物质、能量、信息的交换而实现结构、功能的进化。科学作为一个自组织系统，也必然具有开放性。一方面，一种结论是否科学，必须经由实践检验，并根据验证，进行修改、完善乃至重构；另一方面，由于外界环境和规律发生作用的条件是不断变化的，人类对事实及其规律的认识也是不断深化的，因此，科学认识必须通过与外界环境之间的双向性、适应性互动，以实现不断的自我更新。认识的科学性是相对的，有其适用的时空、对象和条件。如果不能保持开放性，即使原本科学的知识也会逐渐变得不科学，亘古不变、一劳永逸的科学结论是不存在的。

## （三）社会科学

社会科学是相对于自然科学、人文科学而言的。作为人类科学体系中的三大科学门类，自然科学、人文科学与社会科学既相对独立、有所差异，又相互依存、彼此关联，共同构成了一个三位一体的科学生态系统。

自然科学以客观存在、可重复显现和历史发展的自然现象为研究对象，以探寻自然规律和改进物质手段为目的，以观察、实验、定量分析等为基本认识方法，以验证和数学方法为保证，主要包括数学、物理、化学、天文、地理、生物等诸多学科，评价标准具有客观性、逻辑性、普遍适用性，是人类认识和改造自然的实践经验的总结，又反过来提高人类认识和改造自然的能力，促进现代经济的发展，推动生产关系变革、生产力发展、物质文明进步。

人文科学以价值本位、主客一体、虚实结合的人文社会现象为研究对象，以洞悉价值真谛、创造生命意义、提升人生质量、构筑人文精神为目的，以感悟、反思、直觉、情感思维、价值判断等为基本方法，以定量分析方法为补充，主要包括文学、语言、艺术、历史、哲学等主干学科，评价标准具有精神性、民族性、主体性、相对性，是人类文明发展的产物，推动人的价值实现、精神文明建设。

社会科学以整体性、经验性、规范性的社会现象为研究对象，力求揭示社会生活的本质和发展规律、改造社会现实、建设合理社会，以定性与定量分析的有机结合为基本手段，主要包括经济、政治、法学、社会、管理、教育等学科，评价标准具有多元性、功利性、历史性，推动了社会管理改善、制度文明建设、社会发展进步。

三大科学中，自然科学处于基础地位，独立发展的历史最为悠久，起着理论先导、实践开拓、范式建构和物质保障作用，是人文科学与社会科学发展的依托基础和物质技术条件。关于人文科学的地位和作用，学界一直见仁见智。英美学界认为，人文科学只是一门学问、学科，不能被称为科学，将人文科学一直排斥于科学门外。近代以来，在科学主义思潮的影响下，人文科学一直处于边缘地位，备受冷落；有些学者则认为，人文科学对于自然科学、社会科学具有根本性的定向、依据、评价和选择作用，呼吁尽快承认和恢复人文科学的相对独立性与在科学生态系统中的核心、灵魂地位。社会科学处于自然科学与人文科学之间的关键性中介地位，对自然科学、人文科学的发展起着主导、规范、协调和控制作用。

虽然人文科学与社会科学的研究对象和研究方法各有不同，对二者做出区分在理论上是必要的，但是在实践中对二者的区分很难操作。这是因为二者的研究对象有着密切联系。社会是由一个个有着目的意志、理想信念、价值追求的活生生的人所组成的。人们很难区分，由"人"所组成的"社会"，由"人"所开展的"社会活动"，究竟什么是"人文"，什么又是"社会"？瑞士心理学家让·皮亚杰认为，很难对"人文科学"与"社会科学"做出本质上的区分，因为社会现象往往具有人文特征，而人文科学又往往具有社会性，强调只有有效分辨"特定社会的东西"与"普遍人性的东西"时，"这种区分才有意义"。[①]《大不列颠百科全书》列举了经济、社会、政治、人类、心理、地理、教育、历史8个"社会科学"学科，联合国教科文组织则列举了社会、政治、心理、经济、人口5个"社会科学"学科与语言、人类、史学、艺术及艺术科学、法学、哲学6个"人文科学"学科。实际上，人文科学与社会科学之间有着不可分割的亲密关系，一些具体学科往往兼具

---

① 皮亚杰著、郑文彬译：《人文科学认识论》，中央编译出版社1999年版，第1~2页。

人文科学与社会科学双重属性,很难在二者之间做出清晰界定。如,历史学的研究对象属于社会科学,但研究方法更属于人文科学;又如,法学的研究对象属于社会科学,但研究方法更接近人文科学;再如,哲学、心理学、教育学等学科究竟属于社会科学还是属于人文科学,长期以来也存在很大争议。因此,有学者经常把人文科学与社会科学合在一起称为人文社会科学。我国人文社会科学包括哲学、文学、史学、经济、法学、管理、教育、艺术等学科门类,涵盖了数十个一级学科和二级学科,它们与工学、理学、农学和军事学等一道构成了当前我国的学科门类体系。

## (四) 科学方法

所谓科学方法,是指正确反映事物发展客观规律、符合科学一般原则、有效助推人类实践的途径和手段。科学方法的基本特征有:

第一,合目的性。任何方法都服务于一定的主体目的。马克思曾认为,"最蹩脚的建筑师"也有比"最灵巧的蜜蜂"[①]高明之处,因为人类能够在事先就在一定的目的支配下在头脑中灵活地根据对象的不同而制定出蓝图,并"懂得处处都把固有的尺度运用于对象",强调"历史不过是追求着自己目的的人的活动而已"。[②] 毛泽东也曾指出:"思想等等是主观的东西,做或行动是主观见之于客观的东西,都是人类特殊的能动性。这种能动性,我们名之曰'自觉的能动性',是人之所以区别于物的特点。"[③]马克思、毛泽东的论述说明,人类活动具有高度的自觉性、明确的目的性。目的是人类活动和方法改进的内在动力。科学方法是有助于实现人类活动目的的方法。人类为了达到一定的目的,实现一定的愿望,总是想法设法运用规律性认识去改进和完善方法。能够取得良好效果、有效实现活动目的的方法,会得到肯定、总结,并日趋完善和发展;反之,不能取得良好效果、无助于实现活动目的的方法,则需要被修正、完善乃至舍弃。

第二,合规律性。毛泽东认为,人类活动都受到一定客观规律的制约和支配,人类活动必须遵循与利用客观规律,才能如愿以偿,"如果不合,就会在实

①《马克思恩格斯文集》第5卷,人民出版社2009年版,第208页。
②《马克思恩格斯文集》第1卷,人民出版社2009年版,第163、295页。
③《毛泽东选集》第2卷,人民出版社1991年版,第477页。

践中失败"。① 规律是人类活动的制约条件，合规律性是方法科学的前提条件和必然要求。科学方法是合乎事物发展规律的方法。何谓规律？毛泽东认为，规律是"事物的全体的、本质的、内部联系的东西"，强调认识的根本任务在于把握客观事物的"规律性"。② 是否反映和符合规律、在多大程度上反映和符合规律，是判断一种方法是否科学、在多大程度上科学的根本衡量标准。

第三，有效性。科学方法是人类认识和改造世界的有效方法。合目的性与合规律性是科学方法的两个基本特征和必然要求。科学方法的有效性既取决于合目的性、合规律性，也取决于合目的性与合规律性是否统一、在多大程度上统一。一是取决于方法的合目的性。人类活动总是按照一定的目的和要求而进行的，总是服务于、服从于一定的目的。没有目的性的活动，就不是真正的人类活动。越合目的性，越有利于实现人类活动的目的的方法，对主体而言就越有效。二是取决于方法的合规律性。人类活动总是遵循着一定的规律，只有认识、利用、遵循事物发展规律，人类活动才会取得成功。正是由于规律的制约，人类才不会为所欲为、大胆妄为、胡作非为。越是反映事物发展规律的方法，就越可能取得积极效果。三是取决于方法的合目的性与合规律性的统一。人类活动中的合目的性与合规律性是对立统一的。一方面，目的是主观的，因人的主观意志而改变，总想力图摆脱规律的制约，规律是客观的，不以人的主观意志而转移，总是制约、支配目的。另一方面，目的与规律同时存在于同一人类活动过程中，因活动的产生、完成而相互作用、分离。目的依从规律而改变自己的内容与形式，利用规律改变与创造条件使活动与自己一致，目的本身就是主体自身的一种"规律"；而规律则独立地发挥作用，是事物自身的一种内在"目的"。合目的性而不合规律性的方法，必然最终也达不到目的；合规律性而不合目的性的方法，也是无用的方法；只有建立在对活动主体、活动客体、活动过程、活动规律的正确认识基础之上的，实现合目的性与合规律性的高度统一的方法，才是既科学又有效的。

第四，开放性。方法的科学性是相对而言的。一种方法不可能绝对科学，只是相对于其他方法而言，它更反映和符合客观规律，更有利于实现人类活动的目的，更有效而已。科学方法的开放性表现为其适用时效与范围的相对性。一种科

① 《毛泽东选集》第1卷，人民出版社1991年版，第284页。
② 《毛泽东选集》第1卷，人民出版社1991年版，第286页。

学方法，如果不能保持开放性，根据人类活动的目的和要求的变化、规律发生作用的条件的变化、人类对规律的认识的深化，做到因时而变、与时俱进，不断地对自身加以完善、改进，就会渐失其科学性；如果不能根据主体目的和客体属性的变化，做出相应的调适，不能做到因人而异、因事而异、"一把钥匙开一把锁"，其科学性就无法得以发挥和显现。

## (五) 方法论

关于方法论，学界有着多种理解。"方法论"一词，英译为"methodology"，即有关方法的理论，为英国哲学家弗兰西斯·培根首次提出，他在《新工具》一书中提出要以方法论体系武装科学。自培根之后，许多西方学者从不同视角就方法论发表了精辟见解。卡普兰认为，方法论是对方法的研究、描述、解释而不是方法本身；朗内斯特认为，方法论是方法的总称；《韦伯斯特大学词典》认为，方法论是对解决问题的原则与程序的一种分析。

国内学界多维度探讨了方法论的内涵。就方法论与世界观的关系而言，杨耕认为，世界观与方法论是统一的，哲学本身就是二者的统一；[①] 邹绍清认为，方法论"既是一种世界观的学说，又是一种方法的理论学说"。[②] 就方法论与人类活动的关系而言，梁慧星肯定"方法论与人的活动有关"，[③] 是服务于人的活动；金炳华认为，方法论是"认识世界和改造世界的方法的学说和理论"；[④] 王文卿认为："方法论是关于人们认识世界和改造世界的根本方法及其理论体系。"[⑤]就方法论与方法的关系而言，陈寿灿认为，方法论是"关于方法的规律性知识"；[⑥] 陈其胜认为，方法与方法论是辩证统一的关系，方法是方法论的原材料、基础、个别和具体，方法论是众多具体方法的共性和升华，是对方法的理论概括和总结、

---

① 杨耕：《马克思主义世界观和方法论的高度统一——〈马克思主义哲学十讲〉解读》，《北京行政学院学报》2014 年第 4 期，第 60 页。

② 邹绍清：《当代思想政治教育方法论发展研究》，人民出版社 2013 年版，第 17 页。

③ 梁慧星：《民法解释学》，中国政法大学出版社 1995 年版，第 81 页。

④ 金炳华：《马克思主义哲学大辞典》，上海辞书出版社 2003 年版，第 160 页。

⑤ 王文卿：《新编哲学辞典》，湖北教育出版社 1989 年版，第 63 页。

⑥ 陈寿灿：《方法论》，东北财经大学出版社 2007 年版，第 2 页。

系统化了的方法体系。①

可见，方法论是以方法为研究对象、研究内容、研究任务的理论，主要包括哲学方法论、科学方法论和技术方法论等。

## (六) 社会科学方法论

社会科学方法论是相对于自然科学方法论而言的。所谓社会科学方法论，是指进行社会科学研究的方法论，以社会科学研究方法为对象，主要研究其客观基础、本质根源、基本特征、运用规则，对各门具体社会科学研究具有普遍性指导意义，是解释预测社会发展变化的重要手段之一，有助于提升社会科学的研究水平。

社会科学研究必须坚持：

一是个体性与整体性的统一。社会科学的个体性是指社会科学以具体的、活生生的、个人的行为及动机为研究的基本对象，对之进行典型性、深入性、具体性分析；社会科学的整体性是指社会科学以社会关系、社会规范、社会运动为研究的基本对象，对之进行全面性、系统性分析。

一方面，社会是由个人组成的，宏大的历史事件、云集的人群、复杂的社会现象、整体的社会概念等，都可以追溯到个人参与者行动的结果。因此，社会科学研究必须注重采用分析或分解个体的方法。波普尔提出"方法论个人主义"，②主张依据个人的动机、愿望来建构社会学分析模式；沃特金斯强调，只有从个人的意向、信仰、资源，以及其相互关系出发，才能彻底解释"一种大规模的社会现象"。③

另一方面，人是社会关系的总和，社会关系与社会结构具有层次性、系统性，个人的行为、动机、态度具有偶然性，不能代表他人，必须从与他人、他物的联系中，才能准确把握和合理解释社会事实。因此，社会科学研究必须整体性把握事物的本质属性，探究个人行为和个人状况背后的社会关系和社会根源。迪

---

① 陈其胜：《"毛泽东方法论研究"中的基本概念辨析》，《世纪桥》2008年第2期，第9页。

② ［英］卡尔·波普尔：《历史决定论的贫困》，华夏出版社1987年版，第108页。

③ 转引自周林东：《科学哲学》，复旦大学出版社2004年版，第8页。

尔凯姆强调，社会现象、集体思想不同于、独立于个人之外，"对于个人来说是外在的"。① 菲利普也强调，不能根据得到的整体的部分的研究对整体"进行解释"。②

个体性研究和整体性研究都有其合理之处，但如果片面强调一点而忽视另一点，则都是错误的。社会现象是个体性和整体性的统一。马克思认为，人是一个特殊的个体，既是一个单个的存在物，也是观念的总体；既以直观与现实的样态而存在，也以生命表现的总体样态而存在，人的个体性与整体性不是绝对对立的，而是不可分割的。因此，社会科学研究必须保持个体性和整体性之间的合理张力和有机统一。

二是实证性与理解性的统一。社会科学的实证研究是一种超越或排斥价值判断，以对象之间的关系和变量为依据，分析和预测特定社会行为效果的一种纯客观研究方式；社会科学的理解研究是一种借助一定的思维方式，领悟事物的本质和规律的主观性研究方式。

一方面，社会现象的出现有其规律可循，需要应用实证方法。实证研究的理论具有可证实性，可以在实践中通过各种直接和间接的方式不断确证其真理性，检验其内在逻辑的一致性、结论与结果的相符性；实证研究的命题具有可批判性，在概念上具有可确定性、在语言上具有可分析性、在实在上具有可变动性。实证研究的方式具有可量化性，可以依据事物发展的规律最终诉之以数量上的描述限定、数据运算的分析处理、数据模型的构造设计。因此，实证研究有利于精准把握"人"与"社会"的客观存在性与规律性。

另一方面，社会现象作为社会科学的研究对象，涉及人的意志、情感、动机、愿望、信念、心理、判断等个别性、非确定性、非量化性因素，实证研究有其适用边界，社会科学研究不能只采用实证的方法，还必须加上"理解"方法。正是由于看到了这一点，伽达默尔批判了当时科学研究中较为普遍的客观主义和科学主义，强调"理解"是普遍性的，"理解"的经验乃是"先于现代科学并使之得以可能的东西"。③ 马丁·海德格尔也强调："理解，是人的生命意义，追求理解

① [法]埃米尔·迪尔凯姆：《社会方法的规则》，华夏出版社 1999 年版，第 8 页。
② [法]菲利普：《社会科学中的整体论思想》，宁夏人民出版社 1998 年版，第 36 页。
③ 伽达默尔著、洪汉鼎译：《真理与方法》上卷，译文出版社 1999 年版，第 5 页。

就是对生命意义的追求。善于理解，是对自身意识和行为的突破，是对生命的扩展和延续。"①狄尔泰全面阐释了"理解"，认为"理解"是一种在"体验"中的意义把握，即把"自我"移入"另我"、感同身受地重构性理解把握另一对象化的生命意义；"体验"建立在他人理解与自我理解的"相互作用之中"。② 体验是理解的基础，理解是把握意义的方法。

实证性方法与理解性方法各有其合理性与局限性。实证性方法有利于保证社会科学研究的规范性、研究成果的客观性和真实性，但要真正全面把握社会现象的特殊性、保持社会科学研究的独特性与主体性，就离不开理解性方法。否则，社会学科研究就成了无"人"的、僵死的教条式研究。

三是事实判断与价值判断的统一。一方面，科学的使命在于追求客观真理，研究者不应受到价值观念、价值判断、个人经验、个人目的等主观因素的干扰，尽力追求研究结论与客观事实的一致性或相符性。尽管社会科学知识的表现形式是主观的，表达者不可避免地带有主观目的，但是其内容和解释的规律是客观的，社会科学知识具有客观性，社会科学研究应当以事实为依据，聚焦事实，注重事实判断。

另一方面，社会科学的研究对象不是超然物外、完全自在的自然现象，而是具有人为特征的社会现象，是持有特定的价值目标、价值取向、价值追求、价值评判的人的活动；社会科学的认识客体是由认识主体根据自己的主观需求、主观经验而选择设定的；社会科学的研究主体都生活在一定的社会环境之中，都不可避免地会受到一定时代及一定社会的思想观念、文化传统、阶级立场、价值取向的影响，尽管这种影响有时是自觉的，有时是不自觉的。不受任何价值观念影响的主体是不存在的，不带有任何主观色彩、主观目的的绝对客观的思想观念也是不存在的。瓦托夫斯基、劳丹等人都强调，科学与价值不可分割。因此，社会科学是人类创造性活动的产物，内蕴着人类的动机与目标，其研究对象、研究内容、研究过程、评价体系都含有主观性、价值性元素，社会科学研究不可能把"事实判断"与"价值判断"截然分开。"物以类聚""人以群分""情人眼里出西施"

---

① 海德格尔著、陈嘉映等译：《存在与时间》，三联书店 1987 年版，第 47 页。

② 转引自洪汉鼎：《理解与解释——诠释学经典文选》，东方出版社 2001 年版，第 103页。

"仁者见仁，智者见智"等谚语俗语说明，"事实判断"与"价值判断"是密不可分的。

虽然事实判断有利于维护社会科学发展的自主性、客观性、真理性、纯洁性，但是只强调事实判断而忽视价值判断，把社会科学等同于一种纯技术手段，忽视其文化根源，就会割裂主观与客观、知识性与价值性之间的关系，实际上这即使在"纯粹"的经验科学领域内也难以坚持；价值判断有利于认清社会科学的意识形态、阶级性本质，但是只强调价值判断而忽视事实判断，就会损伤社会科学的知识性、科学性。因此，社会科学研究必须坚持客观性与价值性、事实判断与价值判断的有机统一。

# 二、马克思主义方法论

马克思主义方法论，集人类历史上方法论的优秀成果之大成，特别是批判性继承了唯物主义、辩证法、空想社会主义方法论，是指导无产阶级革命实践的科学武器。坚持马克思主义的指导，最重要的是坚持马克思主义方法论的指导，正如卢卡奇所指出的，"正统的马克思主义并不意味着无批判地接受马克思研究的结果。它不是对这个或那个论点的信仰，也不是对某本圣书的注解，马克思主义问题中的正统仅仅是指方法"。①

马克思主义方法论的内涵可以从多个维度加以把握。就主体而言，是指马克思主义经典作家、历代中国共产党领导人、历代马克思主义者的方法理论；就主要内容而言，可以分为马克思主义哲学方法、政治经济学方法、科学社会主义方法理论；就阶级性质而言，是指无产阶级认识和改造世界的方法理论；就本质属性而言，是指辩证唯物主义和历史唯物主义方法理论。

## (一) 马克思主义方法论的理论基础

世界观决定方法论，方法论反用于世界观。马克思主义方法论是马克思主义世界观的具体应用，马克思主义世界观是马克思主义方法论的理论基础。

---

① ［匈］卢卡奇著、杜章智译：《历史与阶级意识》，商务印书馆1999年版，第48页。

### 1. 辩证唯物主义

辩证唯物主义认为，物质与意识是决定与反作用的关系。物质范畴是辩证唯物主义的核心范畴。物质观是马克思主义的理论基石。列宁将"物质"定义为"标志客观实在的哲学范畴"。[①] 这一"物质"定义，内涵丰富：

（1）物质具有客观性。马克思、恩格斯认为，物质概念是从多种"物"的总和中抽象出来的，对事物的共同属性的概括。物质是客观存在的，不依赖人们的主观意识而存在，具有相对于意识的独立性和不以人的主观意志为转移的客观实在性。

（2）物质具有先在性。物质是世界的本原，具有相对于人类和意识的先在性、根源性，物质决定意识，意识是物质的反映，"世界的真正的统一性在于它的物质性"。[②] 对此，马克思、恩格斯认为，意识是人脑对物质的能动的反映；列宁也认为，意识是物质的产物。

（3）物质具有可知性。意识虽然依赖、依附于物质，但并不是完全消极被动的，意识可以反作用于物质，可以"感知""复写、摄影、反映"物质，人类认识能够把握物质的本来面目、发展规律和内在本质。

（4）物质具有实践性。马克思指出："抽象的唯灵论是抽象的唯物主义；抽象的唯物主义是物质的抽象的唯灵论"，[③] 强调只有在实践中谈论物质才有意义，指出："对对象、现实、感性只是从客体的或者直观的形式去理解，而不是把它们当做人的感性活动，当做实践去理解。"[④]恩格斯认为，旧唯物主义的一个局限在于不懂得用发展的眼光理解物质，主张对物质的理解要引入实践思维。

### 2. 唯物辩证法

辩证法在马克思主义思想体系中处于核心地位，包括联系、发展、矛盾三大观点，对立统一、质量互变、否定之否定三大规律，原因与结果、必然性与偶然

---

① 《列宁专题文集·论辩证唯物主义和历史唯物主义》，人民出版社 2009 年版，第 35 页。
② 《马克思恩格斯文集》第 9 卷，人民出版社 2009 年版，第 47 页。
③ 《马克思恩格斯全集》第 1 卷，人民出版社 1956 年版，第 355 页。
④ 《马克思恩格斯文集》第 1 卷，人民出版社 2009 年版，第 503 页。

性、可能性与现实性、现象与本质、内容与形式五对范畴。恩格斯强调，只有真正懂得唯物辩证法方法论的人，才配称马克思主义者；唯物史观的应用，只有借助于辩证法才有可能。列宁强调，唯物辩证法在马克思主义理论体系中居于"精髓""灵魂""基础"地位，起着支配作用，具有"决定意义"。诺曼·莱文认为，辩证法是"马克思整个体系中最重要的方面"，是马克思的"统一概念和中心观点"，是马克思的"世界观的轴心"。①

马克思为了"发现神秘外壳中的合理内核"，② 于是把黑格尔倒立着的辩证法又倒过来，将辩证法建立在唯物主义基础之上，创立了唯物辩证法，克服了机械唯物主义的根本缺陷，把批判性、革命性作为唯物辩证法的本质。

### 3. 辩证唯物主义认识论

实践与认识之间有着决定和能动的反作用的关系，是辩证唯物主义认识论的基本观点。实践观是辩证唯物主义认识论的基本观点，与以往一切旧哲学的根本区别。马克思曾自称"实践的唯物主义者""实践的共产主义者"。列宁也曾强调实践观是辩证唯物主义认识论的"首要的和基本的观点"。③ 辩证唯物主义实践观的主要内容包括：

（1）实践具有权威性。真理是主体对客体及其规律的正确反映。检验认识的真理性，就是验证主观认识是否符合客观实际，这在纯主观或纯客观领域内都无法实现，只有实践才是联系主客观的桥梁，只有在实践中才能验证认识的真理性。

（2）实践是合目的性与规律性的统一。实践是受到客观规律制约的主体目的性活动。一方面，实践是主体实现自身追求而进行的自觉性、选择性、创造性、能动性、自主性活动，具有目的性；另一方面，实践的主体、对象、手段都是客观的，受到客观事物的属性和发展规律的制约。主体目的性的满足与客观规律性的制约是有机统一的。

（3）实践具有社会性。人类要生存，就必须解决吃、穿、住、用、行等生活

---

① 诺曼·莱文：《辩证法内部对话》，云南人民出版社 1997 年版，第 1 页。
② 《马克思恩格斯文集》第 9 卷，人民出版社 2009 年版，第 441 页。
③ 《列宁专题文集·论辩证唯物主义和历史唯物主义》，人民出版社 2009 年版，第 49 页。

资料，而这些必需的生活资料，只能通过生产实践创造出来。"劳动创造了人本身。"①实践是人类存在和发展的根本方式。离开了实践，人类将无法生存，更谈不上发展。

（4）实践具有价值性。实践是人类认识和改造世界的根本手段，是实现人的自由而全面发展的根本途径。人类只有在改造自然界的社会实践中，才能获得真正的解放，"关于人的科学本身是人在实践上的自我实现的产物"。②

### 4. 唯物史观

唯物史观是马克思主义思想体系最重要的基石。恩格斯强调，"新的历史观"即唯物史观"在整个世界史观上实现了变革"，③ 是马克思主义创立的重要标志，他把唯物史观与剩余价值并称为马克思的两个伟大发现，强调正是由于马克思主义的这"两个伟大发现"，才使得"社会主义变成了科学"。④

## （二）马克思主义方法论的基本原则

马克思主义方法论的基本原则，是指对马克思主义方法论的基本要求，主要包括以下几个方面：

### 1. 客观性

"所谓客观性原则，就是从主客体的客观物质性出发说明主客体及其关系。它主要强调客体对主体的独立性和不依赖性，以及主体的受动性、受制约性、受束缚性。客观性原则就是物质性原则。"⑤马克思主义认为，事物是客观存在的，事物的发展有其内在的客观规律。人类与自然界打交道，必须遵循客观规律。

客观性原则是马克思主义方法论的基本原则，体现于马克思主义的自然观、社会观、历史观、价值观、认识论和实践论等各方面。马克思主义认为，自然界

---

① 《马克思恩格斯文集》第 9 卷，人民出版社 2009 年版，第 550 页。
② 《马克思恩格斯文集》第 1 卷，人民出版社 2009 年版，第 242 页。
③ 《马克思恩格斯文集》第 3 卷，人民出版社 2009 年版，第 457 页。
④ 《马克思恩格斯文集》第 3 卷，人民出版社 2009 年版，第 546 页。
⑤ 郝贵生：《实践唯物主义是主体性原则和客观性原则的辩证统一》，《天津师大学报》1989 年第 5 期，第 12 页。

有其运行的客观规律，对自然界的认识和改造必须遵循其客观规律，人类属于自然界的一部分，人类强于动物的地方正在于人类"能够认识和正确运用自然规律"。①

马克思主义认为，人类社会是客观的，人们的选择和创造受到生产力和生产关系等客观物质力量的支配，人们的主观动机、目的受到社会物质生活条件和客观要求的制约。社会发展是各种力量"合力"作用的结果，像自然界一样，有其客观性，任何一个人的活动虽然在社会发展中都起着或大或小的作用，但又无法阻挡和改变社会发展的总进程、总趋势。

马克思主义认为，真理是主体意识与客体实情之间的符合，强调认识对象具有客观性，"不依赖于我们而存在的"；② 强调必须坚持认识的客观性原则，要求人们在认识客观事物时，必须坚持一切从实际出发，以"事实"为依据，而不能凭主观想象、先入为主；强调实践标准是客观的，要求"从物质实践出发来解释各种观念形态"，③ 认为如果离开了实践、离开了实践的人，思想就无法得以实施和实现。

## 2. 主体性

"所谓主体性原则，就是从主体即从人本身主要是从人的目的、意志、感情、欲望、价值、需求等等出发来说明主客体及其关系。它强调主体的能动性和创造性，抬高人的地位和作用，弘扬人的价值，强调客体对主体的被改造性和依从性。"④马克思主义重视人的主体性，主张从主体的内在要求出发，发挥主体在活动中的自觉能动性。马克思主义方法论的主体性原则是对实践活动中人的主体性的理论抽象。各种原则都是人类认识和改造世界的实践经验的抽象。

人在实践中发挥能动性和创造性，不断推动世界发展。马克思主义方法论的主体性原则集中表现为实践基础上的能动性与创造性相统一。能动性是人的自觉

---

① 《马克思恩格斯全集》第 20 卷，人民出版社 1971 年版，第 519 页。
② 《列宁专题文集·论辩证唯物主义和历史唯物主义》，人民出版社 2009 年版，第 24 页。
③ 《马克思恩格斯选集》第 1 卷，人民出版社 2012 年版，第 172 页。
④ 郝贵生：《实践唯物主义是主体性原则和客观性原则的辩证统一》，《天津师大学报》1989 年第 5 期，第 12 页。

主动性，是主体性的主要表现。能动性不仅表现为人的意识能动性，而且表现为人的活动能动性。主体不是受制于物的被动存在，在实践中主体可以根据自己的需求选择一定的"外物"，与之形成特定的主客体关系，可以调适自己的主体意识，改进自己的行为方式，以更好地实现主体愿望。

创造性是人作为主体的质的规定性，是主体性的突出表现。主体可以通过创造性过程，形成创造性结果，创造出新的世界。创造性过程由透过现象看本质并形成科学理论的创造性认识过程和运用科学理论改造世界的创造性活动过程两部分所构成。主体不仅创造着自然界，而且创造着社会，不断改善自己的生存条件。自然主义历史观片面强调自然界对人的制约作用，而忽视人对自然界的反作用，忽视了人可以按照自己的主观需求，遵循和运用客观规律，能动地改造自然界。

实践基础上的能动性与创造性相互制约、相互统一。能动性是创造性的前提，没有能动性，就没有创造性；创造性是能动性的升华，没有创造性，能动性只能停留在"复印"式阶段，二者共同构成马克思主义方法论主体性原则的两大支柱。

马克思主义方法论的客观性原则与主体性原则，不是相互排斥、彼此割裂的，而是在实践基础上的对立统一。把二者绝对对立起来的单纯主体性或单纯客观性观点，都是片面的。

3. 整体性

所谓整体性原则，就是以整体的观点去认识事物。马克思主义认为，事物的联系具有普遍性，强调客体和思想行为的整体性。马克思主义方法论的整体性主要体现在以下三个方面：

(1) 它是作为一个"艺术的整体"而存在的。"整体性是马克思主义理论的根本属性、重要特征和精神实质。在马克思主义理论的形成和发展过程中，马克思主义哲学、马克思主义政治经济学、科学社会主义等内容并不是彼此分开的，而是始终密切地联系在一起，构成了一个完整的马克思主义理论体系。"① 马克思主

---

① 崔华前：《论思想政治教育学科建设的马克思主义旨归》，《高校理论战线》2009年第12期，第55页。

义方法论不是杂乱无章、零散的，而是在深刻总结事物发展规律的基础上形成的一个结构完整、逻辑严密的科学思想体系。辩证唯物主义与历史唯物主义，是贯穿于马克思主义方法论发展过程之始终，体现于马克思主义方法论的各构成要素并使它们有效联为一个有机整体的根本方法，是科学把握马克思主义方法论整体性的一条"红线"。马克思曾评价《资本论》是"一个艺术的整体"。① 列宁也曾认为，"马克思的观点极其彻底而严整"，② 马克思学说是一个完整的世界观。罗莎·卢森堡也曾强调，马克思主义是"是一个巨大的整体"。③ 可见，马克思主义方法论是一种关于整个世界的整体性方法论。

（2）它的生成流变是一个理论和实践相统一的连续过程。美国著名历史学家莫里斯·迈斯纳强调，分析、探讨马克思主义不能只从理论的角度进行纯粹的理性分析，而必须坚持理论与历史环境、历史条件的相互统一；要避免教条主义式地认识和对待马克思主义，就必须坚持"理论与实践的能动统一"。④ 马克思主义方法论的生成流变轨迹体现为一个理论与实践不断碰撞、彼此交融、双向流动的连续过程。马克思主义方法论的每一步发展都是一个理论与实践相互促进、相互成就的过程，既是工人阶级实践经验的凝练提升，又是工人阶级实践斗争的现实需要；既在工人阶级的实践斗争中不断得以检验，又随着工人阶级的实践斗争不断丰富完善。"理论和实践的统一不仅在理论之中，而且也是为了实践。"⑤

（3）它以整体视野去审视世界。马克思主义注重从整体上来把握人与自然的关系，社会的总体运动和结构，社会有机体的内在组织结构。如，马克思在把握经济关系变化过程时，是把生产、分配、交换、消费等环节当做一个有机联系的整体，把它们当做经济过程的诸环节和构成要素，从整体上加以考察、把握的。又如，马克思在认识个人与社会的关系时，既把具体的、现实的、活动着的个人作为把握社会的总体运动和整体结构的出发点，又认为个人总是处于一定的生产关系中，从属于一定的社会群体。

---

① 《马克思恩格斯全集》第 31 卷，人民出版社 1972 年版，第 135 页。
② 《列宁专题文集·论马克思主义》，人民出版社 2009 年版，第 7 页。
③ ［德］罗莎·卢森堡：《卢森堡文选》上卷，人民出版社 1984 年版，第 476 页。
④ ［美］莫里斯·迈斯纳：《全球化时代的"马克思主义"》，中央编译出版社 1998 年版，第 194~195 页。
⑤ ［匈牙利］卢卡奇：《历史与阶级意识》，商务印书馆 1999 年版，第 96 页。

### 4. 具体性

具体问题具体分析是矛盾特殊性原理的方法论运用，是马克思主义方法论的基本要求。

马克思反对"抽象的人"，抽象地谈"人"，反对思辨哲学家把人看做抽象的东西，认为离开具体的分析就没有任何价值，强调"人"不是虚幻的、抽象的、与世隔绝的，而是现实的、具体的、有血有肉的，提出人的本质是"一切社会关系的总和"①的著名论断，强调要对"人"作具体的分析。

具体分析在马克思主义方法论体系中居于"灵魂"地位。马克思主义要求认识和改造世界，必须深入实际，从具体条件出发，了解具体事物；透过具体现象，发现具体事物的具体联系和本质；根据具体条件下的具体事物的具体联系和本质，采取针对性措施，解决具体问题。

### 5. 发展性

坚持发展地而不是静止地看问题，在相对静止中去把握运动，在运动中去把握事物发展的动因与条件、趋势和规律，是马克思主义方法论的基本主张。马克思主义认为，运动"是物质的存在方式"②与根本属性，自然界、人类社会和思想认识都处于不停运动、无限变化和永恒发展过程中，指出："一切都是相对的，一切都是流变的，一切都是变化的。"③

马克思主义认为，发展是事物由低级到高级、由简单到复杂的运动及变化过程，是新事物不断代替旧事物的过程，但是，发展是有条件的、有规律的，当条件不具备、不成熟时，事物是无法形成、无法实现发展的；当条件具备、成熟、内外依据充足时，事物是不会消亡的。用发展的眼光看问题，就必须把事物看成一个发展过程，认清事物在发展过程中所处的阶段和地位，积极创造条件，促成事物发展。发展具有客观性，自然界通过新陈代谢不断发展，人类社会通过依次更替实现发展。新事物取代旧事物——新事物逐渐丧失其存在的合理性和必然性

---

① 《马克思恩格斯选集》第 1 卷，人民出版社 2012 年版，第 139 页。
② 《马克思恩格斯文集》第 9 卷，人民出版社 2009 年版，第 64 页。
③ 《列宁专题文集·论辩证唯物主义和历史唯物主义》，人民出版社 2009 年版，第 338 页。

而成为旧事物——新事物被更新的事物所取代，是整个世界发展的基本样态。发展的具体形式多样，基本形式有"和平地代替"与"通过暴力来代替"①两种。

### (三) 马克思主义方法论的本质特征

马克思主义方法论的本质特征，是指其固有的带有根本性的特点和标识，是其区别于其他方法论的显著标志。

如前所述，关于马克思主义方法论的本质特征，从"二特征说""三特征说"到"四特征说"，乃至更多特征说，学者们从不同视角凝练了诸如实践性、科学性、先进性、阶级性、批判性、革命性、人民性、价值性、整体性、发展性、开放性、时代性、创造性等多种特征，可谓见仁见智。但是，其一，在这些特征中，究竟哪些是马克思主义方法论的本质特征，哪些是马克思主义方法论的重要特征，应该怎么区分？这需要我们做出回答。其二，有些表述虽然说法不同，但视角相同，反映的都是马克思主义方法论的某一方面特征，如科学性与先进性，阶级性、革命性与人民性，发展性、开放性、时代性等，究竟哪种表述更为精当？这需要我们进一步深入辨析。其三，这些特征不是杂乱无章、无序随意的，而是既彼此独立又相互统一、紧密联系的，因此在表述上不应该彼此重复、相互包含、互为交叉，而应该是由既相互并列又彼此关联的几个范畴所构成的，这同样需要我们进一步深入凝练。

综合经典作家的相关论述、学界的已有成果，实践性、科学性、人民性、开放性更能准确反映马克思主义方法论的本质特征。这是因为：其一，马克思主义方法论具有实践性、科学性已成为学界的共识，其他一些特征根源于这两个特征，如先进性根源于科学性。其二，人民性、开放性比其他表述更为精当，更能反映马克思主义方法论的本质。如其他一些处于上升期的剥削阶级的方法论，虽然也具有批判性、革命性、价值性，但都是剥削阶级利益的代表，只有马克思主义方法论是真正站在人民的立场上进行批判与革命的，且人民性凸显了马克思主义方法论的阶级立场。又如，开放性与发展性、时代性等范畴，视角相同，都反映了马克思主义方法论与时俱进的理论品质，但相对而言，开放性更为精当。

---

① 《马克思恩格斯文集》第4卷，人民出版社2009年版，第269页。

### 1. 实践性

马克思一直强调自己的学说是实践的学说，认为科学理论一经为群众所掌握，就可以变成认识世界和改造世界的强大"物质力量"与"精神武器"。毛泽东强调，马克思主义是服务于无产阶级革命实践的科学理论，阶级性和实践性是马克思主义的"两个最显著的特点"。① 马克思主义方法论产生于、服务于、被检验于、发展于实践中，实践性是马克思主义方法论区别于其他方法论的显著特征。

### 2. 科学性

马克思主义方法论是对事物发展的本质与规律的正确反映与应用，吸收传承了人类思想史上的一切方法论优秀成果。马克思主义方法论之所以以强大的吸引力为全世界无产阶级所信仰，就是因为它是正确的。世界观决定方法论，马克思主义方法论是科学的，是因为马克思主义世界观是科学的。马克思主义科学揭示了自然界发展的客观规律，科学揭示了人类社会发展的内在规律和必然趋势，科学揭示了人类认识的发展过程和发展规律，既是科学的世界观，也是科学的方法论；马克思主义方法论是科学的，是因为它给无产阶级提供了科学的理论分析与理论指导。马克思主义发现和运用唯物史观、剩余价值规律，科学分析了无产阶级受剥削、受压迫的根源，科学预测资本主义必然灭亡、社会主义必然胜利的人类社会发展必然趋势，科学建构了没有剥削、没有压迫、人人平等、人人自由的共产主义社会理想；马克思主义方法论是科学的，是因为它是全世界无产阶级科学思想的结晶。马克思主义是无产阶级革命实践的经验总结，是一代代马克思主义者和共产主义者集体智慧的结晶。

### 3. 人民性

马克思主义方法论具有鲜明的阶级性和价值性，是人民的理论，第一次创立了人民实现自身解放的方法论。是否坚持为人民服务，是区分真假马克思主义的试金石。在阶级社会中，意识形态不可避免地具有阶级性，但统治阶级"为了掩盖意识形态的阶级性，掌控意识形态的主导权"，总是"给本阶级的意识形态披

---

① 《毛泽东选集》第 1 卷，人民出版社 1991 年版，第 284 页。

上'社会性'、'普遍性'的外衣",声称'自己的利益'是'普遍的利益'","尽管毫无依据和非常虚伪",① 但他们仍乐此不疲。而马克思、恩格斯公开承认自己的理论具有鲜明的阶级性,公开声明自己的理论是为工人阶级和劳苦大众服务的,将代表和维护最广大人民的根本利益作为自己全部理论的出发点和落脚点,把"为绝大多数人谋利益"作为毕生的价值追求,不谋求任何私利,不抱有任何偏见,始终保持"毫无顾忌和大公无私"②的人民性的阶级品质。马克思主义与一切剥削阶级思想理论重要区别之一在于,是否敢于公开地、真实地承认自己的阶级性。马克思主义由于始终代表社会绝大多数人的利益,因此敢于公开地、真实地承认自己的阶级性;而一切剥削阶级思想理论由于代表着少数剥削阶级的利益,因此自始至终都不敢公开地、真实地承认自己的阶级性。

### 4. 开放性

马克思主义方法论的适用范围具有开放性,不是局限于某一个狭窄的领域,而是面向整个世界,是个既严整又开放的理论体系;马克思主义方法论的理论视野具有开放性,不迷信已有权威,而是以批判的视野,面向未来,向着未来开放,紧跟时代步伐,海纳百川、包容开放;马克思主义方法论的理论品格具有开放性,从唯物辩证法出发,强调世界处于不断发展变化中,从实践中产生,又回到实践中去,在与实践的双向互动中与时俱进。

马克思主义方法论的各本质特征是内在关联、有机统一的,它们共同揭示了马克思主义方法论的本质。"科学性与革命性在实践基础上的统一",最为准确地揭示了马克思主义方法论的本质特征。这一表述的价值在于:

一是准确性。马克思主义方法论的本质集中体现为"两个统一",即科学性与革命性的统一、理论与实践的统一。"科学性与革命性在实践基础上的统一"这一表述,准确体现了"两个统一"。

二是包容性。"科学性与革命性在实践基础上的统一"这一表述,"容纳了科学性与批判性的统一、科学性与价值性的统一、科学性与阶级性的统一、科学性

---

① 崔华前:《剖析"普世价值观"的马克思主义科学方法》,《马克思主义研究》第 2 期,第 98~99 页。

② 《马克思恩格斯文集》第 4 卷,人民出版社 2009 年版,第 313 页。

与实践性的统一，等等，最集中地体现了马克思主义的本质特征，是对马克思主义基本特征的集中概括"。①

三是整体性。马克思主义方法论是一个不可分割的整体，但是，仍有人试图割裂马克思主义方法论的整体性，主要错误有：

一是割裂科学性与革命性的关系。马克思主义方法论的形成源自工人阶级的革命斗争需要，同时又为工人阶级的革命实践提供了科学工具。"社会的最下层"的阶级地位、"为绝大多数人谋利益"的历史使命、"大公无私"的阶级品格，决定了工人阶级的根本利益与社会前进方向的高度一致性，决定了马克思主义方法论能够实现科学性与革命性的高度统一。科学性与革命性的统一，是马克思主义方法论区别于其他一切剥削阶级方法论的本质特征，片面强调其科学性而否定其革命性或片面强调其革命性而否定其科学性，都是错误的。

二是割裂科学性与实践性的关系。马克思主义不是书斋中的学问，不是一种纯粹解释世界的学说，而是直接服务于无产阶级革命实践的科学理论，是从实践中来、到实践中去、在实践中接受检验、随实践而不断发展的科学学说。马克思主义方法论，既是一种实践方法论，也是一种科学方法论。马克思主义方法论的科学性与实践性不可分割，科学性来自、反哺于实践性，实践性保证和彰显着科学性。

三是割裂革命性与实践性的关系。马克思主义的革命性体现为唯物辩证法的斗争性、对不合理社会的批判性、价值取向的人民性。在马克思主义语境中，革命不只是一种思想革命，更是一种以物质力量摧毁物质力量的实践革命。马克思主义的革命性与实践性密不可分，革命性也是一种实践特征与实践精神。

上述种种割裂马克思主义的错误，根本原因在于没有把握和人为否定"科学性与革命性在实践基础上的统一"这一马克思主义的本质特征。因此，这一表述，有利于纠正各种割裂马克思主义的错误，维护马克思主义的整体性。

## (四) 马克思主义方法论的价值功能

马克思主义方法论的价值功能，是指马克思主义方法论可以为无产阶级认识

---

① 刘建军：《论马克思主义的基本特征》，《高校马克思主义理论研究》2015 年第 1 期，第 10 页。

和改造世界，提供科学的思想引领、强大的力量支撑、有效的工具手段。

## 1. 对马克思主义方法论价值功能的错误认识

目前在国内外复杂环境的影响下，"从国际上看，世界范围内社会主义和资本主义在意识形态领域的斗争和较量将是长期的、复杂的，有时甚至是非常尖锐的，苏联解体、东欧剧变极大地震撼了人们的思想，西方敌对势力正借社会主义、共产主义事业暂时处于低潮之际加紧对我国实施'西化'、'分化'图谋和资产阶级意识形态的强势渗透，它们将政治扩张作为中西政治文化交流的主要目的，不遗余力地向我国推销其政治思想、政治理念、政治制度、政治模式；从国内看，随着我国经济成分、组织形式、就业方式、利益关系和分配方式的日益多样化，人们思想活动的独立性、选择性、多变性、差异性明显增强，各种社会思潮十分活跃，它们相互激荡、消长、竞争，对不同的群体产生不同的影响。在我国意识形态领域，各种'噪音'、'杂音'不断喧嚣，各种非马克思主义、反马克思主义者利用人们对我国社会发展中出现的贫富差距拉大、腐败等不公、不良现象的不满和痛恨，抓住一切契机，利用各种手段，和国外敌对势力遥相呼应，大肆宣扬'西化'、'民主社会主义'、'普世价值'等资产阶级自由化思潮，任意歪曲、修正乃至从根本上否定马克思主义"。① 关于马克思主义方法论，仍然存在着种种错误认识：

一是"教条论"。"教条论"不懂得"具体问题具体分析"这一马克思主义的精髓和灵魂，不会创造性、灵活性运用马克思主义，不能在实践中丰富发展马克思主义，而是把马克思主义当做包治百病的"灵丹妙药"、开启众门的"万能钥匙"，无论生了什么病，想一针下去马上见效；无论什么锁，都能用这把钥匙打开。似乎当今时代的一切问题、矛盾、"疑难杂症"都能从马克思主义经典著作中找到现成答案，都能机械地简单套用马克思主义加以解决，一旦不能得偿所愿，便从根本上怀疑、否定马克思主义。

二是"过时论"。"过时论"不懂得马克思主义是个系统完整、与时俱进、开放的理论体系，把马克思主义等同于马克思主义经典作家的理论，认为马克思主

---

① 崔华前：《论我国政治学学科发展的马克思主义路径》，《政治学研究》2010 年第 5 期，第 32 页。

义只是一个指导革命的理论，适用于、服务于革命年代的无产阶级斗争实践，如今时过境迁，新时代的主要任务是经济建设、推动高质量发展，用马克思主义指导新时代实践显然已经"不合时宜"。

三是"空想论"。"空想论"不懂得马克思主义科学揭示了事物发展的最普遍、最一般规律，使社会主义由空想变为科学，不懂得实现共产主义理想是一个曲折性与前进性相统一的漫长过程，因为共产主义事业受到暂时挫折就认为共产主义理想是一个永远不可能实现的"乌托邦"、马克思主义社会理想没有任何现实价值。

四是"失败论"。"失败论"不懂得苏东剧变的根本原因正是由于放弃、背离马克思主义的指导所致，看不到或者否定科学社会主义在 21 世纪的中国焕发出的强大生机活力与取得的巨大成就，弹冠相庆于苏东剧变，认为马克思主义"原本就不正确"，业已归于失败。

五是"学派论"。"学派论"不懂得马克思主义是一个革命性与科学性高度统一的理论体系，片面强调马克思主义的科学性，而忽视其指导无产阶级实践的革命性，强调它与其他思想理论是"平权的""没有谁指导谁的问题"，将之视为众多思想理论中的普通一种，主张把它作为一种普遍的理论、普通的学派，只需对其进行学理性研究。

### 2. 科学理解马克思主义方法论的价值功能

面对关于马克思主义的种种质疑，中国政治学会现任会长、中国社会科学院原副院长李慎明强调，在阶级社会中，"马克思主义的基本原理和立场、观点、方法"是完全正确的，永远"不会过时"。[①]

（1）马克思主义基本方法是正确的。马克思主义基本方法是"完全正确的"，永远"不会过时"，马克思主义方法论是人类认识和改造世界的科学方法论。法国科学家保罗·郎之万把马克思主义辩证唯物主义称为一次巨大的革命；英国科学家贝尔纳认为，马克思、恩格斯创立的关于社会的新科学，是一个巨大的成就，可与伽利略对自然科学的贡献相比，或者可与达尔文对生物学的贡献相比，

---

① 李慎明：《当代中国政治学研究中的几个问题》，《河北学刊》2007 年第 3 期，第 49 页。

指出："马克思主义的价值在于它是一个方法和行动的指南，而不在于它是一个信条和一种宇宙进化论。"①英国伦敦大学生物学教授哈登在伯明翰大学以《马克思主义的哲学与科学》为题作了系统的演讲，认为马克思主义有助于科学工作，公开声明要像恩格斯许多年前所做的那样，尝试把马克思主义用到今天的科学里去。20 世纪末，马克思在英国广播公司全球范围"千年思想家"网上评选活动中得票高居榜首，充分证明马克思主义的巨大价值功能已为世人所广泛认可和高度认同。

（2）马克思主义方法论有其适用的时空范围。马克思主义揭示了人类"在共产主义实现之前"的社会发展基本规律，马克思主义的基本原理和立场、观点、方法"在人类实现共产主义社会之前"是完全正确的，说明马克思主义方法论的科学性、价值性不是无条件的、绝对的，而是有其适用的时空范围，适用于"在共产主义实现之前"的一切人类社会。

（3）马克思主义某些具体方法具有局限性。马克思主义的基本原理和立场、观点、方法是完全正确的，并不代表马克思主义每一个具体方法、具体结论都是绝对的、永恒正确的。恩格斯就曾坦言《共产党宣言》中的"对于社会主义文献所作的批判"是"不完全的"，"关于共产党人对待各种反对党派的态度的论述"的"实际运用""已经过时"。②

我们既不能因为马克思主义方法论的科学性、价值性，而看不到马克思主义某些具体方法和个别结论的局限性，更不能因为某些具体方法、个别结论的历史局限性，而从根本上否定马克思主义方法论的科学性和价值性。

### 3. 马克思主义方法论的主要价值功能

列宁强调："马克思学说具有无限力量，就是因为它正确。"③"无限力量"，正是指马克思主义方法论具有的巨大价值功能。

（1）提供无产阶级分析问题、解决问题的科学工具。马克思主义方法论科学把握了事物发展的最普遍、最一般规律，科学解释了人与自然、人与人的关

---

① 贝尔纳：《科学的社会功能》，商务印书馆 1982 年版，第 550 页。
② 《马克思恩格斯文集》第 2 卷，人民出版社 2009 年版，第 6 页。
③ 《列宁专题文集·论马克思主义》，人民出版社 2009 年版，第 67 页。

系，是指导无产阶级认识和改造世界的科学工具。马克思主义方法论的真理性、价值性已为无产阶级革命实践特别是中国特色社会主义革命、建设、改革实践所证明。无产阶级之所以选择马克思主义，是因为马克思主义能够解决实际问题，能够指导无产阶级在实践中获取成功。马克思主义方法论的价值功能，不仅体现于其实事求是的理论力量，更体现于其改变世界的实践力量。马克思主义方法论是黑暗中的指路明灯，照亮了历史万古长夜，引发了社会巨大变革，使人类发展迎来了最壮丽的日出。在马克思主义方法论的指导下，四海翻腾云水怒，五洲震荡风雷激，国际共产主义运动风起云涌，浩浩荡荡。马克思主义方法论是"显微镜"，能够帮助人们透过现象看本质，为人们释疑解惑，科学解答人们所关注的热点难点重点问题；马克思主义方法论是"照妖镜"，能够使各种"妖魔鬼怪"无所遁形，帮助人们"杀菌消毒"，消除各类有害"微生物"的侵蚀；马克思主义方法论是"望远镜"，能够帮助人们准确把握历史大势和历史规律，真正树立坚定的马克思主义、共产主义、中国特色社会主义理想信念。正因如此，无产阶级政党一直重视通过各种喜闻乐见、生动活泼的宣传教育方式，用马克思主义武装广大人民群众，把马克思主义有效转化为人民群众认识和改造世界的科学工具。

（2）提供无产阶级维护政权稳定、社会安定的有效手段。"如果从观念上来考察，那么一定的意识形式的解体足以使整个时代覆灭。"①每一个新兴的革命阶级要推翻旧阶级的统治，总是尽力给自己的思想抹上理性色彩，赋以普遍性形式，以便最大限度地团结和调动革命力量。敌对势力要推翻一个政权，往往总是以意识形态为突破口，试图制造民众的思想混乱。一个政权的稳定稳固、一个社会的和谐稳定离不开对意识形态的维护和社会力量的整合。一些敌对势力与敌对分子总是想方设法要颠覆我国人民民主专政政权、搞乱人民当家做主的和谐社会，这就需要用服务于人民的意识形态来抵御敌对势力与敌对分子思想上的颠覆渗透。马克思主义正是服务于人民的方法论，可以有效引导人们科学完整地分析、思考、解答诸如公有制与非公有制、"共富"与"先富"、社会主义意识形态与多样化社会思潮、中国共产党领导与多党合作、个人利益与国家利益、独立自主与对外开放、政府调控与市场调节、疫情防控与经济社会发展、内循环与外循

---

① 《马克思恩格斯全集》第 30 卷，人民出版社 1995 年版，第 539 页。

环等多对关系；可以引导人们认清中国式民主是维护人民根本利益及保障人民当家做主的最真实、最广泛、具有无比优越性的民主，在中国行得通、很管用，自觉理解、主动配合、积极支持党的各项路线、方针、政策；可以引控、规整、聚合人们的思想认识，协调好各种社会关系，解决好各种社会矛盾，平衡好各方社会力量，达成价值追求的最大公约数，维护政权稳定、社会安定。

（3）提供新时代中国实现国家富强、民族复兴的精神动力。独特的基本国情和文化传统，注定了中国的国家富强、民族复兴之路必须是前人没有走过的路，注定了在这条路上前行必然会遇到很多沟沟坎坎、激流险滩。没有坚定的信仰、坚强的意志、坚韧的毅力是无法到达成功彼岸的。费希特曾说："信仰是提高我们的情绪，鼓舞我们的生活的唯一有生气的原则。"①孙中山也说："吾心信其可行，则移山填海之难，终有成功之日；吾心信其不可行，则反掌折枝之易，亦无收效之期也。"②"普通人如果信仰了主义，便深入刻骨，便能够为主义去死。"③这些论述，都旨在强调信仰的力量。中国共产党人的内在精神动力和强大精神支撑是马克思主义信仰。马克思主义理想信念，可以指导中华儿女确立科学的奋斗目标，增强中华儿女投身国家、民族伟业的内生动力，坚定中华儿女战胜各种艰难险阻的信心信念，提供国家富强、民族复兴的科学指引。

# 三、当代中国马克思主义方法论

当代中国马克思主义方法论，是一个内容丰富、层次分明、体系严整、逻辑严密、特征鲜明的完整体系。

## （一）当代中国马克思主义方法论的主要内容

当代中国马克思主义方法论，由一系列根本方法、基础方法、灵魂方法和具体方法等所构成，主要包括：

---

① 费希特：《人的使命》，商务印书馆 1982 年版，第 117 页。
② 《孙中山选集》上卷，人民出版社 2011 年版，第 122 页。
③ 《孙中山选集》下卷，人民出版社 2011 年版，第 579~580 页。

## 1. 根本方法："实事求是"

恩格斯曾指出："马克思的整个世界观不是教义，而是方法。"①马克思认为，这个"整个世界观"是一种新的科学的世界观，将之视为无产阶级政党的一个"很大的优点"。② 这个"整个世界观"，就是辩证唯物主义与历史唯物主义，是在马克思方法论体系中居于统领地位的根本方法，具有最普遍、最一般的适用范围和指导意义，决定和支配着其他方法。列宁也认为，马克思主义是一个"由一整块钢铸成的"③完整的方法论体系。在这一方法论体系中，马克思主义的"整个世界观"居于统领地位。

毛泽东以辩证唯物主义与历史唯物主义为指导，创立"实事求是"这一中国化的马克思主义根本方法。

习近平总书记高度重视"实事求是"，强调"我们党是靠实事求是起家和兴旺发展起来的"，④ "实事求是"是集中体现唯物论、辩证法的马克思主义的"根本思想方法"⑤和"根本观点"，⑥ 是中国共产党的"基本思想方法、工作方法、领导方法"；⑦ 强调"实事求是"是马克思主义的精髓，是马克思主义哲学"最基本的思想精髓"，⑧ "马克思主义中国化理论成果的精髓和灵魂"；⑨ 强调"实事求是"是中国共产党的优良传统，是"毛泽东同志用中国成语对马克思主义世界观和方法论所作的高度概括"，⑩ 是"邓小平同志一生最重要的思想特点"；⑪ 强调"实事求

---

① 《马克思恩格斯文集》第 10 卷，人民出版社 2009 年版，第 691 页。

② 《马克思恩格斯文集》第 2 卷，人民出版社 2009 年版，第 599 页。

③ 《列宁专题文集·论辩证唯物主义和历史唯物主义》，北京：人民出版社 2009 年版，第 112 页。

④ 《十八大以来重要文献选编》下，中央文献出版社 2018 年版，第 749 页。

⑤ 习近平：《深入学习中国特色社会主义理论体系　努力掌握马克思主义立场观点方法》，《求是》2010 年第 7 期，第 24 页。

⑥ 《习近平谈治国理政》第 1 卷，外文出版社 2018 年版，第 25 页。

⑦ 《习近平谈治国理政》第 1 卷，外文出版社 2018 年版，第 25 页。

⑧ 《习近平党校十九讲》，中共中央党校出版社 2015 年版，第 235 页。

⑨ 中共中央宣传部：《习近平总书记系列讲话精神学习读本》，中共中央党校出版社 2013 年版，第 130 页。

⑩ 中共中央宣传部：《习近平新时代中国特色社会主义思想学习纲要》，学习出版社、人民出版社 2019 年版，第 243 页。

⑪ 《习近平谈治国理政》第 2 卷，外文出版社 2017 年版，第 6 页。

是"是让人"获益终生的东西"，①认为能否坚持"实事求是"事关党和国家各项工作的成败，"坚持实事求是，就能兴党兴国；违背实事求是，就会误党误国"；②要求广大党员干部要"时时处处把实事求是牢记于心、付诸于行"，③想问题、办事情、学习和工作都必须坚持"实事求是"，都必须符合"实事求是"的精神实质和基本要求。

习近平总书记把"实事求是"与"解放思想、与时俱进"作为一个整体加以理解，强调要把"实事求是"同"解放思想、与时俱进""有机统一起来"；④强调"解放思想是实事求是的内在要求""与时俱进是实事求是的必然要求和结果"，⑤认为只有解放思想，打破陈旧观念、陈旧体制的束缚，以新思维观察和分析新情况、以新方法解决新问题，才能使我们的主观认识始终符合客观实际，才能始终"实事求是"；由于时代在发展、社会在进步、事物在变化，思想认识只有随之变化发展，才会始终符合"实事求是"的要求。

### 2. 基础方法："不断认识和解决矛盾"

关于唯物辩证法，恩格斯曾明确肯定唯物辩证法这个方法的制定，是一个"其意义不亚于唯物主义基本观点的成果"，⑥确立其在马克思主义方法论体系中的"最重要的"地位，指出："然而对于现今的自然科学来说，辩证法恰好是最重要的思维形式"，⑦首次提出"对立的相互渗透"范畴。列宁把唯物辩证法视为马克思主义的"根本的理论基础"，⑧"马克思主义中有决定意义的东西"，⑨确立其在马克思主义方法论体系中的基础地位，首次提出"对立面的统一"范畴，建构

---

① 中央党校采访实录编辑室：《习近平的七年知青岁月》，中共中央党校出版社 2017 年版，第 445 页。

② 《习近平中央党校十九讲》，中共中央党校出版社 2014 年版，第 276 页。

③ 《十八大以来重要文献选编》上，中央文献出版社 2014 年版，第 696 页。

④ 习近平：《深入学习中国特色社会主义理论体系 努力掌握马克思主义立场观点方法》，《求是》2010 年第 7 期，第 24 页。

⑤ 习近平：《深入学习中国特色社会主义理论体系 努力掌握马克思主义立场观点方法》，《求是》2010 年第 7 期，第 24 页。

⑥ 《马克思恩格斯文集》第 2 卷，人民出版社 2009 年版，第 603 页。

⑦ 《马克思恩格斯文集》第 9 卷，人民出版社 2009 年版，第 436 页。

⑧ 《列宁专题文集·论辩证唯物主义和历史唯物主义》，人民出版社 2009 年版，第 341 页。

⑨ 《列宁专题文集·论辩证唯物主义和历史唯物主义》，人民出版社 2009 年版，第 343 页。

了唯物辩证法的主体结构；首次提出"唯物主义的逻辑、辩证法和认识论是同一个东西"命题，确立科学理解唯物辩证法的基本原则。

毛泽东强调唯物辩证法的核心是对立统一规律，在马克思主义发展史上首次提出"矛盾法则"，认为"矛盾法则"就是"对立统一法则"，是唯物辩证法最根本的法则。

习近平总书记认为，"中国人早就知道矛盾的概念，所谓'一阴一阳之谓道'"，强调矛盾具有普遍性，是事物发展的动力，人类认识世界和改造世界的过程实质上就是一个"不断认识矛盾、不断解决矛盾的过程"；[①] 强调重视矛盾分析是"学习和掌握唯物辩证思想方法的基本要求"，[②] 要求在矛盾的对立统一中把握事物；强调我国现阶段尤需坚持矛盾分析，认为我国现阶段正处于发展的关键阶段、改革的攻坚阶段，各种新旧矛盾同时并存、纷繁复杂，如果无视甚至回避、掩饰矛盾，不能及时化解矛盾，就会造成严重后果，带来严重损失，要求领导干部积极面对矛盾、主动分析矛盾、善于化解矛盾，在矛盾的有效解决中推动新时代中国特色社会主义事业发展。

### 3. 灵魂方法："具体问题具体分析"

马克思非常重视具体情况具体分析，明确提出"结合具体情况"方法，要求把握和应用正确的理论必须"结合具体情况"、根据现存条件。恩格斯也非常重视这一方法，强调离开具体的现实的历史的抽象就没有任何价值，共产主义原理的实际应用必须以具体的"历史条件为转移"。[③] 列宁进一步确立了"对具体情况作具体分析"方法在马克思主义方法论体系中的"精髓"地位、"灵魂"作用。

毛泽东首次提出"对具体问题作出具体的分析"方法，确立其在中国化的马克思主义方法论体系中的灵魂地位，强调这一方法是"马克思主义的灵魂"。[④]

习近平总书记要求人们想问题、办事情必须坚持"具体问题具体分析"，以

---

① 习近平：《辩证唯物主义是中国共产党人的世界观和方法论》，《奋斗》2019 年第 1 期，第 3 页。

② 习近平：《深入学习中国特色社会主义理论体系　努力掌握马克思主义立场观点方法》，《求是》2010 年第 7 期，第 23 页。

③ 《马克思恩格斯文集》第 2 卷，人民出版社 2009 年版，第 15 页。

④ 《建国以来毛泽东文稿》第 9 册，中央文献出版社 1996 年版，第 605 页。

"事实"为依据和转移，不可生搬硬套、千篇一律、一概而论，强调："要坚持具体问题具体分析，'入山问樵、入水问渔'"，① 要求依据具体的时间、地点、条件，做到因时制宜、因地制宜。因为事物各有其"具体"特点，"中国从东部到西部，从地方到中央，各地各层级方方面面的差异太大了"，② "世界上没有两片完全相同的树叶。一个民族、一个国家，必须知道自己是谁，是从哪里来的，要到哪里去，想明白了、想对了，就要坚定不移朝着目标前进"。③ 只有"具体问题具体分析"，才能正确认识和改造世界。

### 4. 具体方法

习近平总书记以"实事求是"方法为根本指导，坚持"不断认识和解决矛盾""具体问题具体分析"，在解决新时代中国特色社会主义具体问题过程中，原创性提出了充满时代气息的一系列具体的科学的思维方法和工作方法。

### (二) 当代中国马克思主义方法论的体系结构

关于当代中国马克思主义方法论的体系结构，学界尚未达成共识，可谓见仁见智。

有学者把当代中国马克思主义方法论归结为根本一条：辩证唯物主义与历史唯物主义。这一概括，如果是就当代中国马克思主义方法论的理论本质、理论基础、根本方法而言，则无疑是正确的，但就其体系结构而言，则需进一步深入展开。

有学者把当代中国马克思主义方法论的体系结构分为思想方法和工作方法两个层次，思想方法侧重于思维上的改造，而工作方法则是开展实践的一般方法论，这两者既相互区分又相互联系。这一划分，虽然简单明了、简便易行，有利于避免争议，因为方法就是为分析问题和解决问题服务的，分析问题的方法是思想方法，解决问题的方法是工作方法，思想方法与工作方法具有一致性，但无法揭示当代中国马克思主义方法论的丰富内涵、多个层次，且当代中国马克思主义

---

① 《习近平在省部级主要领导干部学习贯彻党的十八届五中全会精神专题研讨班上的讲话》，《人民日报》2016 年 5 月 10 日，第 2 版。

② 《习近平谈治国理政》，外文出版社 2014 年版，第 102 页。

③ 《习近平谈治国理政》，外文出版社 2014 年版，第 171 页。

的思想方法与工作方法往往相互交织，难以截然分开，有的方法既是思想方法也是工作方法，同时把工作方法定义为开展实践的一般方法论也有不妥之处，因为工作方法也有根本工作方法、一般工作方法、具体工作方法等不同层次。

有学者认为，当代中国马克思主义方法论可分为基本方法、科学思维方法、实践工作方法三类，三者相互渗透、相互支撑，有机统一。有学者依据马克思主义方法论的主要构成，把当代中国马克思主义方法论分为马克思主义唯物论、辩证法、认识论、唯物史观四个方面。

有学者依据具体内容，把当代中国马克思主义方法论分为全面深化改革方法论、全面从严治党方法论、脱贫攻坚方法论、外交方法论等方面。这一划分，没有揭示出当代中国马克思主义方法论层次的递进性、结构的严整性，且在具体内容上存在交叉重叠。

综合已有研究成果，可以将当代中国马克思主义方法论的体系结构分为传承性方法和原创性方法。传承性方法是马克思主义经典作家和历代中国共产党人已经提出的方法，原创性方法是习近平首次提出的方法；也可以将当代中国马克思主义方法论的体系结构分为根本方法、基础方法、灵魂方法、具体方法四个层次，其中，根本方法是"实事求是"，基础方法是"不断认识和解决矛盾"，灵魂方法是"具体问题具体分析"，具体方法包括具体的思维方法和工作方法。

相对而言，第二种划分方法更为科学、全面、可取，这是因为：第一种划分方法虽然简单易行，可以避免争议，但不足以体现当代中国马克思主义方法论的丰富内涵和丰富层次；第二种划分方法具有如下优势：一是有着可靠依据。根本方法、基础方法、灵魂方法等，均可从马克思主义经典文献中找到出处，有着可靠的理论依据，而具体方法就是运用上述方法来解决新时代中国特色社会主义具体问题而形成的方法。二是吸收了第一种划分的长处，因为前三种方法既然可以从马克思主义经典文献中找到出处，因此一般为传承性方法，而具体方法既然是在解决新时代具体问题时形成的，因此一般为原创性方法。三是依据标准统一，根据各种方法在马克思主义方法论体系中所处的地位，由抽象到具体、由宏观到微观，适用范围由大到小。四是四个层次内容丰富、层次分明、脉络清晰、层层递进，有利于展示当代中国马克思主义方法论结构的严整性、逻辑的严密性。五是广泛借鉴吸收了学界已有研究成果的合理之处。

## (三) 当代中国马克思主义方法论的鲜明特征

当代中国马克思主义方法论，既具有马克思主义方法论的共同特征，也具有自身的鲜明特征。

### 1. 科学性

所谓科学，是建立在对规律的正确把握和运用基础之上的。习近平总书记非常重视对规律的把握与遵循，认为邓小平之所以能够为中国人民做出重大贡献，是因为把握和运用了人类发展特别是中国社会发展的历史规律，"摸着石头过河就是摸规律，从实践中获得真知"，① 强调要按照客观规律办事，要求党的干部一定要"强化规律意识，老老实实按照规律办事""按照客观规律和科学规律谋划发展"，② 在工作中做到"认识规律、把握规律、遵循和运用规律"，③ "善于从大量的个体情况中找到一般规律，从整体上把握客观事物，从而作出正确的决策"。④ 他对历史规律进行了科学总结，强调武力扩张注定会失败是历史规律。

当代中国马克思主义方法论，是一种深刻揭示、严格遵循、有效利用规律的科学方法论，是一种为中国特色社会主义与世界共产主义运动实践所证明了的科学方法论。

### 2. 人民性

习近平总书记认为，人民性是马克思主义的本质特征，马克思主义本质上是为人民服务的学说，致力于维护人民利益、实现人类解放，强调"坚持以马克思主义为指导，核心要解决好为什么人的问题"，⑤ 学习马克思就要"学习和实践马

---

① 习近平：《鞋子合不合脚自己穿了才知道》，《北京青年报》2013 年 3 月 24 日，第 1 版。
② 习近平：《干在实处走在前列》，中共中央党校出版社 2013 年版，第 542 页。
③ 习近平：《干在实处走在前列》，中共中央党校出版社 2013 年版，第 540 页。
④ 习近平：《干在实处走在前列》，中共中央党校出版社 2013 年版，第 536 页。
⑤ 习近平：《在哲学社会科学工作座谈会上的讲话》，《人民日报》2016 年 5 月 19 日，第 2 版。

克思主义关于人民民主的思想",① 中国特色社会主义民主政治建设的本质要求是坚持人民当家做主，推进国家治理现代化必须依靠人民、调动人民的积极性，我国所有国家机关及其工作人员都必须接受人民监督。

当代中国马克思主义，本质上是为人民服务的思想理论体系。这一思想理论体系，以满足"人民对美好生活的向往""人民日益增长的美好生活需要"为奋斗目标，以改善民生、提高人民的生活品质为主要内容，以"为中国人民谋幸福"的初心为精神动力，以"与人民同呼吸、共命运、心连心"、牢牢坚持"人民的幸福线""顺应人民意愿"为政治要求和道德准则，体现出鲜明的人民性。

当代中国马克思主义方法论，把人民幸福当做根本出发点、落脚点和价值追求，彰显了立党为公、执政为民的价值理念和以人为本、人民至上的价值取向，本质上是一种持守人民立场、饱含人民情怀、为人民谋利益的方法论，具有鲜明的人民性。

### 3. 实践性

实践是理论之源。习近平总书记把实践性视为马克思主义的重要特征，认为马克思主义形成于、发展于、检验于、服务于无产阶级实践。他既非常重视科学理论的学习、科学战略的规划、路线方针政策的制定，又非常重视理论与实践相结合、战略规划与路线方针政策的落实，强调"能否狠抓落实"是"衡量领导干部作风、能力、水平的重要标准",② 抓落实是"我们党执政能力的重要展现，也是对各级领导干部工作能力的重要检验",③ 认为制定制度固然重要，但更重要的是抓落实，主张通过抓落实以确保各项法规制度落地生根。他对实践的重视集中体现为对实干精神的大力倡导，强调"实干兴邦"是为人类社会发展实践所证明的一条重要的治国理政经验，注重"实干"是中国共产党的一个优良传统，认为承诺一千，不如落实一件，要求大家"一茬一茬接着干，干出来的都是实绩，广

---

① 习近平：《在纪念马克思诞辰 200 周年大会上的讲话》，《人民日报》2018 年 5 月 5 日，第 2 版。

② 陶文昭：《论习近平的务实思想作风》，《中国特色社会主义研究》2014 年第 6 期，第 17 页。

③ 习近平：《关键在于落实》，《求是》2011 年第 6 期，第 4 页。

大干部群众都会看在眼里、记在心里"。①

当代中国马克思主义方法论，把马克思主义基本原理与中国具体实践紧密结合，根植于中国特色社会主义伟大实践，致力于解决中国特色社会主义各种实践问题，不断推进实践基础上的理论创新，在理论之真与实践之善的良性互动中，为丰富发展马克思主义方法论积累了生动例证，体现出强烈的现实针对性和实践关怀。

## 4. 时代性

时代是思想之母。习近平总书记把开放性视为马克思主义的理论品格，强调社会主义发展道路不可能一成不变、社会主义发展模式不可能定于一尊，要求结合本国具体实际、时代要求，坚持科学社会主义基本原则，在实践中不断探索中国特色社会主义道路，反对对历史文化的简单沿用、马克思主义经典作家设想的简单套用、其他国家社会主义实践的简单搬用，要求对时代之问的解答必须坚持历史与现实、理论和实践的结合。

当代中国马克思主义，坚持运用马克思主义立场观点方法，顺应时代要求、观察时代现象、分析时代问题、探索时代发展、解答时代课题，科学揭示中国特色社会主义的时代方位，科学确立中国特色社会主义的时代任务、时代使命，科学设计中国特色社会主义发展的时代方案，体现出开阔的时代意识和强烈的时代担当，赋予马克思主义方法论以浓郁的时代气息、鲜明的时代特征。

---

① 《习近平谈治国理政》，外文出版社 2014 年版，第 400 页。

# 第三章　马克思主义方法论的创立

马克思主义方法论经历了一个创立、发展、完善的历程，具有明显的阶段性特征。马克思、恩格斯创立了唯物辩证法与唯物史观，对马克思主义方法论做出了开创性贡献；列宁在结合俄国具体国情，创造性运用马克思主义基本原理的实践进程中，推进马克思主义方法论发展到一个新的历史阶段；中国共产党人在运用马克思主义指导中国革命、建设和改革开放的具体实践中，持续推进马克思主义方法论中国化的历史进程；习近平总书记在创造性运用马克思主义方法论推动新时代中国特色社会主义事业发展的伟大进程中，有力推动了马克思主义方法论的当代创新，对马克思主义方法论做出了原创性贡献。

马克思、恩格斯是马克思主义方法论的创立者，他们开创性确立整体性推进马克思主义的发展、以革命批判精神对待马克思主义、把马克思主义当成认识和改造世界的"方法"等科学对待马克思主义的方法论；开创性建构辩证唯物主义与历史唯物主义，确立其在马克思主义方法论体系中的统领地位；开创性建构唯物辩证法，确立其在马克思主义方法论体系中的"最重要的"地位；开创性建构"结合具体情况"方法，确立其在马克思主义方法论体系中的灵魂地位；开创性建构马克思主义方法论的基本内容。

## 一、开创性确立科学对待马克思主义的方法论

马克思主义产生后，种种非马克思主义、反马克思主义者肢解、误解、曲解马克思主义，甚至故意歪曲、恶意诋毁、肆意攻击马克思主义。马克思、恩格斯在同种种非马克思主义、反马克思主义作斗争的过程中，开创性确立了科学对待马克思主义的方法论。

一是整体性推进马克思主义的形成、发展。马克思曾自我评价他的著作是"一个艺术的整体"。① 他主张要从事物的内部联系中、从整体上把握事物，批评了"自从黑格尔逝世之后，把一门科学在其固有的内部联系中来阐述的尝试，几乎未曾有过"②的现象，强调其著作《政治经济学批判》绝不是零碎批判、孤立研究经济学的个别章节、个别问题，而是对经济学的全部问题进行系统的概括，是"对全部经济学文献的批判"。③

恩格斯一生致力于整体性推进马克思学说的发展，不仅向世人整体性呈现和阐释马克思学说，而且全力维护马克思学说的整体性。其一，整体性构建马克思主义。恩格斯坦承，马克思"有几个专门的领域"离不开他的帮助，他与马克思"在各种专业上互相帮助"。④ 确立辩证唯物主义自然观需要具备数学和自然科学的知识，为了弥补这方面不足，恩格斯曾经退出商界并移居伦敦，"八年当中"，把大部分时间用在彻底研究数学和自然科学方面。正是由于他与马克思的亲密合作，才诞生了《神圣家族》《德意志意识形态》《共产党宣言》等经典著作，形成了整体性的世界观和方法论，使得马克思学说实现了对旧哲学的整体性超越。其二，整体性呈现马克思主义。马克思逝世后，留下大量未来得及整理、出版的遗稿。《资本论》是马克思毕生心血的凝结，但马克思生前未来得及出版。恩格斯克服视力衰退、社会事务繁重等诸多困难，自觉担当起编校、出版马克思遗稿的重任，先后出版了《资本论》第一卷第三版(德文版)、第二卷、第三卷，使得马克思学说得以完整地呈现在世人面前。可以说，没有恩格斯的顽强毅力和无私奉献，就没有《资本论》的顺利出版，世人也就无法完整地了解马克思学说。其三，整体性阐述马克思主义。面对杜林对马克思学说的猛烈进攻，恩格斯阐释了马克思学说的各部分内容及其内在关联。对于与杜林的论战，他曾总结说，这场论战最后变成了对马克思主义世界观和方法论的"比较连贯的阐述"。⑤ "比较连贯的阐述"，就是一种整体性的而不是零零散散的、断断续续的阐述。其四，不断补充和完善马克思学说。为了弥补《德意志意识形态》手稿存在的"缺少对费尔巴哈

---

① 《马克思恩格斯全集》第31卷，人民出版社1972年版，第135页。
② 《马克思恩格斯文集》第2卷，人民出版社2009年版，第600页。
③ 《马克思恩格斯文集》第2卷，人民出版社2009年版，第600页。
④ 《马克思恩格斯文集》第9卷，人民出版社2009年版，第11页。
⑤ 《马克思恩格斯文集》第9卷，人民出版社2009年版，第11页。

学说本身的批判"①的不足，恩格斯专门写了《费尔巴哈论》，同时把马克思的《关于费尔巴哈的提纲》作为附录首次公开发表；他根据新的史料发现，撰写了《家庭、私有制和国家的起源》，完善了历史唯物主义的基本内涵；他对"以往的全部历史，都是阶级斗争的历史"②论断，加上了"除原始状态外"③等限定，使之更为严谨科学。其五，坚决反对割裂、肢解马克思主义。一些青年误解马克思只强调经济因素是唯一的决定性因素，他就此及时给予了澄清，明确指出这是有人故意对马克思的观点加以歪曲，是对马克思的观点的片面理解，完整阐释了马克思主义关于经济基础与上层建筑的辩证关系及其在社会历史中的作用的历史唯物主义的基本观点。

二是以革命批判精神对待马克思主义。马克思、恩格斯认为，辩证法本质上是批判的和革命的，高度重视革命在人类历史发展中的重要作用。马克思强调革命是完善自我、社会发展的必然要求和必要手段，共产主义意识的形成、共产主义理想的实现只有"在革命中才有可能实现"，④"革命是历史的火车头"。⑤ 他强调"革命是人民的盛大节日"，⑥ 由于资产阶级不愿自动退出历史舞台，不愿自动放弃维护其阶级利益的国家政权，因此，无产阶级要获得自身解放，就必须首先具有推翻资产阶级统治的"革命的权力"。⑦ 恩格斯不仅强调革命"是人类从必然王国进入自由王国的飞跃"、⑧ 建立新的国家制度"总要经过一场真正的革命"，⑨ 而且强调革命是一种受物理定律支配的"纯自然现象"。⑩

马克思、恩格斯要求人们，对待任何研究、任何理论都必须坚持以革命批判精神，结合历史条件和具体情况的变化，不断对之加以调整、完善。1886 年，恩格斯在致爱德华·皮斯的信中强调，无产阶级政党"并没有任何一劳永逸的现

---

① 《马克思恩格斯文集》第 4 卷，人民出版社 2009 年版，第 266 页。
② 《马克思恩格斯文集》第 9 卷，人民出版社 2009 年版，第 29 页。
③ 《马克思恩格斯文集》第 3 卷，人民出版社 2009 年版，第 544 页。
④ 《马克思恩格斯文集》第 1 卷，人民出版社 2009 年版，第 543 页。
⑤ 《马克思恩格斯文集》第 2 卷，人民出版社 2009 年版，第 161 页。
⑥ 《马克思恩格斯全集》第 11 卷，人民出版社 1995 年版，第 702 页。
⑦ 《马克思恩格斯全集》第 4 卷，人民出版社 1958 年版，第 331 页。
⑧ 《马克思恩格斯文集》第 9 卷，人民出版社 2009 年版，第 300 页。
⑨ 《马克思恩格斯全集》第 3 卷，人民出版社 2002 年版，第 72 页。
⑩ 《马克思恩格斯全集》第 48 卷，人民出版社 2007 年版，第 194 页。

成方案"，① 要求必须结合历史事实和发展过程对马克思主义的未来社会设想加以阐明。1891 年，他在致康拉德·施米特的信中，建议康拉德·施米特把"向共产主义社会的过渡阶段"的"第二个写作计划"放一放，先不拿出，"因为情况在不断地变化"。② 1893 年，他在对法国《费加罗报》记者的谈话中自称是"不断发展论者"。③

马克思、恩格斯对待自己的理论，始终坚持以自我革命、自我批判精神来不断地加以丰富和完善。恩格斯在《共产党宣言》1872 年德文版序言中曾进行总结反思，因为无产阶级政党随着大工业的发展而发展，先后有了二月革命和巴黎公社的实际经验，所以他和马克思原来提出的那些"革命纲领""现在有些地方已经过时了"；因为政治形势已经完全改变，所以他和马克思的一些原有看法"在今天看来是不完全的"，一些原有论述在今天"毕竟已经过时"。④ 1879 年他在致奥古斯塔·倍倍尔的信中强调无产阶级政党必须不断发展自己的理论，认为"一个有生命力的党"不仅必须自己建立活动的法律基础，而且还必须根据形势的发展变化做出相应的修改，如果只是机械地固守、服从于"那些已经僵化和死去的旧决议"，那么"它就是自掘坟墓"。⑤ 1895 年他坦承，历史发展的事实证明，他和马克思都曾经错了，当时法兰西阶级斗争的方法在 1895 年那个年代"已经过时了"。⑥

马克思、恩格斯要求人们，必须以革命批判精神来对待马克思主义理论。恩格斯强调，马克思的理论是"活的行动理论"，⑦ 是一种"指南"而不是教条，要求把唯物主义方法当做"研究历史的指南"。⑧ 他们旗帜鲜明地反对教条主义，马克思在年轻时就公开宣布："我不主张我们树起任何教条主义的旗帜"，⑨ 旗帜鲜明地反对教条主义。恩格斯曾对德国教条主义者的"只要把它背得烂熟，就足以满

---

① 《马克思恩格斯文集》第 10 卷，人民出版社 2009 年版，第 548 页。
② 《马克思恩格斯文集》第 10 卷，人民出版社 2009 年版，第 616 页。
③ 《马克思恩格斯文集》第 4 卷，人民出版社 2009 年版，第 561 页。
④ 《马克思恩格斯文集》第 2 卷，人民出版社 2009 年版，第 6 页。
⑤ 《马克思恩格斯文集》第 10 卷，人民出版社 2009 年版，第 440 页。
⑥ 《马克思恩格斯文集》第 4 卷，人民出版社 2009 年版，第 538 页。
⑦ 《马克思恩格斯全集》第 38 卷，人民出版社 1972 年版，第 97 页。
⑧ 《马克思恩格斯文集》第 10 卷，人民出版社 2009 年版，第 583 页。
⑨ 《马克思恩格斯文集》第 10 卷，人民出版社 2009 年版，第 7 页。

足一切需要"①的观点提出严厉批评，并告诫说，如果以教条主义、宗派主义的态度对待马克思主义，不仅不是坚持马克思主义，反而会走到马克思主义的对立面。1890 年 6 月，他在致保尔·恩斯特的信中告诫说，如果把唯物主义方法当成"裁剪各种历史事实"的"现成的公式"，② 那么就会转向唯物主义的对立面。他在 1882 年 11 月致爱德华·伯恩斯坦的信中、1890 年 8 月致康拉德·施米特的信中、1890 年 8 月致保尔·拉法格的信中、1890 年 9 月给《萨克森工人报》编辑部的答复中，多次引用马克思的话"我不是马克思主义者"。③ 恩格斯之所以反复引用马克思的这句话，旨在强调教条主义、宗派主义虽然打着马克思主义的旗号，但实质上是对马克思主义的歪曲和背叛，不是真正的马克思主义。因此马克思的这句话，是为了把自己与教条主义、宗派主义等"假马克思主义"区分开来，是要求人们坚持真正的马克思主义。

批判性、革命性是马克思主义方法论的本质特征，马克思主义就是在批判各种错误思潮中不断发展壮大起来的，没有革命批判精神就不能真正坚持和发展马克思主义。一部马克思主义的发展史实质上就是一部马克思主义同各种错误思潮的斗争史。马克思主义自产生以来，先后同封建社会主义、资产阶级社会主义、小资产阶级社会主义以及空想社会主义、普鲁东主义、巴枯宁主义、拉萨尔主义、杜林主义、伯恩施坦主义、考茨基主义、托洛斯基主义、右倾机会主义、"左"倾冒险主义、"两个凡是"、民主社会主义、新自由主义、历史虚无主义等错误思想进行过坚决斗争。正是在斗争过程中，马克思主义才得以不断丰富和完善。关于马克思主义的革命批判精神，德里克曾评价道："对任何关于资本主义生产方式的彻底批判，马克思主义都是必不可少的。"④

三是把马克思学说当成认识和改造世界的"方法"。马克思、恩格斯明确要求把辩证唯物主义与历史唯物主义当成一种认识和改造世界的方法。马克思曾明确把唯物辩证法视为一种"阐述方法"，强调《资本论》中采取的唯物辩证法剥去了黑格尔的辩证法的"神秘的形式"，从而形成了马克思的"方法的特点"。⑤ 恩格

---

① 《马克思恩格斯文集》第 10 卷，人民出版社 2009 年版，第 557 页。
② 《马克思恩格斯文集》第 10 卷，人民出版社 2009 年版，第 583 页。
③ 《马克思恩格斯文集》第 10 卷，人民出版社 2009 年版，第 487 页。
④ 俞可平：《全球化时代的"马克思主义"》，中央编译出版社 1998 年版，第 4 页。
⑤ 《马克思恩格斯文集》第 10 卷，人民出版社 2009 年版，第 280 页。

斯也曾明确指出，马克思对黑格尔哲学进行了去粗取精、批判继承，消除了黑格尔的辩证法的唯心主义成分，建立了唯物辩证法，强调马克思对旧经济学的批判就是以唯物辩证法"这个方法做基础的"，① 只有用"辩证的方法"，才能"精确地描绘"世界的发展及其"在人们头脑中的反映"。②

唯物史观提供了一种观察和分析历史现象的全新方式，"首先具有方法论的意义"。③ 马克思曾从方法论意义上强调，唯物史观是"唯一的唯物主义的方法，因而也是唯一科学的方法"。④

需要指出的是，辩证唯物主义方法、唯物辩证法方法、辩证唯物主义认识论方法、唯物史观方法既具有相对独立性，有着各自的适用范围和适用条件，又相互联系、相互制约，共同构成了一个不可分割的马克思主义"整个"方法论体系。

## 二、开创性确立辩证唯物主义与历史唯物主义这一根本方法

马克思、恩格斯强调，辩证唯物主义与历史唯物主义是一个不同于旧的世界观的"新的科学的世界观"，⑤ 这个"新的科学的世界观"是一个不可分割的整体性世界观，从整体上构成了"方法"，是在马克思方法论体系中居于统领地位的根本方法，具有最普遍、最一般的适用范围和指导意义，决定和支配着其他方法。

恩格斯认为，"思维和存在的关系问题"是哲学的"重大的基本问题"。⑥ 这个"重大的基本问题"包括两个方面，一个方面是关于世界的本原的"本体论问题"，⑦ 哲学两大基本派别就是依据对这个问题的解答来划分的。唯物主义认为，存在是世界的本原，存在第一性、思维第二性，存在决定思维，思维是存在的反映，唯心主义则持唯物主义截然相反的观点；另一个方面是关于思维能否认识存在这个问题，依据对这个问题的不同回答，可以把哲学分为可知论和不可知论两

---

① 《马克思恩格斯文集》第 2 卷，人民出版社 2009 年版，第 603 页。
② 《马克思恩格斯文集》第 3 卷，人民出版社 2009 年版，第 541 页。
③ 《普列汉诺夫哲学著作选集》第 3 卷，三联书店 1974 年版，第 157 页。
④ 《马克思恩格斯文集》第 5 卷，人民出版社 2009 年版，第 429 页。
⑤ 《马克思恩格斯文集》第 2 卷，人民出版社 2009 年版，第 599 页。
⑥ 《马克思恩格斯文集》第 4 卷，人民出版社 2009 年版，第 277 页。
⑦ 《马克思恩格斯文集》第 4 卷，人民出版社 2009 年版，第 278 页。

大类别。可知论认为，人的思维能够正确地认识存在，不可知论则持与可知论截然相反的观点，绝大多数哲学家均持"可知论"。

马克思在哲学的"重大的基本问题"上旗帜鲜明地持唯物主义观点，认为存在决定思维，意识是物质长期发展的产物，是物质的反映，是人脑的机能。旧唯物主义有两个局限性：一是认为"人是机器"，二是机械地、静止地看问题，看不到事物是运动、变化和发展的，看不到世界处于一种"不断的历史发展中"①的状态。究其方法论根源而言，是由于旧唯物主义把唯物主义与辩证法相互割裂开来，"这是同当时的自然科学状况以及与此相联系的形而上学的即反辩证法的哲学思维方法相适应的"。②

马克思、恩格斯曾用"新唯物主义""实践的唯物主义者""共产主义的唯物主义者"等概念，以把辩证唯物主义与旧唯物主义区分开来。马克思曾把自己的哲学称为"新唯物主义"，认为新旧唯物主义的根本区别在于立足点的不同，立足于"市民社会"③的"旧唯物主义"，"不了解'革命的'、'实践批判的'活动的意义"，④是一种机械的形而上学唯物主义，而立足于"人类社会"⑤的"新唯物主义"，则充满辩证法的实践批判精神。马克思、恩格斯曾把共产主义者称为"实践的唯物主义者"，认为"实践的唯物主义者即共产主义者"充满革命批判精神，总是反对并尽力改变现存的事物。他们还曾提出"共产主义的唯物主义者"范畴，并将之与旧唯物主义者进行了比较，认为"共产主义的唯物主义者"能够把唯物主义贯彻到社会历史领域，用其分析社会历史问题，但是旧唯物主义者费尔巴哈不够彻底，是半截子唯物主义者，其唯物主义分析仅仅局限于自然界，"历史在他的视野之外"，对于他而言，"唯物主义和历史是彼此完全脱离的"，⑥一旦涉及社会历史问题的分析时，他就变成了一个唯心主义者。

马克思、恩格斯明确反对唯心主义。马克思公开声明"我是唯物主义者"，以区别于唯心主义者黑格尔，并明确表示自己的辩证法与黑格尔的辩证法截然相

① 《马克思恩格斯文集》第4卷，人民出版社2009年版，第282页。
② 《马克思恩格斯文集》第4卷，人民出版社2009年版，第282页。
③ 《马克思恩格斯文集》第1卷，人民出版社2009年版，第502页。
④ 《马克思恩格斯文集》第1卷，人民出版社2009年版，第499页。
⑤ 《马克思恩格斯文集》第1卷，人民出版社2009年版，第502页。
⑥ 《马克思恩格斯文集》第1卷，人民出版社2009年版，第530页。

反，因为黑格尔认为思维决定存在、存在只是思维的外部表现，而马克思的看法则相反，马克思认为，观念是人脑对物质的反映。恩格斯也明确认为，黑格尔的辩证法是"颠倒的"，因为黑格尔认为，辩证法是"思想的自我发展"，"事物的辩证法"只是"思维的辩证法"的"反光"。① 黑格尔的辩证法建立在唯心主义的基础上，"颠倒"了事物发展的实际情况。恩格斯在批判黑格尔的辩证法的基础上，进一步把"思维辩证法"称为"头脑中的辩证法"②或"主观辩证法，即辩证的思维"，③ 把"事物的辩证法"称为"客观辩证法"，④ 明确认为"客观辩证法"起着"支配作用"，⑤ "主观辩证法"只是"客观辩证法"的反映。

在批判旧唯物主义与唯心主义的基础上，马克思、恩格斯看到了它们各自的可取之处，对黑格尔进行了全面、客观、公正的评价，认为黑格尔虽然把辩证法"倒立着""神秘化"，但黑格尔是"全面地有意识地叙述了辩证法的一般运动形式"的第一人，主张吸取黑格尔的辩证法的"合理内核"，去除其唯心主义的神秘性，"必须把它倒过来"，⑥ 从而在人类历史上第一次把辩证法建立在唯物主义基础上，实现了唯物主义与辩证法的有机结合，创立了唯物辩证法。

旧唯物主义的一个根本缺陷在于，它未能把唯物主义贯彻到底，贯彻到社会历史领域，因此又被称为"半截子的唯物主义"。马克思、恩格斯将唯物辩证法从自然界进一步贯彻到认识和历史领域，实现唯物论和辩证法在自然界、人类社会、思维领域的有机统一，奠定了无产阶级的世界观和方法论的理论根基。

马克思、恩格斯极为看重历史唯物主义，将唯物史观视为一门研究人类社会历史发展的"唯一的科学"，⑦ 高度评价历史唯物主义的重大意义，强调唯物史观用社会存在说明社会意识，是一种崭新的历史观，对于一切社会科学的发展都是"一个具有革命意义的发现"，⑧ 使唯心主义"从它的最后的避难所即历史观中被

---

① 《马克思恩格斯文集》第 10 卷，人民出版社 2009 年版，第 623 页。
② 《马克思恩格斯文集》第 9 卷，人民出版社 2009 年版，第 454 页。
③ 《马克思恩格斯文集》第 9 卷，人民出版社 2009 年版，第 470 页。
④ 《马克思恩格斯文集》第 9 卷，人民出版社 2009 年版，第 470 页。
⑤ 《马克思恩格斯文集》第 9 卷，人民出版社 2009 年版，第 454、470 页。
⑥ 《马克思恩格斯文集》第 5 卷，人民出版社 2009 年版，第 22 页。
⑦ 《马克思恩格斯文集》第 1 卷，人民出版社 2009 年版，第 516 页。
⑧ 《马克思恩格斯文集》第 2 卷，人民出版社 2009 年版，第 597 页。

驱逐出去了"。①

## 三、开创性确立唯物辩证法这一"最重要的"方法

恩格斯明确认为，唯物辩证法是马克思主义方法论体系中的"最重要的"方法、自然科学的"最重要的思维形式"，② 因为只有辩证法才能为自然界的发展、事物的普遍联系、不同的领域之间提供类比，提供说明方法。他高度评价马克思创立唯物辩证法的重大意义，强调马克思的功绩和伟大之处，就在于他第一个重提辩证法、创造性运用辩证法于《资本论》中，解释了社会历史领域的政治经济事实，并获得了巨大成功，"以致德国现代的经济学派只是由于借口批判马克思而抄袭马克思(还常常抄袭错)，才胜过了庸俗的自由贸易派"。③ 他强调："蔑视辩证法是不能不受惩罚的"，④ 认为巴尔特等人之所以不懂马克思主义，就是因为他们不懂辩证法，用形而上学去观察和分析问题，"总是只在这里看到原因，在那里看到结果"。⑤ 后来，列宁确立了唯物辩证法在马克思主义方法论体系中的"基础"地位。

### (一) 首次明确提出"对立的相互渗透"范畴

马克思、恩格斯在吸收黑格尔"两极相联"思想的基础上，创造性提出"对立的相互渗透"范畴，揭示了唯物辩证法的本质。

马克思在《中国革命和欧洲革命》一文中提到，黑格尔把"两极相联"作为一种规律性方法加以提出。恩格斯在《自然辩证法》一文中也强调："深入人民意识的辩证法有一个古老的命题，两极相联"，⑥ 并进一步把黑格尔的唯心辩证法转化为唯物辩证法，认为辩证法的规律是从事物发展的历史进程中抽象出来的最普遍、最一般的规律，包括对立统一、质量互变、否定之否定三大基本规律，并强

---

① 《马克思恩格斯文集》第 3 卷，人民出版社 2009 年版，第 544~545 页。
② 《马克思恩格斯文集》第 9 卷，人民出版社 2009 年版，第 436 页。
③ 《马克思恩格斯文集》第 9 卷，人民出版社 2009 年版，第 441 页。
④ 《马克思恩格斯文集》第 9 卷，人民出版社 2009 年版，第 452 页。
⑤ 《马克思恩格斯文集》第 10 卷，人民出版社 2009 年版，第 601 页。
⑥ 《马克思恩格斯文集》第 9 卷，人民出版社 2009 年版，第 442 页。

调"对立的相互渗透的规律"占据了黑格尔的《逻辑学》的整个第二部分，这也是全书的最重要的部分，即本质论"。① 在恩格斯看来，辩证法的本质就是"对立的相互渗透"。这一范畴内涵丰富。

一是矛盾就是双方的对立。恩格斯强调，矛盾是由对立的双方所构成的，认为"如果一个事物包含着对立"，它"就同自身处在矛盾中"，事物一方面维持着它的内在本质和特有个性的稳定和不变，另一方面又处在不断变化过程中，事物本身含有的"'不变'和'变'的对立"就是"矛盾"。

二是矛盾双方是相互依存的。马克思认为，矛盾双方的相互依存、相互斗争构成了辩证运动，矛盾的一方以另一方的存在为条件，失去了一个方面，矛盾的另一方面也将不复存在。

三是矛盾双方是相互转化的。恩格斯强调，矛盾双方如必然性和偶然性、原因和结果等，当它们"被分开来考察时"，都"互相转化"。② 他强调矛盾双方相互转化的过程的核心是"否定之否定"，③ 是否承认对立双方的相互转化是区分形而上学自然观与辩证自然观的根本标准，认为形而上学自然观把"两级对立"绝对化、固定化，这种对立是"不可调和的和不能化解的"；④ 而辩证自然观主张对立不是固定不变的、分界线不是不可逾越的，"转化过程是一个伟大的基本过程"。⑤ 他认为，"僵硬和固定的界线是和进化论不相容的"，是一种"旧的形而上学的思维方法"，而"辩证的思维方法"既承认差异、对立，又承认差异各方的相互转移、对立各方的相互联系，是"唯一在最高程度上适合于自然观的这一发展阶段的思维方法"。⑥

四是矛盾双方的相互转化需要一定的条件。恩格斯认为，对立双方的相互转化是需要条件的，明确指出："一切所谓物理力，即机械力、热、光、电、磁，甚至所谓化学力，在一定的条件下都可以互相转化，而不会损失任何力。"⑦他认

---

① 《马克思恩格斯文集》第9卷，人民出版社2009年版，第463页。
② 《马克思恩格斯文集》第9卷，人民出版社2009年版，第475页。
③ 《马克思恩格斯文集》第9卷，人民出版社2009年版，第148页。
④ 《马克思恩格斯文集》第9卷，人民出版社2009年版，第16页。
⑤ 《马克思恩格斯文集》第9卷，人民出版社2009年版，第16页。
⑥ 《马克思恩格斯文集》第9卷，人民出版社2009年版，第471页。
⑦ 《马克思恩格斯文集》第9卷，人民出版社2009年版，第416页。

为，经分析证明，就"对立的两极"而言，"一极已经作为核内的东西存在于另一极之中，到达一定点一极就转化为另一极"。① 所谓"到达一定点"，就是对立的两极的相互转化的条件。这段话的意思是说，量的变化积累到一定程度，就会引起对立双方的相互转化，并进而引起事物性质的变化即质变。

五是矛盾双方既具有斗争性，又具有同一性。恩格斯认为，矛盾双方既相互对立，又相互渗透，"对立的两极"虽然相互排斥、相互对立，但又是彼此联系、不可分割的，"不管它们如何对立，它们总是互相渗透的"。②

六是矛盾的斗争性和同一性是不可分割的。恩格斯认为，矛盾的斗争性以同一性为前提条件，矛盾的同一性存在于斗争性之中，二者密不可分，两极的相互对立与相互依存是有机统一的，两极的相互对立只存在于两极的相互依存中，两极的相互依存只存在于两极的相互对立中，没有相互依存或没有相互对立都不能被称为"两极"，"就不可能存在排斥和吸引最终抵消的问题，也不可能存在一种运动形式最终分配在物质的这一半上，而另一种运动形式最终分配在另一半上的问题，这就是说，既不存在两极互相渗透的问题，也不存在两极绝对分离的问题"。③ 这里的"两极互相渗透"意思是"互相抵消或中和"。

"对立的相互渗透"，确定了唯物辩证法的基本原则与基本要求。马克思、恩格斯运用这一方法，分析了资本与雇佣劳动、形式与内容等多对范畴之间的关系，指出："断言资本的利益和工人的利益是一致的，事实上不过是说资本和雇佣劳动是同一关系的两个方面罢了。一个方面制约着另一个方面，就如同高利贷者和挥霍者相互制约一样"，④ 强调整个有机界在不断地证明形式和内容的同一或不可分离。

## (二) 创造性运用唯物辩证法于认识论领域

马克思、恩格斯把唯物辩证法运用于认识论领域，深刻分析了一系列认识论基本范畴之间的辩证关系，科学揭示了人类认识的发展规律，创立了马克思主义认识论。

---

① 《马克思恩格斯文集》第9卷，人民出版社2009年版，第454页。
② 《马克思恩格斯文集》第9卷，人民出版社2009年版，第25页。
③ 《马克思恩格斯文集》第9卷，人民出版社2009年版，第516页。
④ 《马克思恩格斯文集》第1卷，人民出版社2009年版，第728页。

### 1. 思维的至上性与不至上性之间的辩证关系

恩格斯认为，一方面，就整个认识过程及其终极目的来说，人类是可以认识无限发展的物质世界的，认识是至上的、无限的；另一方面，就认识的某一阶段、某一过程来说，人的认识总是受到一定的主观认识水平和时空的制约，具有一定的局限性。认识又是不至上的、有限的，人的思维是至上与不至上的统一，人的认识能力是无限与有限的统一，人的思维"按它的本性、使命、可能和历史的终极目的来说，是至上的和无限的；按它的个别实现情况和每次的现实来说，又是不至上的和有限的"。①

### 2. 绝对真理与相对真理之间的辩证关系

恩格斯认为，一方面，在某个时候、特定条件下，认识是可以正确反映事物的，真理具有绝对性，永恒真理是存在的。他以"二乘二等于四，三角形三内角的和等于两个直角，巴黎在法国，人不吃饭就会饿死"等事例，来证明"永恒真理""最后的终极的真理"②是存在的。另一方面，认识是一个由低级到高级、由简单到复杂、由浅入深的逐步完善的过程，对于漫长的人类认识过程来说，某一具体认识"由于历史材料不足，甚至永远是有缺陷的和不完善的"。③ 也就是说，任何真理都是相对的，是相对真理。他对杜林割裂绝对真理和相对真理之间的辩证关系的做法，进行了无情的嘲讽，认为杜林一方面声明一切以往的永恒真理都是错误的，它们的制造者或多或少都是蠢驴和骗子；另一方面又试图证明杜林自己掌握着"最后的终极的真理，永恒道德和永恒正义"，④ 这显得多么荒谬。

### 3. 真理与谬误之间的辩证关系

恩格斯认为，真理和谬误"只是在非常有限的领域内才具有绝对的意义"，因此"在非常有限的领域之外"，真理和谬误的对立"就变成相对的"，如果超出

---

① 《马克思恩格斯文集》第9卷，人民出版社2009年版，第92页。
② 《马克思恩格斯文集》第9卷，人民出版社2009年版，第92页。
③ 《马克思恩格斯文集》第9卷，人民出版社2009年版，第96页。
④ 《马克思恩格斯选集》第3卷，人民出版社1995年版，第430页。

了原本的适用领域，真理和谬误也是可以转化的，"真理变成谬误，谬误变成真理"。①

### 4. 认识与实践之间的辩证关系

一方面，马克思、恩格斯高度重视实践，强调是否坚持实践观是马克思主义与旧唯物主义、唯心主义的根本区别，认为旧唯物主义只看到客体的客观性而看不到主体的能动性，唯心主义只看到主体的能动性而看不到客体的客观性，二者都割裂了主观与客观的关系，都不懂得从实践的角度去理解人的活动，而马克思主义则强调实践是人的存在方式与社会生活的本质，"社会生活在本质上是实践的"。② 他们认为，实践决定认识。实践是认识的来源、检验认识的真理性的根本标准。他们强调评判人的思维的真理性是一个"实践的问题"，人类只有在实践中、根据实践效果，才能评判和证明思维的真理性，认为如果离开实践来评判思维的真理性问题是一个"纯粹经院哲学的问题"。③ 他们强调理论问题的解决必须通过实践方式、借助于人的实践力量，认识的根本目的和任务是为了服务于现实生活，用于指导实践。

另一方面，马克思、恩格斯也高度重视认识对实践的巨大的能动反作用，既从正面强调"一个民族要想站在科学的最高峰，就一刻也不能没有理论思维"，④又从反面警醒，如果没有理论思维，就无法正确认识自然界、无法将自然界中的事物有机联系起来，只能错误地自然主义地进行思维。他们强调理论思维是现代自然科学发展的必要条件，指出："理论自然科学把它的自然观尽可能地加工为一个和谐的整体，如今甚至连最没有思想的经验主义者离开理论自然科学也寸步难行。现在，现代自然科学必须从哲学那里采纳运动不灭的原理；离开这个原理它就无法继续存在下去。"⑤他们认为，对于每一个研究领域的系统研究而言，"只有理论思维才管用"。⑥

---

① 《马克思恩格斯文集》第9卷，人民出版社2009年版，第96页。
② 《马克思恩格斯文集》第1卷，人民出版社2009年版，第505页。
③ 《马克思恩格斯文集》第1卷，人民出版社2009年版，第504页。
④ 《马克思恩格斯文集》第9卷，人民出版社2009年版，第437页。
⑤ 《马克思恩格斯文集》第9卷，人民出版社2009年版，第423~424页。
⑥ 《马克思恩格斯文集》第9卷，人民出版社2009年版，第435页。

## (三) 创造性运用唯物辩证法于社会历史领域

马克思、恩格斯强调唯物史观及其在无产阶级革命斗争中的实际应用,"只有借助于辩证法才有可能"。① 他们借助唯物辩证法,建构了历史唯物主义基本原理。

### 1. 社会存在与社会意识之间的辩证关系

马克思、恩格斯认为,一方面,社会存在决定社会意识,生产方式制约着政治生活和精神生活乃至整个社会生活,"不是意识决定生活,而是生活决定意识"。② 社会存在对社会意识的决定作用主要表现为:(1)社会意识是对社会存在的反映。社会意识在任何时候都是对人们的现实生活过程的反映,服务于人们的现实生活需求。(2)社会意识的形成根源于社会存在。社会物质生活条件决定着思想过程,精神生产起源于社会物质活动和物质交往,精神交往和精神生产是"人们物质行动的直接产物"。③ (3)社会意识随着社会存在的改变而改变。人们的思想观念、思想意识的形成、发展取决于社会存在,随着人们的"生活条件""社会关系""社会存在"的改变而改变。

另一方面,社会意识具有相对独立性,对社会存在具有巨大的能动反作用。恩格斯在致康拉德·施米特的信中从"政治运动"视角首次提出了"相对独立性"概念,认为虽然生产运动决定政治运动,但是政治运动也具有"逐渐向前发展的相对独立性",④ 也反作用于生产运动。他认为,社会意识同样具有相对独立性,与社会存在的发展具有不同步性,经济上落后的国家在社会意识上有可能处于领先地位。他认为,社会意识之所以具有相对独立性,是因为社会科学的发展需要一定的思想材料,而这些思想材料是"从以前的各代人的思维中独立形成的,并且在这些世代相继的人们的头脑中经过了自己的独立的发展道路"。⑤ 社会意识相对独立性的最突出表现是它对社会存在具有巨大的能动反作用,因此,阶级社

---

① 《马克思恩格斯文集》第3卷,人民出版社2009年版,第496页。
② 《马克思恩格斯文集》第1卷,人民出版社2009年版,第525页。
③ 《马克思恩格斯文集》第1卷,人民出版社2009年版,第524页。
④ 《马克思恩格斯文集》第10卷,人民出版社2009年版,第596页。
⑤ 《马克思恩格斯文集》第10卷,人民出版社2009年版,第658页。

会中各统治阶级都非常重视意识形态建设，总是想方设法地利用本阶级的经济和政治资源支配权，使本阶级的思想在整个社会意识形态领域中占据主导地位。

### 2. 生产力与生产关系、经济基础与上层建筑之间的辩证关系

马克思、恩格斯认为，生产力决定生产关系，生产关系反作用于生产力，指出："人们所达到的生产力的总和决定着社会状况。"①社会形态和生产关系的更替、发展取决于它们是否适合于生产力的发展。

恩格斯认为，虽然经济运动决定政治运动，但是政治运动也具有相对独立性，对经济运动具有反作用。虽然经济基础决定上层建筑，但是上层建筑也反作用于经济基础，"这是在归根到底不断为自己开辟道路的经济必然性的基础上的相互作用"。②

马克思对指导他的"研究工作的总的结果"，③ 即社会基本矛盾运动，进行了专门性凝练，认为生产关系是一种不依人的主观意志为转移的客观关系，同"物质生产力的一定发展阶段相适合"，生产关系的总和构成一定社会的经济基础，经济基础决定上层建筑。当生产力发展到一定阶段时，生产关系便由原先的适应生产力的发展"变成生产力的桎梏"，而生产力总是要向前发展的，因此变革生产关系的"社会革命的时代就到来了"，生产关系的变革会引起"经济基础的变更"，④ 而经济基础的变更又必然会引起上层建筑的变革，这就是人类社会基本矛盾运动的整个过程。

## 四、开创性确立"结合具体情况"这一"灵魂"方法

马克思、恩格斯非常重视具体情况具体分析，首次明确提出"结合具体情况"方法，将之作为"必须"坚持的方法，主张正确的理论的"阐明和发挥"必须"结合具体情况"，强调任何"抽象"都离不开"具体"，马克思主义基本原理的实

---

① 《马克思恩格斯文集》第 1 卷，人民出版社 2009 年版，第 533 页。
② 《马克思恩格斯文集》第 10 卷，人民出版社 2009 年版，第 668 页。
③ 《马克思恩格斯文集》第 2 卷，人民出版社 2009 年版，第 591 页。
④ 《马克思恩格斯文集》第 2 卷，人民出版社 2009 年版，第 592 页。

际应用必须"因地制宜地决定,而且必须由处于事变中心的人来决定"。①

## (一)体现了辩证唯物论的基本要求

所谓"具体情况",就是客观存在的"事实"。"结合具体情况",最为关键和根本的是要坚持一切从实际出发,以"事实"为前提、基础和依据,注重对事实的占有、总结和分析。

马克思非常注重对"事实"的占有和分析,指出:"任何深奥的哲学问题都会被简单地归结为某种经验的事实。"②他强调:"研究必须充分地占有材料",③ 必须分析"材料"的发展形式及其内在联系,并适当地加以叙述。这里的"材料",就是"事实"。实践的内容非常丰富、形式非常复杂,研究工作必须从"事实"出发,充分占有、深刻分析、科学揭示、恰当叙述客观事物的运动及其发展规律,才能形成对客观事物及其发展规律的正确认识。而这种正确认识一旦形成,便具有了超越现实的相对独立性,"就好像是一个先验的结构了"。④ 他强调对人类历史的研究必须重视、确认、把握"事实",现实的、具体的、活生生的"人"就是需要首先确认的"事实",认为历史上的"经济事实"尽管看起来作用很小甚至没有作用,但它们"至少在现代世界中是一个决定性的历史力量"。⑤

恩格斯也非常重视对"事实"的把握和分析,强调科学社会主义是一门扎根于"事实",从已有的思想材料出发的学说;强调一切科学研究"都必须从既有的事实出发",从"事实"的各种存在形式与运动形式,去寻找和发现各种"事实"之间的联系,并"尽可能从经验上加以证明",而不是主观臆造和想象出各种联系将之"塞到事实中去"。⑥ 他坦言之所以撰写《英国工人阶级状况》一书就是为了给一味在空话中盲目兜圈子的德国社会主义提供一个事实的基础。1886 年他在致爱德华·皮斯的信中强调,马克思主义关于未来社会特征的看法是从"历史事

---

① 《马克思恩格斯全集》第 22 卷,人民出版社 1965 年版,第 518 页。
② 《马克思恩格斯全集》第 3 卷,人民出版社 1960 年版,第 49 页。
③ 《马克思恩格斯文集》第 5 卷,人民出版社 2009 年版,第 21 页。
④ 《马克思恩格斯文集》第 5 卷,人民出版社 2009 年版,第 22 页。
⑤ 《马克思恩格斯文集》第 4 卷,人民出版社 2009 年版,第 232 页。
⑥ 《马克思恩格斯文集》第 9 卷,人民出版社 2009 年版,第 440 页。

实"中得出的确切结论，要求对这些看法必须"结合这些事实和过程去加以阐明"。① 1892 年他在致尼古拉·弗兰策维奇·丹尼尔逊的信中又一次强调："从您的来信可以断定，对于这些事实本身，您是同意我的看法的。"他认为，"事实"不管人们主观上是否喜欢，都是客观存在和变化发展的，强调只有摆脱主观好恶的影响，才能"更好地判断这些事实本身及其后果"。② 可见，恩格斯的立论都是"以确实经过慎重选择的事实为论证依据的"。③ 他主张要从事实中去把握生产力与生产关系的关系，因为二者的冲突是不依赖于人的主观意志而客观地"存在于事实中"。④

如何把握和分析"事实"呢？马克思、恩格斯提出了要求：

一要依据"亲身观察和可靠资料"。早在 1857 年，马克思曾经多次预言的经济危机爆发以后，为了证实经济学研究的某种结论，他对收集到的资料而进行的努力研究已经到了近乎疯狂的地步。恩格斯的《英国工人阶级状况》就是他在"亲身观察和可靠资料"的基础上写就的。为了撰写此文，他放弃了各种社交活动和应酬，"把自己的空闲时间几乎全部用来和普通工人交往"。⑤ 正因如此，他才专门对此文加了《根据亲身观察和可靠资料》这样一个副标题；正因如此，他才"感到既高兴又骄傲"，⑥ 才对自己的研究成果充满信心，自信此文经得起英国资产阶级的质疑和历史的检验，并在序言中声明："我曾经用了 21 个月的时间，通过亲身观察和亲自交往来直接了解英国的无产阶级"，他自信他所"引用的事实"是确切的，并欢迎英国资产阶级用可靠的证据对这些"事实"进行挑战。在序言最后他还专门强调："只有当我通过亲身观察了解了真实情况或者引文作者本身或文章的声望使我确信所引用的证据真实无误的时候，我才引用托利党人或宪章派的材料。"⑦

二要把握"最简单、最普通、最基本、最常见、最平凡"的"事实"。马克思

①　《马克思恩格斯文集》第 10 卷，人民出版社 2009 年版，第 548 页。
②　《马克思恩格斯文集》第 10 卷，人民出版社 2009 年版，第 625 页。
③　《马克思恩格斯全集》第 3 卷，人民出版社 2002 年版，第 443 页。
④　《马克思恩格斯全集》第 3 卷，人民出版社 2002 年版，第 548 页。
⑤　《马克思恩格斯文集》第 1 卷，人民出版社 2009 年版，第 382 页。
⑥　《马克思恩格斯文集》第 1 卷，人民出版社 2009 年版，第 382 页。
⑦　《马克思恩格斯文集》第 1 卷，人民出版社 2009 年版，第 387 页。

在谈到《资本论》的研究方法时曾明确认为，《资本论》研究的逻辑起点就是"商品"，强调《资本论》研究是"从分析商品开始"①的。列宁后来在总结《资本论》的研究方法时也认为，《资本论》中的分析首先是从资本主义社会中"最简单、最普通、最基本、最常见、最平凡"的"事实"，即"商品交换"开始的。科学结论总是建立在对最简单、最普通、最真实的"事实"的分析的基础之上的。

三要把握"事实"之间的联系。因为每一个整体都是由要素所构成的，而"不同要素之间存在着相互作用"，② 因此仅仅把握单个"事实"是不够的，还必须注重把握"事实"之间的相互联系，否则，就不能正确认识事物。恩格斯非常反对培根和洛克的"形而上学的思维方式"，认为这种思维方式不懂得联系地、发展地看问题，而是"把各种自然物和自然过程孤立起来"，③ 把事物看做固定不变的，静止地去考察事物的死的状态，只看到一个个孤立的事物及其存在，看不到事物之间的联系及其运动、变化和发展，是一种"只见树木，不见森林"的"片面的、狭隘的、抽象的"④思维方式。这种思维方式，忽视了把握"事实"之间的联系，当然最后也得不到真相。

四要从整体上把握"事实"。马克思、恩格斯认为，自然界是一个有机联系的整体，"即各种物体相联系的总体"，⑤ 人类社会也是一个处于变化过程中的"有机体"，"每一个社会中的生产关系都形成一个统一的整体"，⑥ 每一个现实的具体的个人都"从属于一个较大的整体"。⑦ 推而广之，整个世界都是"过程的集合体"。⑧ 总之，世界上没有孤立存在的事物，每一个事物都和其他事物有机联系着，世界是个有机联系的整体，"是一幅由种种联系和相互作用无穷无尽地交织起来的画面"。⑨ 由此出发，他们强调要从整体上把握事物，否则就会陷入"公说公有理，婆说婆有理""仁者见仁，智者见智"的主观性、片面性的误区。

---

① 《马克思恩格斯文集》第5卷，人民出版社2009年版，第47页。
② 《马克思恩格斯文集》第8卷，人民出版社2009年版，第23页。
③ 《马克思恩格斯文集》第9卷，人民出版社2009年版，第24页。
④ 《马克思恩格斯文集》第9卷，人民出版社2009年版，第24页。
⑤ 《马克思恩格斯文集》第9卷，人民出版社2009年版，第514页。
⑥ 《马克思恩格斯文集》第1卷，人民出版社2009年版，第603页。
⑦ 《马克思恩格斯文集》第8卷，人民出版社2009年版，第6页。
⑧ 《马克思恩格斯文集》第4卷，人民出版社2009年版，第298页。
⑨ 《马克思恩格斯文集》第9卷，人民出版社2009年版，第385页。

## (二) 体现了唯物辩证法的基本要求

"结合具体情况"，体现了唯物辩证法的基本原理与基本要求。

### 1. 体现了矛盾的普遍性和特殊性之间的辩证关系

马克思、恩格斯认为，虽然特殊性是具有普遍性的特殊性，但普遍性存在于特殊性之中，并通过特殊性表现出来，离开了对特殊性的把握，就无法把握普遍性。因此，认识事物必须在矛盾普遍性原理的指导下，具体分析矛盾的特殊性。就政治经济学的研究而言，只有把握了"生产和交换的特殊规律"，才能确立"适用于生产一般和交换一般的、完全普遍的规律"。① 就人类生产的研究而言，如果不把握"物质生产"的"特殊的历史的形式"，就不可能理解"精神生产的特征"以及物质生产与精神生产之间的"相互作用"。

"比较"是一种运用矛盾的普遍性和特殊性之间的辩证关系，"结合具体情况"，深入认识事物的科学方法。马克思曾把"比较"喻为认识事物的"钥匙"，要求在对不同历史环境中的具体"演变"进行分别研究的基础上，"再把它们加以比较"。② 他曾对"原始公社"和"农业公社"进行了"比较"，认为"日耳曼人的农村公社"和"东印度的农村公社"是"古代形态的最后阶段或最后时期"。③ "原始公社"建立在血缘关系的基础上，"农业公社"则隔断了这种血缘关系，"就更能够扩大范围并经受得住同外界的接触"。④ "农业公社"是原生形态向次生形态过渡的阶段，"次生形态包括建立在奴隶制上和农奴制上的一系列社会"。⑤ 马克思正是通过"比较"来加深对"农业公社"的理解的。

### 2. 体现了整体和要素之间的辩证关系

虽然整体决定要素，注重对事物的整体性把握尤为重要，但整体是由要素构成的，全面把握整体是以精准把握要素为前提的。如何精准把握要素呢？必须

① 《马克思恩格斯文集》第9卷，人民出版社2009年版，第154页。
② 《马克思恩格斯文集》第3卷，人民出版社2009年版，第466页。
③ 《马克思恩格斯文集》第3卷，人民出版社2009年版，第573页。
④ 《马克思恩格斯文集》第3卷，人民出版社2009年版，第573页。
⑤ 《马克思恩格斯文集》第3卷，人民出版社2009年版，第586页。

"结合具体情况"。用恩格斯在《反杜林论》中的话来说就是，如果不能把握和说明"细节"，就"看不清总画面"。因此，有时为了把握"细节"，就不得不把它们从联系中抽出来，分别加以研究。恩格斯把这种对构成整体的要素进行解剖式、深入性、专门性的研究方法，视为"最近 400 年来在认识自然界方面获得巨大进展的基本条件"。① 用恩格斯在《自然辩证法》中的话来说就是，"为了了解单个的现象，我们必须把它们从普遍的联系中抽出来，孤立地考察它们"。② 这里的"分别加以研究""孤立地考察"，实质上都是"结合具体情况"而进行的"具体分析"。

### 3. 体现了马克思主义发展观

马克思、恩格斯强调所有的事物都处于运动、变化、发展的状态，"没有任何东西是不动的和不变的"，③ 认为如果孤立地、静止地看问题，那么"在事物中确实碰不到任何矛盾"，④ 倡导从事物的联系、联结、运动中去考察，反对从静止的、固定不变的、"死的状态去考察"。⑤ "结合具体情况"，就是以发展的眼光，根据时间、地点、条件的变化，对变化了的事物进行具体分析。如果时间、地点、条件变了，而认识却不能做出相应的具体改变，就违背了唯物辩证法的基本要求，就不是"结合具体情况"而是思想僵化。

### (三) 体现了辩证唯物主义认识论的基本要求

马克思、恩格斯认为，认识过程包括两个步骤，即"完整的表象蒸发为抽象的规定"与"抽象的规定在思维行程中导致具体的再现"。⑥

第一个步骤是从感性的"具体"上升到理性的"抽象"。在这个"完整的表象蒸发为抽象的规定"过程中，会通过抽象达到"越来越简单的概念""一些最简单的规定"。⑦ 这里的"抽象"包括"强制的抽象"和"真实的抽象"。前者是指(亚当·

---

① 《马克思恩格斯文集》第 9 卷，人民出版社 2009 年版，第 23~24 页。
② 《马克思恩格斯文集》第 9 卷，人民出版社 2009 年版，第 482 页。
③ 《马克思恩格斯文集》第 3 卷，人民出版社 2009 年版，第 538 页。
④ 《马克思恩格斯文集》第 9 卷，人民出版社 2009 年版，第 126 页。
⑤ 《马克思恩格斯文集》第 3 卷，人民出版社 2009 年版，第 539 页。
⑥ 《马克思恩格斯文集》第 8 卷，人民出版社 2009 年版，第 25 页。
⑦ 《马克思恩格斯文集》第 8 卷，人民出版社 2009 年版，第 24 页。

斯密式的)抛开具体现实而抽象出某种空洞概念或超越历史的一般条件，或者(黑格尔式的)完全在思维上进行演绎抽象；后者则是指(马克思自己的)在考察了现实的、各历史阶段的大量事实后对其中"共同规定性"的把握和概括，这种抽象是"从材料和经验上升到理论"的能力，是"历史条件的产物"，① 是对"'具体的'例证"②的抽象，在具体的条件和一定的时空范围内才具有充分的适用性。"真实的抽象"，是坚持唯物论和辩证法的高度统一，抛弃主观臆断和主观片面，"结合具体情况"进行具体分析，而进行的"科学的抽象"。

第二个步骤是从理性的"抽象"上升到理性的"具体"。如果认识只停留在"抽象"阶段，则"抽象"就会变成没有任何实际意义的东西，就容易陷入不切实际的主观臆想。因此，认识还必须进行"抽象的规定在思维行程中导致具体的再现"的过程。理性的"具体"是一个包含着复杂规定但同时与事实紧密联系的范畴，"具体之所以具体，因为它是许多规定的综合，因而是多样性的统一"。③ "作为思想具体，事实上是思维的、理解的产物。"④因此，这一过程也必须"结合具体情况"，才能使理性的"抽象"有效上升为理性的"具体"，才能使理论对实践有效发挥指导作用。

"结合具体情况"，体现了辩证唯物主义认识论对认识过程两个步骤的共同的基本要求。

## (四) 体现了历史唯物主义的基本要求

"结合具体情况"，是历史唯物主义的基本要求。什么是"历史"？什么又是"逻辑"？马克思、恩格斯对此进行了唯物主义解读，认为历史是物质联系的表现形式，是前期历史事实的"抽象"，而逻辑学作为一种"关于思维的科学"，"也和其他各门科学一样，是一种历史的科学，是关于人的思维历史发展的科学"，一定时代的理论思维具有历史性，是"一种历史的产物"，⑤ 而每一历史时代的历史条件是不同的，由此不同时代的理论思维的具体内容和形式也是不同的。

---

① 《马克思恩格斯文集》第 8 卷，人民出版社 2009 年版，第 29 页。
② 《马克思恩格斯文集》第 9 卷，人民出版社 2009 年版，第 486 页。
③ 《马克思恩格斯文集》第 8 卷，人民出版社 2009 年版，第 25 页。
④ 《马克思恩格斯文集》第 8 卷，人民出版社 2009 年版，第 25 页。
⑤ 《马克思恩格斯文集》第 9 卷，人民出版社 2009 年版，第 436 页。

"历史"是一种什么样的状态？马克思、恩格斯运用唯物辩证法对之进行了解读，认为"历史"处于一个以旧代新的不断发展的状态，"历史不外是各个世代的依次交替"，① 每一代人都既继承了以往历史遗留下来的历史条件，又在新的环境中通过自己的活动来改变旧的环境。人类社会是一个由低级到高级的发展进程，每一个阶段都是暂时的，也是必然的，就其形成来说有其存在的内在依据，但是随着历史的发展，它会慢慢失去存在的依据，"不得不让位于更高的阶段，而这个更高的阶段也要走向衰落和灭亡"。② 社会主义社会也是一个"经常变化和改革的社会"。③ 既然历史是不断发展的，反映历史的认识和逻辑也必须随着历史事实和历史条件的变化而变化。只有具体分析不同发展阶段的历史事实和历史条件，才能深入把握历史真相。

马克思、恩格斯提出"逻辑与历史相统一"方法，强调逻辑是历史的反映，逻辑与历史密不可分，逻辑是历史的逻辑、历史是逻辑的历史，人的思维的逻辑进程与社会发展的历史进程必须保持一致性，指出："历史从哪里开始，思想进程也应当从哪里开始"。④ 也就是说，由于历史事实是具体的，人类实践是具体的，所以逻辑同认识史、逻辑同客观事物的发展过程必须保持具体的历史的统一。这样，在唯物主义的基础上，辩证法、认识论和逻辑学在历史领域也实现了高度统一。

# 五、开创性建构马克思主义方法论的基本内容

马克思、恩格斯运用唯物辩证法与唯物史观，开创性建构了马克思主义方法论的基本内容。

## (一) 发挥主观能动性与尊重客观规律性相结合

一方面，马克思、恩格斯反对否定人的主观能动性、把人当做机器的观点，强调人可以发挥主观能动性以认识和改造世界，认为旧唯物主义只看到环境和教

① 《马克思恩格斯文集》第 1 卷，人民出版社 2009 年版，第 540 页。
② 《马克思恩格斯文集》第 4 卷，人民出版社 2009 年版，第 270 页。
③ 《马克思恩格斯文集》第 10 卷，人民出版社 2009 年版，第 588 页。
④ 《马克思恩格斯文集》第 2 卷，人民出版社 2009 年版，第 603 页。

育对人的制约作用，而看不到人对环境的能动反作用，主张环境的制约作用和人的主体作用是有机统一的，"环境正是由人来改变的，而教育者本人一定是受教育的"。①

另一方面，马克思、恩格斯认为，人的主观能动性的发挥要受到客观规律和客观条件的制约，人类活动不是随心所欲、为所欲为的。恩格斯认为，社会是"人们交互活动的产物"，② 虽然人们不能自由地选择社会形式，但是能够认识、遵循和利用客观规律，能够认识和正确利用自然规律的能力是人比其他一切生物强的方面。他提醒人们要遵循自然规律，与自然界和平相处，否则，就会招致自然界的报复，警醒人们："不要过分陶醉于我们人类对自然界的胜利"，③ 因为人类每一次违背自然规律对自然界的破坏，看似"胜利"，但都会遭到自然界的报复。

在此基础上，马克思、恩格斯强调人的改变与环境的改变、人的主观能动性的发挥与客观环境的制约是有机统一的，指出："环境的改变和人的活动的一致，只能被看做是并合理地理解为变革的实践"。④ 他们强调生产力既是人的应用能力、主观能动性发挥的结果，又受到以往的生产力与社会形式的制约，所以"人们不能自由选择自己的生产力"。⑤

## (二)"批评"

这是内外因关系原理在方法论领域的具体运用。马克思、恩格斯非常重视"批评"，强调"批评是工人运动的生命要素"，⑥ 认为每一个政党的生存和发展通常都伴随着不同派别之间的相互斗争，无产阶级运动的基础是对社会现实的批判和斗争，因此，工人运动不能"逃避批评，禁止争论"，⑦ 而必须允许言论自由、允许批判。他们强调"批评"是达到"团结"的必要手段，认为没有批评就"不能互

---

① 《马克思恩格斯文集》第 1 卷，人民出版社 2009 年版，第 504 页。
② 《马克思恩格斯文集》第 10 卷，人民出版社 2009 年版，第 42 页。
③ 《马克思恩格斯文集》第 9 卷，人民出版社 2009 年版，第 559 页。
④ 《马克思恩格斯文集》第 1 卷，人民出版社 2009 年版，第 504 页。
⑤ 《马克思恩格斯选集》第 4 卷，人民出版社 1995 年版，第 532 页。
⑥ 《马克思恩格斯文集》第 10 卷，人民出版社 2009 年版，第 580 页。
⑦ 《马克思恩格斯文集》第 10 卷，人民出版社 2009 年版，第 580 页。

相了解，因而也就谈不到团结"。①

## (三) 抓关键

这一方法以矛盾的主次方面关系原理为依据。马克思、恩格斯认为，矛盾双方的地位和作用并不是均等的，而是有着明显的差异，矛盾的主要方面支配着矛盾的次要方面，决定着整个事物的性质，矛盾的两个方面构成"两个极端"，这"两个极端""尽管都现实地存在着"，但是"一个极端占了另一个极端的上风。二者的地位是不一样的"。② 因此，他们强调认识事物必须注重把握矛盾的主要方面，善于抓关键。马克思非常善于运用抓关键方法来分析解决各种具体问题。如，对于"生产与消费"这一矛盾统一体，马克思非常注重剖析生产的支配作用，强调生产和消费是"一个过程的两个要素"，但在整个过程中，生产"是起支配作用的要素"；③ 又如，关于社会性质的分析，马克思强调，占主导地位的生产关系的性质决定了整个社会的性质，"决定其他一切关系的地位和影响"。④

## (四) 必然性与偶然性相结合

关于必然性和偶然性的关系，恩格斯介绍了形而上学的观点，形而上学者把必然性和偶然性绝对对立起来，"把必然性和偶然性看做永远互相排斥的两个规定"，⑤ 认为一个事物要么是必然的，要么是偶然的，不能同时既是必然的，又是偶然的。他也介绍了机械决定论的观点，机械决定论者"力图用根本否认偶然性的办法来对付偶然性"，⑥ 认为支配自然界的只有必然性，极力否定偶然性的作用。他对上述两种观点进行了总结性评述，认为形而上学割裂了必然性和偶然性的关系，否定了必然性和偶然性同时存在的可能性，而机械决定论"在口头上笼统地否认偶然性，而在每一特定场合实际上又承认这种偶然性"。⑦ 他还介绍

---

① 《马克思恩格斯全集》第 4 卷，人民出版社 1958 年版，第 423 页。
② 《马克思恩格斯全集》第 3 卷，人民出版社 2002 年版，第 112 页。
③ 《马克思恩格斯文集》第 8 卷，人民出版社 2009 年版，第 18 页。
④ 《马克思恩格斯全集》第 30 卷，人民出版社 1995 年版，第 48 页。
⑤ 《马克思恩格斯文集》第 9 卷，人民出版社 2009 年版，第 477 页。
⑥ 《马克思恩格斯文集》第 9 卷，人民出版社 2009 年版，第 478 页。
⑦ 《马克思恩格斯文集》第 9 卷，人民出版社 2009 年版，第 480 页。

了黑格尔的观点，黑格尔辩证地看待必然性和偶然性的关系，认为二者有机统一、不可分割，"偶然的东西是必然的；必然性自我规定为偶然性"。① 在此基础上，恩格斯强调必然性与偶然性是不可分割的，必然性是由偶然性构成的，偶然性中隐藏着必然性，认为必然性是"在无穷无尽的表面的偶然性中实现的"，②"是由纯粹的偶然性构成的，而所谓偶然的东西，是一种有必然性隐藏在里面的形式"。③

恩格斯强调，必然性与偶然性的不可分割是事物发展的普遍性规律，必然性和偶然性是相互依存的两级。他强调社会历史发展是必然性与偶然性的统一，认为历史事件看起来"是由偶然性支配着的"，但是实际上始终受到必然性、规律性的支配，认识的根本任务"只是在于发现这些规律"。④ 他强调经济因素是支配历史发展的必然要素，政治等其他因素是影响历史发展的偶然要素，二者的统一推动着历史向前发展，认为作为必然性的经济运动通过无穷无尽的偶然事件向前发展，经济的必然性"以偶然性为其补充和表现形式"，"通过各种偶然性来为自己开辟道路"。⑤ 恩格斯认为，所考察的时期越长，所考察的范围越广，研究的偶然性越多，就越能揭示历史发展的必然性。

## (五)"历史的活动是群众的活动"

恩格斯认为，历史是"合力"的结果，提出了著名的"合力论"，认为历史是每一个人按自己的愿望"对外部世界的各种各样作用的合力"⑥的结果，历史结果是"无数个力的平行四边形"产生出的"一个合力"，⑦ 虽然每个人"都达不到自己的愿望"，但每个人的愿望、意志、活动都对"合力"有所贡献，"因而是包括在这个合力里面的"。⑧"合力论"强调历史发展是由无数个体意志形成的总的"合力"的结果，而不是由个体或少数人的意志决定的。

---

① 《马克思恩格斯文集》第9卷，人民出版社2009年版，第480页。
② 《马克思恩格斯文集》第4卷，人民出版社2009年版，第298页。
③ 《马克思恩格斯文集》第4卷，人民出版社2009年版，第299页。
④ 《马克思恩格斯文集》第4卷，人民出版社2009年版，第302页。
⑤ 《马克思恩格斯文集》第10卷，人民出版社2009年版，第669页。
⑥ 《马克思恩格斯文集》第4卷，人民出版社2009年版，第302页。
⑦ 《马克思恩格斯文集》第10卷，人民出版社2009年版，第592页。
⑧ 《马克思恩格斯文集》第10卷，人民出版社2009年版，第593页。

由"合力论"出发，马克思、恩格斯强调人民群众是历史的创造者，提出了"历史活动是群众的活动"①的光辉论断，认为群众才是历史的创造者，决定历史发展的是"行动着的群众"，② 而不是少数杰出人物。恩格斯认为，在德国，其他一切斗争都是"琐碎的和微不足道的""围绕着一些在别的地方早已解决了的琐碎的事情打转"，③ 强调："工人群众本身是最好的支点"，④ 资本家的压迫造成工人阶级的各种不幸，因此工人阶级革命最坚决、最彻底，充分肯定只有工人阶级的斗争才是"唯一伟大的、唯一站在时代高度的、唯一不使战士软弱无力而是不断加强他们的力量的斗争……"⑤充分肯定英国工人阶级虽然看起来身份卑微、道德堕落，但是他们受到的苦难最为深重，能够不断自我革新、自我提升，与资产阶级展开不妥协的暴力革命，因而只有工人阶级才能改变英国的社会现状，推动英国的社会发展。

马克思、恩格斯高度重视人民群众的主体地位，要求：其一，必须向群众学习。恩格斯认为，共产党人要提升自身素质、担任负责职务、胜任工作要求，就必须深入工人中间，向工人学习，要求每个共产党人都应该"从普通一兵做起"，要求担任共产党职务的人除了具备"写作才能或理论知识""熟悉党的斗争条件""掌握斗争的方式""耿耿忠心和坚强性格"等素质外，必须自觉"向工人学习"。其二，必须用革命理论武装群众。马克思认为，任何社会运动都必须依靠群众，如此才能获得革命成功。为此，就必须要向群众解释说明，让他们明白革命的目的和意义，这是"近50年来的历史"⑥的基本经验。如何做好对群众的解释说明工作呢？他强调必须以彻底的革命理论说服群众、掌握群众、武装群众，使革命理论转化为摧毁旧世界的物质力量，"所谓彻底，就是抓住事物的根本"。⑦ 他把用革命理论武装群众视为科学社会主义的一条基本经验，要求人们"必须以高度的热情"把社会主义意识"传播到工人群众中去"，⑧ 以团结和组织工人群众，发

① 《马克思恩格斯文集》第 1 卷，人民出版社 2009 年版，第 287 页。
② 《马克思恩格斯文集》第 1 卷，人民出版社 2009 年版，第 287 页。
③ 《马克思恩格斯文集》第 10 卷，人民出版社 2009 年版，第 470 页。
④ 《马克思恩格斯文集》第 10 卷，人民出版社 2009 年版，第 470 页。
⑤ 《马克思恩格斯文集》第 10 卷，人民出版社 2009 年版，第 470 页。
⑥ 《马克思恩格斯文集》第 4 卷，人民出版社 2009 年版，第 549 页。
⑦ 《马克思恩格斯文集》第 1 卷，人民出版社 2009 年版，第 11 页。
⑧ 《马克思恩格斯文集》第 2 卷，人民出版社 2009 年版，第 219 页。

展和壮大无产阶级组织。

## (六)阶级分析

马克思、恩格斯认为，阶级是人类社会发展到一定历史阶段的产物，阶级斗争是阶级社会发展的直接动力，无产阶级要取得革命的胜利必须建立自己的政党，无产阶级专政是向无阶级社会的过渡。上述观点是马克思主义关于阶级和阶级斗争的基本观点。阶级分析法就是运用马克思主义的阶级斗争学说及其基本观点观察、分析、解决带有阶级和阶级斗争性质的社会现象和社会问题。①

马克思、恩格斯提出了"至今一切社会的历史都是阶级斗争的历史"②"以往的全部历史，都是阶级斗争的历史"③等著名论断。后来，恩格斯又给这些论断加上了"除原始状态外""从原始土地公有制解体以来"等限定，使之变得更加科学和完善，恩格斯指出："以往的全部历史，除原始状态外，都是阶级斗争的历史。"④"因此(从原始土地公有制解体以来)全部历史都是阶级斗争的历史。"⑤原始社会以后，奴隶社会、封建社会、资本主义社会的历史都是阶级斗争的历史，无产阶级只有推翻资产阶级的统治、解放全人类，才能最终解放自己。马克思、恩格斯揭示了阶级斗争的经济根源，认为所有阶级"都是生产关系和交换关系的产物""自己时代的经济关系的产物"，⑥"经济发展""生产方式和交换方式的改变"⑦是阶级和阶级斗争形成的终极原因和伟大动力。

马克思、恩格斯坦言："我们都非常重视阶级斗争"，强调阶级斗争"是历史的直接动力"，公开声明他们要和否定阶级斗争的人们划清界限，决不和这些人一道走。他们科学预测了阶段斗争发展的必然趋势是建立无产阶级专政，最终进入无阶级的共产主义社会。

马克思、恩格斯高度重视阶级分析方法，坚决反对各种"超阶级"的观点，

---

①　崔华前：《剖析"普世价值观"的马克思主义科学方法》，《马克思主义研究》2011年第2期，第97~98页。

②　《马克思恩格斯文集》第2卷，人民出版社2009年版，第31页。

③　《马克思恩格斯文集》第9卷，人民出版社2009年版，第29页。

④　《马克思恩格斯文集》第3卷，人民出版社2009年版，第544页。

⑤　《马克思恩格斯文集》第2卷，人民出版社2009年版，第9页。

⑥　《马克思恩格斯文集》第9卷，人民出版社2009年版，第29页。

⑦　《马克思恩格斯选集》第3卷，人民出版社2012年版，第760页。

把否定阶级斗争、宣扬"超阶级"观点的人喻为"披着羊皮的豺狼"。① 他们运用阶级分析方法，揭示了资本主义社会的阶级对立与无产阶级的基本特征，预测了无产阶级革命的前途，认为资本主义社会日益分裂为资产阶级和无产阶级"两大敌对的阵营"，② 无产阶级是靠出卖劳动力"来获得生活资料的社会阶级"，③ "真正革命的阶级"，④ 肯定工人阶级"代表整个民族的真正的和被正确理解的利益"，⑤ 深信无产阶级革命运动必然会取得最终胜利。

---

① 《马克思恩格斯文集》第 1 卷，人民出版社 2009 年版，第 371 页。
② 《马克思恩格斯文集》第 2 卷，人民出版社 2009 年版，第 32 页。
③ 《马克思恩格斯文集》第 1 卷，人民出版社 2009 年版，第 676 页。
④ 《马克思恩格斯文集》第 2 卷，人民出版社 2009 年版，第 41 页。
⑤ 《马克思恩格斯文集》第 2 卷，人民出版社 2009 年版，第 450 页。

# 第四章　马克思主义方法论发展的
# 列宁主义阶段

列宁是马克思、恩格斯以后国际共产主义运动最伟大的领袖，他在俄国革命具体实践中对马克思主义基本原理和立场观点方法进行了创造性应用和创新性发展。在马克思主义理论体系中，列宁尤为关注方法论问题，强调："马克思主义者从马克思的理论中，无疑地只是借用了宝贵的方法"，① 认为掌握马克思主义方法是科学阐明社会关系的必要前提。

列宁对马克思主义方法论做出了不可磨灭的原创性贡献，推动马克思主义方法论发展到一个全新的列宁主义阶段。他认为，马克思主义是一个"由一整块钢铸成的"②完整的方法论体系。他确立了马克思主义的"整个世界观"、唯物辩证法、"对具体情况作具体分析"在马克思主义方法论体系中的统领地位、"基础"地位、"灵魂"地位，完善了马克思主义方法论的具体内容，创造性运用马克思主义方法论于俄国具体实践中。

## 一、明确马克思主义的"整个世界观"
## 是无产阶级的"活的行动指南"

恩格斯曾明确反对教条主义式地对待马克思主义，明确要求把马克思主义当做认识和改造世界的方法。列宁对此非常赞同，首次明确提出马克思主义"是活的行动指南"③的光辉论断。这一论断，内涵丰富。

---

① 《列宁专题文集·论马克思主义》，人民出版社 2009 年版，第 300 页。
② 《列宁专题文集·论辩证唯物主义和历史唯物主义》，人民出版社2009年版，第112页。
③ 《列宁专题文集·论马克思主义》，人民出版社 2009 年版，第 160 页。

### (一) 马克思主义是一个整体的世界观和方法论

列宁强调，马克思主义为无产阶级提供了一个整体性的世界观和方法论。他认为，实践观的引入对于马克思主义哲学成为完整性的哲学具有重大意义，把实践观视为马克思主义认识论的"首要的和基本的观点"。① 马克思主义以前的一切旧哲学，都不能真正了解实践的重大价值，都脱离实践而在纯主观或纯客观领域中寻找真理标准、谈论认识问题，因此，它们都不是完整性的哲学。马克思首次把科学的实践观引入哲学领域，当做自己全部哲学理论的基础，既使得马克思主义哲学成为完整性的哲学、整体性的世界观和方法论，也使得马克思主义世界观与方法论通过实践这一桥梁，在"解释世界"与"改变世界"的相互作用、无限循环中，实现联结互动、深化发展。

列宁明确要求必须整体性把握和运用马克思主义，通过历史地、联系地考察每一个原理，整体性把握马克思主义的精神要旨和理论体系，告诫如果去掉马克思主义的任何一个"基本前提""重要部分"，就会"离开客观真理"，就会背离马克思主义而产生对资产阶级有利的后果，要求俄国共产党人"完整地、确切地和充分地叙述马克思主义"。② 他确立了马克思主义的"整个世界观"在马克思主义方法论体系中的统领地位，认为这一"整个世界观"也构成了"整个方法论"，决定和支配着马克思主义其他方法。

### (二) 马克思主义是无产阶级的"行动指南"

首先，马克思主义服务于无产阶级的革命实践。列宁认为，在阶级社会中，任何一种思想体系都有一个站在什么立场上、为什么人发声、为什么人服务的问题，都是一定阶级的思想观点的反映，不代表一定阶级利益的思想体系是不存在，"任何时候也不可能有非阶级的或超阶级的思想体系"，③ "一切关于非阶级

---

① 《列宁专题文集·论辩证唯物主义和历史唯物主义》，人民出版社 2009 年版，第 49 页。

② 《列宁专题文集·论辩证唯物主义和历史唯物主义》，人民出版社 2009 年版，第 212 页。

③ 《列宁专题文集·论无产阶级政党》，人民出版社 2009 年版，第 85 页。

的社会主义和非阶级的政治的学说，都是胡说八道"。① 他强调，马克思主义是站在无产阶级立场上、代表无产阶级根本利益、为无产阶级讲话的思想体系，点明了无产阶级的"社会主义社会创造者"②的历史地位和历史作用，强调："严格的无产阶级世界观只有一个，这就是马克思主义。"③

其次，马克思主义是"行动指南"。"行动指南"意味着马克思主义是一种指导实践的方法论。列宁认为，马克思主义为无产阶级实现自身解放提供了科学的世界观和方法论，指明了科学的革命道路，使得社会主义成为一门科学，"马克思、恩格斯对工人阶级的功绩"就是"教会了工人阶级自我认识和自我意识，用科学代替了幻想"。④ 他强调唯物主义的方法是"社会科学的唯一科学方法"，⑤是一种具有普遍适用性的唯一科学的"说明历史的方法"，⑥ 把《反杜林论》《共产党宣言》等唯物主义著作列为"每个觉悟工人必读的书籍"，⑦ 肯定《资本论》在用唯物主义方法分析社会形态方面是"大家公认的无与伦比的范例"。⑧

最后，马克思主义是无产阶级的"伟大的认识工具"。列宁强调，马克思主义"把伟大的认识工具给了人类，特别是给了工人阶级"。⑨ 马克思主义之所以能够成为一种"伟大的认识工具"，源于其服务于无产阶级和全人类解放的崇高性；源于其科学性、有效性，列宁充分肯定马克思主义是一种经过实践检验的科学的世界观和方法论，"第一次把社会学放在科学的基础之上"，⑩ 现代社会发展和无产阶级革命实践"都日益证实马克思主义观点的正确性"；⑪ 源于其批评性、革命

---

① 《列宁专题文集·论马克思主义》，人民出版社 2009 年版，第 62 页。

② 《列宁专题文集·论马克思主义》，人民出版社 2009 年版，第 61 页。

③ 《列宁专题文集·论马克思主义》，人民出版社 2009 年版，第 297 页。

④ 《列宁专题文集·论马克思主义》，人民出版社 2009 年版，第 53 页。

⑤ 《列宁全集》第 1 卷，人民出版社 1955 年版，第 193 页。

⑥ 《列宁专题文集·论辩证唯物主义和历史唯物主义》，人民出版社 2009 年版，第 166 页。

⑦ 《列宁专题文集·论马克思主义》，人民出版社 2009 年版，第 67 页。

⑧ 《列宁专题文集·论辩证唯物主义和历史唯物主义》，人民出版社 2009 年版，第 163~164 页。

⑨ 《列宁专题文集·论马克思主义》，人民出版社 2009 年版，第 68 页。

⑩ 《列宁专题文集·论辩证唯物主义和历史唯物主义》，人民出版社 2009 年版，第 163 页。

⑪ 《列宁专题文集·论马克思主义》，人民出版社 2009 年版，第 304 页。

性，马克思主义本质上是批判的和革命的，是指导无产阶级摧毁旧势力、消灭阶级剥削的有力武器。

### (三) 马克思主义是"活的行动指南"

"活"有"鲜活""灵活"之意。"鲜活"准确揭示了马克思主义的理论品格。列宁认为，马克思主义不是"某种一成不变的和神圣不可侵犯的东西"，[①] 而是一种在实践中不断丰富和发展的思想体系，因而，它能够始终保持旺盛的生机活力和强大的生命力，也永远不会过时。

"灵活"牢固确立了对待马克思主义的科学态度。列宁要求必须结合一定的具体情况和实际任务，灵活地运用马克思主义，并在这一过程中，"在各方面把这门科学推向前进"。[②] 他坚决反对以宗派主义、教条主义态度来对待马克思主义，认为它们看似坚持马克思主义，实则违背了马克思主义，是把马克思主义片面化、僵化，会抽掉马克思主义的灵魂。他严厉批判了死记硬背马克思主义口号的做法，认为这会带来"空谈盛行"的结果。

# 二、对唯物辩证法做出原创性贡献，确立其在马克思主义方法论体系中的"基础"地位

列宁认为，马克思、恩格斯和约·狄慈根在批判继承德国古典哲学时，"把全部注意力集中于""从绝对唯心主义粪堆中啄出"黑格尔的辩证法"这颗珍珠"，[③] 强调马克思的哲学成果中"主要的就是辩证法"，[④] 马克思、恩格斯做出的最重要的贡献就是对唯物辩证法的运用，唯物辩证法是马克思主义的"根

---

① 《列宁专题文集·论马克思主义》，人民出版社 2009 年版，第 96 页。
② 《列宁专题文集·论马克思主义》，人民出版社 2009 年版，第 96 页。
③ 《列宁专题文集·论辩证唯物主义和历史唯物主义》，人民出版社 2009 年版，第 334 页。
④ 《列宁专题文集·论辩证唯物主义和历史唯物主义》，人民出版社 2009 年版，第 334 页。

本的理论基础"，① "马克思主义中有决定意义的东西"，② 确立唯物辩证法在马克思主义方法论体系中的"基础"地位，对唯物辩证法做出了原创性理论贡献。

## （一）首次明确提出"唯物主义的逻辑、辩证法和认识论是同一个东西"命题，确立科学理解唯物辩证法的基本原则

马克思在《资本论》中典范性地坚持了这一原则，但在马克思主义发展史上对这一原则加以系统凝练的当首推列宁，他强调："在《资本论》中，唯物主义的逻辑、辩证法和认识论［不必要三个词：它们是同一个东西］都应用于一门科学。"③这一命题，具有极为重要的方法论意义。

### 1. 辩证法是逻辑学

列宁认为，"逻辑不是关于思维的外在形式的学说"，④ 他从思维和存在"何者为第一性"的"本体论"视角，确立了对于逻辑学的唯物主义理解，传承了恩格斯对于"全部哲学的最高问题"⑤的解答。他强调，逻辑是"关于世界的全部具体内容的以及对它的认识的发展规律的学说"。⑥ 逻辑是"关于世界的全部具体内容的学说"，在逻辑学问题上坚持了唯物主义；逻辑是"关于认识的发展规律的学说"，由于认识的发展规律就是辩证法，因此，逻辑学就是关于辩证法的学说，也构成为"辩证法"。进而，列宁对辩证法进行了逻辑学阐释，揭示辩证法的实质是"对立面同一的灵活性"，⑦ 肯定辩证法克服了认识的"直线性和片面性，死

---

① 《列宁专题文集·论辩证唯物主义和历史唯物主义》，人民出版社 2009 年版，第 341 页。

② 《列宁专题文集·论辩证唯物主义和历史唯物主义》，人民出版社 2009 年版，第 343 页。

③ 《列宁专题文集·论辩证唯物主义和历史唯物主义》，人民出版社 2009 年版，第 145 页。

④ 《列宁专题文集·论辩证唯物主义和历史唯物主义》，人民出版社 2009 年版，第 131 页。

⑤ 《马克思恩格斯文集》第 4 卷，人民出版社 2009 年版，第 278 页。

⑥ 《列宁专题文集·论辩证唯物主义和历史唯物主义》，人民出版社 2009 年版，第 131 页。

⑦ 《列宁专题文集·论辩证唯物主义和历史唯物主义》，人民出版社 2009 年版，第 132 页。

板和僵化"①的形而上学缺陷，并把"客观地运用"还是"主观地运用""这种灵活性"，② 作为区分唯物辩证法与折中主义、诡辩论的根本标准，从而克服了黑格尔哲学的神秘主义缺陷。

## 2. 辩证法是认识论

列宁指出："辩证法也就是（黑格尔和）马克思主义的认识论：正是问题的这一'方面'（这不是问题的一个'方面'，而是问题的实质）普列汉诺夫没有注意到，至于其他的马克思主义者就更不用说了。"③"辩证法也就是（黑格尔和）马克思主义的认识论"，意味着马克思创造性传承了黑格尔哲学的革命批判精神，揭示了辩证法的认识论内容、认识的过程和本质方面的辩证性；"这不是问题的一个'方面'，而是问题的实质"，则强调了必须从"问题的实质"，即从哲学的基本问题的视角去理解辩证法；"其他的马克思主义者"，乃至于连"普列汉诺夫"这样著名的马克思主义理论家，都"没有注意到"，则凸显了认识这一"问题的实质"的重要性和紧迫性。

## 3. 逻辑学是认识论

列宁指出："逻辑学是关于认识的学说，它是认识论。认识是人对自然界的反映。"④这就从"问题的实质"上，阐明了逻辑学与认识论都是关于思维反映存在的学说，二者密不可分，认识的环节构成了逻辑的范畴。他又指出："概念和规律等等（思维、科学＝'逻辑观念'）有条件地近似地把握永恒运动着和发展着的自然界的普遍规律性"，⑤"认识是思维对客体的永远的、无止境的接

---

① 《列宁专题文集·论辩证唯物主义和历史唯物主义》，人民出版社 2009 年版，第 152 页。

② 《列宁专题文集·论辩证唯物主义和历史唯物主义》，人民出版社 2009 年版，第 132 页。

③ 《列宁专题文集·论辩证唯物主义和历史唯物主义》，人民出版社 2009 年版，第 151 页。

④ 《列宁专题文集·论辩证唯物主义和历史唯物主义》，人民出版社 2009 年版，第 136 页。

⑤ 《列宁专题文集·论辩证唯物主义和历史唯物主义》，人民出版社 2009 年版，第 136 页。

近"。① 论证了思维反映存在不是一个僵死的、抽象的过程，而是一个运动的和矛盾的永恒过程。这则从"问题的实质"上，阐明了逻辑学与认识论都是辩证发展的学说。

"唯物主义的逻辑、辩证法和认识论是同一个东西"命题，从"全部哲学的最高问题"出发，把哲学的"本体论问题"与"同一性问题"相统一，对《资本论》进行了唯物辩证法与辩证唯物主义认识论原貌的"双重再还原"；从内容和形式的结合上，克服了旧唯物主义与唯心主义对"发展学说"的片面性、庸俗化理解；从"问题的实质"上，揭示了逻辑学、辩证法、认识论都是关于思维和存在的辩证关系问题的学说，坚持了"三者一致"的辩证法，确立了科学理解唯物辩证法的世界观、认识论和方法论"三者统一"的基本原则。

### (二) 首次明确提出"对立面的统一"范畴，建构唯物辩证法的主体结构

列宁科学阐释了辩证法的基本内涵，认为辩证法是"关于包罗万象和充满矛盾的历史发展的学说"②"内容更丰富的(与通常的相比)发展学说"③"关于外部世界和人类思维的运动的一般规律的科学"，强调辩证法把对立面"看做活生生的、有条件的、活动的、彼此转化的东西"，④ 是一种"普遍运动和变化的思想"，⑤ 主要研究矛盾双方在一定条件下的相互转化，以及事物的运动、变化、发展及其规律。

列宁创造性传承马克思、恩格斯的"两极相联""对立的相互渗透"思想，在马克思主义发展史上首次提出"对立面的统一"范畴，强调"事物(现象等等)是对

①　《列宁专题文集·论辩证唯物主义和历史唯物主义》，人民出版社 2009 年版，第 137 页。

②　《列宁专题文集·论辩证唯物主义和历史唯物主义》，人民出版社 2009 年版，第 341 页。

③　《列宁专题文集·论辩证唯物主义和历史唯物主义》，人民出版社 2009 年版，第 342 页。

④　《列宁专题文集·论辩证唯物主义和历史唯物主义》，人民出版社 2009 年版，第 132 页。

⑤　《列宁专题文集·论辩证唯物主义和历史唯物主义》，人民出版社 2009 年版，第 133 页。

立面的总和与统一"，① 唯物辩证法的核心是"对立面的统一"。②

"对立面的统一"范畴的提出，有着重要的方法论意义。

一要把握对立面的斗争及其绝对性。列宁认为，任何事物都包含着相互对立的两个方面，"数学""力学""物理学""化学""社会科学"等各门科学中都包含着相互对立的两个方面。"发展是对立面的'斗争'。"③他强调对立面的相互排斥、相互斗争是"绝对的"，④ 要求认识事物必须承认一切事物和现象中客观存在的"矛盾着的、相互排斥的、对立的倾向"。⑤

二要把握对立面的同一及其相对性。列宁认为，对立双方在一定条件下可以转化为自己的对立面，个别可以向一般转变，偶然可以向必然转变，"发展是对立面的统一"，⑥ 要求认识事物必须把事物的发展过程"当做对立面的统一来认识"，⑦ 但他又强调对立面的统一是"有条件的、暂时的、易逝的、相对的"。⑧

三要"在对立面的统一中把握对立面"。列宁构建了以对立统一为核心的唯物辩证法的主体结构。这一论断意味着"在一方中认识到另一方"，⑨ 并根据对方而确定自身的规定性；意味着必须把握矛盾双方的相互联系，他运用这种方法对私人利益与国家利益、资本主义与社会主义的关系进行了分析，强调要找到私人

---

① 《列宁专题文集·论辩证唯物主义和历史唯物主义》，人民出版社 2009 年版，第 140 页。

② 《列宁专题文集·论辩证唯物主义和历史唯物主义》，人民出版社 2009 年版，第 140 页。

③ 《列宁专题文集·论辩证唯物主义和历史唯物主义》，人民出版社 2009 年版，第 149 页。

④ 《列宁专题文集·论辩证唯物主义和历史唯物主义》，人民出版社 2009 年版，第 149 页。

⑤ 《列宁专题文集·论辩证唯物主义和历史唯物主义》，人民出版社 2009 年版，第 149 页。

⑥ 《列宁专题文集·论辩证唯物主义和历史唯物主义》，人民出版社 2009 年版，第 149 页。

⑦ 《列宁专题文集·论辩证唯物主义和历史唯物主义》，人民出版社 2009 年版，第 149 页。

⑧ 《列宁专题文集·论辩证唯物主义和历史唯物主义》，人民出版社 2009 年版，第 149 页。

⑨ 《列宁全集》第 55 卷，人民出版社 1990 年版，第 221 页。

利益与国家利益"相结合的尺度"，① 社会主义要学会"利用资本主义文化"来为自身服务；意味着必须把握矛盾双方的相互转化，他认为，自然界中的一切对立面都是相互转化的，强调自然科学已经揭示了"对立面的过渡、转化、相互联系"，② 个别、偶然与一般、必然之间是相互转化的。推而广之，他认为，世界上的一切事物和现象在一定条件下都可以"转化为自己的对立面"，③ 进而，他认为，发展、进化就是对立面之间的相互转化相互过渡。作为反映事物及其发展规律的概念也是"毫无例外的转化"的，因此必须注意把握"概念之间对立面的同一"。④

## (三) 创造性运用唯物辩证法于认识论领域

列宁认为，人类认识具有辩证本性，是一个辩证过程，"思维就必须是辩证的"，⑤ 辩证法是"人类的全部认识所固有的"。⑥ 他把唯物辩证法创造性运用于认识论领域，全面科学阐释了认识与实践、思维的至上性和不至上性、真理与谬误、绝对真理与相对真理之间的辩证关系，夯实了辩证唯物主义认识论的理论基础。

### 1. 认识与实践之间的辩证关系

一方面，列宁强调实践决定认识。他认为，认识来源于实践，是自然界在人脑中的反映；认识的真理性必须通过实践来加以检验，人类只有在实践中才能检验认识的正确性，从而"达到客观真理"，⑦ 而且这种实践检验不是一次就能够成

---

① 《列宁全集》第 4 卷，人民出版社 1972 年版，第 667 页。
② 《列宁专题文集·论辩证唯物主义和历史唯物主义》，人民出版社 2009 年版，第 151 页。
③ 《列宁全集》第 28 卷，人民出版社 2017 年版，第 5 页。
④ 列宁：《哲学笔记》，人民出版社 1974 年版，第 210 页。
⑤ 《列宁专题文集·论辩证唯物主义和历史唯物主义》，人民出版社 2009 年版，第 141 页。
⑥ 《列宁专题文集·论辩证唯物主义和历史唯物主义》，人民出版社 2009 年版，第 150~151 页。
⑦ 《列宁专题文集·论辩证唯物主义和历史唯物主义》，人民出版社 2009 年版，第 138 页。

功的。认识的目的是实践，实践是主体在一定的认识指导下对客体的改造活动，不仅具有普遍性，而且具有"直接现实性"。① 他认为，离开无产阶级革命斗争实践，社会主义、共产主义书本知识"可以说是一文不值"，② 要求俄国马克思主义者应当学会应用马克思主义科学理论来解答无产阶级革命实践中的重大的紧急的现实问题。

另一方面，列宁强调认识反作用于实践，指出："人的意识不仅反映客观世界，并且创造客观世界。"③他把理论斗争与政治斗争、经济斗争视为无产阶级政党伟大斗争的三种基本形式，强调与政治斗争、经济斗争"并列的还有理论的斗争"。④ 他认为，工人阶级要么受社会主义思想体系的影响，要么受资产阶级思想体系的影响，"自发论"是"极大的错误"，⑤ 因为"自发论"鼓吹工人运动会自发形成一种独立的思想体系，实质上会削弱无产阶级的思想理论建设和思想理论斗争，会削弱社会主义思想体系的影响力和号召力，会加强"资产阶级思想体系对工人的影响"。⑥ 他强调，无产阶级政党只有以先进理论为指南，用革命理论来鼓舞、鼓动、武装、组织工人阶级，加强自身建设，确定无产阶级革命的方式方法，才能取得无产阶级革命运动的成功，他指出："没有革命理论，就不会有坚强的社会党"，⑦ "没有革命的理论，就不会有革命的运动"。⑧

在此基础上，列宁首次提出"把认识和实践结合起来"的方法，认为物质是一种真实存在的客观现实，认识是对客观现实的反映，人们之所以在实践中会犯错误就是由于割裂了主观与客观、认识和实践的关系。基于此，他强调："必须把认识和实践结合起来。"⑨"把认识和实践结合起来"，坚持了认识论中的唯物辩

---

① 《列宁专题文集·论辩证唯物主义和历史唯物主义》，人民出版社 2009 年版，第 139 页。

② 《列宁全集》第 39 卷，人民出版社 1986 年版，第 297 页。

③ 《列宁专题文集·论辩证唯物主义和历史唯物主义》，人民出版社 2009 年版，第 138 页。

④ 《列宁专题文集·论无产阶级政党》，人民出版社 2009 年版，第 71 页。

⑤ 《列宁专题文集·论无产阶级政党》，人民出版社 2009 年版，第 84 页。

⑥ 《列宁专题文集·论无产阶级政党》，人民出版社 2009 年版，第 84 页。

⑦ 《列宁专题文集·论马克思主义》，人民出版社 2009 年版，第 95 页。

⑧ 《列宁专题文集·论无产阶级政党》，人民出版社 2009 年版，第 70 页。

⑨ 《列宁专题文集·论辩证唯物主义和历史唯物主义》，人民出版社 2009 年版，第 139 页。

证法，建构了辩证唯物主义认识论方法运用的基本范式。

### 2. 思维的至上性与不至上性之间的辩证关系

列宁引用了恩格斯的话，强调："人的思维是至上的，同样又是不至上的。"①这是因为：一方面，人的认识能力是无限的，人的思维可以正确认识客观世界，另一方面，每个人的认识能力都是有限的，"人的思维又是在完全有限地思维着的个人中实现的"。② 他强调，至上的思维"只有通过人类生活的无限延续才能完全实现"，③ 认识的有限性与无限性、思维的至上性与不至上性是相互依存、相互作用的。

### 3. 真理与谬误之间的辩证关系

列宁引用恩格斯的话，强调真理是在同谬误的相互依存、相互比较、相互斗争中不断发展的，真理性认识是在一系列谬误中实现的，绝对真理和至上的思维实现于人类生活的无限延续中。他强调真理与谬误都有其适用范围，在一定的领域内，真理就是真理，谬误就是谬误，但是超出了一定的适用领域，真理和谬误与其他"对立的两极"一样，会发生相互转化，真理变成谬误，谬误变成真理。

### 4. 绝对真理与相对真理之间的辩证关系

什么是绝对真理与相对真理呢？列宁认为，绝对真理是指真理的绝对性，其内涵包括：一是任何真理都是对客观事物及其发展规律的正确反映，其内容都是客观的，"这是无条件的"。④ 二是真理的存在是无条件的，人类可以正确认识客观事物及其发展规律，这是无条件的。相对真理是指真理的相对性，其内涵包

---

① 《列宁专题文集·论辩证唯物主义和历史唯物主义》，人民出版社 2009 年版，第 40 页。

② 《列宁专题文集·论辩证唯物主义和历史唯物主义》，人民出版社 2009 年版，第 40 页。

③ 《列宁专题文集·论辩证唯物主义和历史唯物主义》，人民出版社 2009 年版，第 39 页。

④ 《列宁专题文集·论辩证唯物主义和历史唯物主义》，人民出版社 2009 年版，第 42 页。

括："我们的知识向客观的、绝对的真理接近的界限是受历史条件制约的"，①
"任何思想体系都是受历史条件制约的"，② 唯物辩证法承认"一切知识的相对
性"。③

列宁强调，既要承认绝对真理，又要承认相对真理，不可片面强调一方面而
忽视另一方面，认为一个辩证唯物主义者既要"承认绝对真理"，又不可片面强
调、滥用"最后真理、终极真理、永恒真理这些字眼"，必须正确把握绝对真理
与相对真理的辩证关系，否则就是"不聪明的"、错误的。

列宁认为，绝对真理与相对真理是一种相互联系、不可分割的辩证统一关
系，这是因为：其一，人类思维的本性既是绝对的，又是相对的。他认为，每一
具体的真理都是对客观事物近似正确的反映，都具有相对性，是相对真理，但人
类思维按其本性来说是可以正确认识客观事物的，无数相对真理的总和就构成了
绝对真理，"科学发展的每一阶段，都在给绝对真理这一总和增添新的一粟"。④
其二，相对真理中含有绝对真理的成分，是构成绝对真理的要素。他认为，"绝
对真理是由发展中的相对真理的总和构成的"，每一个相对真理尽管具有相对性，
但"其中都含有绝对真理的成分"。⑤ 其三，绝对真理与相对真理的区分是"确定"
与"不确定"的统一。这种区分之所以是"确定"的，是因为二者之间有着明显区
别，这种"确定"使得辩证唯物主义"同信仰主义和不可知论划清界限"；⑥ 这种区
分之所以是"不确定"的，是因为二者之间"没有不可逾越的鸿沟"，⑦ 这种"不确

---

① 《列宁专题文集·论辩证唯物主义和历史唯物主义》，人民出版社 2009 年版，第 42
页。
② 《列宁专题文集·论辩证唯物主义和历史唯物主义》，人民出版社 2009 年版，第 42
页。
③ 《列宁专题文集·论辩证唯物主义和历史唯物主义》，人民出版社 2009 年版，第 43
页。
④ 《列宁专题文集·论辩证唯物主义和历史唯物主义》，人民出版社 2009 年版，第 41
页。
⑤ 《列宁选集》第 2 卷，人民出版社 1995 年版，第 212 页。
⑥ 《列宁专题文集·论辩证唯物主义和历史唯物主义》，人民出版社 2009 年版，第 43
页。
⑦ 《列宁专题文集·论辩证唯物主义和历史唯物主义》，人民出版社 2009 年版，第 42
页。

定"意义重大，可以"阻止科学变为恶劣的教条"。①

## (四) 创造性运用唯物辩证法于社会历史领域

列宁认为，辩证唯物主义比旧唯物主义的进步性集中体现在，辩证唯物主义把唯物主义贯彻到底，应用于"历史领域"与"社会科学领域"，不仅运用唯物主义方法分析自然现象，而且运用唯物主义方法分析社会现象。他认为，"把唯物主义辩证法运用于历史"是马克思和恩格斯做出的"最重要、最新的贡献的领域"之一，是"他们在革命思想史上迈出的天才的一步"。② 列宁创造性运用唯物辩证法于社会历史领域，全面科学阐释了社会存在与社会意识、生产力与生产关系、经济基础与上层建筑之间的辩证关系，夯实了历史唯物主义的理论基础。

### 1. 社会存在与社会意识之间的辩证关系

列宁驳斥了波格丹诺夫的"社会存在和社会意识，按这两个词的确切的含义来说，是同一的"③观点，旗帜鲜明地认为，"社会存在和社会意识不是同一的"，④ 强调"社会意识反映社会存在"是历史唯物主义的基本原理，社会存在是第一性的、客观的，不依赖于人们的社会意识。

列宁认为，"反映可能是对被反映者的近似正确的复写"，⑤ 社会存在"永远也不会为社会意识所完全把握"。⑥ 社会意识只是部分地、近似正确地反映社会存在，强调即使有 70 个马克思也无法完全把握资本主义经济的错综复杂的变

---

① 《列宁专题文集·论辩证唯物主义和历史唯物主义》，人民出版社 2009 年版，第 43页。

② 《列宁专题文集·论辩证唯物主义和历史唯物主义》，人民出版社 2009 年版，第 335页。

③ 《列宁专题文集·论辩证唯物主义和历史唯物主义》，人民出版社 2009 年版，第 108页。

④ 《列宁专题文集·论辩证唯物主义和历史唯物主义》，人民出版社 2009 年版，第 108页。

⑤ 《列宁专题文集·论辩证唯物主义与历史唯物主义》，人民出版社 2009 年版，第 109页。

⑥ 《列宁专题文集·论辩证唯物主义与历史唯物主义》，人民出版社 2009 年版，第 111页。

化，"至多是发现这些变化的规律……及其历史发展的客观的逻辑"。① 他强调人类的最高任务就是使社会意识尽可能与社会存在相适应，就是使无产阶级社会意识"尽可能清楚地、明确地、批判地"与社会存在演进的客观逻辑"相适应"。②

### 2. 生产力与生产关系之间的辩证关系

列宁认为，生产力决定生产关系，社会主义生产关系是"现代社会生产力发展的最终目标和必然结果"。③ 他认为，马克思主义的社会经济形态发展的自然历史过程思想，运用的是从社会生活和社会关系中划分出"经济领域"和"生产关系"的历史唯物主义方法，强调生产关系是一种"决定其余一切关系的基本的原始的关系"。④《资本论》研究正是抓住了社会生产关系这个"骨骼"，并探究与之相适应的上层建筑，从而"使骨骼有血有肉"。⑤

列宁强调生产力与生产关系的辩证关系是观察人类社会历史发展的可靠依据，正是生产力决定生产关系、生产关系决定社会关系的研究方法，才使得"科学的社会学的出现""把社会形态的发展看做自然历史过程"有了"可能""可靠的根据"。⑥

### 3. 经济基础与上层建筑之间的辩证关系

一方面，列宁认为，经济决定政治，政治从属于经济，指出："政治是经济的集中表现"，⑦ "苏维埃政权的基本原则和实质，以及从资本主义社会向社会主

---

① 《列宁专题文集·论辩证唯物主义与历史唯物主义》，人民出版社 2009 年版，第 111 页。
② 《列宁专题文集·论辩证唯物主义与历史唯物主义》，人民出版社 2009 年版，第 111 页。
③ 《列宁专题文集·论马克思主义》，人民出版社 2009 年版，第 52 页。
④ 《列宁专题文集·论辩证唯物主义与历史唯物主义》，人民出版社 2009 年版，第 159 页。
⑤ 《列宁专题文集·论辩证唯物主义与历史唯物主义》，人民出版社 2009 年版，第 162 页。
⑥ 《列宁专题文集·论辩证唯物主义与历史唯物主义》，人民出版社 2009 年版，第 161 页。
⑦ 《列宁选集》第 4 卷，人民出版社 2012 年版，第 407 页。

义社会过渡的实质，是政治任务对经济任务来说居于从属地位"。① 与之相一致，他强调经济基础决定上层建筑，上层建筑服务于经济基础，认为任何民主、任何政治上层建筑归根到底是"为生产服务的"，是由一定社会的"生产关系决定的"。② 无产阶级战胜资产阶级的根源在于生产力的发展所引起的生产方式的变革，需要"用社会主义的大生产代替资本主义的和小资产阶级的生产"。③ 以此为据，列宁号召人们要用新的方式去建立社会主义经济基础，强调只有完成了建立社会主义经济基础这一任务以后，才能宣称"俄国不仅成了苏维埃共和国，而且成了社会主义共和国"。④

另一方面，列宁又强调政治对经济具有巨大的能动的反作用，上层建筑也反作用于经济基础，认为"政治同经济相比不能不占首位"是"马克思主义的最起码的常识"。⑤ 列宁的意思不是说政治比经济更重要，而是说不能忽视政治对经济的巨大的能动的反作用，要学会"从政治上看问题"。⑥ 列宁强调，"从政治上看问题"是一个阶级完成生产任务、维持统治的必然要求，是无产阶级巩固苏维埃政权的必然要求。

列宁强调，经济与政治、经济基础与上层建筑是对立统一、密不可分的，但是资产阶级旧观点却将二者割裂开来。因此，他认为："要是用旧观点来理解政治，就要犯很大的严重的错误。"⑦他强调，经济建设必须以政治正确为前提，"少搞些政治，多搞些经济"，必须首先保证"不发生政治上的危险和政治上的错误"。⑧

---

① 《列宁全集》第 34 卷，人民出版社 1985 年版，第 122 页。
② 《列宁选集》第 4 卷，人民出版社 2012 年版，第 405 页。
③ 《列宁选集》第 4 卷，人民出版社 2012 年版，第 13 页。
④ 《列宁选集》第 3 卷，人民出版社 2012 年版，第 477 页。
⑤ 《列宁选集》第 4 卷，人民出版社 2012 年版，第 407 页。
⑥ 《列宁选集》第 4 卷，人民出版社 2012 年版，第 408 页。
⑦ 《列宁选集》第 4 卷，人民出版社 2012 年版，第 308 页。
⑧ 《列宁选集》第 4 卷，人民出版社 2012 年版，第 410 页。

# 三、首次明确提出"对具体情况作具体分析"方法，
## 确立其在马克思主义方法论体系中的
### "灵魂"地位

马克思、恩格斯提出"结合具体情况"方法，强调正确的理论必须结合具体情况，根据具体条件加以阐明和发挥。列宁准确把握马克思主义的精髓，在马克思主义发展史上首次明确提出"对具体情况作具体分析"方法，并确立这一方法在马克思主义方法论体系中的灵魂地位，指出："马克思主义的精髓，马克思主义的活的灵魂：对具体情况作具体分析。"①"对具体情况作具体分析"，是列宁创造性运用唯物辩证法确立的对待马克思主义的科学态度、认识问题和解决问题的科学方法。

列宁强调，分析和解决问题时，马克思主义的方法首先是考虑具体时间、具体环境里的具体情况，要求在运用"一般原则"、抽象真理来分析、解决具体问题时，必须对具体条件、具体情况进行具体分析，"具体的政治任务要在具体的环境中提出"。② 他认为，马克思主义原理的应用"在英国不同于法国，在法国不同于德国，在德国又不同于俄国"。③ 因此，在分析某一国家的问题时，必须"估计到在同一历史时代这个国家不同于其他各国的具体特点"。④ 他要求广大党员通过比较分析马克思、恩格斯有关英美与德国工人运动的论述，以具体把握资本主义不同发展阶段的具体统治形式及其特点，学习马克思、恩格斯"善于针对不同的政治经济条件的具体特点把问题的不同重点和不同方面提到首位加以强调的本领"。⑤ 这一"本领"，实质上就是"对具体情况作具体分析"的本领。

列宁非常善于运用"对具体情况作具体分析"方法，他严厉批判了形而上学

---

① 《列宁专题文集·论马克思主义》，人民出版社 2009 年版，第 293 页。
② 《列宁专题文集·论辩证唯物主义和历史唯物主义》，人民出版社 2009 年版，第 338 页。
③ 《列宁专题文集·论马克思主义》，人民出版社 2009 年版，第 96 页。
④ 《列宁专题文集·论马克思主义》，人民出版社 2009 年版，第 302 页。
⑤ 《列宁专题文集·论辩证唯物主义和历史唯物主义》，人民出版社 2009 年版，第 340 页。

者不能把辩证法运用于认识论，充满"学究气"，在运用马克思主义时不懂得"对具体情况作具体分析"。他坚决反对苏维埃工作人员不加分析地、笼统地推行苏维埃法令的做法，认为"每个工厂、每个乡村"在遵循苏维埃法规的前提下，都有权"用各种不同的形式实行这些法规"，都有权"按照自己的方式解决产品的生产和分配的计算问题"。① 他典范性地运用"对具体情况作具体分析"方法，科学分析了特殊的战争环境造成的俄国上下层的生活状态的改变、工农联合的有利形势、无产阶级的领导能力等俄国社会主义革命的具体条件。

为什么要"对具体情况作具体分析"呢？这是因为：其一，"一般"与"个别"、"共性"与"个性"是不可分割的。离开了"个别""个性"，"一般""共性"就无法存在，"世界历史发展的一般规律"是以"个别发展阶段在发展的形式或顺序上表现出特殊性"②为前提的。其二，具体事物具有具体的发展特点。列宁认为，具体事物的具体演变比任何人的想象都要新奇、特殊、复杂，并以人类社会的发展为例，强调各个国家在发展速度、民族成分、居民分布等方面都是各不相同的，虽然一切民族都将不可避免地走向社会主义，但它们的"走法却不会完全一样"，在"民主的形式""无产阶级专政的形态""社会主义改造的速度"等方面，"每个民族都会有自己的特点"。③ 其三，"抽象的真理是没有的，真理总是具体的"。④真理的具体性主要变现为：真理是多种具体的本质的规定的综合，真理有其适用的具体的条件和范围，真理的形成和发展有其具体的时间、地点。

如何运用"对具体情况作具体分析"方法呢？"具体情况"，就是具体事实。列宁对如何运用这一方法，提出了一系列具体要求。

## （一）"以事实为依据"

辩证唯物主义要求，认识和改造世界必须坚持以事实为依据，一切从实际出发。列宁首次明确提出"以事实为依据"方法，强调马克思主义者制定政策是"以

---

① 《列宁选集》第 3 卷，人民出版社 2012 年版，第 493 页。
② 《列宁专题文集·论社会主义》，人民出版社 2009 年版，第 358 页。
③ 《列宁专题文集·论社会主义》，人民出版社 2009 年版，第 398 页。
④ 《列宁专题文集·论辩证唯物主义和历史唯物主义》，人民出版社 2009 年版，第 338 页。

经过严格证明和确凿证明的事实"①为前提，"以经得起严格的客观检验的事实"②为根据，"以事实为依据"是辩证唯物论的基本要求。

列宁强调"社会调查"是把握"事实"的根本途径，充分肯定恩格斯在社会调查基础上写成的《英国工人阶级状况》一书所产生的广泛而深远的影响，指出："从此，到处都有人援引恩格斯的这部著作，认为它是对现代无产阶级状况的最好描述。的确，不论在 1845 年以前或以后，还没有一本书把工人阶级的穷苦状况描述得这么鲜明，这么真实。"③1918 年，他在马克思主义发展史上首次提出"社会调查"方法，强调社会主义社会科学院的"首要任务之一是组织一系列的社会调查"。④

列宁充分肯定"社会调查"的现实价值，强调"社会调查"是反对官僚主义的必然要求，要求共产党员"少当点'领导'，多做些实际工作，也就是少发些空泛议论，多提供些事实，特别是经过检验的事实"，⑤"最好去掉这些东西，拿出实际经验的材料，即使是一个县一个乡的也好，不是学院式地、而是实际地加以研究"。⑥

如何进行"社会调查"呢？列宁要求：一要"讲求实际"。他呼吁"把组织工作中的讲求实际和求实精神作为当前首要的、最主要的任务"。⑦"讲求实际"，就必须重视研究经济事实和经济问题，必须"根据理论符合一定的即俄国的社会经济关系的现实和历史……来论证自己的社会民主主义观点"。⑧ 他告诫人们，"认识现在的战争和现在的政治"就必须研究"帝国主义的经济实质这个基本经济问题"。⑨ 二要深入基层、获取"事实"。他认为，调查研究要深入基层，应该到下面去观察，"对地方经验，详细细节，实际做法，实际经验的研究要具体、再具

① 《列宁专题文集·论马克思主义》，人民出版社 2009 年版，第 301 页。

② 《列宁专题文集·论马克思主义》，人民出版社 2009 年版，第 302 页。

③ 《列宁专题文集·论马克思主义》，人民出版社 2009 年版，第 55 页。

④ 《列宁选集》第 3 卷，人民出版社 2012 年版，第 541 页。

⑤ 《列宁全集》第 40 卷，人民出版社 1986 年版，第 330 页。

⑥ 《列宁专题文集·论无产阶级政党》，人民出版社 2009 年版，第 348 页。

⑦ 《列宁全集》第 34 卷，人民出版社 1985 年版，第 145~146 页。

⑧ 《列宁全集》第 1 卷，人民出版社 1984 年版，第 162 页。

⑨ 《列宁专题文集·论资本主义》，人民出版社 2009 年版，第 99 页。

体，要深入现实生活中去，要深入县的，也深入乡的、村的"，① 强调深入基层的目的是为了掌握实情，"搜集、周密地审核和研究新生活的实际建设中的各种事实"。② 三要科学分析"事实"。他要求党员干部要善于分析"在什么地方、什么人、为什么(用什么办法)能在极度贫困和经济严重破坏的情况下取得实际的、虽然是不大的改善"。③ 他首次提出了经典性科学分析"事实"的"六问"方法。所谓"六问"，就是"在新经济的建设中，大工厂、农业公社、贫苦农民委员会和地方国民经济委员会是否真有成绩？有哪些成绩？证实了没有？其中有没有虚构、夸大和书生式的许诺('事情正在就绪'、'计划业已拟就'、'力量已经投入'、'现在可以担保'、'肯定有所改善'，以及诸如此类'我们'特别擅长的油腔滑调)？成绩是怎样取得的？怎样扩大的"？④ 四要根据"事实"来制定政策。他强调"事实"是"政策的基础"，决定着政策的成败，认为马克思主义者"就应该竭尽全力对种种事实进行科学的研究"。⑤

## (二) 整体、发展、灵活地把握"事实"

列宁把唯物辩证法的普遍联系原理、发展观运用于方法论领域，要求整体、发展、灵活地把握事实。

### 1. 整体地把握"事实"

列宁强调每个事物都是"和其他的每个事物联系着的"，⑥ "具体"是处于普遍联系中的"具体"，任何"具体的东西""具体的某物"都是其他东西相比较而存在的，处于"矛盾的关系中"，"既是自身又是他物"。⑦ 任何一个抽象的概念、范畴

---

① 《列宁全集》第 52 卷，人民出版社 2017 年版，第 384 页。

② 《列宁专题文集·论社会主义》，人民出版社 2009 年版，第 136 页。

③ 《列宁全集》第 52 卷，人民出版社 2017 年版，第 384 页。

④ 《列宁专题文集·论社会主义》，人民出版社 2009 年版，第 136 页。

⑤ 《列宁专题文集·论马克思主义》，人民出版社 2009 年版，第 301 页。

⑥ 《列宁专题文集·论辩证唯物主义和历史唯物主义》，人民出版社 2009 年版，第 140 页。

⑦ 《列宁专题文集·论辩证唯物主义和历史唯物主义》，人民出版社 2009 年版，第 133 页。

都包含着"世界客观联系的规律性的看法、见解、意识"。① 由此，真理一定是整体性认识，"是由现象、现实的一切方面的总和以及它们的（相互）关系构成的"。②

由事物的普遍联系出发，列宁首次提出"从事实的联系去掌握事实"方法，并通过正反两方面的对比，凸显了这一方法的必要性，认为如果"从事实的全部总和，从事实的联系去掌握事实"，那么"事实不仅是'胜于雄辩的东西'，而且是证据确凿的东西"；反之，"事实就只能是一种儿戏，或者甚至连儿戏也不如"。③ 他既从正面倡导从事物的相互联系中对事物进行整体性把握，指出："必须把发展的普遍原则与世界、自然界、运动、物质等等的统一的普遍原则联结、联系、结合起来"，④ 又从反面发出警醒："把因果性从这个联系中分出来，是荒谬的"。⑤ 他要求完整分析调查得来的事实材料，以把握"这个事物对其他事物的多种多样的关系的全部总和"，⑥ 提出"全面性"这一认识法则，强调全面性这一原则性要求可以"防止犯错误和防止僵化"。⑦ 在此基础上，他要求把"找出链条上的特殊环节"的具体分析与"抓住整体链条"的整体分析结合起来，既善于在每个特定时机找出并全力抓住"链条上的特殊环节"，又要"抓住整个链条"，分析各个环节的关系。

---

① 《列宁专题文集·论辩证唯物主义和历史唯物主义》，人民出版社 2009 年版，第 136 页。

② 《列宁专题文集·论辩证唯物主义和历史唯物主义》，人民出版社 2009 年版，第 137 页。

③ 《列宁全集》第 28 卷，人民出版社 1990 年版，第 364 页。

④ 《列宁专题文集·论辩证唯物主义和历史唯物主义》，人民出版社 2009 年版，第 142 页。

⑤ 《列宁专题文集·论辩证唯物主义和历史唯物主义》，人民出版社 2009 年版，第 136 页。

⑥ 《列宁专题文集·论辩证唯物主义和历史唯物主义》，人民出版社 2009 年版，第 139 页。

⑦ 《列宁专题文集·论辩证唯物主义和历史唯物主义》，人民出版社 2009 年版，第 314 页。

## 2. 发展地把握"事实"

列宁认为，世界是运动、变化和发展的，自然界"处在运动的永恒过程中"，① "把社会看做活动着和发展着的活的机体"②"从发展中去全面研究某个社会现象"③是辩证法的基本要求。他强调，辩证方法是"社会学中的科学方法"，重视分析社会现象的"变化和发展的规律"。④ 他认为，这一方法运用于无产阶级革命斗争中，就是"斗争方法"要应时而变。无产阶级要懂得"形势改变了，对敌斗争的方法也要善于改变"，⑤ 过去可以运用镇压的方法取得胜利，现在也可以运用管理的方法取得胜利，要能够综合性运用各种不同的斗争方法，"巧妙地从一种方法过渡到另一种方法"。⑥

## 3. 灵活地把握"事实"

列宁认为，所谓"灵活机动"，就是善于根据实情的变化而迅疾机动地调整政策，如果原有的方法、策略、道路走不通，就要善于寻找和选择可以达到革命目标的新的方法、策略、道路。他强调"灵活机动"是无产阶级政党要掌握的"革命所必需的另一种艺术"，⑦ 进而强调欲"灵活机动"，就必须采取"机动、通融、妥协的策略"；⑧ 就必须"随机应变"。⑨ 他从反面发出警醒，如果不懂得"灵活机动""不容许机动、通融和妥协"，就会犯错误，就会给共产主义运动带来"最严

---

① 《列宁专题文集·论辩证唯物主义和历史唯物主义》，人民出版社 2009 年版，第 137 页。

② 《列宁专题文集·论辩证唯物主义和历史唯物主义》，人民出版社 2009 年版，第 209 页。

③ 《列宁专题文集·论辩证唯物主义和历史唯物主义》，人民出版社 2009 年版，第 244 页。

④ 《列宁专题文集·论辩证唯物主义与历史唯物主义》，人民出版社 2009 年版，第 186 页。

⑤ 《列宁选集》第 3 卷，人民出版社 2012 年版，第 482 页。

⑥ 《列宁专题文集·论马克思主义》，人民出版社 2009 年版，第 302 页。

⑦ 《列宁专题文集·论社会主义》，人民出版社 2009 年版，第 247 页。

⑧ 《列宁全集》第 39 卷，人民出版社 2017 年版，第 54 页。

⑨ 《列宁全集》第 42 卷，人民出版社 2017 年版，第 31 页。

重的危害"，① 认为拒绝同各种可能的同盟者通融和妥协是一种幼稚和愚蠢的表现，要求一切国家的一切共产党人都必须"使自己的策略具有最大的灵活性"。②

## （三）运用"比较""科学的抽象""从现象到本质"等方法，把握"事实"

列宁运用辩证唯物主义认识论基本观点，提出了"比较""科学的抽象""从现象到本质"等把握事实的具体方法。

### 1."比较"

"比较"是一种具体分析的重要方法。列宁非常重视"比较"方法，主张认识"经验批判主义"的唯心主义和不可知论的错误，必须运用"比较"方法，首先必须把"经验批判主义"的"理论基础"和"辩证唯物主义的理论基础""加以比较"，这样才会认清"经济批判主义"与"马克思和恩格斯的辩证方法""马克思主义"在理论上的本质区别；主张把握资本主义发展规律必须运用"比较"方法，要求把各个国家的"政治经济的发展情况"和"马克思主义纲领"都"加以比较"，以把握它们的"共同的资本主义本性和共同的发展规律"。③ "把理论基础加以比较""把发展情况加以比较"，实质上都是从不同视角开展的对事物的具体分析。

列宁对如何"比较"进行了系统探索，强调"比较"必须是科学的。要做到"比较"的科学性，就必须具体分析"比较"的对象是否具有可比性、"比较"是否适当。例如，把"俄国马克思主义者的土地纲领"与"西欧的土地纲领"进行"比较"就是不适当的，因为二者所回答的问题是不同的，不具有可比性，俄国"所回答的是资产阶级民主的土地改革问题"，而"西欧各国根本谈不到这样的改革"。④ 必须从内容和形式等方面，注重"比较"的全面性，"这种比较不仅从外表……就是从内容方面看也是正确的"。⑤ 必须从具体"事实"出发，进行具体"比较"，"如果要作历史类比，那就应当分清并且确切指出不同事件的相同点，否则就不

---

① 《列宁专题文集·论无产阶级政党》，人民出版社 2009 年版，第 267 页。
② 《列宁专题文集·论无产阶级政党》，人民出版社 2009 年版，第 266 页。
③ 《列宁选集》第 2 卷，人民出版社 2012 年版，第 379 页。
④ 《列宁选集》第 2 卷，人民出版社 2012 年版，第 379 页。
⑤ 《列宁全集》第 1 卷，人民出版社 1984 年版，第 111 页。

是作历史对比，而是信口开河"。① 必须注重"比较"的代表性、典型性，"任何比较"都是拿"比较"对象中具有代表性、典型性的一个或几个方面来相比，而"暂时和有条件地撇开其他方面。"②

### 2."科学的抽象"

列宁认为，"具体"是尚未经过抽象的感性事物，"抽象"是从感性事物的普遍联系中抽取其属性、本质、规律，自然界、人类认识既是"具体"的，也是"抽象"的，二者密不可分，他指出："自然界既是具体的又是抽象的。"③人类认识包括"对具体进行抽象"与"抽象上升为具体"两个步骤。"对具体进行抽象"，就是把现象中个别的、不同的、偶然的和变动的因素撇开，把一般的、共同的、必然的和稳固的因素抽取出来，形成概念、判断、推理。"抽象"分为"非科学的抽象"与"科学的抽象"，肤浅的、空洞的、虚假的唯心主义抽象是"非科学的抽象"，深刻的、郑重的、真实的辩证唯物主义抽象是"科学的抽象"。

列宁首次提出"科学的抽象"方法，认为"科学的抽象"表面上远离了自然界，实际上"更深刻、更正确、更完全地反映自然"，④ 是对自然界及其发展规律的更深刻、更正确、更完全的反映，是正确认识自然界及其发展规律、科学把握"事实"的必然要求，这是因为人类认识对自然界的反映，不是"简单的、直接的、完整的反映"，而必须通过概念、规律等思维抽象的中介，发挥思维抽象的作用，"有条件地近似地把握永恒运动着和发展着的自然界的普遍规律性"。⑤ "科学的抽象"在人类认识过程中发挥着不可替代的作用。

虽然客观事物是不间断的、活生生的、不断发展变化的，但是如果不把它们

---

① 《列宁全集》第20卷，人民出版社1989年版，第127页。
② 《列宁全集》第10卷，人民出版社2017年版，第336页。
③ 《列宁专题文集·论辩证唯物主义和历史唯物主义》，人民出版社2009年版，第138页。
④ 《列宁专题文集·论辩证唯物主义和历史唯物主义》，人民出版社2009年版，第135页。
⑤ 《列宁专题文集·论辩证唯物主义和历史唯物主义》，人民出版社2009年版，第136页。

"简单化、粗陋化，不加以划分，不使之僵化"，① 就无法想象和描述事物的运动。因此，为了进行"科学的抽象"，就不得不将事物隔断、隔离、孤立、静止。由于"科学的抽象"得到的东西是单调的、僵死的，为了在思维中把握客观的"具体"，就必须经过"抽象上升为具体"这个步骤，在思维中复现作为具体对象的一切特点、方面和关系的完整体系。"抽象"是在"具体"基础上的"抽象"，"抽象"又必须上升为"具体"，人的认识过程要经历"对具体进行抽象"与"抽象上升为具体"两次飞跃，并在"具体"与"抽象"的无限循环中不断发展。

### 3. "从现象到本质"

列宁认为，本质是内在的、扎实的、稳固的，现象只是本质的"表现"和"外观"，容易变化和消失，现象"是本质的表现"!② "外观的东西是本质的一个规定，本质的一个方面，本质的一个环节。本质具有某种外观。外观是本质自身在自身中的表现。"③认识的根本任务在于透过现象看本质，把握事实的真相。列宁认为，认识的发展过程是一个由现象到本质，再由新的现象到再加深对新的本质的认识的无限循环往复的过程，首次提出"从现象到本质"④方法，强调认识的根本任务在于"探求现象的原因"，⑤ 即揭示隐藏在现象背后的本质。

### (四) 对"事实"进行"历史的考察"

列宁运用历史唯物主义基本原理，强调必须对"事实"进行"历史的考察"。

列宁继承了马克思、恩格斯的"逻辑与历史相统一"方法，主张历史第一性、逻辑第二性、逻辑是历史的反映，认为概念是"人脑(物质的最高产物)的最高产

---

① 《列宁专题文集·论辩证唯物主义和历史唯物主义》，人民出版社 2009 年版，第 143 页。

② 《列宁专题文集·论辩证唯物主义和历史唯物主义》，人民出版社 2009 年版，第 133 页。

③ 《列宁专题文集·论辩证唯物主义和历史唯物主义》，人民出版社 2009 年版，第 133 页。

④ 《列宁专题文集·论辩证唯物主义和历史唯物主义》，人民出版社 2009 年版，第 140 页。

⑤ 《列宁专题文集·论辩证唯物主义和历史唯物主义》，人民出版社 2009 年版，第 135 页。

物"，是"作为客观世界的反映而被表现出来的"。①

列宁把马克思、恩格斯的"逻辑与历史相统一"方法进一步具体化为"思想史和思维规律相吻合"方法。他认为，事物的发展、人类认识史的发展均有其客观规律，逻辑是关于认识的学说、人类认识史的总计与总结，思维的逻辑推演必须与客观规律相一致，思维的逻辑进程必须与认识发展的历史进程相一致，"在逻辑中思想史应当和思维规律相吻合"。②

列宁强调，运用"思想史和思维规律相吻合"方法，必须对"事实"进行"历史的考察"，强调要科学分析国家问题，"至少应该对国家的产生和发展作一个概括的历史的考察"。③"历史的考察"，实质上就是对"事实"进行具体的历史的分析。进行"历史的考察"，必须具体分析历史范围。列宁认为，把社会问题"提到一定的历史范围之内"加以分析是"马克思主义理论的绝对要求"，④必须具体分析历史环境。列宁既从正面强调，马克思主义要求"历史地考察斗争形式"，每一历史阶段主要的斗争形式都必须随着该阶段的政治、民族文化、风俗习惯等历史环境的变化而变化，又从反面发出警醒，脱离特定历史阶段的具体历史环境，而试图对"一定的斗争手段问题"做出肯定或否定的回答，等于"完全抛弃马克思主义的立脚点"。⑤必须具体分析历史条件，他以德国在不同的历史时期分别突出马克思主义哲学、政治思想、经济学说，俄国在不同的历史时期分别突出马克思主义经济学说、政治思想、哲学为例，阐释马克思主义基本原理的实际运用"并不取决于主观愿望，而取决于总的历史条件"。⑥必须具体分析历史联系。他把分析"基本的历史联系"⑦视为一种最可靠的社会科学研究方法，要求在分析每

---

① 《列宁专题文集·论辩证唯物主义与历史唯物主义》，人民出版社 2009 年版，第 135、137 页。

② 《列宁专题文集·论辩证唯物主义与历史唯物主义》，人民出版社 2009 年版，第 145页。

③ 《列宁专题文集·论辩证唯物主义和历史唯物主义》，人民出版社 2009 年版，第 283页。

④ 《列宁专题文集·论马克思主义》，人民出版社 2009 年版，第 302 页。

⑤ 《列宁专题文集·论马克思主义》，人民出版社 2009 年版，第 100 页。

⑥ 《列宁专题文集·论马克思主义》，人民出版社 2009 年版，第 299 页。

⑦ 《列宁专题文集·论辩证唯物主义和历史唯物主义》，人民出版社 2009 年版，第 283页。

个社会科学问题时都必须考察该问题的形成根源、发展阶段、现实状况，在分析每个社会现象的发展过程时都要善于"在这个现象中发现过去的遗迹、现在的基础和将来的萌芽"。①

列宁运用"历史的考察"方法，完整梳理了 1885 年至 1905 年俄国革命发展的历史事实和历史进程，包括 1885 年广泛的罢工、1891 年圣彼得堡工人游行示威、1896 年工人的罢工、1901 年工人的运动、1902 年罗斯托夫大罢工、1903 年工人罢工、1905 年知识分子运动等，对俄国无产阶级革命的历史阶段、历史进程、历史意义进行完整的"历史的考察"。他运用"历史的考察"方法，强调对"祖国"这一概念要作具体的历史的分析、"历史地看待"，在不同的历史时期，"祖国"有着不同的内涵，"保护祖国"有着不同的要求，"在一切条件下都同样适用"②的对于"祖国"的理解是不可能存在的。

# 四、丰富发展马克思主义方法论的具体内容

列宁在创造性运用马克思主义方法论解决俄国社会主义革命与建设具体问题的过程中，丰富发展了马克思主义方法论的基本内容。

## （一）批评与自我批评

列宁认为，批评与自我批评是无产阶级政党克服弱点、改正错误、保持活力的必要手段，把"公开地批评""迅速而彻底地克服"弱点视为"共产党人的责任"，③ 强调"自我批评对于任何一个富有活力、朝气蓬勃的政党来说都是绝对必要的"，④ 要求俄国社会民主党人"继续进行自我批评"，⑤ 坚信俄国社会民主党人只要坚持进行自我批评，就一定可以在工人运动中克服自身的缺点。他要求俄

---

① 《列宁专题文集·论辩证唯物主义和历史唯物主义》，人民出版社 2009 年版，第 199 页。
② 《列宁全集》第 47 卷，人民出版社 1990 年版，第 465 页。
③ 《列宁全集》第 39 卷，人民出版社 1986 年版，第 180 页。
④ 《列宁专题文集·论无产阶级政党》，人民出版社 2009 年版，第 351 页。
⑤ 《列宁全集》第 8 卷，人民出版社 1986 年版，第 200 页。

共(布)党中央要"更经常、更广泛地批评党的错误和开展党内各种批评",① 要求在党内生活中必须更广泛地开展批评，扩大党内批评的方式，要求工人阶级政党应当树立起"富有思想性的、坚毅的、大胆的批判的范例"。②

列宁对如何开展批评与自我批评进行了系统探讨。一是敢于进行"尖锐的批评"。他主张即使对于革命领袖也要敢于进行"尖锐的批评"，强调"进行尖锐的批评是革命者的责任",③ 要求不可压制持有不同意见的同志。二是批评要慎重、注意分寸。他主张批评必须是公开、直接、明显、清楚的而不是"讽刺挖苦"的，应当慎重、注意分寸而不是"搬弄是非。"④三是注意批评的形式、内容与时机。他主张批评要尽量"就问题的实质来进行",⑤ 采取对无产阶级有利的方式和"尽量明确的形式",⑥ 及时地、"毫不迟延地立刻提交"⑦批评。四是批评要公正。他认为，自我批评对无产阶级政党思想建设是非常必要的，但是应反对伯恩施坦那样只批评一部分人而"对资产阶级社会及其代表却不加批评"的完全片面的批评方式。五是要通过批评改正错误。他认为批评是手段，通过批评以改正错误才是目的，强调无产阶级政党犯错误并不可怕，"可怕的是坚持错误，虚伪地不好意思承认错误和纠正错误",⑧ 批评是"为了做出正确的决定",⑨ 开展自我批评是为了"学会办事",⑩ 无产阶级政党应通过批评与自我批评以发现错误、承认错误、改正错误，把对待错误的态度视为衡量一个政党是否认真履行义务的"一个最重要最可靠的尺度"。⑪

列宁不仅倡导而且带头进行批评与自我批评。如，他曾在给高尔基的信中主动进行自我批评，承认他原来对"新派别分子"的态度"今天完全错了"。又如，

①　《列宁专题文集·论无产阶级政党》，人民出版社 2009 年版，第 276 页。

②　《列宁专题文集·论无产阶级政党》，人民出版社 2009 年版，第 351 页。

③　《列宁全集》第 33 卷，人民出版社 1985 年版，第 84 页。

④　《列宁专题文集·论无产阶级政党》，人民出版社 2009 年版，第 351 页。

⑤　《列宁专题文集·论无产阶级政党》，人民出版社 2009 年版，第 296 页。

⑥　《列宁专题文集·论无产阶级政党》，人民出版社 2009 年版，第 296 页。

⑦　《列宁专题文集·论无产阶级政党》，人民出版社 2009 年版，第 296 页。

⑧　《列宁专题文集·论无产阶级政党》，人民出版社 2009 年版，第 351 页。

⑨　《列宁全集》第 40 卷，人民出版社 2017 年版，第 360 页。

⑩　《列宁专题文集·论无产阶级政党》，人民出版社 2009 年版，第 352 页。

⑪　《列宁专题文集·论无产阶级政党》，人民出版社 2009 年版，第 352 页。

列宁曾主动要求契切林对其《共产主义运动中的"左派"幼稚病》一书提出批评，让他看看这本书里"有没有错误或不妥之处"，并"写出具体的修改意见"。① 该书出版后，他诚恳接受荷兰共产党的代表戴·怀恩科普的批评，并公开声明他关于荷兰共产党的有些说法""有点不正确"，决定把"荷兰论坛派"一词改为"荷兰共产党的某些党员"。②

## (二)"抓住主要环节"

列宁将矛盾的主次方面关系原理运用于革命实践中，首次明确提出"抓住主要环节"方法。他把"政治事态"和"全部政治生活"比喻为一条由无数"小链"组成的"链条"，强调"要抓住整条链子"就必须"抓住主要环节"，③ "政治家的全部艺术"就在于紧紧掌握住"最不容易从手中被打掉的环节，那个当前最重要而且最能保障掌握它的人去掌握整个链条的环节"。④

列宁认为，"主要环节"是客观的，"不能你想抓哪个环节就挑哪个环节"，⑤而必须在系统分析的基础上加以仔细分辨。他通过例证法，系统总结了从 1917 年至 1922 年俄共(布)第十一次代表大会召开时的俄国各历史时期的"关键"，深入剖析了其中的原因，引导人们如何"抓住主要环节"，认为"1917 年的整个关键"是"摆脱战争"，因为"这是全体人民的基本要求"，因此"这压倒了一切"；⑥"1919 年和 1920 年的关键"是"武装抵抗"，这是因为"当时称雄世界的协约国向我们进攻，要扼杀我们"；⑦ "1921 年的关键"是"实行有秩序的退却。所以必须有十分严格的纪律"，这是因为"最大的危险就是破坏秩序，最大的任务就是保持秩序"；⑧ "目前的关键"在于"人才，在于挑选人才"，⑨ 这是因为"挑选所需的

---

① 季正矩：《列宁传》，人民出版社 2009 年版，第 137、301 页。
② 《列宁全集》第 39 卷，人民出版社 1986 年版，第 95 页。
③ 《列宁选集》第 4 卷，人民出版社 2012 年版，第 692 页。
④ 《列宁选集》第 1 卷，人民出版社 2012 年版，第 441 页。
⑤ 《列宁选集》第 4 卷，人民出版社 2012 年版，第 692 页。
⑥ 《列宁选集》第 4 卷，人民出版社 2012 年版，第 692 页。
⑦ 《列宁选集》第 4 卷，人民出版社 2012 年版，第 693 页。
⑧ 《列宁选集》第 4 卷，人民出版社 2012 年版，第 693 页。
⑨ 《列宁选集》第 4 卷，人民出版社 2012 年版，第 693 页。

人才，检查实际执行情况，这才是人民所重视的"。①

## (三)"幻想"

列宁高度评价马克思的《资本论》是运用归纳和演绎相结合的方法来分析资本主义社会的典范，指出黑格尔的《逻辑学》与马克思的《资本论》的根本区别在于：前者是从"纯粹存在"开始的，而后者则是从"商品存在""商品交换"开始的。马克思的《资本论》采取的研究方法是"两重分析：演绎和归纳的，——逻辑的和历史的(价值形式)"。②

列宁认为，认识事物是从归纳开始的，是"从最简单、最普通、最常见的等等东西开始"，③ "要理解，就必须从经验开始理解、研究，从经验上升到一般"。④ 归纳是演绎的前提，但归纳过程中也含有演绎的成分，"即使是最简单的概括"也"已经意味着人在认识世界的日益深刻的客观联系"。⑤ 由于归纳所得到的结论总是不完全的、静态的，当要完整认识变化发展着的事物的特征、属性、关系时，就需要运用演绎法。

演绎是归纳的发展结果，而演绎离不开幻想。列宁在马克思主义发展史上首次明确提出"幻想"方法，强调"即使在最简单的概括中"都有"一定成分的幻想"，"就是在最精确的科学中，否认幻想的作用也是荒谬的"。⑥ 他极为看重"幻想"，充分肯定"幻想是极其可贵的品质"。⑦

## (四)"分析和综合的结合"

列宁在马克思主义发展史上首次明确提出"分析和综合的结合"方法，指出：

① 《列宁选集》第 4 卷，人民出版社 2012 年版，第 695 页。

② 《列宁全集》第 55 卷，人民出版社 1990 年版，第 291 页。

③ 《列宁专题文集·论辩证唯物主义和历史唯物主义》，人民出版社 2009 年版，第 150 页。

④ 《列宁专题文集·论辩证唯物主义和历史唯物主义》，人民出版社 2009 年版，第 138 页。

⑤ 《列宁专题文集·论辩证唯物主义和历史唯物主义》，人民出版社 2009 年版，第 136 页。

⑥ 《列宁专题文集·论辩证唯物主义和历史唯物主义》，人民出版社 2009 年版，第 147 页。

⑦ 《列宁全集》第 33 卷，人民出版社 1957 年版，第 282 页。

"分析和综合的结合，——各个部分的分解和所有这些部分的总和、总计。"①所谓分析，就是"各个部分的分解"，即把整体分解为各个部分、方面和要素；所谓综合，就是"所有这些部分的总和、总计"，即把各构成部分、要素连成一个整体。认识事物是从分析开始，然后再进行综合，在分析与综合的相互转化、无限循环中丰富发展的。分析是综合的前提，综合是分析发展的必然结果，二者不可分割。

## （五）"组织和引导群众"

列宁高度重视人民群众在社会实践中的主体性作用与决定性力量，强调无产阶级革命与社会主义建设要取得胜利就必须"相信人民"。社会主义革命要取得成功就必须"要使农村中受剥削最重的劳动群众能从工人的胜利中靠剥夺剥削者来立刻大大改善自己的境况"，认为"生气勃勃的创造性的社会主义是由人民群众自己创立的"，② 社会主义建设"只能依靠群众自己的经验，依靠他们自己动手"。③ 他从反面发出警醒，如果离开人民群众的支持，无产阶级革命是不可能成功的，如果没有工人阶级及其对农民的领导，"社会主义革命是不能完成的"；④ 如果没有群众的"英勇气概"和"革命行动"，"是不可能消灭专制制度的"；⑤ 如果不调动广大群众参加社会建设的积极性，"就谈不上什么革命的改革"。⑥

由群众的主体性出发，列宁首次提出"组织和引导群众"方法，强调："无产阶级专政就意味着无产阶级善于组织和引导全体被剥削劳动群众"。⑦ 他反复要求无产阶级的先锋队要唤醒、发动、领导人民群众，要引导广大人民群众都站到革命立场上来，要善于引导、领导广大群众采取新的立场，要积极探索"能够引

---

① 《列宁专题文集·论辩证唯物主义和历史唯物主义》，人民出版社 2009 年版，第 140 页。
② 《列宁专题文集·论社会主义》，人民出版社 2009 年版，第 389、399 页。
③ 《列宁全集》第 35 卷，人民出版社 1985 年版，第 143 页。
④ 《列宁专题文集·论社会主义》，人民出版社 2009 年版，第 389 页。
⑤ 《列宁全集》第 17 卷，人民出版社 1988 年版，第 151 页。
⑥ 《列宁全集》第 34 卷，人民出版社 1985 年版，第 141~142 页。
⑦ 《列宁专题文集·论社会主义》，人民出版社 2009 年版，第 389 页。

导群众去走真正的、决定性的、最后的伟大革命斗争的具体道路"，要"能够彻底唤醒群众"，"把他们一直引向革命"。① 他强调"把群众组织起来"是"革命取得胜利的最深的泉源"。②

如何"组织和引导群众"呢？列宁强调：一要深入群众，与群众打成一片。列宁强调："无产阶级政党的义不容辞的责任就是和群众在一起"，③ "哪里有群众，就一定到哪里去工作"，④ 要求西欧和美国的共产主义者必须"走访工人住所"，"走访农村无产者和穷乡僻壤"的"农民的茅舍"，⑤ 通过"传送和散发传单"、⑥ 参加"他们的临时集会"⑦等方式，启发群众的思想、使他们"了解布尔什维主义"，发动群众，号召群众。

二要采取"灌输"方法，加强对群众的思想理论教育。在马克思主义发展史上，考茨基首次提出"灌输"方法，要求"把认清无产阶级的地位及其任务的这种意识灌输到无产阶级中去"。⑧ 列宁充分肯定考茨基的"灌输"方法"永远是社会主义文献中有价值的成果"，⑨ 并对为什么要、怎么样"灌输"进行了系统论证。关于为什么要"灌输"？列宁认为，无产阶级革命实践证明，自发的工人运动"只能形成工联主义的意识"而"不可能有社会民主主义的意识"，强调"这种意识只能从外面灌输进去"，⑩ 无产阶级政党必须把社会主义意识"从外面灌输给工人"。⑪ 关于怎么样"灌输"？列宁认为，灌输必须具有针对性，要求鼓动工作必须"使社会民主党人接触到无产阶级中水平低的最不开展的部分；要把这部分人吸引过来，鼓动员必须善于适应最低的理解水平"，必须照顾到鼓动的对象，使他们能听懂，从他们"熟悉的事物出发"；⑫ 必须采取通俗化的语言、生活化的内容，增

---

① 《列宁专题文集·论无产阶级政党》，人民出版社 2009 年版，第 261、263、262 页。
② 《列宁选集》第 3 卷，人民出版社 2012 年版，第 709 页。
③ 《列宁全集》第 32 卷，人民出版社 1985 年版，第 28 页。
④ 《列宁选集》第 4 卷，人民出版社 2012 年版，第 163 页。
⑤ 《列宁专题文集·论无产阶级政党》，人民出版社 2009 年版，第 262 页。
⑥ 《列宁专题文集·论无产阶级政党》，人民出版社 2009 年版，第 262 页。
⑦ 《列宁专题文集·论无产阶级政党》，人民出版社 2009 年版，第 263 页。
⑧ 《列宁选集》第 1 卷，人民出版社 2012 年版，第 326 页。
⑨ 《列宁选集》第 4 卷，人民出版社 2012 年版，第 209 页。
⑩ 《列宁专题文集·论无产阶级政党》，人民出版社 2009 年版，第 76 页。
⑪ 《列宁选集》第 1 卷，人民出版社 2012 年版，第 363 页。
⑫ 《列宁全集》第 4 卷，人民出版社 1984 年版，第 233、236 页。

强"灌输"的吸引力和实效性，"应该进而把这个理论通俗化，把它灌输给工人"，① "说群众不能理解政治斗争的思想，是不正确的。这种思想，连文化水平很低的工人也能理解，当然，这是要有条件的，就是要鼓动员或宣传员善于做他们的工作，能够把这种思想告诉他们，在传达这种思想时，要善于用通俗易懂的语言，并且能够借助于日常生活中他们所知道的事实"，② 要"用最通俗的方式说明共产主义的要求，用突出的剥削和压迫的实例来阐明这些要求"，③ 要"用他们懂得的语言告诉他们"；④ 必须有计划、有耐心地进行"灌输"，有步骤、顽强地、坚定地、耐心地进行宣传和鼓动。这就从内容与形式、方法和手段上，既指明了如何"灌输"，又指明了如何推进马克思主义大众化。

## （六）"阶级分析"

什么是"阶级"？列宁运用历史唯物主义观点，对"阶级"概念进行了分析，认为各社会集团由于对生产资料的占有关系不同，因此在生产过程中的地位也就不同，拥有生产资料的社会集团能够占有没有生产资料的社会集团的劳动果实。他充分肯定阶级斗争学说的指导意义，强调"马克思的天才就在于他最先"得出并彻底地贯彻"阶级斗争学说"，⑤ 阶级斗争学说是马克思提供的从纷繁复杂的社会状态中"发现规律性"的"一条指导性的线索"，⑥ 是马克思全部观点体系的重心。他科学揭示了阶级斗争的必然性、任务和实质，强调："到现在为止的全部有记载的历史都是阶级斗争的历史……而任何阶级斗争都是政治斗争。"⑦

列宁运用阶级斗争学说，在马克思主义发展史上首次提出"阶级分析"方法，强调马克思主义要求必须对阶级关系和阶级特点"作出经得起客观检验的最确切的分析"。⑧ 他把社会历史活动归结为"各个阶级的活动"，强调阶级分析方法的

① 《列宁全集》第1卷，人民出版社1984年版，第284页。
② 《列宁全集》第4卷，人民出版社1984年版，第277页。
③ 《列宁选集》第4卷，人民出版社2012年版，第233页。
④ 《列宁专题文集·论无产阶级政党》，人民出版社2009年版，第233页。
⑤ 《列宁专题文集·论马克思主义》，人民出版社2009年版，第71页。
⑥ 《列宁专题文集·论马克思主义》，人民出版社2009年版，第15页。
⑦ 《列宁专题文集·论马克思主义》，人民出版社2009年版，第52页。
⑧ 《列宁专题文集·论马克思主义》，人民出版社2009年版，第166页。

科学性体现在"它十分确切而肯定地规定了把个人因素归结为社会根源的方法"。① 他运用"阶级分析"方法，对"知识分子"进行了定性分析，认为任何"知识分子"都"没有一个活着的人能够不站到这个或那个阶级方面来"，② 特别提醒要注意"说明各种思潮的阶级根源"。③ 他旗帜鲜明地反对非阶级分析学说，强调"马克思主义者不应该离开分析阶级关系的正确立场"，④ 认为"一切关于非阶级的社会主义和非阶级的政治的学说，都是胡说八道"，散布这种学说的人"只配关在笼子里，和澳洲袋鼠一起供人观赏"。⑤

## 五、创造性运用马克思主义方法论，推动科学社会主义从理想变为现实

列宁始终坚持把马克思主义基本原理与俄国具体实际相结合，创造性运用马克思主义方法论解决俄国具体问题，并总结、凝练和提升俄国具体实践经验，丰富和发展马克思主义。

### (一) 创造性分析资本主义的新变化，推动马克思主义发展到一个全新的列宁主义阶段

19 世纪末，世界资本主义发生了一些新变化，西方发达资本主义国家经济上出现了暂时繁荣，政治上采取了有限扩大资本主义民主、实行改良政策、收买工人阶级中的上层分子等策略，无产阶级合法斗争取得很大成效，资本主义社会矛盾似乎已经缓和，无产阶级革命似乎已无必要，马克思主义似乎已经过时。如何认识资本主义的新变化、如何认识马克思主义，成为当时亟待解答的重大理论与现实问题。

德、法、英、俄等国的各种非马克思主义、反马克思主义学派，相互勾连，

---

① 《列宁全集》第 1 卷，人民出版社 1984 年版，第 372 页。
② 《列宁全集》第 2 卷，人民出版社 2013 年版，第 424 页。
③ 《列宁全集》第 25 卷，人民出版社 1988 年版，第 213 页。
④ 《列宁专题文集·论马克思主义》，人民出版社 2009 年版，第 170 页。
⑤ 《列宁专题文集·论马克思主义》，人民出版社 2009 年版，第 62、64 页。

"'普遍'迷恋于帝国主义的前途，疯狂地捍卫帝国主义，千方百计地美化帝国主义"，① 对马克思主义进行恶意歪曲、肆意攻击，"帝国主义的意识形态也渗透到工人阶级里面去了"，② 极大地迷惑与欺骗了工人群众，使无产阶级革命队伍出现了思想混乱，给国际共产主义运动带来很大干扰。虽然一些马克思主义者也对各种错误论调进行过批判与反击，但由于他们在总体上未能运用马克思主义方法论对新形势、新变化做出系统深刻的理论解答，因而未能有效阻止各种错误论调特别是修正主义、机会主义的泛滥。

为了分析资本主义的新变化，列宁作了扎实的理论储备。他专门研究、系统总结了《资本论》中的方法论，运用唯物辩证法，从"资本集中"的逻辑起点中抽象出"垄断"范畴。

列宁在马克思主义发展史上首次提出"以事实为依据"的唯物主义方法，要求认识事物必须首先"搜集、周密地审核和研究""各种事实"，③ 然后"竭尽全力对种种事实进行科学的研究，因为事实是我们政策的基础"。④ 为了分析资本主义的新变化，他查阅了经济、政治、外交、军事等方面的大量资料，并专门做了关于帝国主义的读书笔记，从而为其研究提供了"无可争辩的资产阶级统计的综合材料和各国资产阶级学者的自白"，⑤ 使其研究结论建立在可靠的事实分析的基础上。

列宁把唯物辩证法与唯物史观相结合，灵活运用"对具体情况作具体分析"方法，具体分析了帝国主义的"基本特征"，认为帝国主义是"资本主义发展的一个特殊阶段"，⑥ 具有"从资本主义社会经济结构向更高级的结构的过渡"⑦等特点。他灵活运用社会存在本体论方法，注重对"帝国主义的经济实质这个基本经济问题"⑧的理解，揭示了帝国主义形成的经济根源是由于"生产和资本的集中发

---

① 《列宁专题文集·论资本主义》，人民出版社2009年版，第195页。
② 《列宁专题文集·论资本主义》，人民出版社2009年版，第195页。
③ 《列宁专题文集·论社会主义》，人民出版社2009年版，第136页。
④ 《列宁专题文集·论马克思主义》，人民出版社2009年版，第301页。
⑤ 《列宁选集》第2卷，人民出版社2012年版，第577页。
⑥ 《列宁选集》第2卷，人民出版社2012年版，第651页。
⑦ 《列宁选集》第2卷，人民出版社2012年版，第683页。
⑧ 《列宁专题文集·论资本主义》，人民出版社2009年版，第99页。

展到了会导致而且已经导致垄断的高度",① 帝国主义的根本经济特征和实质是"垄断资本主义代替了自由竞争",② "机会主义"的产生是由于垄断资本家"获得了垄断高额利润",从而"在经济上就有可能把工人中的某些部分,一时甚至是工人中数量相当可观的少数收买过去"。③ 他灵活运用阶级分析方法,揭示了帝国主义服务于"食利国"、高利贷国的资产阶级"输出资本和'剪息票'"④的殖民扩张和金融统治的阶级利益需求。他灵活运用矛盾分析方法,分析了帝国主义阶段"垄断,寡头统治,统治趋向代替了自由趋向,极少数最富强的国家剥削愈来愈多的弱小国家",⑤ 认为"垄断资本主义使资本主义的一切矛盾尖锐到什么程度"⑥是众所周知的事实,得出了帝国主义是"垂死的资本主义"⑦的科学结论。

针对马克思主义发展面临的新挑战,列宁旗帜鲜明地强调必须毫不动摇地坚持和发展马克思主义,只有"沿着马克思的理论的道路前进",才能"愈来愈接近客观真理";⑧ 背离马克思主义,只能得到"混乱和谬误"。他先后撰写了《什么是"人民之友"以及他们如何攻击社会民主党人?》《唯物主义和经验批判主义》《哲学笔记》《帝国主义是资本主义的最高阶段》等论著,系统阐释了马克思主义辩证唯物主义与历史唯物主义基本原理。

列宁认为,马克思主义是在斗争中发展的,因为马克思主义主张新的制度必然取代旧的制度、是为最先进的无产阶级服务的,因此,它从一产生就遭到各种传统势力的排斥和打压,"在其生命的途程中每走一步都得经过战斗"。⑨ 他系统梳理了马克思主义先后同"激进青年黑格尔派""蒲鲁东主义""巴枯宁主义""蒲鲁东主义者米尔柏格""实证论者杜林"的斗争历程,并运用唯物辩证法的革命批判精神,同各种非马克思主义、反马克思主义者展开了坚决斗争,统一了人们思想。他揭示了修正主义是"马克思主义内部的一个反马克思主义派别",是"对马

---

① 《列宁选集》第 2 卷,人民出版社 2012 年版,第 612 页。
② 《列宁全集》第 29 卷,人民出版社 2017 年版,第 474 页。
③ 《列宁专题文集·论资本主义》,人民出版社 2009 年版,第 211 页。
④ 《列宁全集》第 27 卷,人民出版社 1990 年版,第 436 页。
⑤ 《列宁选集》第 2 卷,人民出版社 2012 年版,第 684 页。
⑥ 《列宁选集》第 2 卷,人民出版社 2012 年版,第 684 页。
⑦ 《列宁专题文集·论资本主义》,人民出版社 2009 年版,第 211 页。
⑧ 《列宁选集》第 2 卷,人民出版社 2012 年版,第 103~104 页。
⑨ 《列宁选集》第 2 卷,人民出版社 2012 年版,第 1 页。

克思学说的修正""对马克思学说的修改"。①

（二）创造性提出"社会主义将首先在一个或者几个国家内获得胜利"理论，推动科学社会主义由理想变为现实

马克思关于社会主义革命的实现曾有过两种设想，一种设想是西方发达资本主义国家首先同时发生社会主义革命，另一种设想是俄国等经济文化相对落后国家在一定条件下可以跨越资本主义"卡夫丁峡谷"，并强调这两种可能结局的发生都取决于一定的历史环境。

教条主义者片面地、机械地理解马克思关于社会主义革命的实现的设想，不懂得马克思主义的设想本身是随着实践的发展而不断丰富的，只知其一不知其二，片面强调"第一种设想"而忽视"第二种设想"，只见革命的艰巨性而不见革命的前途，认为俄国革命应把希望寄托在国际社会主义运动上，指望俄国革命在短期内发生的人是"傻瓜"。与教条主义者不同，列宁坚持马克思关于社会主义革命的实现的两种设想的辩证统一，既重视国际环境和国际援助，又重视俄国的实际情况和具体条件，认为俄国社会主义革命的彻底胜利需要两个条件，"第一个条件是及时得到一个或几个先进国家社会主义革命的支援"，"另一个条件，就是实现自己专政的或者说掌握国家政权的无产阶级和大多数农民之间达成妥协"②；他坚持革命过程的艰巨性与革命前途的光明性的辩证统一，既认识到俄国是一个经济文化落后、"小农生产者占人口大多数的国家"，③ 俄国的社会主义道路是一条前人没有走过的艰难之路，面临着国际资产阶级的包围、封锁、扼杀与国内反动阶级的反扑等内忧外患，又驳斥了把社会主义制度说成是"纯粹的乌托邦"的"冷嘲热讽"，④ 以及"先天不足论""病态的早产儿"等错误论调，坚信苏维埃政权一定能战胜各种困难，预言由于构成世界人口的绝大多数的俄国、印度、中国等国"最近几年来非常迅速地卷入了争取自身解放的斗争"，所以"社会主义的最终胜利是完全和绝对有保证的"，⑤ 号召人们一定要将社会主义事业进

---

① 《列宁选集》第 2 卷，人民出版社 2012 年版，第 2 页。
② 《列宁选集》第 4 卷，人民出版社 2012 年版，第 445 页。
③ 《列宁选集》第 4 卷，人民出版社 2012 年版，第 444 页。
④ 《列宁选集》第 3 卷，人民出版社 2012 年版，第 198 页。
⑤ 《列宁选集》第 4 卷，人民出版社 2012 年版，第 796 页。

行到底。

当时俄国社会主义革命的另一大干扰是"经济决定论"。"经济决定论"者片面强调生产力与经济基础的决定作用，认为俄国"还没有实行社会主义的客观经济前提"，"俄国生产力还没有发展到可以实行社会主义的高度"。① 列宁把唯物辩证法与唯物史观相结合，深刻批判了"经济决定论"者，认为他们虽然都自称马克思主义者，但是却极为迂腐地理解马克思主义，不懂得马克思主义的唯物辩证法和革命的灵活性，因此在理论上是贫乏的、在实践中是可笑的。他从生产资料、国家政权、工农联盟等方面，系统阐释俄国已经具备了"建成社会主义社会所必需而且足够的一切"。②

列宁依据矛盾发展不平衡性原理，创造性提出和完善了"社会主义将首先在一个或者几个国家内获得胜利"理论。他强调，发展不平衡是帝国主义的鲜明特征，指出："整个说来，资本主义的发展比从前要快得多，但是这种发展不仅一般地更不平衡了，而且这种不平衡还特别表现在某些资本最雄厚的国家(英国)的腐朽上面"；③ 发展不平衡是"资本主义的绝对规律"，依据这种不平衡，1915年他首次提出"社会主义可能首先在少数甚至在单独一个资本主义国家内获得胜利"④的论断；1916年他再次得出社会主义"将首先在一个或者几个国家内获得胜利"的"必然的结论"。⑤ 对照前后两次论述，不难看出，后一次论述把"结论"由"可能"发展为"必然"，说明列宁是在实践中不断完善自己的理论的。

在列宁主义的科学指导下，列宁领导俄国人民建立了苏维埃政权，获得了保卫新生的苏维埃政权的胜利，领导出台并实施了新经济政策，探出了一条经济相对落后国家的社会主义过渡之路。他在忠于科学社会主义的前提下，不断推进科学社会主义由理想变为现实，并在实践中不断发展科学社会主义理论，充分彰显了马克思主义革命辩证法的重大现实价值。

---

① 《列宁选集》第4卷，人民出版社2012年版，第777页。
② 《列宁选集》第4卷，人民出版社2012年版，第768页。
③ 《列宁选集》第2卷，人民出版社2012年版，第685页。
④ 《列宁专题文集·论社会主义》，人民出版社2009年版，第4页。
⑤ 《列宁专题文集·论社会主义》，人民出版社2009年版，第8页。

## (三) 对无产阶级执政党建设理论做出了原创性贡献

作为世界上第一个无产阶级执政党领袖，列宁创造性运用马克思主义方法论于无产阶级执政党建设实践中，形成了富有原创性特色的无产阶级执政党建设理论，对后世无产阶级执政党建设具有长期的指导意义。

列宁创造性运用辩证唯物主义认识论，高度重视先进的革命理论对无产阶级革命实践的指导作用，强调马克思主义是指导无产阶级革命实践的"唯一正确的革命理论"，① 高度重视党的思想理论建设，不仅号召全党认真学习马克思主义理论知识，指出："如果以为不必领会共产主义本身借以产生的全部知识，只要领会共产主义的口号，领会共产主义科学的结论就足够了，那是错误的"，② 而且号召全党必须勇于投身革命实践，指出："马克思说的'一步实际运动比一打纲领更重要'这句话，显得尤其正确了。"③

列宁创造性运用辩证分析方法，科学阐释了民主与集中的关系，在马克思主义发展史上首次提出"民主集中制"原则，强调"民主集中制"是"必须无条件服从的组织原则"，④ "加入共产国际的党，应该是按照民主集中的原则建立起来的"。⑤ 他阐释了"民主集中制"的基本涵义是自由和民主基础上的集中和统一，指出："工人的社会民主党组织应当是统一的，但是，在这些统一的组织里，应当对党内的问题广泛地展开自由的讨论"，⑥ "民主集中制和地方机关自治的原则所表明的正是充分的普遍的批评自由"，⑦ 并规定了"少数服从多数"等"民主集中制"原则的六个基本要求。⑧

列宁创造性运用系统观念，高度重视加强党的全面领导。他强调加强党对一切工作的全面领导，指出："国家政权的一切政治经济工作都由工人阶级觉悟的

---

① 《列宁专题文集·论无产阶级政党》，人民出版社 2009 年版，第 246 页。
② 《列宁专题文集·论马克思主义》，人民出版社 2009 年版，第 296 页。
③ 《列宁专题文集·论马克思主义》，人民出版社 2009 年版，第 301 页。
④ 《列宁专题文集·论无产阶级政党》，人民出版社 2009 年版，第 345 页。
⑤ 《列宁专题文集·论无产阶级政党》，人民出版社 2009 年版，第 273 页。
⑥ 《列宁专题文集·论无产阶级政党》，人民出版社 2009 年版，第 345 页。
⑦ 《列宁专题文集·论无产阶级政党》，人民出版社 2009 年版，第 346 页。
⑧ 《列宁专题文集·论无产阶级政党》，人民出版社 2009 年版，第 345 页。

先锋队共产党领导。"①他认为，工人阶级政党是一个有机整体，在思想上、行动上必须保持高度一致，强调："党的政治行动必须一致。"②为了保持党在思想上、行动上的高度一致，他要求加强党的纪律建设和作风建设，坚决反对官僚主义，大力倡导密切联系群众。工人阶级政党是由党员构成的，他既从正面强调："维护我们党的坚定性、彻底性和纯洁性"，③ 要求注意党员质量的提高与党组织纯洁性的维护，要求广大党员不仅要在组织上入党而且要在思想上入党，对党忠诚，又从反面警醒，如果不加强党的纯洁性建设，"它就不可避免地会瓦解，首先在思想上瓦解，然后在物质上瓦解"。④

---

① 《列宁专题文集·论无产阶级政党》，人民出版社 2009 年版，第 353 页。
② 《列宁专题文集·论无产阶级政党》，人民出版社 2009 年版，第 341 页。
③ 《列宁专题文集·论无产阶级政党》，人民出版社 2009 年版，第 349 页。
④ 《列宁专题文集·论无产阶级政党》，人民出版社 2009 年版，第 168 页。

# 第五章 马克思主义方法论的中国化历程

中国共产党自成立之日起，就坚持不懈地推进马克思主义方法论中国化，构建和发展中国化的马克思主义方法论。

李大钊、陈独秀在中国最先扛起了马克思主义大旗。李大钊非常重视马克思主义唯物史观，主张用唯物史观对中国历史"进行改作或重作"，要求史学家"固宜努力以求记述历史的整理"、"亦不可不努力于历史理论的研求"，[①] 强调不可以拿一定时代一定环境下形成的学说"去解释一切历史"。[②] 陈独秀强调中国革命要取得胜利"必须有强大的无产阶级为主力军"。[③] 20 世纪 20 年代中期，瞿秋白开始在中国传播辩证唯物主义，强调"求宇宙根底"是马克思主义哲学最根本的任务，"意识"与"实质"的关系问题是"哲学中的根本问题"，[④] "归根到底'存在'的根本，始终是电子组成的物质"。[⑤] 但是，对马克思主义方法论中国化做出开创性贡献的，当首推毛泽东。

为了实现中华民族"站起来""富起来""强起来"的历史使命，一代又一代中国共产党人接力推进马克思主义方法论中国化的历史进程，本章主要阐释"站起来"阶段，毛泽东开创马克思主义方法论中国化的历史进程；"富起来"阶段，邓小平、江泽民、胡锦涛持续推进马克思主义方法论中国化的历史进程。关于"富起来"阶段，习近平不断推进马克思主义方法论的当代创新，将在后面四章加以专门论述。

---

① 《李大钊全集》第 4 卷，人民出版社 2006 年版，第 412 页。
② 《李大钊全集》第 3 卷，人民出版社 2006 年版，第 35~36 页。
③ 《陈独秀文集》第 2 卷，人民出版社 2013 年版，第 497 页。
④ 《瞿秋白文集·政治理论编》第 2 卷，人民出版社 1988 年版，第 311 页。
⑤ 《瞿秋白文集·政治理论编》第 4 卷，人民出版社 1993 年版，第 7 页。

# 一、"站起来"阶段：毛泽东开创马克思主义方法论的中国化历程

毛泽东高度重视方法论的重要作用，始终坚持创造性运用马克思主义方法论解决中国具体问题，开创性构建了中国化的马克思主义方法论。

## (一)高度重视马克思主义方法论的价值功能

毛泽东高度重视方法与方法论的现实价值。他认为，方法就是人们对事物发展规律的发现与应用，是完成任务、处理矛盾、改善工作的必要手段，要求"不但要提出任务，而且要解决完成任务的方法"，[①] 强调要完成工作任务就必须采取"实际的具体的""耐心说服"的"工作方法"。[②] 他强调领导干部和领导机关要有领导方法，要求领导工作"要制定正确的工作方法"，[③] 党的领导机关"遇事要拿出办法"。[④] 他强调"一定要用切实的办法来改善我们的工作"。[⑤]

毛泽东从世界观与方法论相统一视角，阐释了方法论的内涵，认为世界观是关于发展着的对物质世界的根本看法和观点，方法论就是运用世界观去研究问题和解决问题，"去指导革命，去做工作，去从事生产，去指挥作战，去议论人家长短"。[⑥]

在马克思主义理论中，毛泽东尤为重视"马克思主义的方法"，将之喻为"望远镜和显微镜"，强调在认识和改造世界时要"借助于望远镜和显微镜"，而"马克思主义的方法就是政治上军事上的望远镜和显微镜"。[⑦] 他强调，研究马克思主义的目的是为了解决中国革命的实际问题而"去从它找立场，找观点，找方法的"，只有反对、揭破"幼稚的、低级的、庸俗的、不用脑筋的形式主义的方

① 《毛泽东选集》第1卷，人民出版社1991年版，第139页。
② 《毛泽东选集》第1卷，人民出版社1991年版，第140页。
③ 《毛泽东选集》第4卷，人民出版社1991年版，第1440页。
④ 《毛泽东选集》第1卷，人民出版社1991年版，第89页。
⑤ 《毛泽东选集》第1卷，人民出版社1991年版，第140页。
⑥ 《毛泽东著作专题摘编》上，中央文献出版社2003年版，第30页。
⑦ 《毛泽东选集》第1卷，人民出版1991年版，第212页。

法"，学会应用"马克思主义的方法"①去分析问题、解决问题，才能办好事情、取得中国革命的胜利。1929 年，他在《关于纠正党内的错误思想》中提出了纠正主观主义的三个方法，其中的首要方法就是"教育党员用马克思列宁主义的方法去作政治形势的分析和阶级势力的估量"。②他强调学习马克思主义重在掌握马克思主义方法，不能采取教条主义态度而必须学习他们的立场与方法。针对知识分子，他认为，学习马克思主义"重要的是要注意研究方法"。③针对广大党员，他要求不但应当了解马克思主义经典作家得出的普遍性、规律性结论，而且"应当学习他们观察问题和解决问题的立场和方法"。④他强调，学习马克思主义贵在学会运用马克思主义方法解决实际问题，要求广大党员干部学会应用"马克思列宁主义的立场、观点和方法"，具体分析中国的实际问题，"然后引出理论性的结论来"，⑤并用之去克服"主观主义的和官僚主义的领导方法"。⑥他之所以高度重视广大党员干部的学风问题，要求他们树立正确的学风，是因为对于广大党员干部来说，学风问题是"思想方法问题"。⑦

毛泽东非常重视马克思主义方法论，坦言自己"认识问题的方法论"根源于马克思主义方法论指导下的中国实际问题研究。

毛泽东既重视唯物论，要求党的高级干部必须掌握唯物论，指出："高级干部连什么是唯物论、什么是唯心论都不懂，怎么行呢？读马列的书，不好懂，也是有办法的，可以请先生帮"，⑧也重视辩证法，认为"辩证法的宇宙观，不论在中国，在欧洲，在古代就产生了"，⑨要求全党都要学习辩证法、照辩证法办事。

毛泽东深刻阐明了唯物辩证法与唯心辩证法的根本区别，认为唯物主义与辩证法在马克思之前就已经形成，马克思改造了法国的唯物主义为辩证唯物主义、

---

① 《毛泽东选集》第 3 卷，人民出版社 1991 年版，第 801、839、839 页。
② 《毛泽东选集》第 1 卷，人民出版社 1991 年版，第 92 页。
③ 《毛泽东文集》第 7 卷，人民出版社 1999 年版，第 265 页。
④ 《毛泽东选集》第 2 卷，人民出版社 1991 年版，第 533 页。
⑤ 《毛泽东选集》第 3 卷，人民出版社 1991 年版，第 814、815 页。
⑥ 《毛泽东选集》第 3 卷，人民出版社 1991 年版，第 902 页。
⑦ 《毛泽东选集》第 3 卷，人民出版社 1991 年版，第 813 页。
⑧ 《毛泽东年谱(一九四九～一九七六)》第六卷，中央文献出版社 2013 年版，第 395 页。
⑨ 《毛泽东选集》第 1 卷，人民出版社 1991 年版，第 303 页。

改造了德国的唯心辩证法为唯物辩证法，强调唯物辩证法是"正确反映客观世界的辩证法"，与"黑格尔的唯心辩证法不同"。①

毛泽东充分肯定"唯物史观是吾党哲学的根据"，② 强调学习马克思主义是要"用辩证唯物论和历史唯物论的观点去观察世界"；③ 强调辩证唯物主义与历史唯物主义是"合用的工具"，认为马克思主义"没有什么神秘"，④ 要求把马克思创立的许多学说都"当作合用的工具来看待"。⑤ "合用的工具"论，与列宁的"活的行动指南"论，在精神实质上是内在一致的，都旨在倡导把马克思主义当做一种认识世界和改造世界的有效方法。

## (二) 开创性提出"马克思主义的中国化"这一重大命题与重要方法论

"中国化"问题说到底是一个"普遍真理与中国具体情况的统一的问题"，⑥ 既是一个在中国革命实践中丰富和发展马克思主义的重大任务，也是一个中国共产党人如何对待马克思主义的重要方法论。马克思主义经典作家曾多次强调自己的理论要与各国具体实际相结合。早期中国共产党人就已十分注意把马克思主义理论与中国具体实际相结合，如李大钊认为，社会主义的理想因为地点、时间的不同而有异，是"共性与特性结合的一种新制度"。⑦ 张太雷曾明确要求"把国际无产阶级政党的纲领和方法正确地运用于各国具体特点的基础之上"。⑧ 恽代英曾强调："解决中国的问题，自然要根据中国的情形，以决定中国的办法。"⑨

但把"马克思主义的中国化"作为一个科学、系统的重大命题加以明确提出的，毛泽东为中国共产党的第一人。1930 年，他在《反对本本主义》一文中提出

---

① 《毛泽东文集》第 8 卷，人民出版社 1999 年版，第 2 页。
② 《毛泽东书信选集》，中央文献出版社 2003 年版，第 11 页。
③ 《毛泽东选集》第 3 卷，人民出版社 1991 年版，第 874 页。
④ 《毛泽东文集》第 8 卷，人民出版社 1999 年版，第 264 页。
⑤ 《毛泽东文集》第 8 卷，人民出版社 1999 年版，第 264 页。
⑥ 《毛泽东文集》第 8 卷，人民出版社 1999 年版，第 5~6 页。
⑦ 《李大钊全集》第 4 卷，人民出版社 2013 年版，第 248 页。
⑧ 《张太雷文集》，人民出版社 2013 年版，第 33 页。
⑨ 《恽代英文集》上卷，人民出版社 1984 年版，第 480~481 页。

了"中国革命斗争的胜利要靠中国同志了解中国情况"①的著名论断。"中国革命斗争""中国同志""中国情况"这"三个中国"，凸显了"中国"的重要性，强调了中国革命问题只能由中国同志结合中国情况来加以解决。之后，他进一步完善这一论断，强调："俄国的问题只能由列宁解决，中国的问题只能由中国人解决"，② 论证了"马克思主义的中国化"的必要性。1938 年 10 月，他在党的六届六中全会上首次正式提出"马克思主义的中国化"这一重大命题，认为马克思主义的伟大力量体现于与各国具体实践相结合的实践中，要求中国共产党必须把马克思主义理论应用于中国的具体环境，指出："马克思主义的中国化，使之在其每一表现中带着中国的特性，即是说，按照中国的特点去应用它，成为全党亟待了解并亟须解决的问题。"③这一重大命题的提出，是中国共产党一次伟大的思想突破，是中国共产党推进马克思主义中国化的理论自觉与理论自信的重要体现。1941 年 6—8 月，毛泽东在听取彭真汇报晋察冀解放区工作时充分肯定晋察冀分局是执行了一条马列主义中国化的正确路线。1941 年 9 月，毛泽东在中央政治局扩大会议上又一次强调："能使马克思主义中国化的教员，才算好教员。"④毛泽东本人就是推进马克思主义中国化的典范，马克思主义的辩证法、认识论经他用"祸兮福之所倚，福兮祸之所伏""牵牛要牵牛鼻子""眉头一皱计上心来""不入虎穴，焉得虎子"等生动丰富的中国语言形式表达出来，一下子变得形象生动、通俗易懂、亲切熟悉，不仅有效推进了马克思主义中国化，而且有效推进了马克思主义大众化。

毛泽东不仅强调赋予马克思主义以"一定的民族形式"，⑤ 而且强调"用马克思主义的立场、方法来解决中国问题，创造些新的东西"，"产生新的理论"，⑥即以马克思主义为指导，总结、凝练、提升中国革命具体经验，将之理论化、体

---

① 《毛泽东选集》第 1 卷，人民出版社 1991 年版，第 115 页。
② 《毛泽东文集》第 8 卷，人民出版社 1999 年版，第 5 页。
③ 《中共中央文件选集》第 11 册，中共中央党校出版社 1991 年版，第 658～659 页。人民出版社 1991 年版的《毛泽东选集》第 2 卷，将"马克思主义的中国化"改为"使马克思主义在中国具体化"。
④ 《毛泽东文集》第 2 卷，人民出版社 1993 年版，第 374 页。
⑤ 《毛泽东选集》第 2 卷，人民出版社 1991 年版，第 534 页。
⑥ 《毛泽东文集》第 2 卷，人民出版社 1993 年版，第 408、381 页。

系化为中国的马克思主义，丰富和发展马克思主义。他认为，中国革命实践经验丰富，中国共产党完全有信心、有能力、有条件创立中国的马克思主义，号召要产生自己的理论。所谓"自己的理论"，就是中国共产党创立的具有中国特色的、"中国化"了的马克思主义理论。毛泽东把这一"理论"又称为"山上的马克思主义"、① 马克思主义的"分店"。② 为了创立"自己的理论"，他要求全党切实提高理论水平，认为虽然中国共产党对马克思主义理论书籍的翻译多了、读的人多了，但是与"中国革命运动的丰富内容"相对照，党的"理论战线就非常之不相称""理论方面就显得非常之落后"。③ 1961 年，毛泽东在党的八届九中全会上对马克思主义中国化的具体内涵进行了明确界定，指出："所谓马列主义中国化，就是马克思主义普遍真理跟中国革命具体实践的统一，一个普遍一个具体，两个东西的统一就叫中国化。"④可见，马克思主义中国化有两个方面的基本内涵：一是用马克思主义普遍真理解决中国具体问题，推进中国具体实践，让中国人民在实践中感受马克思主义真理的魅力；二是用中国实践经验丰富和发展马克思主义，总结、凝练、提升中国经验，建构中国化的马克思主义。

"马克思主义的中国化"这一重大命题的提出，是中国革命发展的迫切要求和必然结果。遵义会议确立了毛泽东在党中央的实际领导地位，遵义会议前中国共产党的领导都是"很不稳定，也很不成熟的"。⑤ 从陈独秀、瞿秋白，到向忠发、李立三，再到王明，要么缺乏对中国国情的了解，要么机械执行共产国际指示、照搬照抄马克思主义，给党的事业带来了严重危害。在严峻的现实面前，以毛泽东为代表的中国共产党人坚持实事求是，开始独立自主地思考中国革命问题，拿起马克思主义思想武器同党内教条主义展开坚决斗争。

"马克思主义的中国化"这一重大命题的提出，有着良好的国际环境的助推。1935 年 7 月，共产国际七大调整了工作策略，改变了领导方式和工作方式，要求共产国际执行委员会"不要机械地把一国的经验搬到别国去，不要用呆板格式和

---

① 《毛泽东文集》第 3 卷，人民出版社 1996 年版，第 364 页。

② 《毛泽东文集》第 7 卷，人民出版社 1999 年版，第 106 页。

③ 《毛泽东选集》第 3 卷，人民出版社 1991 年版，第 813 页。

④ 鲁振祥：《史事追寻——中共思想史上若干问题》，中央文献出版社 2009 年版，第 160 页。

⑤ 《邓小平文选》第 3 卷，人民出版社 1993 年版，第 298 页。

笼统公式去代替具体的马克思主义的分析"，① 要求各国学会把马列主义的方法应用到各国的"具体环境中去""具体条件中去"，"避免用一成不变的方法和笼统公式去代替具体的马克思主义分析"。② 时任共产国际总书记的季米特洛夫特别强调："要以活的马克思列宁主义而不是死的教条主义的精神来教育它们"，"正确地利用经验绝不等于把斗争的现成方式和方法从一个条件机械地搬到另一个条件，从一个国家机械地搬到另一个国家"。③ 共产国际七大的重大转变，对"马克思主义的中国化"这一重大命题的提出，起到了积极的促进作用。

"马克思主义的中国化"这一重大命题的提出，与毛泽东的个人素质与人格魅力有很大关系。他刻苦研读马克思主义经典著作，曾将《共产党宣言》看了不下一百遍，因此得以真正理解和把握马克思主义的精髓，从而夯实了他提出的"马克思主义的中国化"命题的理论功底；他传统文化功底深厚，认为"读历史是智慧的事"，④ 认真研读各种中国古代典籍，"对哲学和历史有深入的研究"，⑤ 从而打牢了他提出"马克思主义的中国化"命题的文化功底；他重视了解中国国情，强调："认清中国的国情，乃是认清一切革命问题的基本的根据"，⑥ 他从青年时代起就一直非常重视了解、分析中国国情，从而奠定了他提出的"马克思主义的中国化"命题的实践基础；他注重理论创新，敢于和善于用适合中国国情的新理论、新方法代替已经过时的、不适合中国国情的旧原理、旧结论、旧方法，有着提出"马克思主义的中国化"命题的理论自信。

"马克思主义的中国化"这一重大命题的提出，是毛泽东对马克思主义基本原理与方法论的创造性运用与创新性发展，是马克思主义发展史上的重要一页。马克思主义方法论中国化，是马克思主义中国化的必然要求、重要内容与题中应有之义。

---

① 中共中央党史研究室第一研究部：《中国共产党第七次全国代表大会研究》，上海人民出版社 2006 年版，第 170 页。

② 《马克思主义中国化最新成果大参考》，红旗出版社 2007 年版，第 323~324 页。

③ [保]季米特洛夫：《季米特洛夫选集》，人民出版社 1953 年版，第 126 ~ 127 页、162~163 页。

④ 《毛泽东书信选集》，中央文献出版社 2003 年版，第 5 页。

⑤ [美]埃德加·斯诺著、董乐山译：《红星照耀中国》，作家出版社 2012 年版，第 53 页。

⑥ 《毛泽东选集》第 2 卷，人民出版社 1991 年版，第 633 页。

### (三) 开创性确立马克思主义中国化的基本原则

毛泽东强调，推进马克思主义中国化，必须首先确立"马列主义普遍真理与中国具体实践相结合"①(以下简称"结合")的基本原则。在方法论意义上，"结合"原则的基本涵义和基本要求就是把马克思主义基本原理与立场观点方法与中国具体实践结合起来。实践证明，什么时候能够实现"结合"、"结合"得好，中国革命事业就会取得成功；反之，就会遭受挫折和失败。

"结合"原则是毛泽东确立的，这一点已为全党所公认。1956 年邓小平在回答国际青年代表团的提问时就曾明确肯定，党的七大确立了"结合"原则，这个原则是我们党和毛泽东同志总结起来，"并在第七、第八两次党代表大会上加以肯定的"。② 早在湖南第一师范上学时，毛泽东就既接受了马克思主义，又注重调查了解中国实际，从而奠定了"结合"的思想基础。此后，他参加了党的创建、投身于国共合作、工农运动之中，领导了秋收起义，创建了井冈山革命根据地。在革命过程中，他进一步意识到坚持"结合"原则的必要性和重要性。1930 年，他在《反对本本主义》一文中强调，马克思主义的"本本"必须"同我国的实际情况相结合"。③ 1938 年，他在党的六届六中全会上所作的《论新阶段》报告中强调，坚持"结合"原则是中国革命的必然选择，中国共产党的主要任务就是坚持"结合"原则。1939 年，他在《〈共产党人〉发刊词》中认为，不善于"结合"是党不能掌握住革命武装的根本原因。毛泽东正式提出"结合"原则是在延安整风期间，1963 年他在同由中央委员会主席迪·努·艾地率领的印度尼西亚共产党代表团谈话时回忆说："结合"口号"就是在延安整风时提出的。"④1940 年 1 月，他在《新民主主义论》一文中要求中国共产主义者"必须将马克思主义的普遍真理和中国革命的具体实践完全地恰当地统一起来"。⑤ 1941 年 5 月，他在《改造我们的学习》中指出，中国共产党的 20 年就是"日益结合的二十年"。⑥ 1945 年 4 月，党的

---

① 《毛泽东文集》第 8 卷，人民出版社 1999 年版，第 339 页。
② 《邓小平文选》第 1 卷，人民出版社 1994 年版，第 258 页。
③ 《毛泽东选集》第 1 卷，人民出版社 1991 年版，第 111~112 页。
④ 《毛泽东文集》第 8 卷，人民出版社 1999 年版，第 339 页。
⑤ 《毛泽东选集》第 2 卷，人民出版社 1991 年版，第 707 页。
⑥ 《毛泽东选集》第 3 卷，人民出版社 1991 年版，第 795 页。

六届七中全会通过的《关于若干历史问题的决议》开篇即指出，中国共产党自1921 年产生以来，就将"结合"作为"自己一切工作的指针，毛泽东同志关于中国革命的理论和实践便是此种结合的代表"。① 1945 年 4 月，他在《论联合政府》的报告中强调，马克思主义普遍真理一经与中国具体实践相结合，就"使中国革命的面目为之一新""成为中国人民百战百胜的武器"。② 这里，他旨在强调坚持"结合"原则，是发挥马克思主义的指导作用和价值功能、开辟中国革命新局面的必然要求。1945 年 4—6 月，党的七大正式确立了"结合"原则，从此，"结合"原则便成为中国共产党的一大优良传统，正如 1961 年毛泽东所指出的："我们党是有实事求是传统的，就是把马列主义的普遍真理同中国的实际相结合"。③ 1956 年，他先后几次强调要坚持"结合"原则。1956 年 4 月，他在《论十大关系》一文中强调"结合"原则，认为学习普遍真理一定要与中国实际相结合，中国共产党的理论来自"马克思列宁主义的普遍真理同中国革命的具体实践相结合"。④ 1956 年 9 月，他在党的八大的开幕词中再次提出"结合"原则，强调"这是我们党的一贯的思想原则"。⑤ 1956 年 9 月，他在同参加中国共产党第八次全国代表大会的拉丁美洲一些党的代表谈话时又一次明确指出，中国共产党肃清了王明和李立三的教条主义错误路线，"真正找到了""结合"的"道路"。同年，他提出"第二次结合"思想，认为民主革命时期正是由于坚持"结合"原则，才取得新民主主义革命的胜利，主张在社会主义革命和建设时期要进行"第二次结合"，以便"找出在中国怎样建设社会主义的道路"，⑥ 认为进行"第二次结合"最重要的是要独立思考，把马列主义的基本原理同中国革命和建设的具体实际相结合。1970 年 12 月，他强调，要求一切外国人"承认马列主义的普遍真理与该国革命的具体实践相结合"⑦是"一个基本原则"。

毛泽东把"结合"原则运用于方法论领域，把马克思主义与中国革命的关系

① 《毛泽东选集》第 3 卷，人民出版社 1991 年版，第 952 页。
② 《毛泽东选集》第 3 卷，人民出版社 1991 年版，第 1094 页。
③ 《毛泽东文集》第 8 卷，人民出版社 1999 年版，第 237 页。
④ 《毛泽东文集》第 7 卷，人民出版社 1999 年版，第 42 页。
⑤ 《毛泽东文集》第 7 卷，人民出版社 1999 年版，第 116 页。
⑥ 《毛泽东传(1949—1976)》上，中央文献出版社 2003 年版，第 506 页。
⑦ 《毛泽东文集》第 8 卷，人民出版社 1999 年版，第 433 页。

比作"箭和靶的关系"，提出了"有的放矢"方法，解释了"有的放矢"的涵义，阐证了"有的放矢"的必要性，认为"有的放矢"就是用"马克思主义之箭"去射"中国革命之的"，有目的地去研究，运用马克思主义普遍原理来解决中国革命的具体问题。他强调如果不能"有的放矢"，中国革命"永远不会胜利"。①

"结合"原则是毛泽东在同各种主观主义错误作斗争的过程中逐渐确立的。在党的幼年时期，革命工作先后受到教条主义和经验主义等主观主义错误的干扰破坏。教条主义生搬硬套马克思主义，机械执行共产国际指示；经验主义轻视理论，"沾沾自喜于一得之功和一孔之见"。② 两者的共同点是把马克思主义普遍真理和中国具体实际割裂开来，两者相较，当时教条主义危害更大。为了挽救中国革命，毛泽东同主观主义特别是教条主义错误展开了坚决斗争，既反对教条主义对马克思主义的盲从迷信，强调学习马克思主义"不是为着好看，也不是因为它有什么神秘"，③"马列主义基本原理至今未变，个别结论可以改变"，④ 明确认为由于社会历史条件的限制，马克思主义的个别结论可能"做得不合适"。⑤ 他也反对教条主义对马克思主义的生搬硬套，指出："如果每句话，包括马克思的话，都要照搬，那就不得了"，⑥ 批评"把马克思列宁主义书本上的某些个别字句"看做"包医百病"的"灵丹圣药"是"一种幼稚者的蒙昧"，⑦ 强调："我们所要的是香的马克思主义，不是臭的马克思主义；是活的马克思主义，不是死的马克思主义"，⑧ 号召全党"必须攻破教条主义的主观性和片面性"，⑨ 广大党员干部不应当把马克思主义理论"当作教条看待，而应当看作行动的指南"，⑩"不应当把马克思主义的理论当成死的教条。对于马克思主义的理论，要能够精通它、应用它，精通的目的全在于应用"，⑪"要分清创造性的马克思主义和教条式的马克思

①　《毛泽东选集》第 3 卷，人民出版社 1991 年版，第 819、820 页。
②　《毛泽东选集》第 1 卷，人民出版社 1991 年版，第 291 页
③　《毛泽东选集》第 3 卷，人民出版社 1991 年版，第 820 页。
④　《毛泽东文集》第 8 卷，人民出版社 1999 年版，第 1 页。
⑤　《毛泽东文集》第 8 卷，人民出版社 1999 年版，第 2 页。
⑥　《毛泽东文集》第 7 卷，人民出版社 1999 年版，第 42 页。
⑦　《毛泽东选集》第 3 卷，人民出版社 1991 年版，第 820 页。
⑧　《毛泽东文集》第 3 卷，人民出版社 1996 年版，第 332 页。
⑨　《毛泽东选集》第 3 卷，人民出版社 1991 年版，第 820 页。
⑩　《毛泽东选集》第 2 卷，人民出版社 1991 年版，第 533 页。
⑪　《毛泽东选集》第 3 卷，人民出版社 1991 年版，第 815 页。

主义"，"宣传创造性的马克思主义"。①无论是对马克思主义的盲从迷信，还是对马克思主义的生搬硬套，都是实现"结合"的死敌。但由于当时教条主义者成为党的主要领导，而且经常搬出共产国际指示和马克思主义经典装腔作势、以势压人，因此，为了增强斗争的说服力，反对教条主义，倡导"结合"原则，毛泽东借用了马克思主义经典作家的思想智慧和重要影响，号召中国共产党人学习列宁、斯大林"如何把马克思主义的普遍真理和苏联革命的具体实践互相结合又从而发展马克思主义"。②

## (四) 开创性构建中国化的马克思主义方法论体系

毛泽东在坚持"结合"原则的实践中，既创造性运用马克思主义方法论来解决中国具体问题，又以中国语言形式来赋予马克思主义方法论以中国风格，首次明确提出"实事求是""矛盾法则""对具体问题做出具体的分析"等中国化的马克思主义根本方法、"基础"方法、"灵魂"方法，以及一系列具体方法，开创性构建中国化的马克思主义方法论体系。

### 1. 首次提出"实事求是"这一中国化的马克思主义根本方法

毛泽东把辩证唯物主义与历史唯物主义运用于中国具体实际，在马克思主义发展史上首次提出"实事求是"这一中国化的马克思主义根本方法。1938 年 10 月，在党的六届六中全会上，他第一次提出"实事求是"这一范畴："共产党员应是实事求是的模范……因为只有实事求是，才能完成确定的任务。"③1940 年 1 月，他在《新民主主义论》一文中再次强调："科学的态度是'实事求是'。"④在延安整风中，他用"实事求是"精辟概括了党的思想路线，强调"实事求是"是"一个党性坚强的党员的起码态度"。⑤1961 年 1 月，他在中央工作会议上提议"今年搞一个实事求是年"，要求"把实事求是的精神恢复起来"。⑥毛泽东高度重视实事

---

① 《毛泽东文集》第 2 卷，人民出版社 1993 年版，第 373、374 页。
② 《毛泽东选集》第 3 卷，人民出版社 1991 年版，第 803 页。
③ 《毛泽东选集》第 2 卷，人民出版社 1991 年版，第 522 页。
④ 《毛泽东选集》第 2 卷，人民出版社 1991 年版，第 662 页。
⑤ 《毛泽东文集》第 2 卷，人民出版社 1993 年版，第 361 页。
⑥ 《毛泽东文集》第 8 卷，人民出版社 1999 年版，第 237 页。

求是，因此，《关于建国以来党的若干历史问题的决议》把"实事求是"置于"毛泽东思想"三大"活的灵魂"①之首。

什么是"实事求是"？"实事求是"一词最先见于班固的《汉书》："修学好古，实事求是。"②唐人颜师古注释该语曰："务得实事，每求真是也。"毛泽东对"实事求是"一词进行了现代诠释，赋予其辩证唯物主义与历史唯物主义的方法论内涵。1941年5月，他在《改造我们的学习》一文中指出："'实事'就是客观存在着的一切事物，'是'就是客观事物的内部联系，即规律性，'求'就是我们去研究"，③认为"实事求是"就是从实际情况出发，去寻求客观事物的规律性。这是对"实事求是"方法的最为经典的科学阐释。这一方法，既承认"实事"的客观性、规律性、辩证性，又要求发挥人的主观能动性去认识、发现规律，实现了唯物论、辩证法与认识论的有机统一，成为贯穿于毛泽东思想中的一条红线。

毛泽东强调"实事求是"是一种科学的态度和方法，是无产阶级认识世界和改造世界的有效武器，是完成任务的必然要求，强调共产党员"靠实事求是吃饭"，④要求共产党员做"实事求是"的模范。

### 2. 首次提出"矛盾法则"这一中国化的马克思主义基础方法

毛泽东强调唯物辩证法是"马克思主义的科学方法论"，体现了马克思主义的"世界观同方法论""辩证法、认识论、论理学"⑤的一致；是"惟一科学的认识论和论理学"，体现了"唯物辩证法与认识论""唯物辩证法与论理学"的一致；⑥是"无产阶级的宇宙观"，体现了"宇宙观和方法论"的一致。⑦

毛泽东高度重视唯物辩证法的重大现实价值，既从正面强调掌握唯物辩证法是纠正主观主义和教条主义的必要条件，认为只有用"辩证法唯物论"武装自己

---

① 中共中央文献研究室：《关于建国以来党的若干历史问题的决议》注释本，人民出版社1983年版，第55页。

② 《汉书·河间献王传》。

③ 《毛泽东选集》第3卷，人民出版社1991年版，第801页。

④ 《毛泽东选集》第3卷，人民出版社1991年版，第836页。

⑤ 《毛泽东著作专题摘编》上，中央文献出版社2003年版，第30页。

⑥ 《毛泽东著作专题摘编》上，中央文献出版社2003年版，第46页。

⑦ 《毛泽东著作专题摘编》上，中央文献出版社2003年版，第29页。

的头脑，才能"避免与纠正"①主观主义和教条主义错误，又从反面发出警醒："一切大的政治错误没有不是离开辩证唯物论的"，② 并以党的历史上所犯的"六个个别原则问题上的错误"佐证这一观点，认为党之所以犯了这些错误，是由于"唯物辩证法思想在党内还没有普及与深入"，强调要彻底地克服"左"倾习惯，根本途径在于普及与深入唯物辩证法这一"马克思主义的方法论"。③

毛泽东强调，唯物辩证法的核心是对立统一规律，认为其他范畴都"可以在核心规律中予以说明"，都"要以事物的矛盾对立统一去说明"。④ 他在马克思主义发展史上首次明确提出"矛盾法则"，认为"唯物辩证法的最根本的法则"⑤就是对立统一法则，强调"关于事物矛盾的问题的精髓，不懂得它，就等于抛弃了辩证法"。⑥ 他强调"矛盾法则"即"对立统一的法则"，是适用于分析各种问题的"一贯的完整的世界观和方法论"，⑦ 是具有普遍适用性的、整体性的世界观和方法论，认为任何时候"好同坏，善同恶，美同丑""香花同毒草"的关系都是"对立的统一，对立的斗争"。⑧

毛泽东把矛盾法则视为一种"基础"方法，强调辩证法就是教导人们要善于"观察与分析矛盾的运动"，制定出"解决矛盾的方法"。⑨ 他强调中国共产党人必须学会"观察与分析矛盾的运动"，如此才能正确分析中国革命的过去、现在，"并推断革命的将来"。⑩ 他在《论十大关系》一文中认为，社会主义建设中的十大关系都是矛盾，强调"世界是由矛盾组成的。没有矛盾就没有世界"，强调中国共产党人的任务就是"要正确处理这些矛盾"。⑪

（1）把矛盾法则具体化为"一分为二"方法。毛泽东认为，矛盾就是对立双方

---

① 《毛泽东著作专题摘编》上，中央文献出版社 2003 年版，第 343 页。
② 《毛泽东哲学批注集》，中央文献出版社 1988 年版，第 311 页。
③ 《毛泽东文集》第 1 卷，人民出版社 1993 年版，第 509~510 页。
④ 《毛泽东文集》第 8 卷，人民出版社 1999 年版，第 326、327 页。
⑤ 《毛泽东选集》第 1 卷，人民出版社 1991 年版，第 299 页。
⑥ 《毛泽东选集》第 1 卷，人民出版社 1991 年版，第 320 页。
⑦ 《毛泽东文集》第 8 卷，人民出版社 1999 年版，第 106~107 页。
⑧ 《毛泽东文集》第 7 卷，人民出版社 1999 年版，第 280 页。
⑨ 《毛泽东选集》第 1 卷，人民出版社 1991 年版，第 304 页。
⑩ 《毛泽东选集》第 1 卷，人民出版社 1991 年版，第 308 页。
⑪ 《毛泽东文集》第 7 卷，人民出版社 1999 年版，第 44 页。

的相互依存和转化，矛盾双方各以对方的存在为前提，共处于一个矛盾统一体中，在一定条件下"各向着其相反的方面转化"，① 强调任何事物尽管表现的形式和性质各不相同，但都具有"两重性"。他由事物的"两重性"出发，强调看问题要坚持"一分为二"，既要看到问题的一个方面，又要看到问题的另一个方面，不能犯肯定一切或否定一切的片面性错误，强调"一分为二"是一个符合辩证法、具有普遍适用性的有效方法，要求在总结经验时必须注意"优点""缺点"这"两点"，任何事物、任何时候都有两点，"一万年都有两点。将来有将来的两点，现在有现在的两点，个人有个人的两点"，认为看问题只看一点而不看另一点叫"知其一不知其二"，② 要求在评价工作时要看两点、全面，"只应该肯定正确的东西""只应该否定错误的东西"。③ 他强调处理经验与教训、正确与错误、成功与失败、中心工作与其他工作等方面关系，都必须坚持"一分为二"。就处理经验与教训的关系而言，他强调要总结工作中的经验教训，既推广"那些有益的经验"，又"从那些错误的经验中取得教训"；④ 就处理正确与错误的关系而言，他强调在认识领域"永远是错误和正确并存"，盲目性和自由总是不断交替的，如果能够从错误中成长、进步，那么就会逐步走向成功、获得自由，"错误往往是正确的先导，盲目的必然性往往是自由的祖宗"；⑤ 就处理成功与失败的关系而言，人们如果能够从失败中吸取教训、改正错误，就能变失败为胜利；就处理中心工作与其他工作的关系而言，他要求各级党委既要"抓紧中心工作"，又要"围绕中心工作而同时开展其他方面的工作"。⑥ 他在《论十大关系》一文中，典范性地对中国社会主义建设的十大关系进行了一分为二的分析。

(2)创造性运用"矛盾法则"于认识论领域。毛泽东强调，"矛盾法则"是"自然和社会的根本法则，因而也是思维的根本法则"。⑦ 他运用"矛盾法则"，在马克思主义发展史上首次提出"知行统一"方法，论述了"知"与"行"、认识与实践

① 《毛泽东选集》第 1 卷，人民出版社 1991 年版，第 327 页。
② 《毛泽东文集》第 7 卷，人民出版社 1999 年版，第 41 页。
③ 《毛泽东文集》第 7 卷，人民出版社 1999 年版，第 274 页。
④ 《毛泽东文集》第 7 卷，人民出版社 1999 年版，第 115 页。
⑤ 《毛泽东文集》第 8 卷，人民出版社 1999 年版，第 326 页。
⑥ 《毛泽东选集》第 4 卷，人民出版社 1991 年版，第 1442 页。
⑦ 《毛泽东选集》第 1 卷，人民出版社 1991 年版，第 336 页。

之间的辩证关系，认为认识与实践的无限循环推动认识的不断发展。"知行统一"是对"知行合一"的马克思主义现代诠释。1509 年，王守仁在贵阳文明书院讲学时首次提出"知行合一"，后来他又多次强调"知行合一"，指出："知之真切笃实处，即是行；行之明觉精察处，即是知。知行工夫，本不可离。"①"知"即道德良知，"行"即道德践履。"知行合一"，旨在强调道德认知与道德践履的统一。

一方面，毛泽东强调实践决定认识。这种决定作用表现为：其一，实践是认识的来源。"人的正确思想是从哪里来的？"对此，毛泽东认为，人的正确思想既不是从天下掉下来的，也不是人们头脑中固有的，只能从"生产斗争、阶级斗争和科学实验"等"社会实践中来"。② 他把人的认识来源分为"不入虎穴，焉得虎子"的直接经验和"秀才不出门，全知天下事"的间接经验，并认为"一切真知都是从直接经验发源的"，③ "在我为间接经验者，在人则仍为直接经验"。④ 他把是否懂得实践的重要性视为辩证唯物论与机械唯物论的重要区别，认为机械唯物论不懂得实践的重要性，"不能了解认识对社会实践的依赖关系"。⑤ 他既从正面强调："人类的生产活动是最基本的实践活动"，⑥ 人的认识形成于、依赖于生产活动，来源于生产过程，又从反面警醒，如果离开了实践，人们对事物的认识是没有法子解决的，"一个闭目塞听、同客观外界根本绝缘的人，是无所谓认识的"。⑦

其二，实践是认识发展的动力。毛泽东认为，自然界和人类社会是不断发展的，人类实践也是不断发展的，实践中会不断出现新情况、新问题，在了解新情况、解决新问题的过程中，"人们的认识运动也应跟着推移和发展"。⑧ 实践推动着人类认识不断发展。

其三，实践是检验认识真理性的唯一标准。毛泽东强调，"社会实践是检验

---

① 王守仁：《答顾东桥书》。
② 《毛泽东文集》第 8 卷，人民出版社 1999 年版，第 320 页。
③ 《毛泽东选集》第 1 卷，人民出版社 1991 年版，第 288 页。
④ 《毛泽东选集》第 1 卷，人民出版社 1991 年版，第 288 页。
⑤ 《毛泽东选集》第 1 卷，人民出版社 1991 年版，第 282 页。
⑥ 《毛泽东选集》第 1 卷，人民出版社 1991 年版，第 282 页。
⑦ 《毛泽东选集》第 1 卷，人民出版社 1991 年版，第 290 页。
⑧ 《毛泽东选集》第 1 卷，人民出版社 1991 年版，第 294 页。

真理的唯一标准"，① 因为只有实践才能检验主观是否符合客观，因此"真理的标准只能是社会的实践"。② "主观真理是不是真正反映了客观真理（即规律性），还得回到实践中去，看是不是行得通。"③他认为，真理就是"在我们斗争实践中被证明了是符合客观实际的东西"，④ 必须不断接受实践检验，并根据检验不断加以纠正、发展，强调理论的不完全性和错误只有"经过实践的检验"才能得到纠正。他认为，科学理论之所以被称为科学真理，关键在于实践证明它是对的，"马克思列宁主义之所以被称为真理"关键在于它为"革命的阶级斗争和民族斗争的实践所证实"，"辩证唯物论之所以为普遍真理"关键在于"无论什么人的实践都不能逃出它的范围"，⑤ 马克思主义之所以是对的关键在于它为无产阶级革命实践"证明了是对的"。⑥

其四，实践是认识的根本目的和归宿。毛泽东认为，认识服务于实践，认识的价值体现于实践中，强调马克思主义哲学认为十分重要的问题，不在于拿客观规律来解释世界，而在于拿客观规律"去能动地改造世界"。⑦

另一方面，毛泽东强调，认识对实践具有能动的反作用。他指出："人是要有一点精神的"，⑧ 大力弘扬无产阶级革命精神，强调在革命战争年代作战需要拼命精神，"在战争中提倡勇敢牺牲英勇向前的精神和动作，是在正确的作战计划下绝对必要的东西"，⑨ 要求在社会主义建设时期仍然需要保持这样一种革命精神。

毛泽东专门阐释了认识的能动作用，认为认识的能动作用不仅表现于第一次飞跃中，而且表现于第二次飞跃中。在第一次飞跃中，感性认识与理性认识是辩证统一的，二者虽然性质不同，但是它们相互依存，感性认识是理性认识的基础，理论认识是感性认识的深化，二者在实践的基础上相互统一。在第二次飞跃

---

① 《建国以来毛泽东文稿》第十册，中央文献出版社 1996 年版，第 414 页。
② 《毛泽东选集》第 1 卷，人民出版社 1991 年版，第 284 页。
③ 《毛泽东文集》第 8 卷，人民出版社 1999 年版，第 324~325 页。
④ 《毛泽东文集》第 3 卷，人民出版社 1996 年版，第 254 页。
⑤ 《毛泽东选集》第 1 卷，人民出版社 1991 年版，第 293 页。
⑥ 《毛泽东选集》第 1 卷，人民出版社 1991 年版，第 111 页。
⑦ 《毛泽东选集》第 1 卷，人民出版社 1991 年版，第 292 页。
⑧ 《毛泽东文集》第 7 卷，人民出版社 1999 年版，第 162 页。
⑨ 《毛泽东选集》第 2 卷，人民出版社 1991 年版，第 508 页。

中，理性认识与实践是辩证统一的，要在实践中达到预想的结果，往往需要经过多次认识与实践的反复，通过多次实践检验，进行多次纠错。认识与实践密不可分。

（3）创造性运用"矛盾法则"于社会历史领域。毛泽东运用"矛盾法则"分析了社会存在与社会意识之间的辩证关系，阐释了社会主义社会的基本矛盾运动，探讨了如何正确处理人民内部矛盾问题。

第一，社会存在与社会意识之间的辩证关系。一方面，毛泽东系统梳理了马克思的社会存在决定社会意识、列宁的能动的革命的反映论，既强调"人们的社会存在，决定人们的思想"，① 又强调社会意识是对社会存在的反映，指出："一种意识形态成为系统，总是在事物运动的后面。因为思想、认识是物质运动的反映。"②社会意识服务于社会存在，认为新文化"是替新政治新经济服务的"。③

另一方面，毛泽东强调，社会意识对社会存在具有能动的反作用。他认为，社会意识对于一个社会发展来说，是不可少的，社会意识是开展革命实践的必要条件，革命前需要革命文化的思想准备，革命中需要革命文化的斗争，"凡是要推翻一个政权"总要"先搞意识形态方面的工作"。④ 他强调，意识形态建设是社会主义建设的重要内容，断言"随着经济建设的高潮的到来，不可避免地将要出现一个文化建设的高潮"。⑤

总之，社会存在与社会意识相互作用，相互制约，密不可分。

第二，社会主义社会的基本矛盾运动。毛泽东认为，一方面，生产力决定生产关系，经济基础决定上层建筑，指出："生产关系的革命，是生产力的一定发展所引起的"，⑥ "现在经济形式已经改变了，是社会主义经济了；上层建筑应该适应这个经济形式，上层建筑的形式也应该有所改变，内容也应该有所改变"。⑦ 另一方面，生产关系、上层建筑又反作用于生产力、经济基础，指出："生产力

<hr>

① 《毛泽东文集》第 8 卷，人民出版社 1999 年版，第 320 页。
② 《毛泽东读社会主义政治经济学批注和谈话》，中华人民共和国国史学会印 1997 年版，第 152~153 页。
③ 《毛泽东选集》第 2 卷，人民出版社 1991 年版，第 695 页。
④ 《建国以来毛泽东文稿》第 10 册，人民出版社 1996 年版，第 194 页。
⑤ 《毛泽东文集》第 5 卷，人民出版社 1996 年版，第 345 页。
⑥ 《毛泽东文集》第 8 卷，人民出版社 1999 年版，第 132 页。
⑦ 逄先知：《毛泽东传（1949—1976）》，中央文献出版社 2003 年版，第 1330 页。

的大发展，总是在生产关系改变以后"，① 搞好生产关系、改变上层建筑可以为生产力的大发展开辟道路。

依据社会基本矛盾原理，毛泽东提出了研究社会主义经济问题的方法。一是以社会基本矛盾为纲。他强调，要以基本矛盾"作为纲，来研究社会主义社会的经济问题"。② 二是联系生产力与上层建筑，加强对生产关系的研究。社会基本矛盾是相互联系的，生产关系起着重要的联结作用，因此"要研究清楚生产关系"，③ 就必须既要联系研究生产力，又要联系研究上层建筑。

毛泽东认为，社会主义社会的基本矛盾同旧社会"具有根本不同的性质和情况"，④ 社会主义社会的生产关系和生产力、上层建筑和经济基础既相适应又相矛盾，它们的矛盾"必须按照具体的情况"⑤加以解决。他认为，社会主义与资本主义社会的基本矛盾在性质、解决方法上根本不同，资本主义社会的基本矛盾表现为剧烈的对抗性，不可能由资本主义制度本身来解决，而社会主义社会的基本矛盾具有非对抗性，"可以经过社会主义制度本身，不断地得到解决"。⑥

第三，正确处理人民内部矛盾。毛泽东首先区分了"人民内部矛盾"与"敌我矛盾"这两类性质完全不同的矛盾，认为"人民内部矛盾"是根本利益一致基础上的非对抗性矛盾，"敌我矛盾"是根本利益相互对立和冲突的对抗性矛盾，二者是相互转化的，对"人民内部矛盾"处理得不适当，或失去警觉、麻痹大意，也会发生对抗。他强调要用民主的方法去解决"人民内部矛盾"，用专政的方法去解决"敌我矛盾"。

### 3. 首次提出"对具体问题作出具体的分析"这一中国化的马克思主义灵魂方法

毛泽东认为，矛盾的特殊性是指矛盾着的事物及其每一个侧面在其发展的不

---

① 《毛泽东文集》第 8 卷，人民出版社 1999 年版，第 132 页。
② 《毛泽东读社会主义政治经济学批注和谈话》，中华人民共和国国史学会印 1997 年版，第 422 页。
③ 《毛泽东读社会主义政治经济学批注和谈话》，中华人民共和国国史学会印 1997 年版，第 422 页。
④ 《毛泽东文集》第 7 卷，人民出版社 1999 年版，第 214 页。
⑤ 《毛泽东文集》第 7 卷，人民出版社 1999 年版，第 215 页。
⑥ 《毛泽东文集》第 7 卷，人民出版社 1999 年版，第 213~214 页。

同阶段各有其特点，是万事万物千差万别的"内在的原因，或者叫做根据"，① 构成"一事物区别于他事物的特殊的本质"。② 矛盾的特殊性不仅存在于"各种物质运动形式"③中，也存在于"每一个物质运动形式在其发展长途中的每一个过程"之中。④ 因此，毛泽东既从正面强调"共同点与特殊点都是要紧的，而特点尤要"，⑤ 认识事物尤其重要的是"必须注意它的特殊点"，⑥ 科学研究必须把握矛盾的特殊性，某一特定领域的特殊矛盾"构成某一门科学的对象"，⑦ 又从反面发出警醒："如果不研究矛盾的特殊性"，就"无从辨别事物，无从区分科学研究的领域"。⑧

毛泽东把矛盾的特殊性原理落实于方法论领域，首次明确提出"对具体问题作出具体的分析"方法，既从正面强调"对具体问题作出具体的分析"是"马克思主义的灵魂"，⑨ "不同质的矛盾，只有用不同质的方法才能解决"，⑩ 要求广大党员干部必须记得列宁说过的"对于具体的事物作具体的分析"，⑪ "按照具体的情况"⑫解决各种矛盾，又从反面告诫"离开具体的分析"就"不能认识任何矛盾的特性"。⑬ 他用"到什么山唱什么歌""看菜吃饭，量体裁衣"等中国式语言，生动形象地阐释了这一方法，使得它一下子栩栩如生。

毛泽东非常擅长运用"对具体问题作出具体的分析"方法。如，他对"人民"这一概念进行了具体分析，认为"人民这个概念在不同的国家和各个国家的不同的历史时期，有着不同的内容"，⑭ 在我国抗日战争、解放战争、社会主义建设

---

① 《毛泽东选集》第 1 卷，人民出版社 1991 年版，第 309 页。
② 《毛泽东选集》第 1 卷，人民出版社 1991 年版，第 309 页。
③ 《毛泽东选集》第 1 卷，人民出版社 1991 年版，第 308 页。
④ 《毛泽东选集》第 1 卷，人民出版社 1991 年版，第 310 页。
⑤ 《毛泽东哲学批注集》，中央文献出版社 1988 年版，第 176 页。
⑥ 《毛泽东选集》第 1 卷，人民出版社 1991 年版，第 308 页。
⑦ 《毛泽东选集》第 1 卷，人民出版社 1991 年版，第 309 页。
⑧ 《毛泽东选集》第 1 卷，人民出版社 1991 年版，第 309 页。
⑨ 《建国以来毛泽东文稿》第 9 册，中央文献出版社 1996 年版，第 605 页。
⑩ 《毛泽东选集》第 1 卷，人民出版社 1991 年版，第 311 页。
⑪ 《毛泽东选集》第 1 卷，人民出版社 1991 年版，第 317 页。
⑫ 《毛泽东文集》第 7 卷，人民出版社 1999 年版，第 215 页。
⑬ 《毛泽东选集》第 1 卷，人民出版社 1991 年版，第 317 页。
⑭ 《毛泽东文集》第 7 卷，人民出版社 1999 年版，第 205 页。

等不同历史时期，"人民"这一概念有着不同的内涵。又如，他对"人民内部矛盾"这一概念进行了具体分析，认为人民内部矛盾"在各个革命时期和社会主义建设时期有着不同的内容"，① 详细而具体地分析了我国社会主义建设时期人民内部矛盾的具体表现形式及其性质。又如，他对"工人阶级同民族资产阶级的矛盾"的性质进行了具体分析，认为如果处理得当，这一本是对抗性的矛盾可以转变为非对抗性的矛盾，可以用和平的方法加以解决；如果处理不当，这一矛盾"就会变成敌我之间的矛盾"。②

如何运用"对具体问题作出具体的分析"方法呢？毛泽东就此提出了一系列具有方法论意义的基本要求。

(1)"从客观存在的事实出发"。"具体问题"就是具体"事实"，毛泽东首次提出"从客观存在的事实出发"③方法，认为这是实事求是的前提基础，是马克思主义的基本要求。具体到中国，"从客观存在的事实出发"最为重要的就是从中国的实际国情出发，"认清中国的国情"是"认清一切革命问题的基本的根据"。④

如何坚持"从客观存在的事实出发"呢？毛泽东要求：一是必须了解实情。他向全党提出了"系统地周密地研究周围环境的任务"，⑤ 要求全党运用马克思主义的理论和方法，调查研究实际事物，掌握敌友我三方的动态，把"了解情况和掌握政策"⑥作为领导机关的两大基本任务，要求各级领导干部"都要亲身从事社会经济的实际调查"。⑦ 二是必须按实情决定工作方针。毛泽东强调："按照实际情况决定工作方针，这是一切共产党员所必须牢牢记住的最基本的工作方法"，⑧ 要求做一切工作都"必须切合实际"。⑨ 什么是"切合实际"？他认为，"切合实际"就是主观需要符合政治、经济等客观环境和条件。如何做到"切合实际"呢？他要求必须对客观情况进行调查研究，形成真实反映实情的主观认识，然后拿这

---

① 《毛泽东文集》第7卷，人民出版社1999年版，第205页。
② 《毛泽东文集》第7卷，人民出版社1999年版，第206页。
③ 《毛泽东选集》第3卷，人民出版社1991年版，第853页。
④ 《毛泽东选集》第2卷，人民出版社1991年版，第633页。
⑤ 《毛泽东选集》第3卷，人民出版社1991年版，第802页。
⑥ 《毛泽东选集》第3卷，人民出版社1991年版，第802页。
⑦ 《毛泽东选集》第1卷，人民出版社1991年版，第117页。
⑧ 《毛泽东选集》第4卷，人民出版社1991年版，第1308页。
⑨ 《毛泽东文集》第6卷，人民出版社1999年版，第301页。

种认识去改造客观实际，并根据实际效果向群众发出前进、暂停或退却等各种号召。他强调，这种"切合实际"的方法叫"马克思主义的起码观点"。① 三是必须反对主观主义。主观主义不是从实际情况出发，而是从主观愿望出发。毛泽东认为，主观主义的思想方法和工作方法必然会导致"机会主义"或"盲动主义"，主观主义是"一种不正派的学风，它是反对马克思列宁主义的，它是和共产党不能并存的"。② 毛泽东认为，教条主义是主观主义的典型表现。教条主义抛弃了马克思主义的实质，违背了马克思主义的立场和方法，脱离中国的实际情况，照搬照抄马克思主义书本上的个别词句。教条主义不是"从客观存在的事实出发"，而是从书本上的个别词句出发，"不是实事求是，而是自以为是"，只会导致"'理论'和实际脱离""领导和群众脱离"。③ 毛泽东认为，经验主义是主观主义的另一种表现形式。经验主义"从狭隘的经验出发"，满足于局部经验，对之进行教条式的应用，不懂得把实践经验总结、凝练、提升为指导革命行动的理论，轻视革命理论的作用和马克思主义理论的学习。教条主义和经验主义都是主观主义，都违背了"结合"原则、辩证唯物论和历史唯物论，都和"从客观存在的事实出发"背道而驰。因此，"他们的思想都不符合于客观的全面的实际情况"。④

"调查研究"是把握"事实"的根本途径，是"从客观存在的事实出发"的必然要求。毛泽东非常重视"调查研究"，提出了"没有调查，就没有发言权"的光辉论断，强调如果没有调查、没有合理的调查，就停止"发言权"。他后来又进一步强调，如果不做调查、不做正确的调查，就"没有发言权"。⑤ 他强调，中国革命必须以"研究中国革命实际问题"⑥为中心，中国共产党必须传承马克思主义经典作家重视"调查研究"的优良传统。他认为，马克思主义经典作家通过大量的调查研究才创立和发展了"科学的共产主义"，强调"中国革命也需要作调查研究工作"，⑦ "调查研究"是坚持"结合"原则、理论联系实际的必然要求，如果离开

---

① 《毛泽东文集》第2卷，人民出版社1993年版，第339页。
② 《毛泽东选集》第3卷，人民出版社1991年版，第812~813页。
③ 《毛泽东选集》第3卷，人民出版社1991年版，第988页。
④ 《毛泽东选集》第3卷，人民出版社1991年版，第989页。
⑤ 《毛泽东农村调查文集》，人民出版社1982年版，第13页。
⑥ 《毛泽东选集》第3卷，人民出版社1991年版，第802页。
⑦ 中共中央文献研究室：《毛泽东农村调查文集》，人民出版社1982年版，第2页。

了调查研究，就"不能将理论和实际相联系"。①

为什么要重视"调查研究"呢？其一是因为"调查研究"是了解实际情况的必然要求。1920年，毛泽东在致周世钊的信中强调要对中国的情形"加以实地的调查及研究"。② 1930年，他在做了"寻乌调查"后坦承："当时我对于农村阶级的结合，仍不是十分了解的"，③ 正是通过"寻乌调查"，他才了解了农村的阶级状况，找到了解决农村阶级问题的办法。他形象地将调查研究比做"十月怀胎"，把解决问题比做"一朝分娩"，认为"调查就是解决问题"。④ 他强调，要掌握实情就必须进行社会调查，坚决反对不做"调查研究"的冥思苦索，认为不做"调查研究"就会在唯心主义的指导下犯"机会主义""盲动主义"的错误。

其二是因为"调查研究"是科学决策的必然要求。毛泽东强调，科学决策不能"想当然"，而必须建立在"调查研究"、掌握实情的基础之上，因为"实际政策的决定，一定要根据具体情况"，根据"想当然"来决定政策是危险的，所以"详细的科学的实际调查，乃非常之必需"。⑤ 共产党的正确政策要在实际斗争和实际经验中产生，因此"需要时时了解社会情况，时时进行实际调查"。⑥ 他强调，正确的策略来源于调查研究，探索中国革命与建设规律必须进行"调查研究"，要求各级党委"不许不作调查研究工作"，⑦ 要求党员"注意社会经济的调查和研究"，⑧ 要求"在全党推行调查研究的计划"，强调这"是转变党的作风的基础一环"。⑨ 他从反面发出警醒："离开实际调查就要产生唯心的阶级估量和唯心的工作指导"，⑩ "调查研究"是纠正理论脱离实际的"本本主义"和"唯心精神"的必然要求和重要手段。

---

① 中共中央文献研究室：《毛泽东农村调查文集》，人民出版社1982年版，第17页。
② 逄先知：《毛泽东传（1893—1949）》，中央文献出版社2004年版，第48页。
③ 中共中央文献研究室：《毛泽东农村调查文集》，人民出版社1982年版，第22页。
④ 《毛泽东选集》第1卷，人民出版社1991年版，第110~111页。
⑤ 《毛泽东文集》第1卷，人民出版社1993年版，第254页。
⑥ 《毛泽东选集》第1卷，人民出版社1991年版，第115页。
⑦ 中共中央文献研究室：《毛泽东年谱（1949—1976）》第4卷，中央文献出版社2013年版，第586页。
⑧ 《毛泽东选集》第1卷，人民出版社1991年版，第92页。
⑨ 《毛泽东选集》第3卷，人民出版社1991年版，第802、802页。
⑩ 《毛泽东选集》第1卷，人民出版社1991年版，第112页。

其三是因为"调查研究"是解决问题、做好工作的必然要求。毛泽东认为，解决问题的方法来源于"调查研究"，强调"凡是忧愁没有办法的时候，就去调查研究"，① 要解决问题就必须对该问题进行调查研究，解决问题的办法形成于调查研究中，调查明白了，解决问题的办法就有了。

如何进行"调查研究"呢？毛泽东强调，必须坚持以马克思主义方法论、唯物辩证法为指导，否则，"调查研究工作就不可能做好"。② 他就如何进行"调查研究"提出了一系列切实可行的具体方法。

一是"平等的态度"。毛泽东以自身的"调查研究"为例，要求调查者必须以"平等的态度"对待群众。他曾通过切身感受，强调必须确立"恭谨勤劳""平等""小学生"的"调查的态度"。③ 他以"政治工作人员"为例，要求必须和群众"一起学习、劳动"，做群众的"贴心人"。他号召调查者"学习鲁迅"，"以真正平等的态度对待干部和群众"，④ 要求在调查研究时必须平等待人，尊重人民群众，要打掉官风、不得摆架子。他坚决反对调查者居高临下、盛气凌人，强调只有"眼睛向下""放下臭架子甘当小学生""和群众做朋友"，才能"调查出真情况来"。⑤

二是"开调查会"。毛泽东以自身经历为据，强调"开调查会"是一种"最简单易行又最忠实可靠"⑥的"调查研究"方法，认为要开好调查会，就必须：一要做好会前准备工作。会前要让大家知悉会议讨论和解决的问题，"以免会议决定流于形式或不能做出决定"。⑦ 二要选好会议代表。参会代表不宜过多，代表构成要合理，要尽量吸取不同身份、地位、年龄的人参加会议。三要开好会。调查者要亲自主持会议，不要照本宣科，要充分发扬民主，集中集体智慧，比较不同看法，会议气氛要开得活泼一些。

三是"走马观花"与"下马看花"相结合。所谓"走马观花"，意指粗略地、广泛地调查；所谓"下马看花"，意指深入实际地认真调查。"走马观花"与"下马看

---

① 《毛泽东文集》第8卷，人民出版社1999年版，第261页。
② 《毛泽东文集》第8卷，人民出版社1999年版，第323页。
③ 《毛泽东文集》第8卷，人民出版社1999年版，第264页。
④ 《毛泽东文集》第7卷，人民出版社1999年版，第354页。
⑤ 中共中央文献研究室：《毛泽东农村调查文集》，人民出版社1982年版，第27页。
⑥ 《毛泽东选集》第3卷，人民出版社1991年版，第790页。
⑦ 《毛泽东选集》第4卷，人民出版社1991年版，第1341页。

花"相结合，意指把广泛调查与深入调查结合起来。他要求中央和省、直属市、自治区两级党委的委员，应当采取"走马观花、下马看花"两种方法，"到下面去作调查研究"。①

四是"解剖麻雀"。"麻雀虽小，五脏俱全。""解剖麻雀"，就是通过深入研究具体典型，从中找出事物的共同性、普遍性的本质及规律。毛泽东积极倡导"解剖麻雀"式的对个别典型的深入调查，坚决反对只做"走马观花"式的粗浅调查，倡导"拼着精力把一个地方研究透彻"的调查研究方法，明确认为"走马观花"的"研究方法是显然不对的"。② "如果我们观察问题是走马看花的，各样都弄一点，这只是空花费了时间，一事无成。"③

五是"蹲点"。"蹲点"，就是深入基层进行调查研究。这一方法，有利于了解情况、掌握素材、发现问题、解决问题，有利于克服形式主义和官僚主义。毛泽东大力倡导"蹲点"方法，认为要切切实实调查研究就必须"要下去蹲点"，④ 到基层"去蹲点"，而且必须要下定决心，长期"蹲点"。因为只有这样，才能深入群众、了解实情，从"广大的贫下中农"中获取"视听见闻"，⑤ 逐步正确认识事物，有效反对教条主义和盲从迷信。他充分肯定中南局第一书记、广东省委第一书记陶铸到花县一个生产队蹲点两个半月后写的报告，严厉批评许多"没有下去蹲过点"的干部，要求必须把领导干部不重视"蹲点"的不好现象"改变过来"。

六是"试点"。所谓"试点"，就是"突破一点，取得经验，然后利用这种经验去指导其他单位"⑥的方法。通过"试点"，可以将"一般号召"真正落到实处，深入调查"试点"情况，有针对性地指导"试点"工作，探寻解决问题的有效方法，总结"试点"经验，完善"一般号召"，检验"一般号召"的科学性，"任何领导人员，凡不从下级个别单位的个别人员、个别事件取得具体经验者，必不能向一切单位作普遍的指导"。⑦ "试点"是了解实情的必要手段，推行一般号召的必经环

---

① 《毛泽东文集》第 7 卷，人民出版社 1999 年版，第 354 页。
② 《毛泽东文集》第 1 卷，人民出版社 1993 年版，第 132 页。
③ 《毛泽东文集》第 2 卷，人民出版社 1993 年版，第 381 页。
④ 《毛泽东文集》第 8 卷，人民出版社 1999 年版，第 303 页。
⑤ 《建国以来毛泽东文稿》第 11 册，中央文献出版社 1996 年版，第 260 页。
⑥ 《毛泽东选集》第 3 卷，人民出版社 1991 年版，第 897 页。
⑦ 《毛泽东选集》第 3 卷，人民出版社 1991 年版，第 898 页。

节，所以，毛泽东强调，"必须普遍地提倡，使各级领导干部都能学会使用"①这一方法。

七是"谈话"。通过"谈话"，运用语言进行思想交流，是人与动物的根本区别。毛泽东认为，"谈话"是一种重要的调查研究方法，"谈话"的过程实质上也是调查研究的过程。他本人就非常善于运用"谈话"方法来进行调查研究，为了撰写《论十大关系》，他曾经用了一个半月的时间，在北京和34个部的同志进行了"谈话"，然后才逐渐形成了对十大关系的系统认识。对于"谈话"在调查研究中的重要作用，他有着切身感受，故而发出感慨："如果没有那些人谈话"，"那个十大关系"就"不可能形成"。②

（2）系统、全面、灵活、"抓住要点"地把握"事实"。"事实"是个对立统一体，"事实"的发展具有辩证本性、是个辩证过程，把握"事实"就要把握"事实"的辩证本性和辩证过程，故而，毛泽东强调，必须运用唯物辩证法来把握"事实"，并提出了一系列把握"事实"的辩证方法。

一要系统把握。每一个问题都是由相互作用、相互联系的"事实"所构成的有机整体。"对具体问题作出具体的分析"必须系统地把握"事实"。毛泽东强调，"系统地解决问题才叫做科学"，指出："军队干部与地方干部的关系问题……那个时候，我们就想说服，但是很难说服，这个问题要怪我们自己，因为没有系统地分析和系统地解决问题。系统地解决问题才叫做科学，不是系统的而是零碎的，就是正确的也不是科学的。一九四二年冬的高干会议我们系统地解决了这个问题，所以就说服了同志们。高干会议以前，我们没有系统地说清楚这个问题，没有说服同志们，这个责任在我们。经济问题也是一样，也是一九四二年高干会议才系统地说明了。"③他认为，马克思主义是一个系统的知识体系，研究马克思主义也应采用"系统分析"方法。首先，对马克思主义的构成要素进行精深研究。他认为，研究近百年的中国史，必须先对"经济史、政治史、军事史、文化史"进行分别研究，然后"才有可能作综合的研究"。④ 其次，把握各构成要素间的相

---

① 《毛泽东选集》第3卷，人民出版社1991年版，第898页。
② 逄先知：《毛泽东传（1949—1976）》，中央文献出版社2003年版，第471页。
③ 《毛泽东文集》第3卷，人民出版社1996年版，第401~402页。
④ 《毛泽东选集》第3卷，人民出版社1991年版，第802页。

互联系。他认为，马克思主义哲学、经济学、革命学说是"不能分割"的"三个有机联系的组成部分"。① 最后，从整体上把握马克思主义。他明确要求"废除静止地孤立地研究马克思列宁主义的方法"。②

毛泽东认为，经验主义错误的根源在于不能"系统分析"问题，不能"通观客观过程的全体"③来分析问题。这里的"通观客观过程的全体"，就是指系统地把握"事实"的全过程。与这一错误相反的做法是孤立地、零碎地把握"事实"。

二要全面把握。每一个问题都是"事实"的总和。"对具体问题作出具体的分析"，必须全面地把握"事实"。毛泽东认为，时时有矛盾、处处有矛盾，强调："世界是由矛盾组成的。没有矛盾就没有世界。"④"矛盾是普遍地存在着，矛盾存在于一切过程中。"⑤他从矛盾的普遍性原理出发，强调必须用全面的观点看问题，反对"用孤立的、静止的和片面的观点去看世界"。⑥

毛泽东在马克思主义发展史上首次明确提出富有中国特色的"弹钢琴"方法。1949 年，他在党的七届二中全会作的《党委会的工作方法》报告中明确要求"党委的同志必须学会'弹钢琴'"，指出："弹钢琴要十个指头都动作……十个指头的动作要有节奏，要互相配合"，强调"这个方法我们一定要学会"。⑦ 这一方法要求在实际工作中，"不能有的动，有的不动""不能只注意一部分工作而把别的丢掉"，必须统筹兼顾，"十个指头都动作""各地、各军、各部门的工作都要照顾到""凡是有问题的地方都要点一下"。这里的"弹钢琴"方法，就是全面地把握"事实"，全面地解决问题的方法。

三要灵活把握。"对具体问题作出具体的分析"，蕴涵着"原则性与灵活性相结合"之意，要求我们在认识和改造世界时，既要坚持原则性，又要根据具体事物面临的具体情况而讲求灵活性。毛泽东强调"原则性与灵活性相结合"是马克思列宁主义的基本要求，指出："虽然理想一定要有，但是还要结合一个东西，

---

① 《毛泽东文集》第 8 卷，人民出版社 1999 年版，第 5 页。
② 《毛泽东选集》第 3 卷，人民出版社 1991 年版，第 802 页。
③ 《毛泽东选集》第 1 卷，人民出版社 1991 年版，第 291 页。
④ 《毛泽东文集》第 7 卷，人民出版社 1999 年版，第 44 页。
⑤ 《毛泽东选集》第 1 卷，人民出版社 1991 年版，第 306 页。
⑥ 《毛泽东选集》第 1 卷，人民出版社 1991 年版，第 300 页。
⑦ 《毛泽东选集》第 4 卷，人民出版社 1991 年版，第 1443 页。

叫做'现实'……理想主义是原则性，现实主义是灵活性，理想主义的原则性和现实主义的灵活性统一起来，这就是马克思列宁主义的革命的现实主义。"①他既强调："正确路线是要先搞乡村，要研究农村情况"，又强调："马克思主义者走路，走到哪个地方走不通就要转弯"，认为"真正的马克思主义是：当需要在乡村时，就在乡村；当需要转到城市时，就转到城市"。② 这里的"正确路线"，就是原则性；"转弯"，就是讲求灵活性，根据"需要"，适时从"乡村"转到"城市"，既是"原则性与灵活性相结合"，也是"对具体问题作出具体的分析"。

四要"抓住要点"把握。"对具体问题作出具体的分析"，关键在于抓住"事实"的要点、事物的本质和规律。毛泽东认为，矛盾发展具有不平衡性，存在着主次矛盾与矛盾的主次方面之分。什么是主要矛盾？他认为，主要矛盾就是"规定或影响着其他矛盾的存在和发展"③的矛盾，"由于主要矛盾的发展规定各次要矛盾的发展，不能区别矛盾之主要与次要、规定的矛盾与被规定的矛盾，便不能探出过程之最本质的东西出来"。④ 什么是矛盾的主要方面呢？他认为，矛盾的主要方面就是居于支配地位、起着主导作用、决定事物的性质的方面，矛盾的主次方面是相互转化的，随着这种转化，"事物的性质也就随着起变化"。⑤ 由于主要矛盾与矛盾的主要方面决定着事物的性质，因此认识事物必须善于抓主要矛盾与矛盾的主要方面，"着重于抓住主要的矛盾"是"马克思研究资本主义社会告诉我们的方法"。⑥

毛泽东把矛盾发展不平衡原理运用于方法论领域，在马克思主义发展史上首次明确提出"抓住要点"方法，强调"抓住要点或特点"⑦是马克思研究资本主义、列宁研究帝国主义所采取的重要方法，是解决矛盾的基本要求，不懂得这种方法，"就找不到解决矛盾的方法"；⑧ 是正确开展调查研究、具有发言权的基本要求，调查研究如果不分主次，丢掉了主要的东西而去研究一些次要的、无关紧要

---

① 《毛泽东在七大的报告和讲话集》，中央文献出版社 1995 年版，第 164～165 页。
② 《毛泽东文集》第 3 卷，人民出版社 1996 年版，第 332 页。
③ 《毛泽东选集》第 1 卷，人民出版社 1991 年版，第 320 页。
④ 《毛泽东哲学批注集》第 6 卷，中央文献出版社 1988 年版，第 87～88 页。
⑤ 《毛泽东选集》第 1 卷，人民出版社 1991 年版，第 322 页。
⑥ 《毛泽东选集》第 1 卷，人民出版社 1991 年版，第 322 页。
⑦ 中共中央文献研究室：《毛泽东农村调查文集》，人民出版社 1982 年版，第 27 页。
⑧ 《毛泽东选集》第 1 卷，人民出版社 1991 年版，第 322 页。

的东西，就"仍然没有发言权"；① 是有效开展工作的基本要求，一定地区、一定时间内"只能有一个中心工作"，② 开展工作必须牢牢抓住中心工作；是科学总结经验的基本要求，总结经验时必须既要分清正确和错误、成绩和缺点，也要弄清"什么是主要的，什么是次要的"。③ "牵牛要牵牛鼻子""打蛇要打七寸"等脍炙人口的民间俗语，与这一方法的精神实质是内在一致的。

毛泽东非常善于运用"抓住要点"方法，来把握"事实"、解决问题。如，他运用这一方法，强调半殖民地半封建社会的主要矛盾是帝国主义国家侵略中国与中国反对帝国主义侵略之间的矛盾，其他矛盾"便都暂时地降到次要和服从的地位"，④ 从而奠定了抗日民族统一战线的理论基础。

(3)运用"比较""先分析后综合""由特殊到一般，由一般到特殊""改造制作"等方法把握"事实"。把握"事实"就是正确地认识"事实"，必须掌握与运用辩证唯物主义认识论方法。

一是"比较"。"对具体问题作出具体的分析"，必须通过"比较"，以区分不同事物的不同点，把握具体事物的具体特点。毛泽东提出"有比较才能鉴别。有鉴别，有斗争，才能发展"⑤的名言，强调把握事物发展规律"必须经过胜利和失败的比较"。⑥

二是"先分析后综合"。"对具体问题作出具体的分析"，必须对各种"事实"进行"分析"与"综合"。毛泽东认为，"分析"是马克思主义的基本方法，"分析"与"综合"密不可分，"综合是分析的结果，分析是综合的手段"，⑦ 强调开展工作必须先通过分析，指出成绩和缺点，然后总结经验教训。否则，工作就无法取得进步，就会犯主观主义错误。

毛泽东在马克思主义发展史上首次提出"先分析后综合"方法，认为《资本论》采取的就是这一方法，"先分析资本主义社会的各部分"，然后综合出"资本

---

① 中共中央文献研究室：《毛泽东农村调查文集》，人民出版社 1982 年版，第 26 页。
② 《毛泽东选集》第 3 卷，人民出版社 1991 年版，第 901 页。
③ 《毛泽东选集》第 4 卷，人民出版社 1991 年版，第 1444 页。
④ 《毛泽东选集》第 1 卷，人民出版社 1991 年版，第 321 页。
⑤ 《毛泽东文集》第 7 卷，人民出版社 1999 年版，第 280 页。
⑥ 《毛泽东文集》第 8 卷，人民出版社 1999 年版，第 104 页。
⑦ 《毛泽东文集》第 3 卷，人民出版社 1996 年版，第 73 页。

主义的规律"。① 他强调，提出问题、解决问题的过程就是一个"先分析后综合"过程，只有先分析，才能揭示事物的内部联系，明晰问题的面貌，然后才能综合；只有综合，才能"指明问题的性质，给以解决的办法"。②

三是"由特殊到一般，由一般到特殊"。毛泽东在马克思主义发展史上首次提出"由特殊到一般，由一般到特殊"方法，先是"由特殊到一般"的过程，先"认识个别的和特殊的事物"，然后"逐步地扩大到认识一般的事物，③ 再是"由一般到特殊"的过程，当人们把握事物的共同本质后，就以此为指导，深入研究各种具体的事物，"找出其特殊的本质"。④ 他强调，正是"特殊"与"一般"的"循环往复"，"使人类的认识不断地深化"。⑤

"特殊"就是"具体事实"；"由特殊到一般"，实质上就是"对具体问题作出具体的分析"，是从"特殊"中分析出"一般"；"由一般到特殊"，实质上就是进一步"对具体问题作出具体的分析"，是在"一般"指导下通过对"特殊"的进一步分析而丰富和发展"一般"。"由特殊到一般，由一般到特殊"，实质上是"对具体问题作出具体的分析"方法在认识论领域的具体运用。

毛泽东还将"由特殊到一般，由一般到特殊"方法进一步具体化，在马克思主义发展史上首次提出"试验"方法。所谓"试验"，就是通过一些个别性、典型性方法的深入实施，取得一般性、普遍性经验，然后再加以推广，用普遍性经验指导个别性实践，即通过具体深入的实施，"突破一点，取得经验"，然后用之去"指导其他单位"。⑥

四是"改造制作"。"对具体问题作出具体的分析"的根本目的在于透过现象来把握事物的本质和规律，并用以指导实践。因此，认识事物、研究问题必须对丰富的感性材料进行科学分析，从现象出发"揭露客观事物的本质的矛盾"。⑦ 这

---

① 中共中央文献研究室：《毛泽东农村调查文集》，人民出版社 1982 年版，第 23 页。
② 《毛泽东选集》第 3 卷，人民出版社 1991 年版，第 839 页。
③ 《毛泽东选集》第 1 卷，人民出版社 1991 年版，第 209 页。
④ 《毛泽东选集》第 1 卷，人民出版社 1991 年版，第 310 页。
⑤ 《毛泽东选集》第 1 卷，人民出版社 1991 年版，第 310 页。
⑥ 《毛泽东选集》第 3 卷，人民出版社 1991 年版，第 897 页。
⑦ 《毛泽东读社会主义政治经济学批注和谈话》，中华人民共和国国史学会印 1997 年版，第 742 页。

种科学分析，就是毛泽东在马克思主义发展史上首次明确提出的"改造制作"方法。他强调"改造制作"是正确认识事物的必要手段，是揭示事物的内部规律性的必然要求，认为"改造制作"的基本内涵即"去粗取精、去伪存真、由此及彼、由表及里"。① 如何"改造制作"呢？他认为，"改造制作"必须做好两方面工作：一是"接触外界事情"，获取丰富、真实的感性材料；二是对获取的材料进行"整理和改造"。②

毛泽东充分肯定"改造制作"方法的现实价值，明确要求指挥员必须学会运用这一方法制定战略、战役或战术，对侦查得来的各种材料进行"加工制作"，然后"构成判断，定下决心，作出计划"。③ 这一过程包括三个前后相随的必要环节：一是通过侦察获得各种材料；二是对材料进行"加工制作"；三是根据"加工制作"结果与敌我双方实际情况，制订计划。在这三个环节中，"加工制作"是核心，获得材料是为"加工制作"服务的，计划要依据"加工制作"的结果而做出。

（4）"历史的分析"。毛泽东把唯物史观运用于方法论领域，首次明确提出"历史的分析"方法，强调"研究问题应该从历史的分析开始"。④

毛泽东认为，"历史的分析"就是对"历史事实"的分析，即对历史条件、历史环境、历史事件及其客观原因的分析。他认为，历史唯物主义者"凡事要从历史和环境两方面来考察"，⑤ 马克思主义的历史观"应该找出历史事件的实质和它的客观原因"。⑥

如何进行"历史的分析"呢？毛泽东把唯物辩证法运用于历史分析，提出了"历史的分析"的辩证方法，实现了唯物辩证法与唯物史观在历史分析领域的有机统一。

一要具体分析。毛泽东认为，研究中国的历史必须对每一问题加以具体的分析，要求中国共产党人学会应用马克思主义的立场、观点、方法，对中国的经

① 《毛泽东选集》第 1 卷，人民出版社 1991 年版，第 291 页。
② 《毛泽东选集》第 1 卷，人民出版社 1991 年版，第 290 页。
③ 《毛泽东选集》第 1 卷，人民出版社 1991 年版，第 180 页。
④ 《毛泽东文集》第 8 卷，人民出版社 1999 年版，第 139 页。
⑤ 《毛泽东文集》第 1 卷，人民出版社 1993 年版，第 74 页。
⑥ 《毛泽东文集》第 2 卷，人民出版社 1993 年版，第 406 页。

济、政治、军事和文化等方面问题，"加以具体的分析，然后引出理论性的结论来"。① 他运用具体分析法，阐释了确立无产阶级领导权的必要性、中国共产党的历史作用、中国革命对待各阶级的基本策略，强调中国反帝反封建的资产阶级民主革命的任务"必须经过无产阶级的领导，才能够完成"；② 强调中国共产党改变了中国和中国历史的方向，是"中国历史上的任何其他政党都比不上的，它最有觉悟，最有预见，能够看清前途"；③ 强调中国的任何政党都必须顾及中间阶级的利益，才能把国事弄好。

毛泽东提出"四面受敌法"这一具体地分析历史的方法。所谓"四面受敌法"，是一种从政治、经济、文化、军事四个方面对历史加以分析的方法。他认为，苏东坡用"八面受敌法"研究宋朝，中国共产党人也可以用"四面受敌法"，从上述四个方面来研究中国社会。

二要全面分析。"历史事实"是相互联系的，必须联系地、全面地而不是孤立地分析"历史事实"，才能把握历史真相。

全面地分析历史事实，必须辩证地、一分为二地看待历史人物与历史事件。毛泽东强调，对于历史人物如陈独秀的评价要一分为二，既要看到其错误，也要看到其功劳，既认为陈独秀右倾机会主义是"第一次大革命失败的主观原因"，④ 又认为"陈独秀是五四运动的总司令"，将来"要讲一讲他的功劳"。⑤ 他强调，对于中国历史文化的研究，既不能割断历史，也不能颂古非今，要"尊重历史的辩证法的发展"。⑥

毛泽东提出"古今中外法"这一全面研究中共党史的方法。他强调，研究中共党史的根本方法是马克思主义经典作家提倡的"全面的历史的方法"，并把这一方法通俗化为"古今中外法"。所谓"古今中外法"就是把问题放到一定的时空中、一定的历史条件和历史过程中去研究。他把"时"与"空"相结合，深刻阐发了"古今中外法"的内涵。他强调"古今中外法"是研究中共党史的科学方法，是

---

① 《毛泽东选集》第 3 卷，人民出版社 1991 年版，第 815 页。
② 《毛泽东选集》第 1 卷，人民出版社 1991 年版，第 262 页。
③ 《毛泽东文集》第 3 卷，人民出版社 1999 年版，第 397 页。
④ 《毛泽东选集》第 2 卷，人民出版社 1991 年版，第 608 页。
⑤ 《毛泽东文集》第 2 卷，人民出版社 1993 年版，第 403 页。
⑥ 《毛泽东选集》第 2 卷，人民出版社 1991 年版，第 708 页。

"历史主义的方法"，对于中共党史必须运用这一方法加以全面研究，并就如何运用这一方法进行了具体指导，要求按照年月先后编排党内与党外的两种材料，把"两种材料对照起来研究"。①

三要系统分析。"历史事实"是一个由各要素构成的有机整体，必须系统地而不是零碎地分析"历史事实"，才能准确把握"历史事实"。

毛泽东要求，必须从整体上把握各个历史阶段的相互联系，强调研究中共党史必须研究辛亥革命和五四运动，"不然，就不能明了历史的发展"，因为党史中的很多内容"直接联系到那时候"。② 他把中国共产党成立至 1942 年的历史分为"大革命时期""内战""抗日时期"三个阶段，并对这三个阶段的"斗争目标、打击对象、党的政治路线"③进行了系统深入的详尽分析。他要求中共党史研究者必须对"整个党的历史"④进行系统的考察，系统总结过去的成功经验，吸取过去的失败教训，思考明天应该怎样走。

### 4. 开创性确立中国化的马克思主义方法论的基本内容

毛泽东在运用马克思主义基本原理来解决中国革命和建设实际问题的过程中，开创性确立了中国化的马克思主义方法论的基本内容。

（1）独立自主。毛泽东认为，内因是事物发展的决定性因素，中国民主革命、社会主义改造和建设"带有自己的许多特点"。⑤ 因此，中国的革命与建设必须坚持"独立自主"。

1936 年，毛泽东在《中国革命战争的战略问题》一文中第一次明确使用了"独立自主"的概念，要求军事指导者首先需要的是"独立自主地组织和使用自己的力量"。⑥ 1944 年，毛泽东再次强调："我们的方针要放在什么基点上？放在自己力量的基点上。"⑦延安整风之后，"独立自主"成为中国共产党始终坚持的基本思

① 《毛泽东文集》第 2 卷，人民出版社 1993 年版，第 406 页。
② 《毛泽东文集》第 2 卷，人民出版社 1993 年版，第 404 页。
③ 《毛泽东文集》第 2 卷，人民出版社 1993 年版，第 402 页。
④ 《毛泽东文集》第 2 卷，人民出版社 1993 年版，第 399 页。
⑤ 《建国以来毛泽东文稿》第 6 册，中央文献出版社 1992 年版，第 143 页。
⑥ 《毛泽东选集》第 1 卷，人民出版社 1991 年版，第 223 页。
⑦ 《毛泽东选集》第 4 卷，人民出版社 1991 年版，第 1132 页。

想方法和工作方法。党的七大确立了党的"独立自主"的思想基础。1949 年后，毛泽东又多次强调中国的事情应该由中国人"独立自主"地来办，认为教条式地照搬照抄俄国革命模式给中国革命带来很大损失，"使革命的胜利推迟了好些年"，① 强调中国"是由中国人认识的"，② 中国问题要靠中国人来加以解决。

"独立自主"就是保持某种程度的独立性，有着丰富的方法论内涵。

"独立自主"意味着必须维护国家主权和民族独立。"独立自主"是在近代以来中国共产党领导中国人民争取民族独立、捍卫国家主权的历史过程中形成的一种思想方法和工作方法。维护国家主权和民族独立是"独立自主"的题中应有之义，也是中国共产党人的光荣使命和崇高任务。对此，毛泽东公开宣布中国必须独立和解放，中国的事情必须由中国人民来处理，坚决反对帝国主义国家的外来干涉。

"独立自主"意味着中国的事情必须由中国人根据中国国情来决定。1935 年的遵义会议是中国共产党历史上的一次特别重要的会议，这次会议挽救了党、挽救了红军、挽救了中国革命。毛泽东后来说，遵义会议前，中国共产党不懂得独立自主，中国革命的纲领和决议都由"先生起草"，结果导致红军第五次反围剿失败，使中国革命"遭到了很大的损失"。失败教训使得中国共产党人开始明白，中国革命的胜利必须要靠中国人自己来完成，"真正懂得独立自主是从遵义会议开始的"。③

"独立自主"意味着必须保持在统一战线中的独立性。1938 年 11 月，毛泽东在六届六中全会上对统一战线中的"独立自主"问题作了专门论述。他坚决反对"一切经过统一战线"的观点，高度强调统一战线中保持党派"独立自主"的极端必要性，强调"我们的方针是统一战线中的独立自主，既统一，又独立"，④ "保存党派和阶级的独立性，保存统一战线中的独立自主"。⑤ 他科学阐明了抗日民族统一战线中的独立性与统一性的辩证关系，既强调统一战线的各个党派必须有

---

① 《毛泽东文集》第 7 卷，人民出版社 1999 年版，第 79 页。
② 《毛泽东文集》第 8 卷，人民出版社 1999 年版，第 299 页。
③ 《毛泽东文集》第 8 卷，人民出版社 1999 年版，第 339 页。
④ 《毛泽东选集》第 2 卷，人民出版社 1991 年版，第 540 页。
⑤ 《毛泽东选集》第 2 卷，人民出版社 1991 年版，第 539 页。

"相对的独立性""相对的自由权",① 又强调"统一战线中的独立性,只能是相对的,而不是绝对的"。②

"独立自主"意味着借鉴学习外国经验必须坚持以我为主。毛泽东倡导"有独创精神,学习与独创结合"③的学习方法,强调学习外国必须坚持以我为主。就学习苏联而言,他认为,虽然在没有经验时照抄苏联是必要的,但是"缺乏创造性,缺乏独立自主的能力""不应当是长久之计";④ 就学习"西洋"而言,他强调,外国经验"只能供参考",⑤ 学习外国经验必须坚持"批判地吸收"原则,坚决反对"全盘西化",⑥ 必须立足于中国现实、服务于中国需求来吸收外国有用的东西,要把"中国的基础"与"吸取外国的东西""交配起来,有机地结合",⑦ 他形象地提出"帽子说",即"学外国织帽子的方法,要织中国的帽子"。⑧

"独立自主"意味着必须坚持自力更生为主、争取外援为辅。毛泽东明确反对国民党过于依赖外援的做法,明确提出希望有外援但不依赖外援、依靠自己努力的"自力更生"⑨主张,强调中华民族有自力更生的决心和自立于世界民族之林的能力,亲自确立了"自力更生为主,争取外援为辅"⑩的基本方针,制定了"独立自主地干工业、干农业、干技术革命和文化革命"⑪的路线,认为"什么都靠别人,靠不住。自己要有志气,有干劲。外国援助和帮助是可以的,但不能干涉内政"。⑫ 他强调,中国共产党必须"独立自主"地领导中国革命与建设事业,指出:"一个国家的党要领导革命走向胜利,不通过自己的路线、自己的经验、自己的

① 《毛泽东选集》第 2 卷,人民出版社 1991 年版,第 524、525 页。
② 《毛泽东选集》第 2 卷,人民出版社 1991 年版,第 524 页。
③ 《毛泽东文集》第 7 卷,人民出版社 1999 年版,第 366 页。
④ 《毛泽东文集》第 8 卷,人民出版社 1999 年版,第 306 页。
⑤ 《毛泽东文集》第 8 卷,人民出版社 1999 年版,第 339 页。
⑥ 《毛泽东文集》第 7 卷,人民出版社 1999 年版,第 83 页。
⑦ 《毛泽东文集》第 7 卷,人民出版社 1999 年版,第 83 页。
⑧ 《毛泽东文集》第 7 卷,人民出版社 1999 年版,第 82 页。
⑨ 《毛泽东选集》第 3 卷,人民出版社 1991 年版,第 1016 页。
⑩ 《毛泽东文集》第 8 卷,人民出版社 1999 年版,第 158 页。
⑪ 《毛泽东文集》第 7 卷,人民出版社 1999 年版,第 380 页。
⑫ 逄先知:《回顾毛泽东关于防止和平演变的论述》,转引自《中共党史研究优秀论文选》,中共党史出版社 1992 年版,第 20 页。

头脑、自己的手，而靠别国帮助就不行……革命是自主，建设也是自主。"①

（2）"批评与自我批评"。什么是批评与自我批评？毛泽东就此给予了阐释，"分析就要批评，批评自己也要批评别人"，② 分析自己是自我批评，分析别人是批评。他认为，"批评与自我批评"相互联系、密不可分，"批评是批评别人，自我批评是批评自己。批评和自我批评是一个整体，缺一不可，但作为领导者，对自己的批评是主要的"。③ 批评与自我批评是内外因关系原理在方法论领域的具体运用。

早在延安时期，毛泽东就把批评与自我批评上升为"我们和其他政党互相区别的显著的标志之一"，④ 确立为党的三大作风之一，明确为解决党内矛盾的重要方法、自我教育的基本方法、整风的基本方法、马克思主义的方法论，强调："批评与自我批评的方法就是自我教育的基本方法"，延安整风的基本方法是"开展批评与自我批评"。⑤

如何进行"批评与自我批评"呢？毛泽东结合自身体会和实际工作，提出了一系列基本要求：

一要做好"自我批评"。毛泽东批判性传承中华民族重视自我省察、克己慎独、严以自律的优良传统，强调"自我批评"是整风运动开展思想斗争的"武器"，要求领导干部做"自我批评"的模范，把重心放在自己身上，以身作则，反复研究自己的思想、历史、现在的工作，"好好地反省一下，要做模范"。⑥ 他自己经常带头进行自我批评。1960 年 6 月，他自我批评说："我本人也有过许多错误。有些是和当事人一同犯了的。"⑦1961 年 3 月，他又一次进行了自我批评，坦承他做的一些调查研究"大多也是浮在上面看报告"。⑧

二要开展"正确的批评"。毛泽东认为，批评分"正确的批评"和"错误的批

---

① 《毛泽东著作专题摘编》上，中央文献出版社 2003 年版，第 938 页。

② 《毛泽东文集》第 3 卷，人民出版社 1996 年版，第 253 页。

③ 《毛泽东文集》第 2 卷，人民出版社 1993 年版，第 418 页。

④ 《毛泽东选集》第 3 卷，人民出版社 1991 年版，第 1096 页。

⑤ 《毛泽东文集》第 7 卷，人民出版社 1999 年版，第 212、274 页。

⑥ 《毛泽东文集》第 2 卷，人民出版社 1993 年版，第 418 页。

⑦ 《毛泽东文集》第 8 卷，人民出版社 1999 年版，第 197 页。

⑧ 《毛泽东文集》第 8 卷，人民出版社 1999 年版，第 253 页。

评"两种，两种批评的效果是截然不同的，前者可以促进党的团结，而后者则会导致党的分裂，"整风"就是"发扬正确的批评，反对不正确的批评"。① 如何开展"正确的批评"呢？对此，他强调，批评既要"严肃认真"又要"和风细雨，惩前毖后，治病救人"，② 要"取慎重态度，既不含糊敷衍，又不损害同志"。③ 这些论述说明，开展"正确的批评"必须：一方面要反对事不关己、高高挂起的"老好人"做法，不能和稀泥。他强调："是非一定要搞清楚，因为党内的原则争论，是社会上阶级斗争在党内的反映，是不允许含糊的。"④要反对教条主义、形而上学的批评方法，采取辩证的批评方法，通过"科学的分析""充分的说服力"，⑤ 旗帜鲜明地对"各种各样的错误思想"⑥进行批评。另一方面要反对"残酷斗争，无情打击"。他强调，"批评"要以"保护"为前提，以"团结"为愿望和目的，以"惩前毖后，治病救人"⑦为方针，以"保护与批评相结合"为方式，通过"批评"的手段"把病治好，把人救了，真正要达到治病救人的目的"，⑧ 实现更好的团结。他强调，"实行民主集中制"是"实行批评和自我批评这种方法"⑨的必然要求，只有采取讨论、批评、说理的方法，才能真正解决问题，坚决反对"内战时期，喜欢图简便，不愿意同犯过路线错误的人共事，'一掌推开'、'简单明了'的那样一种作风"。⑩ 他对各种形式的"正确的批评"持一种开放宽容的态度，鼓励地方对中央工作提出批评，指出："汇报文件中要有材料，有议论，要突出地批评中央工作和地方工作中的缺点和错误，揭露矛盾（包括中央和地方的矛盾）并提出解决意见。不成熟的意见也可以提出。"⑪

三要"不怕别人批评"。毛泽东对人们不愿被批评表示一定程度的理解，指

---

① 《毛泽东文集》第 3 卷，人民出版社 1993 年版，第 75 页。
② 《毛泽东文集》第 7 卷，人民出版社 1999 年版，第 274 页。
③ 《毛泽东选集》第 3 卷，人民出版社 1991 年版，第 938 页。
④ 《毛泽东文集》第 7 卷，人民出版社 1999 年版，第 40 页。
⑤ 《毛泽东文集》第 7 卷，人民出版社 1999 年版，第 233 页。
⑥ 《毛泽东文集》第 7 卷，人民出版社 1999 年版，第 232 页。
⑦ 《毛泽东选集》第 3 卷，人民出版社 1999 年版，第 938 页。
⑧ 《毛泽东著作专题摘编》下，中央文献出版社 2003 年版，第 1971 页。
⑨ 《毛泽东文集》第 8 卷，人民出版社 1999 年版，第 293 页。
⑩ 《毛泽东文集》第 3 卷，人民出版社 1993 年版，第 360 页。
⑪ 《建国以来毛泽东文稿》第 6 册，中央文献出版社 1995 年版，第 117 页。

出："被批评的时候总会有些不舒服和难过，这是正常的"，① 但是又明确要求广大党员干部做到"不怕别人批评"。他认为，这是由党的宗旨、任务决定的。中国共产党是为人民服务的，没有自己的任何私利，任何批评建议只要对人民有好处，有利于实现人民利益，中国共产党就应该诚心诚意地接受和采纳，为人民谋利益的艰巨任务要求中国共产党必须有宽广的胸怀，善于团结五湖四海的人共同奋斗，包括"和自己意见不同的同志一道工作"，② 多"听听人家不同的意见"以"多谋"，③ 只有这样，党和人民的事业才能兴旺发达。这是一个马克思主义者的基本素质，他认为，马克思主义者不仅"不应该害怕任何人批评"，④ 反而就是要在批评中、斗争中，锻炼和提升自己。这是一个政治家的基本素质，一个政治家对待批评要"有则改之，无则加勉"。他曾建议陈毅："凡事忍耐，多想自己缺点，增益其所不能；照顾大局，只要不妨大的原则，多多原谅人家。忍耐最难，但作一个政治家，必须练习忍耐。"⑤

四要勇于"改正错误"。毛泽东认为，一个人不犯错误是不可能的，关键在于犯了错误后要重视错误、认识错误、改正错误。批评与自我批评是手段，改正错误才是目的。因此，他强调，要允许人犯错误，"对于犯了错误的同志"，不仅要看他们改不改，而且要"采取恰如其分的合乎实际的批评，甚至必要的斗争"，⑥ 帮助他们改正错误；一个对人民利益负责的"郑重的党"要正确地对待自己的错误，重视错误，找出错误的原因，公开改正错误。

（3）理论与实际相结合。毛泽东强调，解决实际问题必须坚持理论与实际相结合，要求对实际问题不应当熟视无睹，而应当"把理论与实践结合起来"。⑦ 他要求共产党员必须坚持理论联系实际，强调"理论与实际密切联系"是"一个党性坚强的党员的起码态度"，⑧ 坚决反对理论脱离实际的做法。他把不注意研究客

---

① 《毛泽东文集》第 3 卷，人民出版社 1996 年版，第 254 页。

② 《毛泽东选集》第 4 卷，人民出版社 1991 年版，第 1443 页。

③ 《毛泽东年谱（1949—1976）》第 4 卷，中央文献出版社 2013 年版，第 8 页。

④ 《毛泽东文集》第 7 卷，人民出版社 1999 年版，第 232 页。

⑤ 《毛泽东文集》第 3 卷，人民出版社 1993 年版，第 127 页。

⑥ 《毛泽东文集》第 7 卷，人民出版社 1999 年版，第 40 页。

⑦ 中共中央文献研究室：《毛泽东农村调查文集》，人民出版社 1982 年版，第 25 页。

⑧ 《毛泽东文集》第 2 卷，人民出版社 1993 年版，第 361 页。

观情况、对研究中国不感兴趣、只对空洞的理论感兴趣的作风，称为"反科学的反马克思列宁主义的主观主义的方法"，① 视为共产党、工人阶级、人民、民族的大敌，号召人们打倒这种理论脱离实际的主观主义作风。他把能否坚持理论联系实际作为区分真假理论家的根本标准，认为中国人民需要的是"实际的理论家"，这样的理论家能够运用马克思主义立场、观点、方法，科学解释中国实际问题，并"给予理论的说明"；② 能够运用马克思主义观点来研究、解决实际问题，主张"对于理论脱离实际的人，提议取消他的'理论家'的资格"。③ 他要求中国共产党人在"理论联系实际"方面必须切实做到言行一致，认为只有善于应用马克思主义立场、观点和方法，认真研究中国实际问题，"作出合乎中国需要的理论性的创造"，才能叫做"理论和实际相联系"，如果只是口头上理论联系实际而行动中又不实行联系，"讲一百年也还是无益的"。④

（4）群众路线。毛泽东坚持运用马克思主义群众史观，创造性传承中国传统民本思想，开创性提出群众路线方法。这一方法的主要内容包括：

其一，"一切为了群众，一切依靠群众"。"一切为了群众"，是指中国共产党把为人民谋利益作为一切工作的根本出发点和落脚点。毛泽东倡导："与人民利益适合的东西，我们要坚持下去，与人民利益矛盾的东西，我们要努力改掉。"⑤他强调为群众谋利益，就必须把群众的利益放在第一位，一定要"每日每时关心群众利益"，⑥ 时刻注意"群众生产，群众利益，群众经验，群众情绪"；⑦就必须"给人民以看得见的物质福利"，⑧ 切实研究、帮助解决人民群众的吃、穿、住、用、行、医、婚姻、耕牛、农具、种子、肥料、水利、牧草、农贷、移民、开荒等生活及生产实际问题。

"一切依靠群众"，是指中国共产党必须相信群众、发动群众、组织群众，让群众自己解放自己。毛泽东强调，"一切依靠群众"，就必须反对包办代替，

① 《毛泽东选集》第3卷，人民出版社1991年版，第800页。
② 《毛泽东选集》第3卷，人民出版社1999年版，第814页。
③ 《毛泽东文集》第2卷，人民出版社1993年版，第374页。
④ 《毛泽东选集》第3卷，人民出版社1991年版，第820页。
⑤ 《毛泽东文集》第3卷，人民出版社1996年版，第210页。
⑥ 《毛泽东文集》第8卷，人民出版社1997年版，第33页。
⑦ 《毛泽东著作专题摘编》上，中央文献出版社2003年版，第273页。
⑧ 《毛泽东文集》第2卷，人民出版社1993年版，第467页。

"别人代庖是不对的"；① 就必须尊重群众的需要和意愿，"由群众自己下决心，而不是由我们代替群众下决心"，耐心等待群众的决心和觉悟，"凡是需要群众参加的工作，如果没有群众的自觉和自愿，就会流于徒有形式而失败"。② 为什么必须要"一切依靠群众"呢？毛泽东认为，这是因为人民群众是社会财富的创造者、社会变革的决定性力量，群众是"真正的铜墙铁壁"，是战争胜利之本，只有依靠群众、赢得群众的支持，才能取得战争的胜利。他强调，政治的关键和出路在民众，指出："一切问题的关键在政治，一切政治的关键在民众，不解决要不要民众的问题，什么都无从谈起。要民众，虽危险也有出路；不要民众，一切必然是漆黑一团。"③他批评了"单纯军事观念"，强调红军打仗是为了"宣传群众、组织群众、武装群众，并帮助群众建设革命政权"，④ 共产党员的"经风雨，见世面"就是经历"群众斗争的大风雨"，见识"群众斗争的大世面"。⑤

其二，"从群众中来，到群众中去"。毛泽东在马克思主义发展史上首次提出"从群众中来，到群众中去"方法，认为马克思主义认识论的基本观点和方法是"从群众中来，到群众中去"。⑥ 这一方法，有着一系列具体要求。

一要"从群众中来"。毛泽东强调，"从群众中来"，就必须端正态度、放下架子，向群众学习，先做群众的学生，只有"接近工农群众"才能"真正学到"⑦马克思主义，他从反面发出告诫，"把自己看作群众的主人"的人，不管他们有多大的才能，"他们的工作是没有前途的"；⑧ 就必须深入群众，"为工农服务，与群众打成一片，不是两片"；⑨ 就必须深入乡村，了解农民的痛苦和需要，"引导他们组织起来"，"参与反帝国主义反军阀的国民革命运动"。⑩

二要"到群众中去"。毛泽东强调，"到群众中去"，就必须用马克思主义理

---

① 《毛泽东选集》第 1 卷，人民出版社 1991 年版，第 33 页。
② 《毛泽东选集》第 3 卷，人民出版社 1991 年版，第 1012 页。
③ 《毛泽东文集》第 3 卷，人民出版社 1996 年版，第 202 页。
④ 《毛泽东选集》第 1 卷，人民出版社 1991 年版，第 86 页。
⑤ 《毛泽东选集》第 3 卷，人民出版社 1991 年版，第 933 页。
⑥ 《毛泽东文集》第 8 卷，人民出版社 1999 年版，第 324 页。
⑦ 《毛泽东文集》第 7 卷，人民出版社 1999 年版，第 273 页。
⑧ 《毛泽东选集》第 3 卷，人民出版社 1991 年版，第 864 页。
⑨ 《毛泽东文集》第 7 卷，人民出版社 1999 年版，第 290 页。
⑩ 《毛泽东文集》第 1 卷，人民出版社 1993 年版，第 39 页。

论武装群众，使之成为群众认识世界和改造世界的"尖锐武器"。① 他要求各级党委必须认真学习马克思主义的认识论并使之群众化，为群众所掌握。他认为，辩证法必须走到群众中、为群众运用于实践，才能发挥应有的作用，显示其现实价值；反之，一种理论即使是马克思主义理论，如果不为群众所掌握，则"是不起作用的"。② "到群众中去"，就必须掌握马克思主义的领导艺术，善于把党的政策化为群众的行动，通过广泛的宣传教育工作，使群众了解中国实情，"对于自己的力量具备信心"。③

三要坚持"从群众中来"与"到群众中去"的高度统一。什么是"从群众中来，到群众中去"？对此，毛泽东进行了科学全面的阐释，认为"从群众中来"就是将群众的意见集中起来，使之系统化；"到群众中去"就是将集中后的系统意见化为指导群众行动的意见。通过"从群众中来"与"到群众中去"的无限循环，使得意见越来越科学，越来越为群众所接受。为什么要"从群众中来，到群众中去"？毛泽东认为，"群众有伟大的创造力"，人民中间有成千成万的"诸葛亮"，因此要"从群众中来"，向群众学习，综合群众经验成为道理和办法，然后再"到群众中去"，号召群众"实行起来"。④

四要坚持与群众相结合。毛泽东提出"知识来源于群众"的光辉论断，强调真正革命的知识分子"必定是愿意并且实行和工农民众相结合的"，号召知识分子要坚持与群众相结合，"把自己的工作和工农民众结合起来"，告诫"知识分子如果不和工农民众相结合，则将一事无成"，要求全国知识青年一定要和群众"变成一体"，⑤ 要求革命知识分子"应该觉悟到将自己和农民结合起来的必要"；⑥ 号召文艺工作者只有坚持与群众相结合、"和人民发生联系"，才"有出路""有群众""有牛奶吃"；⑦ 号召党员干部更要坚持与群众相结合，强调"一般

---

① 《毛泽东文集》第8卷，人民出版社1999年版，第323页。
② 《毛泽东选集》第4卷，人民出版社1991年版，第1515页。
③ 《毛泽东选集》第4卷，人民出版社1991年版，第1131页。
④ 《毛泽东选集》第3卷，人民出版社1991年版，第933页。
⑤ 《毛泽东选集》第2卷，人民出版社1991年版，第566页。
⑥ 《毛泽东在七大的报告和讲话集》，中央文献出版社1995年版，第76页。
⑦ 《毛泽东文集》第2卷，人民出版社1993年版，第431页。

和个别相结合""领导和群众相结合"是党员干部做好工作必须采用的"两个方法",① 强调共产党员在任何问题上"一定要能够同群众相结合",② 只有实行"领导骨干和广大群众相结合、一般号召和具体指导相结合的办法,才能有效地推进生产工作。"③

五要建立群众路线制度。毛泽东强调,为了有效避免脱离群众、脱离实际的个人英雄主义、主观主义,有效避免陷入官僚主义的泥坑,保证群众路线的领导方法的执行,有必要建立一定的制度来使群众路线规范化、长效化,从而"保证群众路线和集体领导的贯彻实施"。④

(5)"阶级分析"。毛泽东丰富发展了马克思主义的"阶级分析"方法,强调这一方法是"马克思主义的基本观点",是"了解情况的最基本的方法"。⑤ 他把能否运用阶级分析方法作为区分历史唯物主义与历史唯心主义的重要标准,认为拿阶级斗争观点解释历史的"就叫做历史的唯物主义","历史的唯心主义"则"站在这个观点的反面"。⑥

毛泽东强调,中国革命的首要问题是分清真正的敌友,分清"谁是我们的敌人?谁是我们的朋友?",⑦ 而要"分辨真正的敌友",就必须运用阶级分析方法,对中国社会各个阶级的经济地位和革命的态度,"作一个大概的分析",⑧ 最终"明了各种阶级的相互关系,得到正确的阶级估量,然后定出我们正确的斗争策略"。⑨ 他强调,阶级分析是一种把握农民运动的阶级性质的有效方法,强调要通过思想政治教育使红军士兵"都有了阶级觉悟"⑩和革命常识,都知道自己的阶级使命。

毛泽东非常重视和善于运用阶级分析方法,他于 1925 年 12 月专门写了《中

---

① 《毛泽东选集》第 3 卷,人民出版社 1991 年版,第 897 页。
② 《毛泽东选集》第 3 卷,人民出版社 1991 年版,第 933 页。
③ 《毛泽东选集》第 3 卷,人民出版社 1991 年版,第 1019 页。
④ 《毛泽东文集》第 7 卷,人民出版社 1999 年版,第 19 页。
⑤ 《毛泽东选集》第 3 卷,人民出版社 1991 年版,第 789 页。
⑥ 《毛泽东选集》第 4 卷,人民出版社 1991 年版,第 1487 页。
⑦ 《毛泽东选集》第 1 卷,人民出版社 1991 年版,第 3 页。
⑧ 《毛泽东选集》第 1 卷,人民出版社 1991 年版,第 3 页。
⑨ 《毛泽东选集》第 1 卷,人民出版社 1991 年版,第 113~114 页。
⑩ 《毛泽东选集》第 1 卷,人民出版社 1991 年版,第 64 页。

国社会各阶级的分析》一文，深刻分析了当时中国社会的地主阶级、农民阶级、小资产阶级、买办阶级、资产阶级、无产阶级等社会各阶级的种类、人数、革命态度等，考察了当时中国社会的阶级关系、阶级结构、阶级斗争，并据此制定了革命策略，分清了革命的"敌人""领导力量""最接近的朋友""可能的敌人""可能的朋友"，文章发表后产生了广泛的影响。

## (五) 创造性运用马克思主义方法论，开创性推进中国革命和建设事业的发展

当中国革命受到各种"左"倾、右倾错误干扰和破坏而遭受严重挫折时，当百废待兴的新中国需要恢复国民经济时，当中国共产党需要独立自主地探索生产资料私有制的社会主义改造与社会主义建设的道路时，毛泽东总是创造性运用马克思主义方法论来指导解决中国具体问题，不断推进中国革命与建设事业的发展。

### 1. 创造性运用马克思主义方法论，开创性探索中国新民主主义革命道路

马克思主义经典作家关于人类社会发展的普遍原理、普遍规律与无产阶级革命道路理论，为中国新民主主义革命提供了世界观和方法论的指导。但是，如何认识中国国情与中国社会性质？中国国情与中国社会性质到底怎样？什么样的道路才适合中国国情与中国社会性质或曰中国应该走什么样的革命道路？这些问题，马克思主义经典作家并没有提供现成的答案。毛泽东创造性运用马克思主义基本原理，先后撰写了《中国社会各阶级的分析》《国民革命与农民运动》《湖南农民运动考察报告》《中国的红色政权为什么能够存在》《井冈山的斗争》等论著，深入分析了中国国情，准确揭示了中国半殖民地半封建社会性质，科学解答了中国革命的性质、对象、任务、动力、前途、步骤、领导力量、依靠力量等一系列重大问题，成功解决了"谁是我们的敌人，谁是我们的朋友"，在农民占人口大多数的国家如何建设无产阶级政党等难题，形成了统一战线、武装斗争、党的建设三大法宝，认为中国新民主主义革命要在革命力量弱小、敌我力量对比悬殊的情况下，为了避免革命力量遭受重大损失，就必须在敌人统治力量相对薄弱的农村

建立革命根据地，建立经济、政治、文化、军事等方面的革命阵地，"借以在长期战斗中逐步地争取革命的全部胜利"，强调"枪杆子里面出政权"，离开了武装斗争，中国共产党、中国的无产阶级和广大人民就没有地位，"就没有革命的胜利"，① 找到了一条"建立农村根据地，以农村包围城市，最后夺取城市"②的适合中国国情的新民主主义革命道路，设计了"两步走"的新民主主义革命战略，领导全国人民取得了新民主主义革命的胜利。

### 2. 创造性运用马克思主义方法论，开创性探索无产阶级国家政权建设道路

毛泽东创造性运用马克思主义经典作家提出的阶级斗争、无产阶级专政理论，不断探索中国新民主主义革命胜利后应该建设一个什么样的国家政权、如何建设国家政权问题，先后撰写了《新民主主义论》《论联合政府》《将革命进行到底》《论人民民主专政》等论著，科学解答了无产阶级国家政权的本质、特征、领导阶级、阶级基础、民主与专政的关系、中国共产党与各民主党派的关系等一系列重大问题，逐步形成了人民民主专政理论，强调建立人民民主专政是中国革命的"主要经验"和"主要纲领"，③ 阐明了人民民主专政的本质内涵、职能使命，明确了人民民主专政的内容与形式，率领全党全国人民建立了新中国，使人民民主专政实现了由理论向实践、由理想向现实的转化，使得无产阶级和广大人民从此翻身做了主人，中华民族从此"站起来"了。实践证明，人民民主专政是科学社会主义基本原理与中国国情、中国社会性质相结合的成功典范，是无产阶级国家政权建设的成功典范，是创造性运用马克思主义方法论的成功典范。

### 3. 创造性运用马克思主义方法论，开创性探索中国特色生产资料的社会主义改造道路

马克思、恩格斯曾就无产阶级革命进行了总体设计，强调无产阶级必须夺取政权，成为统治阶级后，才能"夺取资产阶级的全部资本"；无产阶级夺取政权

---

① 《毛泽东选集》第2卷，人民出版社1991年版，第635、610页。
② 《毛泽东文集》第7卷，人民出版社1999年版，第133页。
③ 《毛泽东选集》第4卷，人民出版社1991年版，第1480页。

后，必须进行生产资料所有制的社会主义改造，建立社会主义的经济基础与生产资料所有制。他们还设想过暴力没收与和平赎买这两种"夺取资产阶级的全部资本"的方式，并认为后一种方式"最便宜"，认为对于资产阶级财产可以采取"国家工业竞争""直接用纸币赎买"①这两种办法，使之变为社会主义生产资料。列宁也曾设想过对资产阶级进行和平赎买，指出："我们给世界资本主义一定的'贡赋'，在某些方面向他们'赎买'。"②但由于俄国资产阶级采取激烈的国内战争加以对抗，列宁的设想在俄国未能付诸实施。

毛泽东创造性地运用马克思主义方法论，从中国民族资产阶级具有两面性、中国国民经济恢复和发展需要尽可能地利用民族资本、中国民族资产阶级有为社会主义服务的愿望和能力、中国具备和平赎买的条件等具体实际出发，提出了中国特色生产资料私有制的社会主义改造的办法，实际上就是"运用从前马克思、恩格斯、列宁提出过的赎买政策"。③ 实践证明，这一中国特色生产资料私有制的社会主义改造方法是成功的，以较小的代价顺利完成了生产资料私有制的社会主义改造，有力促进了国民经济的恢复和发展，使民族资产阶级成为自食其力的社会主义劳动者。邓小平曾明确肯定这一生产资料私有制的社会主义改造方法是"比较好的办法"。④

## 4. 创造性运用马克思主义方法论，开创性探索中国社会主义建设道路

在中国这样一个半殖民地半封建社会的基础上建设社会主义，没有任何可以借鉴的前人经验，加之因袭苏联模式的弊端业已显现，因此，毛泽东坚持创造性运用唯物辩证法和唯物史观，坚持独立自主地探索适合我国国情的社会主义道路，科学判断我国社会主义社会的主要矛盾，在《论十大关系》《关于正确处理人民内部矛盾的问题》等著作中，提出了"要把国内外一切积极因素调动起来，为社会主义事业服务"的经济建设基本方针，"百花齐放、百家争鸣"⑤的文化建设

---

① 《马克思恩格斯文集》第 1 卷，人民出版社 2009 年版，第 686 页。
② 《列宁选集》第 4 卷，人民出版社 2012 年版，第 506 页。
③ 《毛泽东文集》第 6 卷，人民出版社 1999 年版，第 304 页。
④ 《邓小平文选》第 1 卷，人民出版社 1994 年版，第 259 页。
⑤ 《毛泽东文集》第 7 卷，人民出版社 1999 年版，第 23、54 页。

基本方针，并就社会主义基本矛盾、正确认识和处理人民内部矛盾、社会主义发展阶段、党和国家的工作重点、社会主义商品生产、经济建设中的十大关系、实现工业化、实现现代化、实现共同富裕、实现祖国统一、加强执政党建设等方面，进行了创新性理论解答与创造性实践探索，内容涉及中国社会主义经济、政治、文化、国防、外交等方面，取得了积极成效，为后来的改革开放和中国特色社会主义事业的发展，积累了宝贵经验，提供了理论准备，奠定了物质基础。

## 二、"富起来"阶段：以邓小平、江泽民、胡锦涛同志为代表的中国共产党人持续推进马克思主义方法论的中国化历程

"文化大革命"后，以邓小平、江泽民、胡锦涛同志为代表的中国共产党人，为了实现中华民族"富起来"的伟大目标，创造性运用马克思主义方法论，开启和推进改革开放的伟大实践，持续推进马克思主义方法论中国化的历史进程。

### (一) 邓小平开启马克思主义方法论中国化的崭新局面

邓小平不仅亲自参与、拥护支持毛泽东开创的马克思主义方法论中国化的历史进程，而且继毛泽东之后，紧紧围绕"什么是社会主义，怎样建设社会主义"这一主题，科学解答了"怎样认识和对待马克思主义"尤其是"怎样认识和对待毛泽东思想"这一重大基本问题，先后与"两个凡是"的"左"倾教条主义、资产阶级自由化的右倾错误展开了坚决斗争，避免了马克思主义方法论中国化的历史进程被中断的危险，开启了马克思主义方法论中国化的崭新局面。

### 1. 高度重视掌握和运用马克思主义方法论

邓小平非常重视方法的探索与运用。1950 年 6 月，他在中共重庆市第二次代表会议上强调，开展工作必须讲求方法，指出："努力加上方法正确，才能完成任务。"[1]"正确的主张必须与良好的工作方法结合起来，才能实现。"[2]1980 年 2 月，他在中共十一届五中全会第三次会议上强调，克服官僚主义必须注意和改进

---

① 《邓小平文选》第 1 卷，人民出版社 1994 年版，第 153 页。
② 《邓小平文选》第 1 卷，人民出版社 1994 年版，第 157 页。

工作方法。1981 年 3 月，他在同《关于建国以来党的若干历史问题的决议》起草小组负责同志的谈话中，对干部提出了"从思想方法、工作方法上提高一步"①的要求。1984 年 2 月，他在会见美国乔治城大学战略与国际问题研究中心代表团时坦承，他多年来一直在思考"不用战争手段而用和平方式"②来解决世界争端的办法。1984 年 7 月，他在会见英国外交大臣杰弗里·豪时指出："假如能够采取合情合理的办法，就可以消除爆发点，稳定国际局势。"③他强调要用新方法解决新问题，指出："有好多问题不能用老办法去解决，能否找个新办法？新问题就得用新办法。"④这里的"方式""办法"，均为方法之意。

邓小平坚定信仰马克思主义。1986 年 9 月，他在接受美国哥伦比亚广播公司"六十分钟"节目记者迈克·华莱士电视采访时公开声明："我是个马克思主义者。我一直遵循马克思主义的基本原则。"⑤中国共产党之所以能够领导人民克服一个又一个困难，取得一个又一个胜利，靠的就是崇高而坚定的马克思主义、共产主义理想及信念。对马克思主义的坚定信仰，源于他对马克思主义科学性、真理性的高度认同。他强调，"马克思主义打不倒"是"因为马克思主义的真理颠扑不破"，"世界上赞成马克思主义的人会多起来"⑥是因为马克思主义的科学性。他认为，马克思主义是"丢不得"的"旗帜"，"不能丢"的"老祖宗"，强调："毛泽东思想这个旗帜丢不得"，⑦ 马克思、列宁、毛泽东这些"老祖宗不能丢呀"！⑧他要求广大党员干部都要"学习马克思主义理论"⑨"掌握马克思主义基本理论"，⑩ 提高运用马克思主义基本原理和方法来解决新问题的本领。

邓小平一直高度重视对马克思主义方法论的掌握与运用。1948 年 4 月，他在豫陕鄂前委和后委联席会议上对"有些共产党员，马列主义的思想方法太少"⑪提

① 《邓小平文选》第 2 卷，人民出版社 1994 年版，第 303 页。
② 《邓小平文选》第 3 卷，人民出版社 1993 年版，第 49 页。
③ 《邓小平文选》第 3 卷，人民出版社 1993 年版，第 68 页。
④ 《邓小平文选》第 3 卷，人民出版社 1993 年版，第 50 页。
⑤ 《邓小平文选》第 3 卷，人民出版社 1993 年版，第 173 页。
⑥ 《邓小平文选》第 3 卷，人民出版社 1993 年版，第 382、382 页。
⑦ 《邓小平文选》第 2 卷，人民出版社 1994 年版，第 298 页。
⑧ 《邓小平文选》第 3 卷，人民出版社 1993 年版，第 369 页。
⑨ 《邓小平文选》第 3 卷，人民出版社 1993 年版，第 146 页。
⑩ 《邓小平文选》第 3 卷，人民出版社 1993 年版，第 147 页。
⑪ 《邓小平文选》第 1 卷，人民出版社 1994 年版，第 99 页。

出批评，认为如果缺乏马克思主义思想方法，就会导致"凭直觉来看问题"，① 一遇到困难就"不会看到光明和胜利，就没有不悲观失望的"。② 1978 年 6 月，他在全军政治工作会议上号召军队干部以毛泽东为榜样，学习毛泽东坚持用马克思主义的立场观点方法来提出、分析和解决问题。1981 年 6 月，他亲自指导起草的《关于建国以来党的若干历史问题的决议》强调，必须认真学习和运用毛泽东思想的"立场、观点和方法来研究实践中出现的新情况，解决新问题"。③

邓小平强调，要遵循马克思主义的世界观和方法论，掌握和遵循唯物辩证法和唯物史观。1977 年 6 月，他在同中央两位同志谈话时引用毛泽东的"三七开"的自我评价，强调："彻底的唯物主义者，应该像毛泽东同志说的那样对待这个问题。"④1977 年 7 月，他在中共十届三中全会上充分肯定"毛泽东同志是彻底的唯物主义者"。⑤ 1985 年 4 月，他在会见坦桑尼亚联合共和国副总统姆维尼时强调，搞社会主义一定要遵循辩证唯物主义和历史唯物主义。

为了学习和掌握马克思主义方法论，邓小平号召全党加强马克思主义理论学习，既从正面高度认同陈云关于加强学习马克思主义哲学的建议，从陈云"学习毛泽东同志的哲学著作，受益很大"的亲身体会中得出"很需要学习马克思主义哲学"⑥的结论，又从反面以总结教训的形式，强调学习马克思主义理论的重要性，认为对马克思主义基本原理体会不够是近年来的主要教训，是犯错误的根源，批评了忙于事务、不注意学习的"庸俗的事务主义"，⑦ 认为这会导致思想庸俗化，甚至会引起思想变质。

如何学习马克思主义理论呢？邓小平认为，一要学习马克思主义经典著作。他要求把毛泽东相关著作"选编一下。还要选一些马恩列斯的著作"，⑧ 供大家学习使用，主张"应当搞学习运动，认真学习马克思、列宁和毛泽东同志的著

① 《邓小平文选》第 1 卷，人民出版社 1994 年版，第 99 页。
② 《邓小平文选》第 1 卷，人民出版社 1994 年版，第 100 页。
③ 《三中全会以来重要文献选编》下册，人民出版社 1982 年版，第 836 页。
④ 《邓小平文选》第 2 卷，人民出版社 1994 年版，第 38~39 页。
⑤ 《邓小平文选》第 2 卷，人民出版社 1994 年版，第 45 页。
⑥ 《邓小平文选》第 2 卷，人民出版社 1994 年版，第 303、304 页。
⑦ 《邓小平文选》第 1 卷，人民出版社 1994 年版，第 316 页。
⑧ 《邓小平文选》第 2 卷，人民出版社 1994 年版，第 303~304 页。

作"。① 二要营造"学习的空气"。他强调，营造一种学习理论和实际的空气是中国共产党的"一个党风"和"好的传统作风"。② 三要以"精""管用"为原则。他强调"学马列要精，要管用的"，认为要求群众都读"长篇的东西""大本子"是形式主义，坦言自己的入门老师是《共产党宣言》和《共产主义ABC》。③ 四要以"学精神实质"为目的。他旗帜鲜明地反对"林彪把毛泽东思想庸俗化的那套做法"，赞成罗荣桓的"学习毛主席著作要学精神实质"④的意见。五要坚持"全面地学习"。他认为，毛泽东思想"紧密联系着各个领域和各项工作"，要求一定要"全面地学习、宣传和实行"⑤毛泽东思想。六要"联系历史"。他强调，学习马克思主义著作必须"联系中国革命的历史"，⑥ 了解中共党史、中国革命史、毛泽东的功绩，建议组织大家认真学习《关于建国以来党的若干历史问题的决议》，引导大家认真读点书。

邓小平创造性提出了"中国化的马列主义"范畴，认为遵义会议后，以毛泽东为首的党中央克服了党内各种错误，以毛泽东思想为指导，领导党的事业一直胜利地发展着，强调毛泽东思想就是"中国化的马列主义"。⑦ "中国化的马列主义"与"中国化的马克思主义"，在精神实质上是内在一致的。"中国化的马列主义"范畴，更加鲜明地阐明了党的指导思想，更加鲜明地阐明了马克思、列宁主义及毛泽东思想是一脉相承的，明确了毛泽东思想的指导地位，澄清了当时国内外关于中国共产党对待毛泽东与毛泽东思想的态度的种种疑问，稳定了人心、统一了思想、明确了方向，夯实了马克思主义方法论中国化的理论基础。

## 2. 确立科学认识与对待马克思主义的方法论

科学认识与对待马克思主义，是一个事关马克思主义发展的重大基本问题，也是一个事关"文化大革命"后马克思主义方法论中国化的历史进程能否顺利推

---

① 《邓小平文选》第2卷，人民出版社1994年版，第381页。
② 《邓小平文选》第1卷，人民出版社1994年版，第316页。
③ 《邓小平文选》第3卷，人民出版社1993年版，第382页。
④ 《邓小平文选》第2卷，人民出版社1994年版，第36页。
⑤ 《邓小平文选》第2卷，人民出版社1994年版，第37页。
⑥ 《邓小平文选》第2卷，人民出版社1994年版，第381页。
⑦ 《邓小平文选》第1卷，人民出版社1994年版，第88页。

进的重大基本问题。邓小平开启的改革开放历程，始终贯穿着引导人们科学认识与对待马克思主义这一重大任务。"文化大革命"结束后，需要破除"两个凡是"的错误影响，引导人们科学认识与对待马克思主义，打开改革开放新局面；苏东剧变后，"马克思主义无用论""马克思主义过时论""马克思主义失败论""改革开放失败论"，以及资产阶级自由化思潮一度甚嚣尘上，这时需要引导人们正确认识与对待马克思主义，巩固改革开放成果。

如何科学认识与对待马克思主义，邓小平对此有着清醒的认识。1975 年 9 月，他在农村工作座谈会上指出："恐怕在相当多的领域里，都存在怎样全面学习、宣传、贯彻毛泽东思想的问题。"[1]1977 年 5 月，他在同中央两位同志谈话时明确认为，马克思、恩格斯、列宁、斯大林、毛泽东都"没有说过'凡是'"。[2]1979 年 3 月，他在党的理论工作务虚会上，充分肯定真理标准问题大讨论的积极成效，认为思想政治方向"已经基本上回到马列主义、毛泽东思想的正确轨道上来"。[3] 1979 年 7 月，他在接见中共海军委员会常委扩大会议全体同志时，再次充分肯定真理标准问题大讨论的重大意义，强调"它的实质就在于是不是坚持马列主义、毛泽东思想"。[4] 1980 年 3 月，他在对起草《关于建国以来党的若干历史问题的决议》的意见中强调："确立毛泽东同志的历史地位，坚持和发展毛泽东思想"是"最核心的一条"，[5] 公开声明现在和今后都必须始终高举毛泽东思想的旗帜。

在同各种非马克思主义、反马克思主义思潮作斗争的过程中，邓小平牢固确立了科学认识与对待马克思主义的方法论。

（1）整体性把握马克思主义。马克思主义是一个完整的科学的思想理论体系，但在实践中仍然存在着种种割裂、肢解马克思主义的现象。如，割裂马克思主义的发展过程，或是认为列宁主义不同于马克思、恩格斯的马克思主义，毛泽东思想不同于马克思主义经典作家的马克思主义；或是把马克思主义人为分割为"传统的马克思主义"和"现代的马克思主义"，"革命的马克思主义"和"建设的马

---

① 《邓小平文选》第 2 卷，人民出版社 1994 年版，第 37 页。
② 《邓小平文选》第 2 卷，人民出版社 1994 年版，第 39 页。
③ 《邓小平文选》第 2 卷，人民出版社 1994 年版，第 159 页。
④ 《邓小平文选》第 2 卷，人民出版社 1994 年版，第 191 页。
⑤ 《邓小平文选》第 2 卷，人民出版社 1994 年版，第 291 页。

克思主义"。又如，肢解马克思主义的思想内容，或是把马克思主义分为哲学、政治经济学、科学社会主义等条块，只注重对这些内容的分门别类研究，而忽视对它们的整体性把握；或是把马克思主义人为分割为阶级斗争和暴力革命、无产阶级专政、经济建设等条块，片面强调某些内容而忽视、否定另一些内容，等等。这些现象，歪曲、篡改了马克思主义，严重妨碍了人们正确认识马克思主义。

针对上述现象，邓小平号召"要用准确的完整的毛泽东思想作指导"。什么是"要用准确的完整的毛泽东思想作指导"？对此，邓小平认为，就是要完整地、准确地认识毛泽东思想，"要善于学习、掌握和运用毛泽东思想的体系来指导我们各项工作"。① 为什么"要用准确的完整的毛泽东思想作指导"？邓小平对此给予了明确回应，强调这是反对肢解毛泽东思想、统一人们思想的必然要求，指出："只有这样，才不至于割裂、歪曲毛泽东思想，损害毛泽东思想"，② 认为林彪搞的那个语录本，把毛泽东思想"搞得支离破碎"，③ 林彪的"老三篇""老五篇"是片面地宣传毛泽东思想。他还采取了例证法，列举了割裂毛泽东思想的种种表现，认为对"古为今用，洋为中用，百花齐放，推陈出新"的"文艺方针"的理解不提"百花齐放"，把毛泽东的"反对教育脱离实际、脱离群众、脱离劳动"理解为"不读书"，只讲阶级斗争、生产斗争而不讲科学实验，等等，都是对毛泽东思想的割裂。那么，又怎样"用准确的完整的毛泽东思想作指导"呢？邓小平强调要把毛泽东思想"当作体系来看待"，"要学习和运用这个思想体系"，④ 相信并执行由马列主义、毛泽东思想中的基本原理所"构成的科学体系。"⑤

（2）"结合实际"把握马克思主义。邓小平认为，马克思主义是无产阶级认识和改造世界、解决实际问题的思想武器，强调马克思主义并不玄奥，是"很朴实的"⑥的东西和道理，"马克思主义是好东西"体现为它能在实践中"带来人民生活

---

① 《邓小平文选》第2卷，人民出版社1994年版，第42页。
② 《邓小平文选》第2卷，人民出版社1994年版，第42页。
③ 《邓小平文选》第2卷，人民出版社1994年版，第190页。
④ 《邓小平文选》第2卷，人民出版社1994年版，第39页。
⑤ 《邓小平文选》第2卷，人民出版社1994年版，第171页。
⑥ 《邓小平文选》第3卷，人民出版社1993年版，第382页。

的改善""国家富强起来"。① 他要求必须"结合实际"来把握马克思主义，强调把握马克思主义必须"同中国自己的实际相结合"②"根据现在的情况"。③ 他指出："列宁干成了十月革命，这是不是马克思主义？当然是马克思主义"，④ 认为如果列宁照搬马克思主义，就不可能有十月革命的胜利。他要求领导干部必须"结合实际"来理解马克思主义，对待党中央和上级的指示，"不能当'收发室'，简单地照抄照转"。⑤ 他认为，能否"结合实际"把握马克思主义，是一个怎样看待马克思主义的大问题。

（3）以发展的眼光把握马克思主义。邓小平认为，马克思主义是一个在实践中不断丰富发展的科学理论体系，是"在实际斗争中发展着"，⑥ "从来不是教条，而是行动的指南"。⑦ 他强调，毛泽东思想是马克思主义在中国的运用和发展，是"发展了的马克思主义"。⑧

为什么要以发展的眼光把握马克思主义呢？邓小平认为，这是人类社会发展的客观规律，是继承和发展马克思主义的必然要求，强调马克思主义要随着实践的发展而"向前发展"，⑨ 马克思、列宁不可能为解决现在的问题"提供现成答案"，⑩ 真正的马克思主义者必须在实践中不断丰富和发展马克思主义。他还运用反证法，论证了发展马克思主义的必要性，认为一个党、一个国家、一个民族如果不在实践中发展马克思主义，就会思想僵化、迷信盛行，就会失去生机，"就要亡党亡国"。⑪

---

① 冷溶、汪作玲：《邓小平年谱（1975—1997）》上，中央文献出版社 2004 年版，第 687 页。

② 《邓小平文选》第 3 卷，人民出版社 1993 年版，第 63 页。

③ 《邓小平文选》第 3 卷，人民出版社 1993 年版，第 291 页。

④ 冷溶、汪作玲：《邓小平年谱（1975—1997）》下，中央文献出版社 2004 年版，第 881 页。

⑤ 《邓小平文选》第 2 卷，人民出版社 1994 年版，第 118 页。

⑥ 《邓小平文选》第 2 卷，人民出版社 1994 年版，第 179 页。

⑦ 《邓小平文选》第 3 卷，人民出版社 1993 年版，第 146 页。

⑧ 《邓小平文选》第 2 卷，人民出版社 1994 年版，第 43 页。

⑨ 《邓小平文选》第 3 卷，人民出版社 1993 年版，第 42 页。

⑩ 《邓小平文选》第 3 卷，人民出版社 1993 年版，第 291 页。

⑪ 《邓小平文选》第 2 卷，人民出版社 1994 年版，第 143 页。

### 3. 坚持和完善马克思主义中国化的基本原则

邓小平始终坚持"结合"原则。1956 年 11 月，他在会见国际青年代表团时，回顾了"结合"原则的形成过程，认为"结合"原则是在党的七大确定的。他强调"结合"原则是一个普遍真理，阐释了"结合"原则的基本内涵，认为"马克思列宁主义普遍真理与本国的具体实际相结合"这句话，本身就是普遍真理，包含"普遍真理"与"结合本国实际"两个方面，丢掉任意一个方面，就不叫"结合"。邓小平强调，坚持"结合"原则，既必须坚持"普遍真理"，又必须研究"本国的特点"，如以中国的特点去照搬照抄外国模式，"这条普遍真理就不能实现"。[1] 他以"中国资本主义工商业社会主义改造"为例，阐释了如何"结合"问题，认为"消灭资本主义"是"普遍真理"，[2] 如果离开了这条普遍真理，就不是社会主义改造；"和平改造"是列宁提出而没能实现的方法，实践证明，中国成功了，是成功的"结合"。他从反面告诫，如何"不结合"或"结合得不好"，就会"造成很大的损失"。[3]

邓小平始终坚持在改革开放实践中不断完善"结合"原则。1978 年 9 月，他在听取中共吉林省委常委汇报工作时的谈话中，把坚持"结合"原则与"实事求是"并列为"毛泽东思想的基本点"。[4] 1980 年 5 月，他在同中央工作人员的谈话中，全面阐释了坚持"结合"原则的必要性，认为各国在实际情况、人民觉悟、阶级关系状况、阶级力量对比等方面千差万别、各不相同，如果不"结合"，就"难免犯错误"。[5] 1980 年 8 月，他在会见意大利记者奥琳埃娜·法拉奇的谈话中，充分肯定坚持"结合"原则是毛泽东对中国革命的"最伟大的功绩"。[6] 1982 年 9 月，邓小平在《中国共产党第十二次全国代表大会开幕词》中，强调坚持"结合"原则是"我们总结长期历史经验得出的基本结论"。[7] 1983 年 4 月，邓小平在

---

① 《邓小平文选》第 1 卷，人民出版社 1994 年版，第 259 页。
② 《邓小平文选》第 1 卷，人民出版社 1994 年版，第 259 页。
③ 《邓小平文选》第 1 卷，人民出版社 1994 年版，第 259 页。
④ 《邓小平文选》第 2 卷，人民出版社 1994 年版，第 126 页。
⑤ 《邓小平文选》第 2 卷，人民出版社 1994 年版，第 318 页。
⑥ 《邓小平文选》第 2 卷，人民出版社 1994 年版，第 345 页。
⑦ 《邓小平文选》第 3 卷，人民出版社 1993 年版，第 3 页。

会见印度共产党（马克思主义）中央代表团时强调，中国革命与苏联十月革命的胜利都是坚持"结合"原则的结果。1984年6月，他在会见第二次中日民间人士会议日方委员会代表团时，再次强调坚持"结合"原则是党的"思想路线"，① 认为如果没有对马克思主义的充分信仰或者不是坚持"结合"原则，"中国革命就搞不成功"，② 中国就实现不了独立与统一。1984年10月，他在《在中央顾问委员会第三次全体会议上的讲话》中，充分肯定《关于经济体制改革的决定》，认为这个文件好的原因是由于坚持了"结合"原则，是"马克思主义基本原理和中国社会主义实践相结合的政治经济学"。③ 1986年9月，他在接受美国哥伦比亚广播公司"六十分钟"节目记者迈克·华莱士电视采访时，强调"结合"原则是经过中国革命与建设实践检验的科学原则，中国革命的胜利靠的是坚持"结合"原则，"革命胜利以后搞建设"④也必须坚持"结合"原则。1986年11月，他在会见日本首相中曾根康弘时，强调坚持"结合"原则是中国革命和建设取得胜利的必要条件，是丰富发展马克思主义的必然需要，是世界各国共产党应当遵循的基本准则。

"左"倾、右倾错误是坚持"结合"原则的大敌。"左"倾错误者脱离中国国情，教条式地对待马克思主义，思想僵化、激进；右倾错误者则无视中国实际需求，全盘否定马克思主义，搞资产阶级自由化，二者都违背了"结合"原则。二者相较，"左"倾错误的危害更大，故而邓小平以辩证唯物主义与历史唯物主义为指导，采取"史""论"结合方式，运用"两点论"与"重点论"相结合方法，提出了反"左"防右思想。1981年3月，他在中国人民解放军总政治部负责同志的谈话中明确指出："要批判'左'的错误思想，也要批判右的错误思想。"⑤在此基础上，他强调坚持解放思想、坚持四项基本原则、加强军队建设，既要反"左"又要反右，但重点是反"左"，认为解放思想"重点是纠正指导思想上'左'的倾向"，但"同时也要纠正右的倾向"。⑥ "反对和否定四项基本原则，有来自'左'的，有来

---

① 《邓小平文选》第3卷，人民出版社1993年版，第62页。
② 《邓小平文选》第3卷，人民出版社1993年版，第63页。
③ 《邓小平文选》第3卷，人民出版社1993年版，第83页。
④ 《邓小平文选》第3卷，人民出版社1993年版，第173页。
⑤ 《邓小平文选》第2卷，人民出版社1994年版，第379页。
⑥ 《邓小平文选》第2卷，人民出版社1994年版，第379页。

自右的，写文章要注意到这两个方面。"①他尤其关注军队中存在的"左"倾、右倾错误，认为军队中"有些三四十岁左右的干部，受'左'的影响"，而"部队一些干部包括有的老干部"，不仅在"左"的影响下不理解三中全会以来的政策，而且也受到"资产阶级腐朽思想的影响"。②1987年4月，他在会见西班牙工人社会党副总书记、副首相格拉时，详尽阐释了反"左"防右的原因，指出："这八年多的经历证明，我们所做的事情是成功的，总的情况是好的，但不是说没有干扰。几十年的'左'的思想纠正过来不容易，我们主要是反'左'，'左'已经形成了一种习惯势力。……同时也有右的干扰，概括起来就是全盘西化。"③1992年，他在南方讲话中进一步完善了反"左"防右思想，认为"左"和右的东西都在影响我们，都"可以葬送社会主义"，"但根深蒂固的还是'左'的东西"，因此，"中国要警惕右，但主要是防止'左'"。④

### 4. 创新性发展中国化的马克思主义方法论

邓小平不断推进马克思主义方法论中国化的理论创新，首次提出"解放思想、实事求是"根本方法、"善于把握矛盾"基础方法、"具体分析"灵魂方法和一系列具体方法，创新发展了中国化的马克思主义方法论。

(1)首次提出"解放思想，实事求是"这一中国化的马克思主义根本方法。邓小平把"实事求是"创新性发展为"解放思想，实事求是"，将之确立为改革开放时代马克思主义中国化的根本方法，丰富发展了中国化的马克思主义根本方法。

一是"解放思想"。邓小平高度重视解放思想，将其置于党的思想路线和根本方法的首要位置，指出："解放思想，开动脑筋，实事求是，团结一致向前看，首先是解放思想。"⑤

何谓解放思想？邓小平认为，解放思想有两层基本涵义：其一，勇于创新。他认为，解放思想意味着敢于迎接新挑战，善于提出解决新问题的新办法，强调解放思想就是运用马克思主义基本原理，"打破习惯势力和主观偏见的束缚，研

---

① 《邓小平文选》第2卷，人民出版社1994年版，第380页。
② 《邓小平文选》第2卷，人民出版社1994年版，第380页。
③ 《邓小平文选》第3卷，人民出版社1993年版，第228~229页。
④ 《邓小平文选》第3卷，人民出版社1993年版，第375页。
⑤ 《邓小平文选》第2卷，人民出版社1994年版，第141页。

究新情况，解决新问题"。① 其二，主客观统一的价值诉求。他认为，解放思想的内在主旨是为了打破各种主客观分离的错误思想的桎梏，"使思想和实际相符合，使主观和客观相符合"。②

为什么要解放思想呢？邓小平既从正面阐释了解放思想的重要性，强调只有解放思想，才能始终坚持以马克思主义为指导，科学理解社会主义，科学确定实现四个现代化的方针、方法和措施，通过改革解决社会主义社会的基本矛盾，解决历史遗留的老问题和一系列新问题，又从反面凸显了解放思想的必要性，列举了脑筋"处在僵化或半僵化的状态"，③ "条条、框框"和"随风倒的现象"就"多起来"，"本本主义也就严重起来了"④等"思想不解放"的种种表现，强调如果不解放思想，"四个现代化就没有希望"。⑤

二是"实事求是"。邓小平极为重视实事求是，公开声明"我是实事求是派"，⑥ 在马克思主义发展史上首次提出"实事求是是马克思主义的精髓"⑦的光辉论断，强调"实事求是"是"无产阶级世界观的基础""马克思主义的思想基础"，⑧ 确立了"实事求是"的重要思想地位，夯实了马克思主义中国化的方法论根基。他充分肯定列宁、毛泽东是实事求是的典范，是"历史上理解马克思主义最好的"两个人，列宁主义、毛泽东思想的"核心就是实事求是"。⑨ 他认为，"毛主席是真正讲实事求是的"，⑩ 强调"实事求是"是毛泽东思想的"出发点、根本点"和"基本点"。他把"实事求是"与"群众路线"并称为毛泽东倡导的"两条是最

---

① 《邓小平文选》第 2 卷，人民出版社 1994 年版，第 279 页。

② 《邓小平文选》第 2 卷，人民出版社 1994 年版，第 364 页。

③ 《邓小平文选》第 2 卷，人民出版社 1994 年版，第 141 页。

④ 《邓小平文选》第 2 卷，人民出版社 1994 年版，第 142 页。

⑤ 《邓小平文选》第 2 卷，人民出版社 1994 年版，第 143 页。

⑥ 《邓小平文选》第 3 卷，人民出版社 1993 年版，第 249 页。

⑦ 《邓小平文选》第 3 卷，人民出版社 1993 年版，第 382 页。

⑧ 《邓小平文选》第 2 卷，人民出版社 1994 年版，第 143 页。

⑨ 冷溶、汪作玲：《邓小平年谱（1975—1997）》下，中央文献出版社 2004 年版，第 914 页。

⑩ 冷溶、汪作玲：《邓小平年谱（1975—1997）》上，中央文献出版社 2004 年版，第 387 页。

根本的东西"，① 强调"实事求是"是"毛泽东思想最根本的最重要的东西"，② 认为继承和发扬毛泽东培育的优良传统首先就是继承和发扬"实事求是"。

什么是实事求是？邓小平认为，实事求是有三层基本涵义：其一，尊重客观规律的老实态度。他认为，大庆讲的"三老"即"做老实人，说老实话，干老实事"就是"实事求是"。③ 也就是说，"实事求是"意味着在做人、说话、办事等方面的老老实实的态度。其二，马克思主义最根本的观点。他认为，"马克思主义最根本的观点就是辩证唯物主义和历史唯物主义"，④ "实事求是"就是对这一观点的概括。其三，党的思想路线。他强调"实事求是"就是"马克思主义的辩证唯物主义和历史唯物主义"的思想路线，就是"我们党的思想路线"。⑤

邓小平系统阐释了坚持"实事求是"的理论与实践依据。其一，"实事求是"是"搞社会主义"的必然要求。他强调"搞社会主义一定要遵循马克思主义的辩证唯物主义和历史唯物主义"，⑥ 并认为辩证唯物主义与历史唯物主义就是"实事求是"。其二，"实事求是"是成功解决问题的必然要求。他既从正面强调，因为世界是不断发展变化的，新情况、新问题不断出现，只有实事求是，才能与时俱进地"正确地或者比较正确地解决问题"，⑦ 又从反面警醒，如果反对"实事求是"，就会犯唯心主义和形而上学错误，就会导致"工作的损失和革命的失败"。⑧ 其三，"实事求是"是经过实践检验的科学方法。他强调过去打仗、现在搞建设和改革都要"靠实事求是"。⑨

邓小平倡导分析与解决实际问题必须"实事求是"，他在全军政治工作会议上强调，"恢复和发扬政治工作的优良传统"就是按照毛泽东的教导，实事求是

---

① 《邓小平文选》第 2 卷，人民出版社 1994 年版，第 45 页。

② 冷溶、汪作玲：《邓小平年谱（1975—1997）》上，中央文献出版社 2004 年版，第 318 页。

③ 《邓小平文选》第 2 卷，人民出版社 1994 年版，第 45 页。

④ 冷溶、汪作玲：《邓小平年谱（1975—1997）》下，中央文献出版社 2004 年版，第 974 页。

⑤ 《邓小平文选》第 2 卷，人民出版社 1994 年版，第 278 页。

⑥ 冷溶、汪作玲：《邓小平年谱（1975—1997）》下，中央文献出版社 2004 年版，第 1038 页。

⑦ 《邓小平文选》第 2 卷，人民出版社 1994 年版，第 114 页。

⑧ 《邓小平文选》第 2 卷，人民出版社 1994 年版，第 118 页。

⑨ 《邓小平文选》第 3 卷，人民出版社 1993 年版，第 382 页。

地研究分析和解决实际问题。他要求对毛泽东的评价要"实事求是""恰如其分"。① 他把实事求是作为选拔干部的重要标准，要求选拔那些实事求是、能够践行"三老"要求、"作风正派的人"。② 他强调，科学本身就是"实事求是、老老实实的学问"，③ 倡导培养"群众路线和实事求是"的好的风气。

三是"解放思想，实事求是"。邓小平强调，解放思想和实事求是在本质上是一致的，都反映了主观符合客观的价值诉求，都是为了使"主观和客观相符合"。④

邓小平全面阐释了解放思想与实事求是的辩证统一关系，认为解放思想是实事求是的必然要求，实事求是是解放思想的根本目的，二者关系亲密、不可分割，强调真正坚持"实事求是"就必须"继续解放思想"。⑤ "实事求是"的本质是一切从实际出发，使主观符合客观。由于客观实际是不断发展变化的，因此，只有解放思想，才能使主观符合变化了的客观。

邓小平强调，"只有解放思想，坚持实事求是"，社会主义事业才能顺利前进，马克思主义才能顺利发展；无论是过去搞革命，还是现在实现四个现代化，都要靠实事求是。

（2）首次提出"善于把握矛盾"这一中国化的马克思主义基础方法。邓小平非常重视矛盾分析，在马克思主义发展史上首次明确提出"善于把握矛盾"这一中国化的马克思主义基础方法，强调世界上矛盾很多，"问题是要善于把握"。⑥

一是提出"善于把握矛盾"的基本要求。一要正视矛盾。要承认"世界上矛盾多得很，大得很"的事实。二要研究矛盾。他要求对各种矛盾作"深入的具体的研究"，⑦ 从而实现了矛盾分析与具体问题具体分析这两大马克思主义"基础"方法与"灵魂"方法的高度统一。三要解决矛盾。他认为，正视、研究矛盾是为了

---

① 《邓小平文选》第 2 卷，人民出版社 1994 年版，第 309 页。
② 《邓小平文选》第 2 卷，人民出版社 1994 年版，第 75 页。
③ 《邓小平文选》第 2 卷，人民出版社 1994 年版，第 57 页。
④ 《邓小平文选》第 2 卷，人民出版社 1994 年版，第 364 页。
⑤ 《邓小平文选》第 2 卷，人民出版社 1994 年版，第 364 页。
⑥ 《邓小平文选》第 3 卷，人民出版社 1993 年版，第 354 页。
⑦ 《邓小平文选》第 2 卷，人民出版社 1994 年版，第 182 页。

解决矛盾,强调解决当前社会主义社会的主要矛盾就是"我们的中心任务"。①

二是坚持一分为二,提出"两手抓,两手都要硬"。一分为二是"善于把握矛盾"的题中应有之义。邓小平强调,评价历史人物和历史事件必须坚持一分为二,必须"提倡全面的科学的观点",才符合马克思主义和"全国人民的利益和愿望"。② 他主张对毛泽东的评价要"一分为二",既要求对毛泽东的错误"一定要毫不含糊地进行批评",③ 又反复强调毛泽东的"伟大功勋是永远不可磨灭的",④ "功绩是第一位的"⑤"第一他是有功的"。⑥ 他对自己也进行了一分为二的评价,认为自己"多年来做了不少好事,但也做了一些错事"。⑦

邓小平把一分为二方法运用于改革开放实践中,在马克思主义发展史上首次明确提出"两手抓,两手都要硬"方法,明确要求"改革开放"和"打击各种犯罪活动"、"物质文明建设"与"精神文明建设",要"坚持两手抓""两只手都要硬"。⑧ 他批评了"一手比较硬,一手比较软"现象,指出:"八十年代初就提出要两手抓,就是两点论。但今天回头来看,出现了明显的不足,一手比较硬,一手比较软。一硬一软不相称,配合得不好。"⑨

三是科学分析社会主义社会的主要矛盾和基本矛盾。邓小平科学分析了社会主义社会的主要矛盾与基本矛盾,认为社会主义社会的主要矛盾决定了社会主义初级阶段必须大力发展生产力;社会主义社会的基本矛盾是非对抗性矛盾,可以通过自我完善的方式加以解决,社会主义社会要实现自我完善,就必须进行改革,改革是一场"包括经济体制改革、政治体制改革和相应的其他各个领域的改革"⑩的全方位改革,是一场改变不适应生产力发展的生产关系、上层建筑和管

---

① 《邓小平文选》第 2 卷,人民出版社 1994 年版,第 182 页。
② 《邓小平文选》第 2 卷,人民出版社 1994 年版,第 244 页。
③ 《邓小平文选》第 2 卷,人民出版社 1994 年版,第 301 页。
④ 《邓小平文选》第 2 卷,人民出版社 1994 年版,第 148 页。
⑤ 《邓小平文选》第 2 卷,人民出版社 1994 年版,第 347 页。
⑥ 《邓小平文选》第 2 卷,人民出版社 1994 年版,第 353 页。
⑦ 《邓小平文选》第 3 卷,人民出版社 1993 年版,第 173 页。
⑧ 冷溶、汪作玲:《邓小平年谱(1975—1997)》下,中央文献出版社 2004 年版,第 1344 页。
⑨ 冷溶、汪作玲:《邓小平年谱(1975—1997)》下,中央文献出版社 2004 年版,第 1280 页。
⑩ 《邓小平文选》第 3 卷,人民出版社 1993 年版,第 237 页。

理方式的革命，是一场根本改变我国落后面貌、巩固人民政权的"伟大革命"。①

四是提出正确处理人民内部矛盾的方法。邓小平认为，混淆两类不同性质的矛盾，最典型、最极端的表现就是"文化大革命"，它的恶果就是"打倒一切，全面内战"。在这种局面下，除了造成混乱、激化矛盾之外，不可能正确处理和解决任何矛盾。他强调，必须正确区分两类不同性质的矛盾，对于人民内部矛盾"应该采取教育的办法"，② 但是在有的时候对有些人教育没有效果的情况下，就应该坚决采取法律措施。强调依法处理人民内部矛盾，是邓小平对马克思主义正确处理人民内部矛盾学说的创新性发展。

五是科学预测"一国两制"中"变"与"不变"的矛盾。邓小平一方面认为，"一国两制"是"不变"的，指出："作为一个大国有自己的尊严，有自己遵循的准则。我们在协议中说五十年不变，就是五十年不变。"③"最大的不变是社会主义制度不变"。④ 另一方面又认为，"一国两制"是要"变"的，因为香港资本主义制度不是完美无缺的，通过变化引导香港实现更健康发展，"向这样的方面发展变化，香港人是会欢迎的，香港人自己会要求变，这是确定无疑的"。⑤

（3）首次提出"具体分析"这一中国化的马克思主义灵魂方法。邓小平把"对具体情况作具体分析"加以进一步凝练，首次明确提出"具体分析"方法，丰富发展了中国化的马克思主义灵魂方法，他明确要求："对各种人的情况需要作具体分析。"⑥"有'左'就反'左'，有右就反右。……对'左'对右，都要做具体分析。"⑦"总结经验，稳这个字是需要的，但并不能解决一切问题。以后还用不用这个字？还得用。什么时候用，如何用，这要具体分析。"⑧这一方法，简洁明了，重点突出，抓住了"对具体情况作具体分析"的关键和实质。

邓小平善于运用"具体分析"方法来分析和解决各种现实问题。他认为，"结

---

① 《邓小平文选》第 2 卷，人民出版社 1994 年版，第 135 页。
② 《邓小平文选》第 2 卷，人民出版社 1994 年版，第 253 页。
③ 《邓小平文选》第 3 卷，人民出版社 1993 年版，第 73 页。
④ 《邓小平文选》第 3 卷，人民出版社 1993 年版，第 73 页。
⑤ 《邓小平文选》第 3 卷，人民出版社 1993 年版，第 73 页。
⑥ 《邓小平文选》第 2 卷，人民出版社 1994 年版，第 390 页。
⑦ 《邓小平文选》第 2 卷，人民出版社 1994 年版，第 379 页。
⑧ 《邓小平文选》第 3 卷，人民出版社 1993 年版，第 368 页。

合"只是一个原则，这一"原则的运用还会遇到许多具体问题"，① 如何实现"结合"是一个需要具体分析、不断解决的问题；要求处理农村问题时，必须"从当地具体条件和群众意愿出发"，② 在宣传好的典型时，要讲清楚其实施的具体条件、具体情况、具体措施，不能要求别的地方不顾具体条件生搬硬套；要求"中国现代化建设必须考虑""底子薄""人口多，耕地少"等基本国情和具体特点；要求对"毛泽东的错误"的性质要进行"具体分析"，认清这一错误和"林彪、'四人帮'问题的性质是不同的"，③ 是一个"伟大的革命家"和"伟大的马克思主义者"④ 所犯的错误。

邓小平系统提出了运用"具体分析"方法的基本方法和具体要求：

"拿事实来说话"。邓小平在马克思主义发展史上首次提出"拿事实来说话"的基本方法，针对有些人对先富带共富的政策感到不顺眼，他明确要求："我们的做法是允许不同观点存在，拿事实来说话。"⑤"拿事实来说话"，是以"事实"为依据来证明所说的道理。他认为，"事实"是最有说服力的，会教育、说服那些对改革持怀疑态度的人。针对有些人对"农村改革"的怀疑，他强调要"通过事实的证明""让事实教育他们"，认为有些地区、有些人对党的农村政策不相信、不理睬、不执行，但如果看到改革的效果好，就会"跟着走了"，人们对改革政策的理解需要一个过程，"要通过事实的证明才能被普遍接受"。⑥"还有一些省犹豫徘徊，有的观望了一年才跟上，有的观望了两年才跟上。中央的方针是等待他们，让事实教育他们。"⑦针对有些人对"城市的全面改革"的怀疑，他强调"拿事实来说话"，认为城市的改革是一项天翻地覆的伟大事业和伟大革命，人们起初有些怀疑、担心，抱着等一等、看一看的想法是正常的，"处理的办法也一样，就是拿事实来说话，让改革的实际进展去说服他们"。⑧针对有些人对"一国两

---

① 《邓小平文选》第 1 卷，人民出版社 1994 年版，第 258 页。
② 《邓小平文选》第 2 卷，人民出版社 1994 年版，第 316 页。
③ 《邓小平文选》第 2 卷，人民出版社 1994 年版，第 344 页。
④ 《邓小平文选》第 2 卷，人民出版社 1994 年版，第 307 页。
⑤ 《邓小平文选》第 3 卷，人民出版社 1993 年版，第 155 页。
⑥ 《邓小平文选》第 3 卷，人民出版社 1993 年版，第 155 页。
⑦ 《邓小平文选》第 3 卷，人民出版社 1993 年版，第 238 页。
⑧ 《邓小平文选》第 3 卷，人民出版社 1993 年版，第 156 页。

制"的怀疑，他强调"要拿事实来回答"，认为"一国两制"是一个前人未曾说过的新语言，有人怀疑很正常，"这就要拿事实来回答。现在看来是行得通的，至少中国人坚信是行得通的，因为这两年的谈判已经证明了这一点"。①

为什么要"拿事实来说话"？邓小平所说的"事实"，既是一种客观存在的实际效果，也是一种主观见之于客观的效果，即实践的效果。"拿事实来说话"，既以"一切从实际出发"为依据，又与邓小平对实践的高度重视密切相关。

一是坚持"一切从实际出发"的必然要求。邓小平强调，"一切从实际出发"是辩证唯物主义的基本要求，是中国共产党的"最基本的思想方法、工作方法"，② 他要求一切单位、一切人想问题、办实事都必须坚持"一切从实际出发"。是"高举毛泽东思想的旗帜"的内在要求。他认为"高举毛泽东思想的旗帜"，就是"从现在的实际出发"，努力实现"四个现代化的目标"，③ 就是在任何时候、处理任何问题时"都坚持从实际出发"。④ 是制定政策的依据。他强调："制定一切政策，要从实际出发。只要注意这一点，就不会犯大错误"。⑤ 是解决问题的关键。他认为，做任何工作的目的都是为了解决问题，而能否正确地解决问题的关键在于"是否能够理论联系实际……一切从实际出发"。⑥

邓小平强调，"一切从实际出发"就必须"根据实际制定规划"，并言明中国的最大实际是中国特色社会主义初级阶段的基本国情，强调"一切都要从这个实际出发，根据这个实际来制订规划"；⑦ 就必须从"四个现代化"这个实际出发，他认为，不从四个现代化这个实际出发，就是"脱离马克思主义，就是空谈马克思主义"，⑧ 继而又强调中国的现代化不是搞资产阶级自由化，不是走资本主义道路，而是叫"社会主义四个现代化"；⑨ 就必须"切实解决问题"，他强调从实际

---

① 《邓小平文选》第 3 卷，人民出版社 1993 年版，第 102 页。
② 《邓小平文选》第 2 卷，人民出版社 1994 年版，第 114 页。
③ 《邓小平文选》第 2 卷，人民出版社 1994 年版，第 128 页。
④ 《邓小平文选》第 2 卷，人民出版社 1994 年版，第 127 页。
⑤ 《邓小平文选》第 3 卷，人民出版社 1993 年版，第 288 页。
⑥ 《邓小平文选》第 2 卷，人民出版社 1994 年版，第 113~114 页。
⑦ 《邓小平文选》第 3 卷，人民出版社 1993 年版，第 252 页。
⑧ 《邓小平文选》第 2 卷，人民出版社 1994 年版，第 163 页。
⑨ 《邓小平文选》第 3 卷，人民出版社 1993 年版，第 138 页。

出发，就必须"切实解决问题"，① 踏实工作、讲求实效，反对形式主义。

　　二是坚持"实践是检验真理的唯一标准"的必然要求。邓小平强调"实践是检验真理的唯一标准"，② 认为党的十一届三中全会以来制定的一系列路线、方针、政策之所以是正确的，是因为十年来的实践检验证明它们是正确的。

　　"实践是检验真理的唯一标准"论断的形成，源于邓小平对辩证唯物主义认识论的精准把握。他强调，实践是辩证唯物主义认识论的基本观点，社会实践是人的正确思想的来源、是检验认识真理性的标准。他支持在全国范围内展开一场关于真理标准问题的大讨论，强调这场讨论是"基本建设"，③ 是解决思想路线问题、制定和贯彻政治路线的必然要求；强调"实践这个标准最硬"，关于改革开放的性质和效果，"要用上百上千的事实来回答"；④ 强调"人民，是看实践"的，⑤ 认为人民在实践中感受到社会主义和改革开放的好处，中国特色社会主义事业就会获得人民支持、万古长青。这里的"实践"，在本质上与"事实""实践的效果"是内在一致的。

　　怎么样"拿事实来说话"？邓小平坚持创造性运用唯物辩证法与唯物史观，提出了一系列"拿事实来说话"的具体方法。

　　一要"调查研究"。邓小平高度重视"调查研究"，认为"拿事实来说话"的根本途径是通过"调查研究"来把握"事实"。既从正面强调"调查研究"是毛泽东"一直提倡和实行"的党的优良传统，又从反面论说毛泽东一直反对脱离实际的主观主义和教条主义，丢掉"调查研究"这一优良传统，就会加重工作中的缺点和错误，认为这几年来出现的"提出的任务不是实事求是""提的口号不切合实际""指标过高，要求过急""不适当的'大办'"等现象，都是由于"不大注意调查研究"⑥引起的。他从正面强调"办事情，做工作"必须"深入调查研究"，⑦ 又从反面严厉

---

　　① 《邓小平文选》第 2 卷，人民出版社 1994 年版，第 99 页。

　　② 《邓小平文选》第 3 卷，人民出版社 1993 年版，第 265 页。

　　③ 《邓小平文选》第 2 卷，人民出版社 1994 年版，第 191 页。

　　④ 冷溶、汪作玲：《邓小平年谱(1975—1997)》下，中央文献出版社 2004 年版，第 1340 页。

　　⑤ 《邓小平文选》第 3 卷，人民出版社 1993 年版，第 381 页。

　　⑥ 《邓小平文选》第 1 卷，人民出版社 1994 年版，第 302 页。

　　⑦ 《邓小平文选》第 2 卷，人民出版社 1994 年版，第 123 页。

批评领导机关和领导干部"不重视调查研究"①的现象，以及高高在上、脱离群众、脱离实际、从不确切的情况和想象愿望出发的主观主义工作作风，警醒如果"不重视调查研究"，就会"陷入了事务主义和文牍主义的泥坑"。②

邓小平就如何"调查研究"，提出了一些基本要求：一是深入实际。他强调，"调查研究"要深入基层、深入群众，掌握第一手资料，"不能听到风就是雨"。③二是领导干部要带头"调查研究"。他指出："工作能不能落实，关键在于领导干部是不是以身作则，深入部队，调查研究，从实际出发，分析问题，解决问题。最近，不少单位领导干部开始下部队了，这是好现象。"④他主张为领导干部"调查研究"提供时间保证，通过系统改善工作方法，"使领导工作人员有足够的时间"⑤深入群众、调查研究群众的情况和意见。

二要系统把握"事实"。所谓系统把握"事实"，就是把"事实"作为一个有机整体加以把握。为此，就必须：

其一，树立全局观。"事实"是一个诸要素相互联系而构成的有机整体，因此，系统把握"事实"，必须树立全局观、大局观。邓小平认为，"我们的一切工作都会涉及全局与局部的关系"，⑥强调如果全局和局部之间发生矛盾，"地方应服从中央，局部应服从全体，因地制宜应服从集中统一"，⑦"地方主义、本位主义和山头主义"都是由于缺乏"全局观点所造成的"。⑧也就是说，只有确立全局观，才能把握"事实"的全貌，正确处理整体与局部的关系。

其二，确立开放视野。"事实"作为一个系统，总是与外界环境之间保持着物质、能量和信息的交换，因此，系统把握"事实"，必须确立开放视野。就中国的发展而言，必须注重把握中国与外部世界的联系，坚持对外开放。邓小平认为，历史经验证明，闭关自守只会导致停滞和落后。实践证明，不能关起门来搞

---

① 《邓小平文选》第 1 卷，人民出版社 1994 年版，第 221 页。
② 《邓小平文选》第 1 卷，人民出版社 1994 年版，第 222 页。
③ 《邓小平文选》第 2 卷，人民出版社 1994 年版，第 37 页。
④ 《邓小平文选》第 2 卷，人民出版社 1994 年版，第 124 页。
⑤ 《邓小平文选》第 1 卷，人民出版社 1994 年版，第 223 页。
⑥ 《邓小平文选》第 1 卷，人民出版社 1994 年版，第 198 页。
⑦ 《邓小平文选》第 1 卷，人民出版社 1994 年版，第 199 页。
⑧ 《邓小平文选》第 1 卷，人民出版社 1994 年版，第 199 页。

建设，"中国的发展离不开世界"，"对外经济开放"是个长期的政策，"至少五十到七十年不会变。……即使是变，也只能变得更加开放"。①

其三，进行结构分析。"事实"作为一个系统，是由相互联系的诸要素按照一定层次的等级结构构成的。因此，系统把握"事实"，必须坚持结构分析，把握各构成要素的比例、地位和作用。邓小平把结构分析方法运用于干部队伍建设中，针对"干部结构不合理，不对路"②状况，他主张推行领导班子年轻化的方针，"不是只讲年龄这一条"，还要"形成梯级结构"。③ 他还把结构分析方法运用于经济建设中，揭示了过去经济比例不合理情况，指出了"农业和工业""农林牧副渔之间和轻重工业""煤电油运和其他工业""积累和消费""经济发展和教育、科学、文化、卫生发展"等方面的"比例失调"④问题，强调调整经济比例失调是"经济走向正常的、稳定的发展的前提"。⑤

邓小平强调，坚持结构分析，就必须善于把握决定"事实"的"中心"和"主体"要素。他认为，中国特色社会主义建设必须以"经济建设"为"中心"，"其他一切任务都要服从这个中心，围绕这个中心"，⑥ 搞四个现代化必须对"经济建设"这个"中心""死扭住不放"，⑦ 始终如一地、贯彻始终地"扭着不放，'顽固'一点，毫不动摇"。⑧

"主体"要素决定着"事实"的性质，抓住了"主体"要素，也就把握了"事实"的性质。邓小平强调，"一国两制"不会改变我国的社会主义性质，因为我国的主体是社会主义性质，"中国的主体必须是社会主义"。⑨ 他通过主体地区和台湾、香港的人口对比，强调只要坚持"社会主义是在十亿人口地区的社会主义"这个前提，实行"一国两制"，容许小范围内的资本主义的存在就会"更有利于发

---

① 《邓小平文选》第 3 卷，人民出版社 1993 年版，第 79 页。
② 《邓小平文选》第 2 卷，人民出版社 1994 年版，第 196 页。
③ 《邓小平文选》第 3 卷，人民出版社 1993 年版，第 242 页。
④ 《邓小平文选》第 2 卷，人民出版社 1994 年版，第 250 页。
⑤ 《邓小平文选》第 2 卷，人民出版社 1994 年版，第 161 页。
⑥ 《邓小平文选》第 2 卷，人民出版社 1994 年版，第 250 页。
⑦ 《邓小平文选》第 2 卷，人民出版社 1994 年版，第 276 页。
⑧ 《邓小平文选》第 2 卷，人民出版社 1994 年版，第 249 页。
⑨ 《邓小平文选》第 3 卷，人民出版社 1993 年版，第 59 页。

展社会主义"。① 针对办特区"是不是搞资本主义"的担心，他从"公有制是主体，外商投资只占四分之一"②的实际情况出发，说明："'三资'企业受到我国整个政治、经济条件的制约，是社会主义经济的有益补充，归根到底是有利于社会主义的"，③ 不会改变深圳特区的社会主义性质。

其四，坚持应时而变。"事实"是发展变化的。因此，系统把握"事实"，必须坚持应时而变。邓小平既从正面强调发展变化是世界发展的客观规律，要求人们需应时而变，指出："世界在变，人们的思想不能不变。……我们国内的各种事情都在变。……还有当前所进行的各种改革工作，都是在变。……要发展就要变，不变就不会发展。"④新事物、新问题不断出现，因此搞建设必须动脑筋、懂得变化，又从反面发出警醒，如果思想僵化、不能应时而变，"就要亡党亡国"。⑤

邓小平把应时而变思想运用于改革开放实践中，提出了"发展才是硬道理"⑥的著名论断。为了落实"发展才是硬道理"，他在马克思主义发展史上首次提出"波浪式前进"方法，即"过几年有一个飞跃，跳一个台阶，跳了以后，发现问题及时调整一下，再前进"。⑦ "总是要在某一个阶段，抓住时机，加速搞几年，发现问题及时加以治理，尔后继续前进。"⑧为什么要"波浪式前进"？他强调这是人类社会发展的客观规律，社会主义代替资本主义是人类发展的必然趋势，"但道路是曲折的"。如何实现"波浪式前进"呢？既要"适度""稳步""协调"，"过头的话不要讲，过头的事不要做"，⑨"力争在治理整顿中早一点取得适度的发展"，⑩"稳步协调地发展"，⑪ 又要解放思想、放开手脚、抓住时机、实现发展，认为过

---

① 《邓小平文选》第 3 卷，人民出版社 1993 年版，第 103 页。
② 《邓小平文选》第 3 卷，人民出版社 1993 年版，第 372 页。
③ 《邓小平文选》第 3 卷，人民出版社 1993 年版，第 373 页。
④ 《邓小平文选》第 3 卷，人民出版社 1993 年版，第 283 页。
⑤ 《邓小平文选》第 2 卷，人民出版社 1994 年版，第 143 页。
⑥ 《邓小平文选》第 3 卷，人民出版社 1993 年版，第 377 页。
⑦ 《邓小平文选》第 3 卷，人民出版社 1993 年版，第 368 页。
⑧ 《邓小平文选》第 3 卷，人民出版社 1993 年版，第 377 页。
⑨ 《邓小平文选》第 3 卷，人民出版社 1993 年版，第 320 页。
⑩ 《邓小平文选》第 3 卷，人民出版社 1993 年版，第 354 页。
⑪ 《邓小平文选》第 3 卷，人民出版社 1993 年版，第 375 页。

于强调稳就可能丧失时机，稳定和协调是相对的。

其五，注重整体优化。"事实"是一个有机整体，系统把握"事实"是为了实现整体优化。为了实现整体优化，邓小平在马克思主义发展史上首次提出"联系和配合"方法。革命战争年代，他要求武装、政权、群众、党四种革命力量加强"联系和配合"，"根据地的党的责任是要善于掌握几种力量的联系与配合"，① 要求"合法斗争与非法斗争"必须"密切配合"，认为这两者"惟有互相配合，才能收到大的效果"。② 改革开放时期，他要求多项现代化建设任务要加强联系和配合，认为"各种任务之间又有相互依存的关系……不能顾此失彼"，③ "需要综合平衡，不能单打一"。④

三要运用"比较""试验""透过现象抓住本质"等把握"事实"的具体方法。邓小平把辩证唯物主义认识论基本原理运用于对"事实"的把握上，提出了一系列把握"事实"的具体方法。

其一，"比较"。"比较"是一种通过对不同"事实"间的对照分析，深刻把握具体"事实"的具体特点的有效方法。邓小平运用正反两方面的比较，凸显坚持党的基本路线的必要性，认为坚持党的基本路线，人民才会相信党、拥护党；不坚持党的基本路线"只能是死路一条"，⑤ 谁要改变党的基本路线"老百姓不答应，谁就会被打倒"。⑥ 他通过中外比较，强调中国必须抓住机遇、加快发展。他认为，从国际经验来看，日本、东南亚一些国家和地区"都曾经有过高速发展时期，或若干高速发展阶段"，与上述国家和地区相比，中国国内外环境都很好，再加上制度优势的有效发挥，因此，中国"出现若干个发展速度比较快、效益比较好的阶段"，⑦ 既是必要的，也是能够办到的。他从现实的视角，对社会主义与资本主义进行比较，指出："社会主义同资本主义比较，它的优越性就在于能做到全国一盘棋，集中力量，保证重点。缺点在于市场运用得不好，经济搞得

---

① 《邓小平文选》第 1 卷，人民出版社 1994 年版，第 66 页。
② 《邓小平文选》第 1 卷，人民出版社 1994 年版，第 60 页。
③ 《邓小平文选》第 2 卷，人民出版社 1994 年版，第 249~250 页。
④ 《邓小平文选》第 2 卷，人民出版社 1994 年版，第 250 页。
⑤ 《邓小平文选》第 3 卷，人民出版社 1993 年版，第 370 页。
⑥ 《邓小平文选》第 3 卷，人民出版社 1993 年版，第 371 页。
⑦ 《邓小平文选》第 3 卷，人民出版社 1993 年版，第 377 页。

不活。"①

其二，"试验"。"试验"可以通过实践的反复检验，总结经验、吸取教训，加深对具体"事实"的认识。邓小平创造性传承了毛泽东的"试点"方法，认为"基层单位领导制度的改革，要先在少数单位进行试点"，② 并对之加以创新性发展，在马克思主义发展史上首次提出"试验"方法，强调"我们最大的试验是经济体制的改革"。③ 他认为，经济体制改革与政治体制改革都可以运用这一方法。就经济体制改革而言，要允许和鼓励"试验"，先从局部、一个地区、一个行业做起，逐步推开，通过"试验"可以及时发现和解决矛盾，"这样我们才能进步得比较快"；④ 就政治体制改革而言，也可以采取"试验"方法，"先搞一两个部门"，取得典型经验，做到"心中有数，事情好办"。⑤

为什么必须要"试验"呢？邓小平认为，改革开放是"一项新事业""一场革命"，只能"摸着石头过河"，认为深圳经济特区是书本上没有的"很大的试验"，⑥ 以城市经济体制改革为中心的全面改革是"伟大的实验"，⑦ 中国特色社会主义事业是一项崭新的事业，马克思主义经典作家没有讲过，前人和其他社会主义国家也没有干过，没有现成的经验可以借鉴，"只能在干中学，在实践中摸索"。⑧ 进而，他认为，"试验"方法可以较小的代价来试错、总结经验、探索规律、摸索前进、更快进步，因此对于我国的改革开放事业，非常适合，极为必要，认为只有通过"试验"及时发现和解决矛盾，"才能进步得比较快"，⑨ "我们现在做的事都是一个试验。对我们来说，都是新事物，所以要摸索前进。既然是新事物，难免要犯错误"，⑩ 我们可以通过"试验"，抓紧改正错误。

如何进行"试验"呢？邓小平认为，必须做到以下几点：一是"胆子要大"。

① 《邓小平文选》第 3 卷，人民出版社 1993 年版，第 16~17 页。
② 《邓小平文选》第 2 卷，人民出版社 1994 年版，第 359 页。
③ 《邓小平文选》第 3 卷，人民出版社 1993 年版，第 130 页。
④ 《邓小平文选》第 2 卷，人民出版社 1994 年版，第 150 页。
⑤ 《邓小平文选》第 2 卷，人民出版社 1994 年版，第 399 页。
⑥ 《邓小平文选》第 3 卷，人民出版社 1993 年版，第 130 页。
⑦ 《邓小平文选》第 3 卷，人民出版社 1993 年版，第 156 页。
⑧ 《邓小平文选》第 3 卷，人民出版社 1993 年版，第 259 页。
⑨ 《邓小平文选》第 2 卷，人民出版社 1994 年版，第 150 页。
⑩ 《邓小平文选》第 3 卷，人民出版社 1993 年版，第 174 页。

既然是"试验",就必然会有风险,因此必须"胆子要大""要有勇气",他认为改革是"够大胆的"事,是"中国的第二次革命","我们的方针是,胆子要大",①"要克服一个怕字,要有勇气"。② 二是"步子要稳"。由于"试验""涉及人民的切身利益""影响成亿的人",因此必须以高度的责任感,走稳每一步,"步子要稳,走一步,看一步"。③ 三是"总结经验"。他认为,"试验"的价值就在于以较小的代价,换来以后更好的发展,指出:"关键是要善于总结经验,哪一步走得不妥当,就赶快改。"④

其三,"透过现象抓住本质"。认识的根本任务在于透过现象看本质。邓小平既从正面明确要求文艺工作者要"提高自己认识生活、分析生活、透过现象抓住事物本质的能力",⑤ 又从反面警醒,如果不能透过现象抓住本质,就不能"真正纠正错误",只有抓住本质,才能"从根本上而不是从枝节上解决问题"。⑥ 他运用"透过现象抓住本质"方法,揭示了形式主义、官僚主义的主观根源在于极端个人主义,揭示了社会主义的本质在于解放和发展生产力。

四要尊重"历史事实"。邓小平强调,对毛泽东的评价不能"违背历史事实",⑦ 坚决反对对毛泽东的错误写过头,认为这是给党、国家抹黑。他强调之所以要坚持毛泽东思想的指导,是因为"历史事实"证明毛泽东思想能够指导中国革命取得胜利,认为遵义会议后,正是在毛泽东思想的指导下,中国革命才取得了一个又一个胜利,"这种事实我们大家都知道得很清楚"。⑧

邓小平所说的"历史事实"有着丰富的内涵。一是指历史条件。他认为,历史唯物主义者研究和解决任何问题都需要一定的历史条件。二是指历史知识。他强调要让年轻人"学点历史",指出:"也要学点历史。青年人不知道我们的历史,特别是中国革命、中国共产党的历史",⑨ 要求对青年加强历史教育,使他

---

① 《邓小平文选》第3卷,人民出版社1993年版,第113页。
② 《邓小平文选》第3卷,人民出版社1993年版,第367页。
③ 《邓小平文选》第3卷,人民出版社1993年版,第113页。
④ 《邓小平文选》第3卷,人民出版社1993年版,第113页。
⑤ 《邓小平文选》第2卷,人民出版社1994年版,第211页。
⑥ 《邓小平文选》第2卷,人民出版社1994年版,第382页。
⑦ 《邓小平文选》第2卷,人民出版社1994年版,第302页。
⑧ 《邓小平文选》第1卷,人民出版社1994年版,第88页。
⑨ 《邓小平文选》第2卷,人民出版社1994年版,第304页。

们掌握历史知识，进而他要求所有中国人都"要懂得些中国历史"，指出："我是一个中国人，懂得外国侵略中国的历史"，"要懂得些中国历史，这是中国发展的一个精神动力"。① 这里的"历史"，即历史知识。三是指历史表现。他强调要"历史地看干部"，即"不仅要看他过去的历史，也要看他在同林彪、'四人帮'斗争中的表现"。② 这里的"历史地看干部"，旨在要求考察干部的历史表现。四是指历史结论。1979 年 3 月 30 日，他在党的理论工作务虚会上强调，"只有社会主义才能救中国"是中国人民从近代中国历史发展中"得出的不可动摇的历史结论"。③ 五是指历史进程。1987 年 2 月 18 日，他在会见加蓬总统邦戈时回顾总结了近代中国的历史进程。为了甩掉"东亚病夫"的帽子，孙中山先学习西方资本主义，觉得不行，后提出"以俄为师"，开展国共合作，取得了北伐战争的胜利。孙中山逝世以后，在帝国主义、封建主义和官僚资本主义压迫下，中国继续积贫积弱。他强调"这个历史告诉我们"，④ 只有社会主义才能救中国。这里的"历史"，是指"历史进程"。六是指历史事件。他要求"对建国三十年来历史上的大事"，"进行实事求是的分析"，"做出公正的评价"。⑤ 这里的"历史上的大事"，就是指历史事件。

由于"历史事实"是不断发展的。因此，邓小平强调，尊重"历史事实"，就必须"分析和解决新的历史条件下存在的问题"，认为这是为了更好地完成新时期的历史任务，如果不这样做，"就不能够恢复和发扬政治工作的优良传统，就不能够在没有打仗的情况下提高部队战斗力"。⑥ 这一方法，在马克思主义发展史上是首次提出的，把马克思主义发展观运用于对"历史事实"的分析，是对马克思主义历史分析方法的创新性发展。

(4)创造性发展中国化的马克思主义方法论的基本内容。邓小平在运用马克思主义方法论解决我国改革开放实际问题的实践中，创造性发展了中国化的马克思主义方法论的基本内容。

---

① 《邓小平文选》第 3 卷，人民出版社 1993 年版，第 357、358 页。
② 《邓小平文选》第 2 卷，人民出版社 1994 年版，第 74~75 页。
③ 《邓小平文选》第 2 卷，人民出版社 1994 年版，第 166 页。
④ 《邓小平文选》第 3 卷，人民出版社 1993 年版，第 206 页。
⑤ 《邓小平文选》第 2 卷，人民出版社 1994 年版，第 292 页。
⑥ 《邓小平文选》第 2 卷，人民出版社 1994 年版，第 121 页。

一是"独立自主"。邓小平强调，"独立自主"是中国革命和建设的基本"立足点"，① "真正体现了马克思主义"。② 什么是"独立自主"？他认为，"独立自主"的基本涵义是每个国家都有权根据本国情况处理本国事务，不受任何外来干涉，即"任何国家的共产党只有根据自己的特点来决定自己的道路和走这条道路的方式，这就是独立自主"。③ 具体而言，"独立自主"意味着必须维护国家主权独立，他强调，中国人民珍惜"独立自主"权利，"任何外国不要指望中国""做他们的附庸""会吞下损害我国利益的苦果"；④ 意味着中国革命和建设必须从中国实际出发，走适合中国实际情况的道路，他强调"世界上的问题不可能都用一个模式解决"，⑤ 各个国家都有自己解决问题的模式，认为无论是过去搞民主革命，还是现在搞建设，都"要适合中国情况"；⑥ 意味着借鉴外国经验必须以坚持中国特色为前提，他强调，我国的现代化建设和改革开放必须从中国的实际出发，从中国自己的条件出发，并发出告诫："照抄照搬别国经验、别国模式，从来不能得到成功"，⑦ 因为每个国家的基础、历史、环境等方面各不相同，所以不能照搬别国经验，"中国只能搞中国的社会主义"。⑧

二是"批评与自我批评"。邓小平强调，"批评与自我批评"是党的三大优良作风之一，是中国共产党"区别于其他政党的主要标志之一"，⑨ 是党的主要思想方法和工作方法。"批评与自我批评"不仅是"解决思想战线混乱问题的主要方法"，⑩ 而且是"正确处理人民内部矛盾的主要方法"，⑪ 是每一个共产党员的应尽义务。

如何正确开展"批评与自我批评"呢？邓小平清醒认识到"开展批评很不容

① 《邓小平文选》第3卷，人民出版社1993年版，第3页。
② 《邓小平文选》第3卷，人民出版社1993年版，第191页。
③ 冷溶、汪作玲：《邓小平年谱(1975—1997)》下，中央文献出版社2004年版，第881页。
④ 《邓小平文选》第3卷，人民出版社1993年版，第3页。
⑤ 《邓小平文选》第3卷，人民出版社1993年版，第261页。
⑥ 《邓小平文选》第2卷，人民出版社1994年版，第163页。
⑦ 《邓小平文选》第3卷，人民出版社1993年版，第2页。
⑧ 《邓小平文选》第3卷，人民出版社1993年版，第265页。
⑨ 《邓小平文选》第2卷，人民出版社1994年版，第389页。
⑩ 《邓小平文选》第3卷，人民出版社1993年版，第46页。
⑪ 《邓小平文选》第2卷，人民出版社1994年版，第392页。

易，自我批评更不容易"，① 为了正确开展"批评与自我批评"，他要求：一要讲求时效性。他主张对违纪党员，要迅速地、及时地"给予批评和教育"，② 从而帮助他们改正错误，不使小错铸成大错。二要讲求民主性。他要求"批评与自我批评"必须采取民主的方针、态度和方法。所谓民主的方针，主要指"不抓辫子、不扣帽子、不打棍子"③的"三不主义"的方针。他认为，只有采取民主的方针，才能广开言路，充分反映各方面的意见，集中正确的意见。所谓民主的态度，就是"说理的态度"，即"批评要采取民主的说理的态度"，④ 就是"允许出气"的态度，即"应该允许出气，出气是对没有民主的惩罚"。⑤ "出'气'的方法有两种，一种叫集中出，一种叫分散出。小出'气'了，就不大出'气'了；有'小闹事'，就没有'大闹事'了；有小民主，就不大民主了"。⑥ 所谓民主的方法，就是不搞压制、注意分寸的方法，即"不能采取压制、打击的手段"。⑦ "批评的方法要讲究，分寸要适当，不要搞围攻、搞运动。"⑧三要讲求科学性。他坚决反对简单、粗暴、残酷斗争、无情打击的做法，坚决反对以偏概全、草木皆兵、以势压人、强词夺理的做法，倡导运用马克思主义立场、观点、方法摆事实、讲道理，欢迎和鼓励"进行诚恳的自我批评"。⑨

三是"理论与实践相结合"。邓小平高度重视"理论与实践相结合"，强调这是"一个马克思主义的根本观点，根本方法"，⑩ 是毛泽东在党的七大确立的党的"三大作风的第一项"，⑪ 是马克思主义中国化的"最基本的思想方法、工作方法"，"一切共产党员所必须牢牢记住的最基本的思想方法、工作方法"，⑫ 是正

① 《邓小平文选》第 2 卷，人民出版社 1994 年版，第 389 页。
② 《邓小平文选》第 1 卷，人民出版社 1994 年版，第 244 页。
③ 《邓小平文选》第 2 卷，人民出版社 1994 年版，第 187 页。
④ 《邓小平文选》第 2 卷，人民出版社 1994 年版，第 392 页。
⑤ 冷溶、汪作玲：《邓小平年谱》(1975—1997)上，中央文献出版社 2004 年版，第 448 页。
⑥ 中共中央文献研究室：《邓小平文集》中卷，人民出版社 2014 年版，第 291 页。
⑦ 《邓小平文选》第 2 卷，人民出版社 1994 年版，第 144 页。
⑧ 《邓小平文选》第 2 卷，人民出版社 1994 年版，第 390 页。
⑨ 《邓小平文选》第 3 卷，人民出版社 1993 年版，第 47 页。
⑩ 《邓小平文选》第 2 卷，人民出版社 1994 年版，第 114 页。
⑪ 《邓小平文选》第 2 卷，人民出版社 1994 年版，第 117 页。
⑫ 《邓小平文选》第 2 卷，人民出版社 1994 年版，第 114 页。

确解决问题的关键。他认为，列宁之所以伟大就在于他能够理论联系实际，"从实际、逻辑、哲学思想、共产主义理想上找到革命道路"。①

四是"群众路线"。邓小平认为，以人民为主体是马克思主义的一贯思想，指出："马克思主义向来认为，归根结底地说来，历史是人民群众创造的。"②他强调，党的力量来自人民，党与人民密不可分，群众路线是党的"传家宝。"

邓小平创造性地把党的"群众路线"落实于实际工作中，化为系统科学的群众工作方法论。这一方法论的主要内容包括：

其一，"从群众中来，到群众中去"。邓小平强调，能否采取这一方法是"党的领导工作能否保持正确"③的决定性因素。他从反面告诫，如果不认识这一方法的重要性，就会犯主观主义错误，就不能真正地解决"党同人民群众的关系"。他认为，如果自以为是，"遇事不向群众学习，不同群众商量"，他们的意见就会"在群众中行不通"。他强调只有科学运用这一方法，"认真地总结群众的经验，集中群众的智慧"，④ 才能"领导群众前进""及时地发现和纠正错误"，⑤ 认为"从群众中来"就是调查研究、总结和集中群众经验和群众意见，正确运用"从群众中来，到群众中去"方法，就必须"不断地同群众商量，不断地研究群众的实践"。⑥

其二，尊重群众意愿。邓小平强调："我们必须以人民高兴不高兴、满意不满意、赞成不赞成、答应不答应作为想问题办事情的出发点和归宿。"⑦他认为，尊重群众意愿，意味着必须考虑群众的需要，对忽略群众需要、不注意解决群众需要的问题的现象，他进行了深刻反思，强调社会主义建设工作应该"面对群众，发现问题，解决问题"；⑧ 意味着必须尊重群众的首创精神，他强调，中国共产党"没有超乎人民群众之上的权力……没有向人民群众实行恩赐、包办、强迫命

① 《邓小平文选》第3卷，人民出版社1993年版，第292页。
② 《邓小平文选》第1卷，人民出版社1994年版，第217页。
③ 《邓小平文选》第1卷，人民出版社1994年版，第217页。
④ 《邓小平文选》第1卷，人民出版社1994年版，第218~219页。
⑤ 《邓小平文选》第1卷，人民出版社1994年版，第219页。
⑥ 《邓小平文选》第1卷，人民出版社1994年版，第219页。
⑦ 《十五大报告辅导读本》，人民出版社1997年版，第349页。
⑧ 《邓小平文选》第1卷，人民出版社1994年版，第268页。

令的权力……没有在人民群众头上称王称霸的权力"，① 坦诚自己的功劳是把"群众的智慧""概括起来，加以提倡"，② "农村搞家庭联产承包"是群众创造出来的，"发明权是农民的"。③

其三，"密切联系群众和依靠群众"。邓小平把能否"依靠群众、密切联系群众"视为评判一个工作人员的重要标准，强调"官僚主义、命令主义"的错误在于"脱离群众"；视为中国共产党顺利完成各项任务的必然要求，要求党必须"密切联系群众和依靠群众"，④ 强调党只有依靠群众、密切联系群众，才能"顺利地完成自己的各项任务"；⑤ 视为工人阶级完成历史使命的必然要求，强调工人阶级必须依靠群众力量，才能"实现自己的历史使命"；⑥ 视为解决问题、克服困难的有效手段，强调只要信任群众、密切联系群众，任何问题都可以解决、"再大的困难也是能够克服的"。⑦

邓小平强调，"密切联系群众和依靠群众"，必须"听取群众的呼声，同群众商量办事"。他明确要求广大党员干部必须"深入群众倾听他们的呼声"，⑧ 养成"遇事同群众商量"的工作作风；要求每个地方、每个单位遇到任何问题，都要"主动向群众宣传和解释……注意听取群众的呼声，同群众商量办事"；⑨ 要求党的组织、党员和党的干部必须"同群众打成一片"。⑩ 他从反面告诫，如果脱离实际，脱离群众，"将来一定要栽大跟头"，⑪ 会一事无成。他清醒地认识到，中国共产党作为"在全国执政的党"，脱离群众的危险和危害，"比以前大大地增加了"，⑫ 强调认真贯彻和执行群众路线、密切联系群众，意义特别重大。他严厉

---

① 《邓小平文选》第 1 卷，人民出版社 1994 年版，第 218 页。
② 《对中共十四大报告送审稿的意见》，《人民日报》1992 年 10 月 24 日，第 2 版。
③ 《邓小平文选》第 3 卷，人民出版社 1993 年版，第 382 页。
④ 《邓小平文选》第 1 卷，人民出版社 1994 年版，第 217 页。
⑤ 《邓小平文选》第 2 卷，人民出版社 1994 年版，第 342 页。
⑥ 《邓小平文选》第 1 卷，人民出版社 1994 年版，第 217 页。
⑦ 《邓小平文选》第 2 卷，人民出版社 1994 年版，第 229 页。
⑧ 《邓小平文选》第 3 卷，人民出版社 1993 年版，第 146 页。
⑨ 《邓小平文选》第 2 卷，人民出版社 1994 年版，第 229 页。
⑩ 《邓小平文选》第 2 卷，人民出版社 1994 年版，第 368 页。
⑪ 中共中央文献研究室：《邓小平年谱(1904—1974)》下，中央文献出版社 2009 年版，第 1351 页。
⑫ 《邓小平文选》第 1 卷，人民出版社 1994 年版，第 221 页。

批评了在"一些高级干部"中存在的"迎送吃喝""封锁交通""大肆宣扬"等"种种严重脱离群众"[①]的现象，要求"大力加强党的组织、党员同群众的联系"，"坚决批评和纠正各种脱离群众[②]的错误。

其四，要解决群众的切身利益问题。邓小平强调，为人民谋利益是无产阶级政党的奋斗目标，其定位是人民群众完成历史任务的一种工具，其宗旨是全心全意为人民服务，因此它必须把群众组织起来，"为自己的利益和意志而斗争"[③]。他强调，物质利益原则是唯物主义的基本观点，认为"革命是在物质利益的基础上产生的，如果只讲牺牲精神，不讲物质利益，那就是唯心论"[④]。他强调，人民利益原则是中国共产党人的最高准绳和工作要求，要求每一个党员必须坚持"一切以人民利益"为"最高准绳"[⑤]，一切事情都必须符合人民的利益。他认为，调动人民的积极性就必须切实解决人民的具体利益需求，"光空讲不行"[⑥]，要切实帮助他们解决具体问题。

邓小平运用物质利益原则，提出了"精神鼓励为主、物质鼓励为辅的方针"，主张把奖惩制度同物质利益联系起来，强调精神鼓励是必要的，"但物质鼓励也不能缺少"，主张恢复奖金制度，建议"赏罚、升降必须同物质利益联系起来"，要求在管理人员和工人的待遇方面"真正做到按劳分配"[⑦]，要求广大党员干部思考如何使人民的物质生活、"文化生活、精神面貌好一些"[⑧]，要求党的组织、党员"采取各种办法保护和争取人民的利益"，要求建设目标"必须把经济的发展使人民生活得到的改善反映出来"[⑨]。

其五，要"教育说服"。邓小平强调，"教育说服"是共产党员必须掌握的重要工作方法，指出："无论在农村也好，在城市、工厂也好，我们的党员进行工

---

① 《邓小平文选》第2卷，人民出版社1994年版，第330页。
② 《邓小平文选》第2卷，人民出版社1994年版，第368页。
③ 《邓小平文选》第1卷，人民出版社1994年版，第218页。
④ 《邓小平文选》第2卷，人民出版社1994年版，第146页。
⑤ 《邓小平文选》第1卷，人民出版社1994年版，第257页。
⑥ 《邓小平文选》第2卷，人民出版社1994年版，第56页。
⑦ 《邓小平文选》第2卷，人民出版社1994年版，第102、102、151、130页。
⑧ 《邓小平文选》第2卷，人民出版社1994年版，第128页。
⑨ 冷溶、汪作玲：《邓小平年谱（1975—1997）》上，中央文献出版社2004年版，第685、657页。

作时要用充分教育说服的方法"，① "要能够用道理说服人，这才算是共产党"；② "教育说服"是坚持群众路线的基本要求，"坚持群众路线同充分的宣传、说服工作不能分开，不用充分的说服方法来进行工作，不可能有群众路线"；③ "教育说服"是开展群众工作的重要方法，开展群众工作一定要"坚持说服的工作方法，反对命令主义"，④ 耐心对群众做好解释说明工作，"决不能希望用三言两语的命令解决问题"；⑤ "教育说服"是解决思想问题、开展思想斗争、统一群众思想的主要方法，明确要求对思想问题不能压服而必须说服，采取"教育、引导为主"⑥的方法。

如何进行"教育说服"呢？一要"透彻说理"。邓小平认为，历史经验证明，不采取"透彻说理、从容讨论的办法"，就无法成功"解决群众性的思想教育问题"。⑦ "透彻说理"是指站在马克思主义立场上，通过充分的实事求是的分析、摆事实、讲道理，以理服人、说服引导，赢得群众的理解支持。二要辅之以行政手段和法律手段。他认为，"疏导，也包括运用法律的手段"，强调"必要时采取一些行政手段和法律手段"，"也不能排除使用某种专政手段，使用纪律、法律手段"。⑧ 以透彻说理为前提和基础，辅之以法律手段、行政手段，多管齐下地开展群众性的思想教育和疏导工作，是邓小平结合改革开放时代思想政治教育领域出现的新变化而提出来的，是对马克思主义思想政治教育方法论的创新性发展。

其六，要"以身作则"。俗话说"喊破嗓子不如干出样子"。邓小平强调，做群众工作，必须"以身作则"、率先垂范，才能感染、带动群众，取得良好工作效果。他要求包括他自己在内的中央顾问委员会的老同志，"要联系群众"，"在保持党的优良作风方面以身作则"，强调"搞精神文明，关键是以身作则"；⑨ 他

---

① 中共中央文献研究室：《邓小平文集》中卷，人民出版社 2014 年版，第 209 页。
② 中共中央文献研究室：《邓小平文集》上卷，人民出版社 2014 年版，第 67 页。
③ 中共中央文献研究室：《邓小平文集》中卷，人民出版社 2014 年版，第 206 页。
④ 中共中央文献研究室：《邓小平文集》中卷，人民出版社 2014 年版，第 207 页。
⑤ 《邓小平文选》第 2 卷，人民出版社 1994 年版，第 356 页。
⑥ 《邓小平文选》第 3 卷，人民出版社 1993 年版，第 211 页。
⑦ 《邓小平文选》第 2 卷，人民出版社 1994 年版，第 336 页。
⑧ 《邓小平文选》第 3 卷，人民出版社 1993 年版，第 194、208、211 页。
⑨ 《邓小平文选》第 3 卷，人民出版社 1993 年版，第 7 页。

强调"群众的眼睛都盯着"，认为如果部队领导干部特别是高级干部在纠正不正之风方面能够"以身作则"，"下面就好办"；① 他强调"群众对干部总是要听其言，观其行的"，认为部队领导干部特别是高级干部"以身作则非常重要"，告诫如果干部不能"以身作则"，"就带不出好兵"，"带不出部队的好风气，就出不了战斗力"；② 他要求党员尤其是党的高级负责干部在改革开放年代更要高度重视道德修养、模范践行社会主义共产主义道德规范；要求思想政治工作者中的党员干部，"凡是需要动员群众做的"必须"首先从自己做起"，③ 要求部队政治干部"更要强调以身作则"，④ "恢复和发扬政治工作的优良传统"要"靠政治干部以身作则"。⑤

五是阶级分析。邓小平强调，阶级斗争客观存在于我国社会主义社会，确立了正确处理我国社会阶级矛盾的基本原则和辩证方法，即既"不应该缩小"也"不应该夸大"，⑥ 既要反对阶级斗争"扩大化"也要反对阶级斗争"熄灭"论。

邓小平非常善于运用阶级分析法。他运用这一方法，全面分析了我国的社会阶级状况，认为"我国的社会阶级状况发生了根本的变化"，⑦ 工人阶级处于领导地位，农民已成为集体农民，工农联盟更加巩固和发展，知识分子已经成为工人阶级的一部分，绝大多数资本家阶级已改造成为自食其力的社会主义劳动者；深刻剖析了中国式民主与西式民主在阶级基础、阶级性质上的根本不同，强调要把二者严格区别开来，"不能搞西方那一套"，认为中国式民主是中国共产党领导的人民当家做主的社会主义民主，而西式民主实质上是垄断资产阶级的民主。

### 5. 创造性运用马克思主义方法论，开启改革开放伟大实践

邓小平创造性运用马克思主义方法论，开辟"建设有中国特色的社会主义的道路"。他非常重视对社会主义的认识，要求搞清楚"什么叫社会主义""怎么样

---

① 《邓小平文选》第2卷，人民出版社1994年版，第125页。
② 《邓小平文选》第2卷，人民出版社1994年版，第124页。
③ 《邓小平文选》第2卷，人民出版社1994年版，第342页。
④ 《邓小平文选》第2卷，人民出版社1994年版，第124页。
⑤ 《邓小平文选》第2卷，人民出版社1994年版，第125页。
⑥ 《邓小平文选》第2卷，人民出版社1994年版，第182页。
⑦ 《邓小平文选》第2卷，人民出版社1994年版，第185页。

建设和发展社会主义"。① 他从中国实际出发，创造性运用马克思主义方法论，深化和发展了对社会主义的认识，创造性提出了"中国式的现代化"②"中国式的现代化道路"③"中国式的社会主义"④等范畴，首次提出"建设有中国特色的社会主义的道路"范畴，指出："我们建设的社会主义，是有中国特色的社会主义。"⑤"这条道路叫做建设有中国特色的社会主义的道路。我们相信，这条道路是可行的，是走对了。"⑥"为什么说我们是独立自主的？就是因为我们坚持有中国特色的社会主义道路。"⑦

"建设有中国特色的社会主义的道路"有两层基本涵义：一是中国搞的是社会主义。他强调："在改革中坚持社会主义方向，这是一个很重要的问题。"⑧为什么中国必须要坚持社会主义呢？邓小平运用历史分析方法，给予了解答，既从正面强调中国革命与建设的成功，"靠的是马克思主义，是社会主义"，又从反面说明国民党20多年的历史证明：资本主义道路在中国走不通，警醒人们如果不搞社会主义，中国就无法摆脱混乱和贫困落后状态。二是中国搞的社会主义富有中国特色。他强调，建设有中国特色的社会主义是坚持马克思主义的需要，是坚持"结合"原则的需要，我们搞的社会主义必须是"切合中国实际的有中国特色的社会主义"。⑨ 为什么中国搞的社会主义必须要有中国特色呢？他认为，这是由于各国情况不同。他认为，由于各国的条件、基础、历史、环境等各不相同，所以中国搞社会主义，政策自然也应有区别，不能照搬别国经验，而必须"要有中国的特色"，⑩"只能搞中国的社会主义"，⑪ 这是总结历史经验教训得出的结论。他认为，过去照搬苏联模式，带来很多问题，要解决好问题就必须"建设的

① 《邓小平文选》第3卷，人民出版社1993年版，第369页。
② 《邓小平文选》第3卷，人民出版社1993年版，第29页。
③ 《邓小平文选》第2卷，人民出版社1994年版，第163页。
④ 《邓小平文选》第3卷，人民出版社1993年版，第372页。
⑤ 《邓小平文选》第3卷，人民出版社1993年版，第29页。
⑥ 《邓小平文选》第3卷，人民出版社1993年版，第65~66页。
⑦ 《邓小平文选》第3卷，人民出版社1993年版，第311页。
⑧ 《邓小平文选》第3卷，人民出版社1993年版，第138页。
⑨ 《邓小平文选》第3卷，人民出版社1993年版，第63页。
⑩ 《邓小平文选》第3卷，人民出版社1993年版，第213页。
⑪ 《邓小平文选》第3卷，人民出版社1993年版，第265页。

是具有中国自己特色的社会主义"。①

　　关于邓小平对"建设有中国特色的社会主义的道路"的开创性贡献，江泽民曾指出："没有毛泽东同志的领导，就没有新中国的建立；没有邓小平同志的领导，就没有建设有中国特色社会主义道路的开创。"②这一开创性贡献主要表现在以下几个方面：

　　(1)开创性提出"三个有利于"标准。邓小平创造性运用马克思主义真理观和唯物史观，提出了判断一切工作得失的"三个有利于"标准，即是否有利于"发展社会主义社会的生产力""增强社会主义国家的综合国力""提高人民的生活水平"。③ 根据这个标准，他得出了特区姓"社"不姓"资"的结论。"三个有利于"标准，是对马克思主义实践标准、生产力标准、人民利益标准的创造性应用和有机统一，是科学认识社会主义的根本方法。在"三个有利于"标准中，生产力标准居于首要的核心地位，是"压倒一切的标准"，只有生产力发展了，综合国力才能增强，人民生活水平才能提高。邓小平认为，社会主义首先就是要发展生产力，社会主义优越性要通过生产力发展表现出来，"社会主义经济政策对不对，归根到底要看生产力是否发展"，④ 强调"发展生产力"和"共同致富"是社会主义的两大基本原则。

　　(2)开创性提出"社会主义本质论"。根据"三个有利于"标准与社会主义的两大基本原则，邓小平对社会主义的本质进行了经典性阐释，指出："社会主义的本质，是解放生产力，发展生产力，消灭剥削，消除两极分化，最终达到共同富裕。"⑤他强调，只有坚持四项基本原则、解放和发展生产力，才能搞好社会主义。他以"社会主义本质论"为根本依据，采取排除法，以辩证性思维澄清了关于社会主义本质的各种错误看法，提出了一系列科学认识社会主义的基本方法和主要观点：

　　其一，"贫穷不是社会主义"。邓小平从唯物史观出发，阐释了这一观点的理论依据，认为马克思主义的最高目的就是实现共产主义，而"共产主义是建立

----

① 《邓小平文选》第3卷，人民出版社1993年版，第261页。
② 《十五大以来重要文献选编》上，人民出版社2000年版，第679页。
③ 《邓小平文选》第3卷，人民出版社1993年版，第372页。
④ 《邓小平文选》第2卷，人民出版社1994年版，第314页。
⑤ 《邓小平文选》第3卷，人民出版社1993年版，第373页。

在生产力高度发展的基础上的"。① 继而，他阐释了这一观点的实践依据，指出："从一九五八年到一九七八年这二十年的经验告诉我们：贫穷不是社会主义。"②"社会主义如果老是穷的，它就站不住。"③在此基础上，他明确提出我们不要资本主义、"也不要贫穷的社会主义"，④"贫穷不是社会主义"⑤等论断。

其二，"发展太慢也不是社会主义"。邓小平阐释了这一观点的理论依据，强调马克思主义历史唯物主义观点认为，"社会主义要优于资本主义，它的生产发展速度应该高于资本主义"，⑥ 如果社会主义国家在长时期内落后于资本主义国家，社会主义制度的优越性就无法发挥和体现出来。继而，他阐释了这一观点的实践依据，认为我国社会主义建设的实践经验证明，社会主义制度优越性的根本表现是生产力的迅速发展，社会主义的中心任务是发展生产力、摆脱贫穷，而要摆脱贫穷，就要找出一条比较快的发展道路。

其三，平均主义不是社会主义。平均主义是平等观念在分配领域的集中体现。农民与小生产者基于自给自足的贫困状态，渴盼社会公平、改变自身贫困状况，追求平等、平均，主张均贫富，这种思想观念在封建社会具有历史进步性。但是，社会主义社会建立在社会化大生产的基础上，无产阶级主张政治上社会地位平等，经济上实行以按劳分配为主体的分配方式。平均主义既与无产阶级的政治主张根本不同，也与"按劳分配"背道而驰；既不利于生产领域劳动者积极性、劳动效率的提高，也不利于正确处理生产和分配的关系，制约了发展，使社会主义丧失了应有的生机和活力，造成了共同贫困、"大锅饭"现象。邓小平吸取过去的教训，明确认为平均主义不是社会主义，而是"共同落后，共同贫穷"。⑦

其四，两极分化也不是社会主义。邓小平既从正面强调，"先富"是手段，"共富"是目的，明确反对"两极分化"，公开声明："我们不会容许产生新的资产

---

① 《邓小平文选》第 3 卷，人民出版社 1993 年版，第 116 页。
② 《邓小平文选》第 3 卷，人民出版社 1993 年版，第 116 页。
③ 《邓小平文选》第 2 卷，人民出版社 1994 年版，第 191 页。
④ 《邓小平文选》第 2 卷，人民出版社 1994 年版，第 231 页。
⑤ 《邓小平文选》第 3 卷，人民出版社 1993 年版，第 225 页。
⑥ 《邓小平文选》第 2 卷，人民出版社 1994 年版，第 312 页。
⑦ 《邓小平文选》第 3 卷，人民出版社 1993 年版，第 155 页。

阶级",① 又从反面发出警醒:"如果导致两极分化,改革就算失败了",② 因为如果搞两极分化,民族矛盾、区域间矛盾、阶级矛盾、中央和地方的矛盾"都会发展",就"可能出乱子"。③

其五,"计划多一点还是市场多一点,不是社会主义与资本主义的本质区别"。这是一个崭新论断。邓小平对计划经济与市场经济进行了历史唯物主义分析,认为"搞计划经济""计划经济为主"④等说法是学苏联的,市场经济早在封建社会就有了萌芽,明确主张"社会主义也可以搞市场经济"。⑤ 他对这一论断的科学内涵进行了总结凝练,认为"计划经济"与"市场经济"不能分别等同于"社会主义"与"资本主义",⑥ 资本主义也有计划调节手段,社会主义也有市场调节手段,"社会主义与市场经济之间不存在根本矛盾"。⑦ 这一论断,从根本上突破了社会主义就只能搞计划经济的传统观念的束缚。他对这一论断的合理之处给出了令人信服的解释,认为"计划和市场都是方法",⑧ 计划和市场的性质取决于它们为哪一种社会制度服务,资本主义国家如日本和美国都有计划。此外,他还提出了没有民主搞不好社会主义、没有法制也搞不好社会主义,没有物质文明建不成社会主义、没有精神文明也建不成社会主义,思想僵化建不成社会主义、社会动荡也建不成社会主义等观点。

(3)开创性提出"社会主义根本任务论"。1950年5月,邓小平在报告中指出,如果不重视发展社会生产力,"就违背了马克思主义理论"。⑨ 改革开放后,他在总结吸取过去的经验教训、审视中国社会发展现实的基础上,科学总结了社会主义社会的主要矛盾,并以此为据,强调"集中力量发展社会生产力"是"最根本的拨乱反正",⑩ 决定把党的工作重心转移到以经济建设为中心上来。

---

① 《邓小平文选》第 3 卷,人民出版社 1993 年版,第 172 页。
② 《邓小平文选》第 3 卷,人民出版社 1993 年版,第 139 页。
③ 《邓小平文选》第 3 卷,人民出版社 1993 年版,第 364 页。
④ 《邓小平文选》第 3 卷,人民出版社 1993 年版,第 203 页。
⑤ 《邓小平文选》第 2 卷,人民出版社 1994 年版,第 236 页。
⑥ 《邓小平文选》第 3 卷,人民出版社 1993 年版,第 373 页。
⑦ 《邓小平文选》第 3 卷,人民出版社 1993 年版,第 148 页。
⑧ 《邓小平文选》第 3 卷,人民出版社 1993 年版,第 203 页。
⑨ 《邓小平文选》第 1 卷,人民出版社 1994 年版,第 148 页。
⑩ 《邓小平文选》第 3 卷,人民出版社 1993 年版,第 141 页。

在拨乱反正的基础上，邓小平强调，社会主义诸多任务中的"根本一条就是发展生产力"，① 为什么要把发展生产力作为社会主义的根本任务呢？他对此给予了系统阐释：这是马克思主义的根本要求，是发挥社会主义优越性的根本要求。他认为："马克思主义最注重发展生产力"，共产主义要求社会生产力高度发展，而"社会主义是共产主义的初级阶段"，因此"社会主义阶段的最根本任务就是发展生产力"，② 这是解决社会主义主要矛盾的内在要求。他认为："我们的生产力发展水平很低，远远不能满足人民和国家的需要，这就是我们目前时期的主要矛盾，解决这个主要矛盾就是我们的中心任务。"③这是总结历史教训得出的必然结论，是建成社会主义的必然要求。他强调："不管你搞什么，一定要有利于发展生产力。"④

为了发展生产力，邓小平提出了一系列重大方针、政策，主要有：其一，改革。他强调发展生产力是改革的目的，改革的目的是为了"扫除发展社会生产力的障碍"。⑤ 他提出"改革也可以叫革命性的变革"⑥"改革也是解放生产力"⑦等著名论断，并对相关论断进行了具体阐发，认为中国革命和改革都促进了生产力的发展，所以革命和改革都是"解放生产力"。⑧ 进而，他强调，中国特色社会主义的出路在于改革。其二，开放。他既从正面强调："经济改革"必须"对内搞活，对外开放"，⑨ 又从反面发出告诫："搞封锁是害人又害己"，⑩ 认为一个国家如果孤立和闭关自守，是不可能发展的，强调要把"对待封锁的态度"作为"一个人世界观改造"效果的检验标准，要求坚决克服封锁思想和封锁现象。在此基础上，他强调，"坚持改革开放是决定中国命运的一招"，⑪ 改革开放是一项必须

---

① 《邓小平文选》第 3 卷，人民出版社 1993 年版，第 137 页。
② 《邓小平文选》第 3 卷，人民出版社 1993 年版，第 63 页。
③ 《邓小平文选》第 2 卷，人民出版社 1994 年版，第 182 页。
④ 《邓小平文选》第 2 卷，人民出版社 1994 年版，第 312 页。
⑤ 《邓小平文选》第 3 卷，人民出版社 1993 年版，第 134 页。
⑥ 《邓小平文选》第 3 卷，人民出版社 1993 年版，第 135 页。
⑦ 《邓小平文选》第 3 卷，人民出版社 1993 年版，第 370 页。
⑧ 《邓小平文选》第 3 卷，人民出版社 1993 年版，第 370 页。
⑨ 《邓小平文选》第 3 卷，人民出版社 1993 年版，第 135 页。
⑩ 《邓小平文选》第 2 卷，人民出版社 1994 年版，第 58 页。
⑪ 《邓小平文选》第 3 卷，人民出版社 1993 年版，第 368 页。

长期坚持的基本国策，"改革开放要贯穿中国整个发展过程"。① 其三，科教兴国。他创造性提出"科学技术是第一生产力"的著名论断，认为经济发展"必须依靠科技和教育"。② 他强调，科学技术是实现现代化的关键，指出："我们要实现现代化，关键是科学技术要能上去。"③他进而呼吁要"尊重知识，尊重人才"，④强调"国力的强弱""经济发展后劲的大小"越来越取决于"劳动者的素质"和"知识分子的数量和质量"，要求发展教育以形成"人才资源的巨大优势"。⑤ 其四，"三步走"战略。他提出了"三步走"战略，强调"我国经济发展分三步走"是"我们的战略目标"和"雄心壮志"。⑥ 他对"三步走"战略目标进行了具体说明，规定了每一步的时间节点，制定了每一步的国民生产总值目标。上述四个方面的举措，相互联系、相得益彰，共同构成了一个逻辑严密的发展生产力的方法论体系。

## (二)江泽民成功把马克思主义方法论的中国化推向二十一世纪

江泽民创造性运用马克思主义基本原理与立场观点方法，解答新的历史时期社会主义和党的建设中的实际问题，同种种非马克思主义、反马克思主义思潮展开坚决斗争，提出"三个代表"重要思想，成功把马克思主义方法论中国化推向二十一世纪。

### 1. 高度重视学习马克思主义基本原理和立场、观点、方法

江泽民强调，社会主义和共产主义是"共产党人的根本政治信仰"，辩证唯物主义和历史唯物主义是共产党人的"世界观"，⑦ 要求广大党员干部"任何时候都要坚持"⑧马克思主义的基本原理。因为马克思主义"是我们立党立国的根本指导思想，是全国各族人民团结奋斗的共同理论基础"，⑨ 指引着中国特色社会主

① 《邓小平文选》第3卷，人民出版社1993年版，第265页。
② 《邓小平文选》第3卷，人民出版社1993年版，第377页。
③ 《邓小平文选》第2卷，人民出版社1994年版，第40页。
④ 《邓小平文选》第2卷，人民出版社1994年版，第41页。
⑤ 《邓小平文选》第3卷，人民出版社1993年版，第120页。
⑥ 《邓小平文选》第3卷，人民出版社1993年版，第251页。
⑦ 《江泽民文选》第2卷，人民出版社2006年版，第361页。
⑧ 《江泽民文选》第3卷，人民出版社2006年版，第337页。
⑨ 《江泽民文选》第3卷，人民出版社2006年版，第282页。

义事业的前进方向。

江泽民要求全党必须用马克思主义理论来提高"思想政治水平和执政能力"。① 他尤为关注年轻干部的马克思主义理论素养、理论功底、理论水平，要求引导年轻干部提高马克思主义理论素养，夯实马克思主义理论功底，提升马克思主义理论水平，掌握马克思主义立场观点方法，认为这既是"党的事业不断开拓前进的必然要求"，也是"中青年领导干部自身成长的必然要求"。② 他明确要求广大党员干部必须把学习马克思主义理论"摆在学习的首位"，③ 并深有感触地坦承，他自己就把相关马克思主义经典著作摆在案头经常翻阅，殷切期望省部级以上领导干部要经常学习马克思主义经典著作，认为这样做很有好处。

江泽民非常重视马克思主义方法论，不仅把"领导方法"视为工作方法和思想方法的问题，而且把"领导方法"视为"对人民群众的立场和态度的问题"，④ 把"采取正确的领导方法"视为马克思主义政党执政"必须具备的能力"。⑤ 他强调，学习马克思主义理论，关键是要"在掌握马克思主义的立场、观点、方法并用以指导实践上下功夫"，⑥ 努力学习和掌握贯穿其中的"科学世界观和方法论"。⑦ 他认为，掌握了马克思主义世界观和方法论，有利于正确理解党的路线方针政策、统一思想认识、发扬开拓进取和务实创新精神，而马克思主义哲学是"马克思主义的立场、观点、方法的思想基础"，⑧ 所以广大党员干部必须认真学习马克思主义哲学。

---

① 《江泽民文选》第 2 卷，人民出版社 2006 年版，第 285 页。

② 中共中央文献研究室：《江泽民论有中国特色社会主义》(专题摘编)，中央文献出版社 2002 年版，第 687 页。

③ 《江泽民文选》第 2 卷，人民出版社 2006 年版，第 285 页。

④ 中共中央文献研究室：《江泽民论有中国特色社会主义》(专题摘编)，中央文献出版社 2002 年版，第 602 页。

⑤ 中共中央文献研究室：《江泽民论有中国特色社会主义》(专题摘编)，中央文献出版社 2002 年版，第 600 页。

⑥ 中共中央文献研究室：《江泽民论有中国特色社会主义》(专题摘编)，中央文献出版社 2002 年版，第 15 页。

⑦ 中共中央文献研究室：《江泽民论有中国特色社会主义》(专题摘编)，中央文献出版社 2002 年版，第 13 页。

⑧ 《江泽民文选》第 2 卷，人民出版社 2006 年版，第 286~287 页。

## 2. 丰富发展正确对待马克思主义的方法论

江泽民认为，推进马克思主义中国化，必先正确对待马克思主义，要"十分注意处理好""坚持马克思主义的科学态度"这一"十分紧要"①的问题，提出了处理好这一问题的科学方法论。

（1）"采取实事求是、与时俱进的科学态度。"江泽民强调，坚持马克思主义，"应该采取实事求是、与时俱进的科学态度"，② 把马克思主义看成一门不断发展的科学。实事求是、与时俱进是马克思主义者的内在品质，马克思主义经典作家和历代中国共产党领导人都是与时俱进的表率，"从不教条，从不僵化，总是与时俱进"。③ 他从反面发出告诫，搞教条主义在理论上是错误的，在实践中是有害的，"会损害乃至窒息马克思主义的生命力"。④

（2）"坚持马克思主义的科学精神、创新精神。"江泽民把创新提升到了"一个民族进步的灵魂""一个国家兴旺发达的不竭动力""一个政党永葆生机的源泉"⑤的重要高度，强调不断创新是马克思主义富有生命力的内在根源，认为学习马克思主义理论的关键在于勇于创新、掌握其精神实质、善于运用其基本原理来解决新实践中的新问题；创新是马克思主义发展史的经验总结，他认为，马克思主义发展的历史经验证明，思想认识必须随着社会实践的不断发展而不断推进，马克思主义者必须"不断根据实践的要求进行创新"；⑥ 创新是唯物主义者的基本素质，他认为，彻底的唯物主义者因为无私，所以无畏，有创新性解答新问题的"理论勇气和政治勇气"；⑦ 创新是最好的继承，他科学解答了继承和创新的辩证统一关系，强调"老祖宗不能丢，又要说新话"。⑧

江泽民认为，"思想方法和思维方式的现代化"就是按照"科学精神"⑨来认识

---

① 《江泽民文选》第3卷，人民出版社2006年版，第337页。
② 《江泽民文选》第3卷，人民出版社2006年版，第337页。
③ 《江泽民文选》第3卷，人民出版社2006年版，第338页。
④ 《江泽民文选》第3卷，人民出版社2006年版，第337页。
⑤ 《江泽民文选》第3卷，人民出版社2006年版，第537页。
⑥ 《江泽民文选》第3卷，人民出版社2006年版，第68页。
⑦ 《江泽民文选》第3卷，人民出版社2006年版，第334页。
⑧ 《江泽民文选》第3卷，人民出版社2006年版，第229页。
⑨ 《江泽民文选》第3卷，人民出版社2006年版，第36页。

和解决问题，要求各级领导机关和领导干部都必须用科学精神来指导工作，自觉地用科学精神和科学方法来处理问题。

江泽民强调，坚持马克思主义，最重要的就是要坚持马克思主义的科学精神、创新精神等优秀精神品质，学习邓小平理论最根本的是认真学习邓小平运用马克思主义方法解决中国实际问题的"科学态度和创造精神"。①

（3）"用发展的观点对待马克思主义。"江泽民强调，对待马克思主义的正确态度是"用发展的观点对待"，② 按照事物发展的客观规律，在坚持马克思主义的历史进程中不断丰富和发展马克思主义；对待邓小平理论的正确态度是在实践中丰富和"发展这个理论"，③ 要求广大党员干部一定要把"坚持和发展邓小平理论"作为"自己神圣的职责"。④

为什么要"用发展的观点对待马克思主义"呢？江泽民认为，这是新的实践要求。一些传统做法和经验已经不适应新的实践要求，中国特色社会主义新实践要求我们"根据新的实践要求，重新学习，不断创新，与时俱进"。⑤ 这是马克思主义的基本要求。他强调，马克思主义是"最讲科学精神、创新精神的"，⑥ "发展的科学"，⑦ 马克思主义不承认任何终极真理和绝对权威，有着与时俱进的内在品格，要求在实践中不断丰富和发展自身，马克思主义的实际运用必须与条件、环境的变化相适应。这是保持马克思主义强大生命力的必然要求。他认为，马克思主义不是死的教条而是鲜活的理论，"在实践中不断发展"是马克思主义"具有强大生命力"⑧的必要条件，他从反面发出警醒，如果不发展马克思主义，就会把马克思主义"变成没有生命力的教条"，就"不可能有建设有中国特色社会

---

① 中共中央文献研究室：《江泽民论有中国特色社会主义》（专题摘编），中央文献出版社 2002 年版，第 16 页。

② 《江泽民文选》第 3 卷，人民出版社 2006 年版，第 339 页。

③ 《江泽民论加强和改进执政党建设》（专题摘编），中央文献出版社 2004 年版，第 161 页。

④ 江泽民：《深入学习邓小平理论》，《求是》1998 年第 4 期，第 4 页。

⑤ 《江泽民文选》第 1 卷，人民出版社 2006 年版，第 415 页。

⑥ 《江泽民文选》第 3 卷，人民出版社 2006 年版，第 37 页。

⑦ 中共中央文献研究室：《江泽民论有中国特色社会主义》（专题摘编），中央文献出版社 2002 年版，第 21 页。

⑧ 《江泽民文选》第 3 卷，人民出版社 2006 年版，第 270 页。

主义新道路的开辟"。① 这是保持党的先进性的必然要求。他认为，随着时代的变化，国内外都出现了许多需要解决的新情况新问题，只有"用发展的观点对待马克思主义"，才能推动党和人民的事业不断兴旺发达。否则，中国共产党就会"落伍"、"丧失先进性和领导资格"。②

如何"用发展的观点对待马克思主义"呢？江泽民认为，一要"站在时代前列"。他深信，"只要我们站在时代前列"，③ 坚持运用马克思主义方法论来研究解决新的实践中的新的重大问题，不断深化规律性认识，不断吸取新经验、新思想、新成果，就能够对马克思主义的发展做出新贡献，要求必须始终站在时代发展前列，不断把事业推向前进，不断推进理论、体制和科技等方面的创新。二要"结合新的实际"。他强调，落实"三个代表"重要思想必须做到"四个紧密结合"，"四个紧密结合"就是要求紧密结合国内外的新变化、国内的新实际、人民的新发展要求、党员干部队伍的新变化，实质都是要求"紧密结合新的实际"。他明确要求广大党员干部"要紧密结合新的实际不断丰富和发展马克思主义"，④ 自觉地把思想认识从传统观点、教条主义等各种思想桎梏中解放出来，努力推进各方面创新。在此基础上，他强调"用发展的观点对待马克思主义"，就必须把"站在时代前列"和"结合新的实际"统一起来，坚决反对"离开本国实际和时代发展来谈马克思主义"。⑤

（4）"全面系统地把握理论的科学体系。"江泽民认为，整体性是马克思主义的内在本质，建设有中国特色社会主义理论是"一个完整的科学体系，其中的各个基本观点、基本原理都不是孤立的，而是有着内在联系的"。⑥ 他强调，要"学好、用好"这一理论，就要"从总体上、相互联系上和精神实质上去全面地正确

① 《江泽民文选》第 3 卷，人民出版社 2006 年版，第 26 页。
② 中共中央文献研究室：《江泽民论有中国特色社会主义》（专题摘编），中央文献出版社 2002 年版，第 632 页。
③ 《江泽民文选》第 3 卷，人民出版社 2006 年版，第 284 页。
④ 中共中央文献研究室：《江泽民论有中国特色社会主义》（专题摘编），中央文献出版社 2002 年版，第 633 页。
⑤ 中共中央文献研究室：《江泽民论有中国特色社会主义》（专题摘编），中央文献出版社 2002 年版，第 626 页。
⑥ 中共中央文献研究室：《江泽民论有中国特色社会主义》（专题摘编），中央文献出版社 2002 年版，第 14 页。

地把握"；① "掌握、用好"这个理论，就"不能断章取义、各取所需"而必须"系统而不是零碎地刻苦钻研"。② 他要求领导干部学习邓小平理论，首先要"系统地读邓小平同志的著作"，③ "全面把握这个理论的科学体系"，④ 要在"全面系统地把握理论的科学体系上下功夫"。⑤ 所谓"从总体上""全面地""系统地"等要求，都旨在强调要整体性学习、把握与运用马克思主义。

### 3. 始终坚持马克思主义中国化的基本原则

江泽民强调，"结合"原则是"一件具有根本意义而又很不容易的事情"，⑥ "坚持以马克思主义为指导"最重要的是要善于坚持"结合"原则，"不断推进马克思主义的中国化"。⑦

为什么说"结合"原则具有"根本意义"呢？因为这是一条最基本的历史经验。江泽民强调，坚持"结合"原则是总结中国共产党历史而得出的一条"最基本的经验"，⑧ 只有坚持"结合"原则，"我们的事业才能不断取得胜利"。⑨ 这是推进马克思主义中国化的必然要求。正是由于坚持"结合"原则，才"形成了毛泽东思想、邓小平理论"这两大"中国化了的马克思主义"的"理论成果"。⑩ 新的历史时期能否坚持"结合"原则，事关中国特色社会主义事业的兴衰成败。

江泽民强调，坚持"结合"原则，必须运用马克思主义来解决中国面临的实

① 中共中央文献研究室：《江泽民论有中国特色社会主义》（专题摘编），中央文献出版社 2002 年版，第 14 页。

② 中共中央文献研究室：《江泽民论有中国特色社会主义》（专题摘编），中央文献出版社 2002 年版，第 10 页。

③ 中共中央文献研究室：《江泽民论有中国特色社会主义》（专题摘编），中央文献出版社 2002 年版，第 12 页。

④ 中共中央文献研究室：《江泽民论有中国特色社会主义》（专题摘编），中央文献出版社 2002 年版，第 15 页。

⑤ 中共中央文献研究室：《江泽民论有中国特色社会主义》（专题摘编），中央文献出版社 2002 年版，第 15 页。

⑥ 《十三大以来重要文献选编》中，人民出版社 1991 年版，第 1430 页。

⑦ 《江泽民文选》第 3 卷，人民出版社 2006 年版，第 492 页。

⑧ 《江泽民文选》第 3 卷，人民出版社 2006 年版，第 270 页。

⑨ 《十三大以来重要文献选编》下，人民出版社 1993 年版，第 1634 页。

⑩ 《江泽民文选》第 3 卷，人民出版社 2006 年版，第 270 页。

际问题。他把能否运用马克思主义来解决中国实际问题视为"是否真正坚持了马克思主义"①关键性检验标准，大力倡导"理论联系实际"的学风，强调学风问题也是党风问题，事关党的兴衰和事业成败。他用毛泽东、邓小平都高度重视发扬和践行"理论联系实际"的学风，从而推动中国革命与建设事业的发展的历史事实证明："学风端正，事业兴旺；学风不正，事业受损。"②进而，他强调，"理论联系实际"就是"用马克思主义的立场观点方法来研究和解决中国的现实问题"，③也就是坚持"结合"原则。

### 4. 推进马克思主义方法论的理论创新

江泽民非常重视方法的创新，指出："时代在前进，事业在发展，如果我们不善于创新，都是老办法、老手段，那肯定是不能胜任的。过去行之有效的办法、手段要坚持，并结合新的实际加以发展、丰富。"④他要求广大党员干部"在理论上和实践上都要大胆探索、推陈出新，积累新的经验和方法"。⑤他尤其重视理论创新，将之视为"马克思主义唯物辩证法的根本要求"。⑥

围绕推进马克思主义方法论的理论创新，江泽民提出了基本的方法论要求：一要以马克思主义方法论为指导，总结历史经验，推陈出新。他要求马克思主义政党必须运用科学世界观和方法论，认识历史规律、把握前进方向、探索前进道路、总结前进经验，"不断开辟未来发展的新境界"。⑦二要"适应新形势新情况"。他虽然认为，"科学、全面、实事求是地分析和处理问题"等辩证唯物主义的观点和方法在今天并未过时、仍然有用，"思想政治工作，是我们一切工作的生命线"的方法在今天仍然行之有效，但是又明确要求"在方式方法上要适应新

---

① 江泽民：《论党的建设》，中央文献出版社 2001 年版，第 539 页。
② 中共中央文献研究室：《江泽民论有中国特色社会主义》（专题摘编），中央文献出版社 2002 年版，第 627 页。
③ 中共中央文献研究室：《江泽民论有中国特色社会主义》（专题摘编），中央文献出版社 2002 年版，第 626 页。
④ 中共中央文献研究室：《江泽民论有中国特色社会主义》（专题摘编），中央文献出版社 2002 年版，第 601 页。
⑤ 江泽民：《论党的建设》，中央文献出版社 2001 年版，第 44 页。
⑥ 江泽民：《论党的建设》，中央文献出版社 2001 年版，第 537 页。
⑦ 江泽民：《论"三个代表"》，中央文献出版社 2001 年版，第 152 页。

形势新情况"。① 方法是主观改造客观的手段，马克思主义方法论的理论创新必须随着客观情况的变化而变化。三要"符合新要求"。他明确提出"思想方法和思维方式的现代化"②的要求。所谓"方法的现代化"，就是方法的创新。方法服务于一定的主体需求，方法的运用依赖于一定的主体能动性。马克思主义方法论的创新，必须随着中国人民新的现代化的要求而与时俱进。四要运用马克思主义方法论分析和解决新问题。他认为，形势是发展变化的，新形势下有许多亟待解决的新问题，必须善于运用马克思主义方法论来分析和解决新问题，"使思想适应发展变化的新形势"。③

江泽民在推进马克思主义理论创新的实践进程中，形成了丰富的马克思主义方法论的理论创新成果。

（1）确立"解放思想、实事求是、与时俱进"这一中国化的马克思主义根本方法。江泽民在传承毛泽东思想、邓小平理论的基础上，把中国化的马克思主义根本方法由"解放思想、实事求是"发展为"解放思想、实事求是、与时俱进"。

一是"解放思想"。江泽民认为，新时期的思想解放，关键就是在"'什么是社会主义、怎样建设社会主义'这个根本问题"④上的思想解放。人类社会发展的历史事实证明，每一次大的社会变革总是以大的思想解放为先导的，每一次大的思想解放总是应特定的历史需求、为满足特定的历史任务和解决特定的历史问题而形成的。近现代以来，中国共发生了三次大的思想解放运动。第一次思想解放运动是五四运动，它提倡民主与科学、反对专制与愚昧，使中国人民从长期的儒家教条主义束缚中解放出来；第二次思想解放运动是延安整风运动，它反对主观主义、宗派主义、党八股，使我党从洋教条的束缚中解放出来；第三次是改革开放时期的思想解放，它分三个阶段，第一个阶段以1978年的真理标准问题大讨论和党的十一届三中全会为标志，第二个阶段以1992年的邓小平南方讲话和党的十四大为标志，第三个阶段以1997年党的十五大为标志，三个阶段的思想解

---

① 《江泽民文选》第1卷，人民出版社2006年版，第149页。
② 《江泽民文选》第3卷，人民出版社2006年版，第263页。
③ 中共中央文献研究室：《江泽民论有中国特色社会主义》（专题摘编），中央文献出版社2002年版，第625页。
④ 中共中央文献研究室：《江泽民论有中国特色社会主义》（专题摘编），中央文献出版社2002年版，第7页。

放不断深化人们对社会主义问题的认识。江泽民准确揭示了改革开放时期思想解放的实质和主要任务。

二是"解放思想、实事求是"。江泽民认为，"解放思想"与"实事求是"相互制约、互为条件、密不可分、高度统一，不解放思想就不可能真正做到实事求是，离开实事求是也"不是真正的思想解放"，二者都要求"思想认识符合客观实际"。①

江泽民强调，"解放思想、实事求是"是马克思主义最基本的要求，也是马克思主义的科学方法论，并就此创造性提出一系列科学论断：一是"两个坚定不移，不能含糊"论。这一论断强调，在坚持马克思主义基本原理与立场、观点、方法，贯彻解放思想、实事求是的思想路线这两个方面，都必须"坚定不移，不能含糊"。② 二是"灵魂论"。这一论断把"解放思想，实事求是"视为"马克思主义和我们党的活的灵魂问题"。③ 三是"精髓论"。这一论断把"解放思想、实事求是"视为"邓小平理论的精髓"，④ "建设有中国特色社会主义理论的精髓"，⑤ 强调"把握了这个精髓，也就把握了马克思主义最本质的东西"，⑥ 强调"正是依靠和运用这个精髓"，⑦ 才有马克思主义理论的创立和发展，才有科学社会主义事业的不断发展，学习邓小平理论最重要的是要"掌握和运用好这个精髓"。⑧

三是"与时俱进"。1992 年 10 月 19 日，在党的十四届一中全会上，江泽民首次提出"与时俱进"一词。2001 年 7 月 1 日，在庆祝建党八十周年的重要讲话

---

① 中共中央文献研究室：《江泽民论有中国特色社会主义》（专题摘编），中央文献出版社 2002 年版，第 629、625 页。

② 《江泽民文选》第 3 卷，人民出版社 2006 年版，第 335 页。

③ 中共中央文献研究室：《江泽民论有中国特色社会主义》（专题摘编），中央文献出版社 2002 年版，第 630 页。

④ 中共中央文献研究室：《江泽民论有中国特色社会主义》（专题摘编），中央文献出版社 2002 年版，第 6 页。

⑤ 中共中央文献研究室：《江泽民论有中国特色社会主义》（专题摘编），中央文献出版社 2002 年版，第 625 页。

⑥ 江泽民：《深入学习邓小平理论——纪念邓小平同志逝世一周年》，《人民日报》1998 年 2 月 19 日，第 1 版。

⑦ 江泽民：《深入学习邓小平理论——纪念邓小平同志逝世一周年》，《人民日报》1998 年 2 月 19 日，第 1 版。

⑧ 中共中央文献研究室：《江泽民论有中国特色社会主义》（专题摘编），中央文献出版社 2002 年版，第 13 页。

中，他强调"与时俱进"是马克思主义的"理论品质"，① 如果不能"与时俱进"，我们的事业就会发生失误。2002 年 11 月，在党的十六大上，他全面阐发了"与时俱进"的重大理论和现实意义、基本内涵，认为"与时俱进"是贯彻"三个代表"重要思想的关键，保持党的先进性的决定性因素，"决定着党和国家的前途命运"，其基本内涵和要求是"体现时代性，把握规律性，富于创造性"。② 他把"与时俱进"提升到"马克思主义的理论品质"的高度、"党的思想路线"的高度、"决定着党和国家的前途命运"的高度，这在马克思主义发展史上尚属首次，是江泽民对马克思主义思想方法论的一大理论贡献。

四是"解放思想、实事求是、与时俱进"。江泽民科学阐释了"解放思想、实事求是"与"与时俱进"的关系，认为前者是后者的内在根基，后者是前者的必然要求，因为主观认识要随着客观世界的发展变化而不断深化，马克思主义的运用也要随之不断进步，所以要"解放思想、实事求是"就必须"与时俱进、开拓创新"，"解放思想、实事求是、与时俱进"是"我们推进一切事业发展的根本方法"。③

江泽民强调，"解放思想、实事求是、与时俱进"是一个"决定着中国的发展前途和命运"、④ 事关党和国家事业的"大问题"，⑤ 是新时期"加强和改进党的建设"⑥的必然要求，贯彻"三个代表"重要思想的必然要求，⑦ 具有重要的现实价值。

（2）首次提出"正确分析和处理矛盾"这一中国化的马克思主义基础方法。矛盾分析法是马克思主义基础方法。江泽民认为，"事物的发展是复杂的、充满着

---

① 《江泽民文选》第 3 卷，人民出版社 2006 年版，第 282 页。

② 《江泽民文选》第 3 卷，人民出版社 2006 年版，第 537 页。

③ 中共中央文献研究室：《江泽民论有中国特色社会主义》（专题摘编），中央文献出版社 2002 年版，第 634 页。

④ 中共中央文献研究室：《江泽民论有中国特色社会主义》（专题摘编），中央文献出版社 2002 年版，第 635 页。

⑤ 中共中央文献研究室：《江泽民论有中国特色社会主义》（专题摘编），中央文献出版社 2002 年版，第 630 页。

⑥ 中共中央文献研究室：《江泽民论有中国特色社会主义》（专题摘编），中央文献出版社 2002 年版，第 634 页。

⑦ 江泽民：《论"三个代表"》，中央文献出版社 2001 年版，第 165 页。

矛盾的运动。如果不观察矛盾发展中对立统一的方面及其活动过程，简单地下结论、作决策，就容易出现偏差和失误"。① 由此，他要求领导干部要"正确分析和处理新时期的人民内部矛盾和社会矛盾"，② 及时化解矛盾，有效防止矛盾激化。"正确分析和处理矛盾"，包括正确分析矛盾和正确处理矛盾两个方面，前者是后者的前提，后者是前者的目的。这一方法，丰富和发展了矛盾分析方法。

一要正确分析矛盾。江泽民认为，正确分析矛盾必须：其一，坚持辩证分析。他要求全党同志"必须全面把握两个文明建设的辩证关系"，③ 既加强社会主义物质文明建设，为经济社会发展提供坚实的物质基础，又加强社会主义精神文明建设，为经济社会发展提供强大的精神动力和智力支持。他要求考察干部要坚持辩证法，坚持干部的任内成绩与前任留下的基础、干部的眼前工作实绩与长期工作力度、环境和条件的客观影响与干部的主观作为、干部的平时能力与重要时期的突出表现、干部的物质文明建设成效与精神文明建设成效的辩证统一。

其二，坚持具体分析。江泽民认为，不同的矛盾具有不同的内容，任何矛盾都有一个形成、发展、转化的过程，不同矛盾、矛盾双方的地位与作用是不平衡的。因此，必须具体分析矛盾，准确把握矛盾的内容、发展过程和性质。他具体分析了干群矛盾，认为"领导是矛盾的主要方面，解决矛盾的主要责任也在领导。只有认真发扬民主，充分走群众路线，处处信任和依靠群众，解决好群众关心的突出问题，才能密切领导与群众的关系"。④

二要正确处理矛盾。江泽民提出了一系列正确处理矛盾的有效方法。其一，抓主要矛盾与矛盾的主要方面。他认为，社会主义初级阶段的各种矛盾中，最主要的是"主要矛盾"和"基本矛盾"。他依据社会主义初级阶段的主要矛盾，强调以经济建设为中心是一条"绝对不能动摇"的基本原则，因为经济建设是大局，是国防建设等其他一切工作的依托和物质技术基础，"国防建设和军队建设必须以经济建设为依托，服从国家经济建设的大局"，⑤ "经济发展了，才能为国防现

---

① 《江泽民文选》第 2 卷，人民出版社 2006 年版，第 287 页。
② 《江泽民文选》第 2 卷，人民出版社 2006 年版，第 287 页。
③ 江泽民：《论"三个代表"》，中央文献出版社 2001 年版，第 153 页。
④ 江泽民：《论党的建设》，中央文献出版社 2001 年版，第 389 页。
⑤ 《在党的十四届五中全会闭幕时的讲话》，《人民日报》1995 年 10 月 9 日，第 1 版。

代化提供必要的物质技术基础"。① 他强调，以经济建设为中心，就必须大力发展生产力，这是社会主义的根本要求。社会主义现代化最根本要求就是"使我国形成发达的生产力"。② 这是人类社会发展的规律性要求。生产力是"社会发展的最终决定力量"，③ 社会主义要取得最终胜利就必须大力发展生产力。这是坚持马克思主义基本原理的必然要求。生产力与生产关系原理是马克思主义最重要的基本原理。中国特色社会主义必须通过改革生产关系和上层建筑来解放和发展生产力，最终实现共同富裕。要发展生产力，就必须发挥人民的积极性，不断提高全体人民的素质和才能；就必须推动科技创新，科学技术是第一生产力，发展生产力必须"大力推动科技进步和创新"；④ 就必须完善生产关系，生产关系反作用于生产力，发展生产力必须"不断完善社会主义的生产关系和上层建筑"。⑤

江泽民强调，处理新时期的各种矛盾归根到底是要处理好社会主义社会的基本矛盾，并在实践中丰富和发展了社会主义社会的基本矛盾原理。党的十三大坚持生产力是社会发展的根本动力的观点，强调毫不动摇地坚持以经济建设为中心的党的基本路线；党的十四大高度重视生产关系、上层建筑对生产力、经济基础的反作用，提出经济体制改革目标；党的十五大、党的十六大运用社会主义基本矛盾原理，提出党在社会主义初级阶段的基本纲领、"社会主义政治文明"新概念。"三个代表"重要思想正是创造性运用社会主义基本矛盾原理而形成的科学理论体系。

江泽民不仅强调要抓主要矛盾，而且强调要抓矛盾的主要方面，指出："看人要看大节、看主流、看发展，不能求全责备。"⑥这里的"看大节""看主流"，就是强调在"识人"时要善于抓矛盾的主要方面，看一个人的主要品德、主要表现。

---

① 《在党的十四届五中全会闭幕时的讲话》，《人民日报》1995 年 10 月 9 日，第 1 版。
② 江泽民：《论"三个代表"》，中央文献出版社 2001 年版，第 155 页。
③ 江泽民：《论"三个代表"》，中央文献出版社 2001 年版，第 153 页。
④ 江泽民：《论"三个代表"》，中央文献出版社 2001 年版，第 157 页。
⑤ 江泽民：《论"三个代表"》，中央文献出版社 2001 年版，第 157~158 页。
⑥ 中共中央文献研究室：《江泽民论有中国特色社会主义》（专题摘编），中央文献出版社 2002 年版，第 687 页。

其二，及时预防化解矛盾。江泽民把矛盾分为"已经出现和可能出现"①两大类。他强调对于"可能出现的矛盾"，要增强忧患意识，"把问题解决在萌芽状态"，要求"有针对性地加强和改进思想政治工作，做好宣传教育工作，有效预防群体性事件的发生，不要等到出了事才去做工作"。② 他要求各级党委和政府"务必高度重视，对可能出现的问题，要早做研究，早作部署，努力消除不稳定因素。不要等矛盾和问题积累起来，甚至激化了再去处理，那就被动了"。③ 他要求各级领导干部要"善于发现苗头和倾向性的问题"，④ "主动排查各种矛盾和隐患，把问题解决在萌芽状态"。⑤ 对于"已经出现的矛盾"，要想办法及时化解，他要求各级领导干部要"及时发现问题、解决问题，不要等到问题成堆，矛盾激化以后再去解决，那样，付出的代价就大了"，⑥ 要"防止局部问题扩大为全局问题，防止矛盾激化"，⑦ "要多做思想政治工作，依法化解各种矛盾和纠纷"。⑧

其三，正确处理人民内部矛盾。江泽民强调，正确处理人民内部矛盾是"我们国家政治生活的主题，也是维护社会稳定的重要基础"，⑨ 妥善处理各方面的利益关系至关重要。他通过正反两方面的对比，凸显正确处理人民内部矛盾的必要性和重要性，认为处理好了可以"促进我们的事业兴旺发达"，处理不好会"使

---

① 中共中央文献研究室：《江泽民论有中国特色社会主义》（专题摘编），中央文献出版社 2002 年版，第 222 页。

② 中共中央文献研究室：《江泽民论有中国特色社会主义》（专题摘编），中央文献出版社 2002 年版，第 222 页。

③ 中共中央文献研究室：《江泽民论有中国特色社会主义》（专题摘编），中央文献出版社 2002 年版，第 223 页。

④ 中共中央文献研究室：《江泽民论有中国特色社会主义》（专题摘编），中央文献出版社 2002 年版，第 222 页。

⑤ 中共中央文献研究室：《江泽民论有中国特色社会主义》（专题摘编），中央文献出版社 2002 年版，第 223 页。

⑥ 《党的十六大报告》，《人民日报》2002 年 11 月 18 日，第 1 版。

⑦ 中共中央文献研究室：《江泽民论有中国特色社会主义》（专题摘编），中央文献出版社 2002 年版，第 222 页。

⑧ 中共中央文献研究室：《江泽民论有中国特色社会主义》（专题摘编），中央文献出版社 2002 年版，第 222~223 页。

⑨ 《毛泽东邓小平江泽民论思想政治工作》，学习出版社 2000 年版，第 80 页。

矛盾激化，小事会变成大事，甚至酿成乱子"，敌对势力也往往会乘机"兴风作浪"。① 处理人民内部矛盾应"用民主的方法、说服教育的方法……要防止用强迫命令等不正确的办法来处理人民内部矛盾，尤其要坚决防止用处理敌我矛盾的方法来处理人民内部矛盾"。②

（3）首次提出"一具体就深入"这一中国化的马克思主义"灵魂"方法。具体问题具体分析是马克思主义的"灵魂"方法。江泽民在论及考察干部的方法时提出"一具体就深入"法。③ 这一方法，不仅适用于考察干部，而且是一个具有普遍性指导意义的思想方法和工作方法。

一是体现了辩证唯物主义的基本要求。"具体"，是指具体的"事实"、实际；"深入"，是指深入把握事物的本质及其发展规律；"一具体就深入"，是指在通过"调查"、把握具体"事实"的基础上，通过"研究"，把握事物的本质和规律，体现了辩证唯物主义坚持一切从实际出发、重视调查研究的基本要求。

首先要坚持一切从实际出发。江泽民认为，坚持一切从实际出发，是坚持"结合"原则的首要要求。如何坚持一切从实际出发呢？江泽民强调，坚持"一切从实际出发"，必须坚持从我国社会主义初级阶段的基本国情出发，确立"以实际问题为中心研究马克思主义的方法"，这一方法是"我们党一贯提倡的科学方法论"，坚持马克思主义要"在解决实际问题的进程中来落实"。④

其次要重视调查研究。江泽民强调，坚持一切从实际出发，就必须高度重视调查研究，把握各种"事实"。他多视角阐释了调查研究的必要性和重要性，强调坚持调查研究是辩证唯物主义认识论和党的群众路线的基本要求，是"党的一项基本工作方法"；⑤ 是党的优良传统，是实现"结合"的前提，坚持"结合"原则

---

① 中共中央文献研究室：《江泽民论有中国特色社会主义》（专题摘编），中央文献出版社2002年版，第218页。

② 中共中央文献研究室：《江泽民论有中国特色社会主义》（专题摘编），中央文献出版社2002年版，第219页。

③ 《一具体就深入》，《光明日报》1995年5月18日，第1版。

④ 《江泽民文选》第3卷，人民出版社2006年版，第339页。

⑤ 中共中央文献研究室：《江泽民论有中国特色社会主义》（专题摘编），中央文献出版社2002年版，第647页。

是"以调查研究为前提、为依据的";① 是科学决策的必然要求，他创造性提出"没有调查就没有发言权，没有调查就更没有决策权"②的著名论断，认为各种问题的解决都取决于正确的决策，而要正确的决策就必须通过周密调查研究来了解实际情况；是一项"最基础性的工作"，是"谋事之基，成事之道"，③ 他认为，做好调查研究好处很多，有利于防止和减少工作中的官僚主义、形式主义、主观主义，有利于统一认识、统一步调，有利于提供充分的第一手资料、做出科学分析和判断、形成正确的方针政策，有利于及早发现和解决问题、减少失误和损失；是提高干部领导水平的必然要求，他要求领导干部"多做些调查研究"；④ 是新时期解决新问题、完成新任务的必然要求，他认为，在新的历史时期，中国特色社会主义事业存在着许多需要探索和解决的新情况和新问题，而要解决问题就"须臾也离不开调查研究"。⑤ 中国共产党发展的历史实践证明，是否重视调查研究决定了党和人民事业的成败，调查研究是中国共产党重要的工作方法。

如何进行调查研究呢？江泽民提出了三个方面要求：其一，深入基层。所谓深入基层，就是"去农村要到村到户，去工厂要到车间到班组"，⑥ 了解群众所需、所想、所盼，和群众真心交朋友。只有深入基层，才能"真正做到急群众所急，想群众所想，真正切合实际"。⑦ 他把"深入基层"视为进行调查研究的第一

---

① 中共中央文献研究室：《江泽民论有中国特色社会主义》（专题摘编），中央文献出版社 2002 年版，第 646 页。

② 中共中央文献研究室：《江泽民论有中国特色社会主义》（专题摘编），中央文献出版社 2002 年版，第 648 页。

③ 中共中央文献研究室：《江泽民论有中国特色社会主义》（专题摘编），中央文献出版社 2002 年版，第 648、649 页。

④ 中共中央文献研究室：《江泽民论有中国特色社会主义》（专题摘编），中央文献出版社 2002 年版，第 649 页。

⑤ 中共中央文献研究室：《江泽民论有中国特色社会主义》（专题摘编），中央文献出版社 2002 年版，第 647 页。

⑥ 中共中央文献研究室：《江泽民论有中国特色社会主义》（专题摘编），中央文献出版社 2002 年版，第 648 页。

⑦ 中共中央文献研究室：《江泽民论有中国特色社会主义》（专题摘编），中央文献出版社 2002 年版，第 648 页。

要求，反复要求领导干部必须"深入实际"，① "要深入改革和建设第一线"，②
"深入基层"，③ 认真进行调查研究。其二，系统调查。他认为，各级领导干部只
有"进行系统的调查研究"，④ 才能把握"事实"真相，真正做到一切从实际出发。
其三，总结分析。调查研究获得的材料是感性的、具体的，只有通过总结分析，
才能把调查研究成果上升为指导实践的理论、方针和政策。为此，江泽民要求每
位领导干部"都应亲自动手写调查报告"，⑤ 并就撰写、报送和转发交流调查报告
提出了一系列明确、详实、切实可行的具体要求。

二是体现了唯物辩证法的基本要求。唯物辩证法认为，"事实"是一个由诸
要素所构成的有机整体，必须注重系统分析；矛盾的普遍性寓于特殊性之中，没
有特殊性就没有普遍性，必须关注特殊性、关注"具体"。"一具体就深入"，体
现了系统分析、把握"具体"的唯物辩证法的具体要求。

一要系统分析。江泽民非常重视系统分析，《江泽民文选》中仅"系统"一词
就出现了 120 多次，其系统分析方法有着丰富内涵。

其一，坚持整体分析。系统分析的第一要义就是从整体上分析、解决问题。
江泽民倡导从全局、整体、宏观上想问题、办事情，防止片面地看问题，要求在
思想方法上要尽可能力求全面，防止片面，在工作方法上要"集中力量解决全局
性"⑥问题。他运用形象的比喻，把社会主义现代化事业视为一个整体，要求做
工作"必须做到统筹兼顾"。⑦

其二，保持要素间的协调一致。系统有序运行以要素间的协调一致为前提。

---

① 中共中央文献研究室：《江泽民论有中国特色社会主义》(专题摘编)，中央文献出版
社 2002 年版，第 15 页。

② 中共中央文献研究室：《江泽民论有中国特色社会主义》(专题摘编)，中央文献出版
社 2002 年版，第 649 页。

③ 中共中央文献研究室：《江泽民论有中国特色社会主义》(专题摘编)，中央文献出版
社 2002 年版，第 649 页。

④ 中共中央文献研究室：《江泽民论有中国特色社会主义》(专题摘编)，中央文献出版
社 2002 年版，第 648 页。

⑤ 中共中央文献研究室：《江泽民论有中国特色社会主义》(专题摘编)，中央文献出版
社 2002 年版，第 648 页。

⑥ 江泽民：《在西安主持召开西部大开发座谈会时的讲话》，《人民日报》2002 年 4 月 2
日，第 1 版。

⑦ 江泽民：《在省部级干部进修班上的讲话》，《人民日报》2002 年 6 月 1 日，第 1 版。

江泽民认为，改革开放和现代化建设是一项系统工程，"各方面工作必须相互协调，相互配合"。① 他强调，经济社会发展必须保持整体协调，要求制定和执行政策时一定要统筹兼顾，正确处理各方面的利益关系。

其三，优化结构。结构是否合理决定着系统功能能否得以有效发挥。江泽民非常重视优化经济、产业、教育等方面的结构，主张通过优化经济结构以推动经济结构的升级，并强调"经济结构的每一次升级，都会带动经济发展上一个新台阶，这是经济发展的一条规律"；② 主张通过优化产业结构，以"逐步形成同社会生产力水平相适应的第一、第二、第三产业的合理结构"；③ 主张通过优化教育结构，"合理配置教育资源，提高教学质量和办学效益"。

其四，确立开放视野。开放是系统有序运行的必要条件。江泽民强调，中国特色社会主义事业的发展必须有开放的视野，能否不断了解世界、学习世界上先进的东西、跟上世界发展的潮流，是关系一个国家，一个民族兴衰成败的大问题。历史事实说明，中国的发展离不开世界，实行对外开放是"必须长期坚持的一项基本国策"。④

其五，实现良性循环。实现良性循环实质上就是一种系统优化。江泽民把实现良性循环视为经济社会发展的价值目标，强调要"使人口增长与社会生产力的发展相适应，使经济建设与资源、环境相协调"。⑤

二要把握"具体"。江泽民非常重视把握"具体"，要求各级机关的主要领导干部，"要亲自下去，同群众交谈，多看多听，体察群众的冷暖疾苦，了解群众的所思所想，解决群众的实际问题，总结群众的创造，注重解剖麻雀，加强分类指导"。⑥ 这里的"解剖麻雀""分类指导"，都旨在强调深入分析"具体"，解决"具体"问题。他要求考察干部时必须重视把握"具体"，指出："千万不能搞形式

---

① 《江泽民文选》第 2 卷，人民出版社 2006 年版，第 307 页。

② 《江泽民文选》第 2 卷，人民出版社 2006 年版，第 434 页。

③ 《江泽民文选》第 1 卷，人民出版社 2006 年版，第 464 页。

④ 《江泽民文选》第 2 卷，人民出版社 2006 年版，第 255 页。

⑤ 《江泽民文选》第 1 卷，人民出版社 2006 年版，第 463 页。

⑥ 中共中央文献研究室：《江泽民论有中国特色社会主义》（专题摘编），中央文献出版社 2002 年版，第 650 页。

主义，千篇一律，应该讲台阶而不抠台阶，论资历而不唯资历。"①他强调任用干部必须坚持德才兼备的原则，"但'德'和'才'都不是抽象的，而是具体的"。②就"才"而言，农业人才"需要善于做新时期农村、农业、农民工作"，国有企业管理人才"需要熟悉宏观经济、熟悉企业工作、善于驾驭市场"，外贸人才"需要懂得国际经济、了解国际经济法、熟悉国外市场情况"，③ 外交人才"需要能够坚持党的外交方针政策，善于开展国际交往和斗争"，对台统战人才"需要了解台湾情况，熟悉台湾民情，又善于开展对台工作"，军事人才"需要政治思想素质过硬、懂得现代军事"。④ 总之，"对不同领域人才的要求及其成长规律也是不同的。做好优秀中青年领导干部的培养选拔工作，要针对不同部门、不同工作的特点来进行"。⑤

三是体现了辩证唯物主义认识论的基本要求。辩证唯物主义认识论认为，实践是认识的来源、检验标准和根本目的，要求人们的主观认识必须符合客观实际。"一具体就深入"，高度重视"事实"的基础性地位，凸显实践的功能，强调认识是一个在实践中不断深刻把握"事实"的过程。

江泽民认为，理论来源于实践、好办法从实践中来，指出"理论创新的源泉在实践"，⑥ 好办法归根到底来源于群众实践，强调必须坚持实践是检验真理的唯一标准，提出了"使主观认识符合客观实际"⑦的观点。

四是体现了历史唯物主义的基本要求。历史唯物主义认为，社会存在决定社

---

① 中共中央文献研究室：《江泽民论有中国特色社会主义》（专题摘编），中央文献出版社 2002 年版，第 687 页。
② 中共中央文献研究室：《江泽民论有中国特色社会主义》（专题摘编），中央文献出版社 2002 年版，第 688 页。
③ 中共中央文献研究室：《江泽民论有中国特色社会主义》（专题摘编），中央文献出版社 2002 年版，第 689 页。
④ 中共中央文献研究室：《江泽民论有中国特色社会主义》（专题摘编），中央文献出版社 2002 年版，第 690 页。
⑤ 中共中央文献研究室：《江泽民论有中国特色社会主义》（专题摘编），中央文献出版社 2002 年版，第 690 页。
⑥ 中共中央文献研究室：《江泽民论有中国特色社会主义》（专题摘编），中央文献出版社 2002 年版，第 630 页。
⑦ 中共中央文献研究室：《江泽民论有中国特色社会主义》（专题摘编），中央文献出版社 2002 年版，第 627 页。

会意识，高度重视把握"历史事实"。"一具体就深入"，非常"注重总结历史"。

江泽民高度重视历史分析，善于进行历史思考、总结历史经验、探寻历史规律，倡导以史为鉴，创造性提出了"注重总结历史"①的方法，认为人民"总是从历史活动的实践和比较中，不断寻找、揭示和发展指导自己前进的真理"，② 要求马克思主义政党必须"注重总结历史"，把握历史规律，用以指导自己的前进；要求领导干部要结合科学社会主义的曲折历史来学习研究、总结反思"我们党70多年的历史"。③

(4)创造性传承中国化的马克思主义方法论的基本内容。江泽民在新的历史时期，面对新挑战、新任务，始终坚持"结合"原则，创造性传承了中国化的马克思主义方法论的基本内容。

一是"理论联系实际"。江泽民强调，必须"坚持理论联系实际"，④ 要求全党必须"切实解决好理论联系实际的问题"，认为马克思主义是"从实际中来并被实践所证明了的科学理论"，⑤ 只有理论联系实际，才能真正学懂、用好马克思主义，党的历史发展证明：什么时候这个问题解决好，党的事业就蓬勃发展；反之，党的事业就遭受挫折。

为什么必须坚持"理论联系实际"？江泽民强调，"理论是否联系实际"，事关能否真正坚持马克思主义，他认为，"只有结合中国实际的马克思主义，才是我们所需要的真正的马克思主义"；⑥ 事关党的事业兴衰成败，他认为，党在历史上之所以犯过一些错误甚至遭受严重挫折，"根本原因在于当时的指导思想脱离了中国的实际"，⑦ 未能做到理论联系实际；是检验一个人政治上是否成熟的重要标准，他强调，理论和实际能否很好地结合或曰能否处理好理论联系实际问

---

①　江泽民：《论"三个代表"》，中央文献出版社2001年版，第359页。

②　江泽民：《论"三个代表"》，中央文献出版社2001年版，第489页。

③　江泽民：《论"三个代表"》，中央文献出版社2001年版，第359页。

④　《江泽民文选》第3卷，人民出版社2006版，第26页。

⑤　中共中央文献研究室：《江泽民论有中国特色社会主义》（专题摘编），中央文献出版社2002年版，第15页。

⑥　江泽民：《深入学习邓小平理论——纪念邓小平同志逝世一周年》，《人民日报》1998年2月19日，第1版。

⑦　中共中央文献研究室：《江泽民论有中国特色社会主义》（专题摘编），中央文献出版社2002年版，第631页。

题，是一个人"理论上和政治上是否成熟的一个标志"；① 是一条经过实践验证的基本经验，他强调"坚持理论与实际相结合"是"我们党领导革命、建设和改革的基本经验"。②

怎样"坚持理论联系实际"呢？江泽民认为，必须联系实际学好理论，要求党员干部学习邓小平理论"要联系实际，要精，要管用"；必须"在运用理论研究解决当前重大问题上下功夫"，学习邓小平理论"目的全在于应用……要在实践中用好理论，也得好好下一番功夫"；③ 必须在实践中发展理论，他强调："不能用本本去框实践，而只能用实践去发展本本。"④

二是群众路线。江泽民强调，群众路线是中国共产党运用马克思主义认识论而创造的"一种科学领导方法和工作方法"，⑤ 是"我们党的基本的政治观点"和"根本工作路线"。⑥ 针对当时有些领导干部不懂得、不熟悉、"贬低、否定我们党的群众路线的科学方法"⑦的现象，他明确要求组织党员干部重新学习群众路线理论，"掌握群众路线的工作方法"。⑧

如何坚持群众路线呢？江泽民要求：其一，"一切相信群众，一切依靠群众"。他强调，相信群众、依靠群众是党"获得取之不尽的力量源泉"⑨的必然要求，认为"依靠人民，相信人民"，既有"共产党人的世界观、人生观、价值观"，

---

① 江泽民：《深入学习邓小平理论——纪念邓小平同志逝世一周年》，《人民日报》1998年2月19日，第1版。

② 中共中央文献研究室：《江泽民论有中国特色社会主义》（专题摘编），中央文献出版社2002年版，第646页。

③ 中共中央文献研究室：《江泽民论有中国特色社会主义》（专题摘编），中央文献出版社2002年版，第9、15、14页。

④ 江泽民：《论党的建设》，中央文献出版社2001年版，第538页。

⑤ 中共中央文献研究室：《江泽民论有中国特色社会主义》（专题摘编），中央文献出版社2002年版，第636页。

⑥ 中共中央文献研究室：《江泽民论有中国特色社会主义》（专题摘编），中央文献出版社2002年版，第638页。

⑦ 中共中央文献研究室：《江泽民论有中国特色社会主义》（专题摘编），中央文献出版社2002年版，第637页。

⑧ 中共中央文献研究室：《江泽民论有中国特色社会主义》（专题摘编），中央文献出版社2002年版，第637页。

⑨ 中共中央文献研究室：《江泽民论有中国特色社会主义》（专题摘编），中央文献出版社2002年版，第639页。

也有"共产党人的工作方法。"①

　　其二，"密切联系群众"。为什么要"密切联系群众"呢？江泽民从正面强调，"密切联系群众"是中国共产党"区别于其他任何政党的一个显著标志"，② 他认为，"我们党来自人民，植根于人民，服务于人民"，③ 中国共产党是"在与人民群众密切联系"④中诞生、发展、壮大、成熟起来的；是"长期实践证明了的真理"，⑤ 他用毛泽东把党同人民群众的关系喻为"鱼和水的关系"、邓小平强调党和人民密不可分等事实，说明中国共产党一直高度重视密切联系群众；是党的一条根本优势，他认为，中国共产党一直坚持为人民谋利，因而得到了人民群众的真心拥护和支持，这是中国共产党充满生机与活力的源泉，强调"同人民群众保持血肉联系"⑥是中国共产党的根本优势；是党的事业取得胜利的根本保证，他认为，密切联系群众是中国共产党"战胜各种困难和风险、不断取得事业成功的根本保证"，⑦ 是改革和建设的"胜利之本"、正确决策的"可靠保证"。⑧

　　江泽民清醒认识到，中国共产党成为执政党后，"增加了脱离群众的危险"，对腐败现象的惩治不力引得国内外敌对势力发起种种挑拨，"使党和人民群众之间的血肉联系受到了严重损害"。⑨ 因此，他强调"保持党同人民群众的血肉联

---

① 中共中央文献研究室：《江泽民论有中国特色社会主义》（专题摘编），中央文献出版社 2002 年版，第 637 页。

② 中共中央文献研究室：《江泽民论有中国特色社会主义》（专题摘编），中央文献出版社 2002 年版，第 636 页。

③ 中共中央文献研究室：《江泽民论有中国特色社会主义》（专题摘编），中央文献出版社 2002 年版，第 639 页。

④ 中共中央文献研究室：《江泽民论有中国特色社会主义》（专题摘编），中央文献出版社 2002 年版，第 636 页。

⑤ 中共中央文献研究室：《江泽民论有中国特色社会主义》（专题摘编），中央文献出版社 2002 年版，第 640 页。

⑥ 中共中央文献研究室：《江泽民论有中国特色社会主义》（专题摘编），中央文献出版社 2002 年版，第 640 页。

⑦ 中共中央文献研究室：《江泽民论有中国特色社会主义》（专题摘编），中央文献出版社 2002 年版，第 643 页。

⑧ 中共中央文献研究室：《江泽民论有中国特色社会主义》（专题摘编），中央文献出版社 2002 年版，第 637 页。

⑨ 中共中央文献研究室：《江泽民论有中国特色社会主义》（专题摘编），中央文献出版社 2002 年版，第 636 页。

系"是"加强和改进党的作风建设"的"核心问题"，"脱离群众"是"马克思主义执政党的最大危险"，①并从反面发出警醒：不密切联系群众，"就有被群众抛弃的危险"。②

其三，摆正"对群众的态度"。江泽民强调："人民，只有人民，才是我们工作价值的最高裁决者"，③把人民的意愿视为"想事情，做工作"的"根本的衡量尺度"，要求各级干部经常对照这个尺度来检查自己的思想和行动，检查"自己对人民群众的态度怎么样，同群众的关系如何"。④他通过正反两方面的比较，强调尊重群众意愿是党员干部修身养性、保持正气的必然要求，认为如果"想群众之所想，急群众之所急"，就会"一身正气"；反之，"就会成为歪风邪气的俘虏"。⑤

其四，"代表最广大人民的根本利益"。江泽民强调，中国共产党"始终坚持人民的利益高于一切"，⑥"全心全意为人民服务"是中国共产党"同一切剥削阶级政党的根本区别"，⑦"全心全意为人民谋利益"是"建设有中国特色社会主义全部工作的出发点和落脚点"，⑧"始终代表最广大人民的根本利益"，是"党的作风建设"的"出发点和落脚点"。⑨

如何"代表最广大人民的根本利益"？江泽民就此提出了明确要求：首先，

---

① 中共中央文献研究室：《江泽民论有中国特色社会主义》（专题摘编），中央文献出版社2002年版，第644页。

② 中共中央文献研究室：《江泽民论有中国特色社会主义》（专题摘编），中央文献出版社2002年版，第641页。

③ 中共中央文献研究室：《江泽民论有中国特色社会主义》（专题摘编），中央文献出版社2002年版，第638页。

④ 中共中央文献研究室：《江泽民论有中国特色社会主义》（专题摘编），中央文献出版社2002年版，第638页。

⑤ 中共中央文献研究室：《江泽民论有中国特色社会主义》（专题摘编），中央文献出版社2002年版，第639页。

⑥ 中共中央文献研究室：《江泽民论有中国特色社会主义》（专题摘编），中央文献出版社2002年版，第643页。

⑦ 中共中央文献研究室：《江泽民论有中国特色社会主义》（专题摘编），中央文献出版社2002年版，第643页。

⑧ 中共中央文献研究室：《江泽民论有中国特色社会主义》（专题摘编），中央文献出版社2002年版，第639页。

⑨ 中共中央文献研究室：《江泽民论有中国特色社会主义》（专题摘编），中央文献出版社2002年版，第645页。

"要实实在在地为群众办事"。① 他强调，全心全意为人民谋利益不能挂在嘴上，不能搞"虚功"，而必须满腔热情地处理群众提出和反映的问题，认真解决群众的实际问题。其次，要让群众共享发展的成果。他要求广大党员干部必须代表人民的根本利益，让人民在发展中获得实实在在的利益。最后，"要为困难群体谋好利益"。② 他认识到，困难群体最需要帮助，使困难群体安居乐业，有利于人民团结和社会安定，是影响改革开放和现代化建设大局的治本之道。

其五，坚持"从群众中来、到群众中去"。江泽民强调，"从群众中来、到群众中去"是党的事业胜利的"重要法宝"，是对"领导干部的思想、作风的一个根本要求"；③ 从群众中汲取经验和智慧是"干部提高思想政治水平和领导能力的重要途径"，要求领导干部要经常深入基层、深入群众，老老实实、认认真真调查研究，"努力把群众创造的经验总结出来……并依靠群众加以解决"。④

## 5. 创造性运用马克思主义方法论，大力推进经济、政治体制改革和党的建设

面对经济体制、政治体制、党的建设等方面出现的不适应新时期生产力发展要求的现状，江泽民锐意改革、大胆创新，创造性运用马克思主义方法论，大力推进中国特色社会主义的实践发展。

（1）大力推进经济体制改革。江泽民与时俱进地丰富发展了邓小平关于计划经济与市场经济的思想认识，确立了建立社会主义市场经济体制的根本目标。他既充分认识到建立社会主义市场经济体制的重要性和紧迫性，指出："加快经济体制改革的根本任务，就是要尽快建立社会主义的新经济体制"，⑤ 又清醒认识到建立社会主义市场经济体制的艰巨性和长期性，指出："在我国由于纯粹的公

---

① 中共中央文献研究室：《江泽民论有中国特色社会主义》（专题摘编），中央文献出版社 2002 年版，第 641 页。

② 中共中央文献研究室：《江泽民论有中国特色社会主义》（专题摘编），中央文献出版社 2002 年版，第 645 页。

③ 中共中央文献研究室：《江泽民论有中国特色社会主义》（专题摘编），中央文献出版社 2002 年版，第 640 页。

④ 中共中央文献研究室：《江泽民论有中国特色社会主义》（专题摘编），中央文献出版社 2002 年版，第 640 页。

⑤ 《江泽民文选》第 1 卷，人民出版社 2006 年版，第 199 页。

有制传统深厚，要建立和完善社会主义市场经济体制，不是一朝一夕的事，要经历一个长期的、复杂的变化历程。"①

江泽民创造性运用系统分析方法，对建立社会主义市场经济体制进行了整体性设计。其一，前提是坚持市场经济的社会主义性质。他指出："我们搞的是社会主义市场经济，'社会主义'这几个字是不能没有的，这并非多余，并非'画蛇添足'，而恰恰相反，这是'画龙点睛'。所谓'点睛'，就是点明我们市场经济的性质。"②为什么我国的市场经济必须坚持社会主义性质呢？他认为，如果不坚持社会主义，就会走向资本主义，中国就"没有什么独立自主权"，③就会成为西方发达资本主义国家的附庸，不但无法实现发展、富强，而且无法保证独立。其二，根本目的是为了解放和发展生产力。他认为，我国原有的"计划经济体制已不适应生产力发展的要求"，④因此，必须进行经济体制改革。经济体制改革的根本目的是"进一步解放和发展生产力"。⑤其三，关键是处理好计划和市场的关系。他强调，我国的经济体制改革必须正确处理"计划和市场这两种资源调配手段"，⑥针对不同时期、不同领域的不同情况，灵活运用这两种手段，使他们相互补充、相得益彰。其四，举措是分步推进。他采取分步推进、逐渐深入的办法，计划分三个阶段，逐步发挥市场作用，最终确立社会主义市场经济体制。

在经济体制改革方面，江泽民确立以公有制为主体、多种所有制经济共同发展的"我们党必须长期坚持的一个重大方针"；⑦提出"把按劳分配和按生产要素分配结合起来"⑧的思想，允许和鼓励生产要素参与收益分配，完善了以按劳分配为主体的基本分配制度；提出可持续发展战略，强调"发展不能只考虑眼前，

① 《十四大以来重要文献选编》上，人民出版社 1996 年版，第 20 页。

② 中共中央文献研究室：《江泽民论有中国特色社会主义》(专题摘编)，中央文献出版社 2002 年版，第 69 页。

③ 中共中央文献研究室：《江泽民论有中国特色社会主义》(专题摘编)，中央文献出版社 2002 年版，第 69 页。

④ 中共中央文献研究室：《江泽民论有中国特色社会主义》(专题摘编)，中央文献出版社 2002 年版，第 66 页。

⑤ 《江泽民文选》第 1 卷，人民出版社 2006 年版，第 226 页。

⑥ 《十四大以来重要文献选编》上，人民出版社 1996 年版，第 20 页。

⑦ 《十四大以来重要文献选编》中，人民出版社 1997 年版，第 1469 页。

⑧ 《十五大以来重要文献选编》上，人民出版社 2000 年版，第 24 页。

更要立足于长远";① 提出区域协调发展思想,以"解决地区经济发展不平衡的问题"。②

(2)大力推进政治体制改革。江泽民创造性运用社会基本矛盾分析方法,从发展生产力、巩固经济基础的目的出发,大力推进中国特色社会主义政治体制改革。

一是奠定政治体制改革的理论基础。江泽民创新性提出"三者统一"论,即"党的领导、人民当家作主和依法治国的有机结合和辩证统一"。③ 如何坚持"三者统一"呢?他既从正面强调必须坚持和完善"人民民主专政""人民代表大会制度""中国共产党领导的多党合作和政治协商制度""民族区域自治制度""建设社会主义法治国家",④ 又从反面创新性提出"四个不能"论,即"不能削弱和放弃人民民主专政""不能搞西方那种议会制度""不能削弱和否定共产党的领导""不能搞西方那种多党制"。⑤ "三者统一"论,为我国政治体制改革指明了努力方向。

二是明确政治体制改革的根本目的。江泽民认为,民主是"具体的、相对的,而不是抽象的、绝对的"。⑥ 中国特色社会主义民主的本质是"人民当家作主。国家的一切权力属于人民"。⑦ 我国政治体制改革的根本出发点和归宿是"在中国共产党的领导下,实行人民民主,充分保障人民当家作主的民主权利",⑧ 目标是建设和健全中国特色社会主义民主和法制。

三是制定政治体制改革的基本方略。江泽民在党的历史上首次将"依法治

① 《十四大以来重要文献选编》中,人民出版社1997年版,第1463页。
② 《十四大以来重要文献选编》中,人民出版社1997年版,第1467页。
③ 中共中央文献研究室:《江泽民论有中国特色社会主义》(专题摘编),中央文献出版社2002年版,第304页。
④ 《十五大以来重要文献选编》上,人民出版社2000年版,第19页。
⑤ 中共中央文献研究室:《江泽民论有中国特色社会主义》(专题摘编),中央文献出版社2002年版,第298页。
⑥ 中共中央文献研究室:《江泽民论有中国特色社会主义》(专题摘编),中央文献出版社2002年版,第301页。
⑦ 中共中央文献研究室:《江泽民论有中国特色社会主义》(专题摘编),中央文献出版社2002年版,第308页。
⑧ 中共中央文献研究室:《江泽民论有中国特色社会主义》(专题摘编),中央文献出版社2002年版,第299页。

国"上升为"治理国家的基本方略"。① 这一方略的基本内涵是：其一，坚持"依法治国"。他强调，"依法治国"是"建设社会主义现代国家"②"建立成熟的市场经济体制"③的必然要求。其二，坚持"依法治国"和"以德治国"相结合。他强调，法治与德治是"相辅相成、相互促进的……二者的地位和功能不分伯仲"，④ 明确要求必须做到两个"坚定不移"，即"坚定不移地实行依法治国""坚定不移地加强社会主义道德建设，实现以德治国"。⑤

四是确立政治体制改革的基本原则。江泽民运用系统分析方法，强调政治体制改革是一项系统工程，必须坚持"加强和改善党的领导"，"始终保持党和国家的活力"，"加强和完善党内民主……促进人民民主的发展"，保持"国家的政局稳定"，发挥"社会主义制度的优越性"，"分步骤、有领导、有秩序地进行"⑥这六条基本原则，整体性确立了政治体制改革的基本要求，提供了政治体制改革的根本遵循。

（3）大力推进党的建设。江泽民围绕"建设什么样的党，怎么建设党"这一重大基本问题，对新时期党的建设理论与实践做出了创新性贡献。

一是创新性提出"三个先锋队"论断。关于中国共产党的性质，江泽民创造性运用阶级分析方法，与时俱进地提出"三个先锋队"论断，强调中国共产党"始终是工人阶级的先锋队，同时是中国人民和中华民族的先锋队"。⑦ 中国共产党的先进性也源于其工人阶级先锋队性质。中国工人阶级不仅与最先进的经济形式相联系、富于组织纪律性，而且身受严重性和残酷性的三重压迫，革命最坚决、最彻底，最大公无私。中国共产党自成立之日起，就把自己定性为工人阶级先锋

---

① 《江泽民文选》第 3 卷，人民出版社 2006 年版，第 553 页。

② 江泽民：《在中共中央举办的第三次法制讲座上的讲话》，《人民日报》1996 年 2 月 9 日，第 1 版。

③ 司法部全国普法办公室：《中共中央法制讲座汇编》，法律出版社 1998 年版，第 107 页。

④ 江泽民：《大力弘扬不懈奋斗的精神》，《人民日报》2001 年 1 月 11 日，第 1 版。

⑤ 江泽民：《大力弘扬不懈奋斗的精神》，《人民日报》2001 年 1 月 11 日，第 1 版。

⑥ 中共中央文献研究室：《江泽民论有中国特色社会主义》（专题摘编），中央文献出版社 2002 年版，第 302~303 页。

⑦ 中共中央文献研究室：《江泽民论有中国特色社会主义》（专题摘编），中央文献出版社 2002 年版，第 576 页。

队，党的一大通过的党纲第一条就明确宣布，党"必须援助工人阶级"；党的七大通过的《中国共产党党章》在总纲中进一步明确规定："中国共产党，是中国工人阶级的先进的有组织的部队，是它的阶级组织的最高形式"。此后的历次党章都明确规定，中国共产党的性质是工人阶级先锋队。

新时代保持党的先进性的关键在于始终坚持党的工人阶级先锋队性质。当代中国工人阶级的地位、作用、性质并没有发生改变。当然，我们也要看到，当代中国工人阶级在内部结构、主人翁意识、阶层差别等方面也发生了一些新变化。因此，保持当代中国工人阶级的先进性并非高枕无忧，而是有很多工作要做。如要加强对工人阶级的思想政治教育，用马克思主义理论武装工人阶级，增强工人阶级的使命感、责任感和荣誉感；要在各类企业中加强和巩固党组织建设，建立健全工会组织和企业管理制度，维护工人合法权益，保障工人民主权利；理顺公有制企业内部的分配关系、干群关系，规范非公有制企业的劳资关系；进一步完善社会保障体系，改善失业下岗职工的生活状况，等等。

二是创新性提出"三个代表"重要思想。2000年2月21日，江泽民在广东高州市领导干部"三讲"教育动员会上指出，中国共产党"代表着中国先进生产力的发展要求，代表着中国先进文化的前进方向，代表着中国最广大人民的根本利益"。① 2000年5月，江泽民在上海考察时明确把"三个代表"重要思想视为"我们党的立党之本、执政之基、力量之源"。② 2001年1月10日，他在全国宣传部长会议上，提出要加强学习和宣传"三个代表"重要思想的力度，要求研究好、贯彻好"三个代表"重要思想，"使全体党员能够自觉地践行'三个代表'重要思想"。③ 2001年7月1日，在纪念中国共产党成立80周年大会上，江泽民又一次强调"三个代表"重要思想是"总结我们党过去八十年的奋斗历程和革命的基本经验"。④

"三个代表"重要思想是一个由三方面内容所构成的系统的、完整的思想理论体系。"代表先进生产力的发展要求"居于首要的核心地位。生产力决定着生产关系、经济基础决定上层建筑，先进生产力是发展先进文化和实现人民根本利

---

① 《江泽民文选》第3卷，人民出版社2006年版，第2页。
② 《江泽民文选》第3卷，人民出版社2006年版，第15页。
③ 江泽民：《论"三个代表"》，中央文献出版社2001年版，第129页。
④ 江泽民：《论"三个代表"》，中央文献出版社2001年版，第79页。

益的物质基础和物质保障；"代表中国先进文化的前进方向"居于中间层次，先进文化是发展先进生产力、实现人民根本利益的内在精神动力和强大精神支撑；"代表中国最广大人民的根本利益"居于基础地位，人民是发展生产力和先进文化的主体，实现人民根本利益是发展生产力和先进文化的出发点和落脚点。三方面内容相互依存、相互制约，共同揭示了物质文明、精神文明、政治文明的辩证统一关系。

如何贯彻"三个代表"重要思想呢？江泽民认为："关键在坚持与时俱进，核心在坚持党的先进性，本质在坚持执政为民。"①具体而言，"代表先进生产力的发展要求"，就必须体现生产力的发展要求，把握生产力的发展规律，大力发展生产力；"代表中国先进文化的前进方向"，就必须体现人民的思想道德和科学文化素质的提升要求、把握文化的建设规律、大力发展社会主义先进文化；"代表中国最广大人民的根本利益"，就必须把人民的根本利益作为发展先进生产力和先进文化的出发点和归宿。

三是创新性推进党的先进性建设。江泽民确立了党的先进性建设总体目标。1989年他在全国党建理论研究班上，要求把党"建设成为马列主义、毛泽东思想武装的更加坚强的中国工人阶级的先锋队"。②1994年党的十四届四中全会、1997年党的十五大从思想上政治上组织上提出、完善了党的先进性建设目标，明确了党的先进性建设的总体要求。

江泽民在马克思主义政党的建设历史上，首次提出"三讲"这一党的先进性建设的新形式。所谓"三讲"，就是"讲学习，讲政治，讲正气"。1995年江泽民发表领导干部要"讲学习，讲政治，讲正气"的谈话。1996年他专门发表《关于讲政治》一文。1998年他在中宣部、中组部召开的学习邓小平理论工作会议上，要求全党增强学习的自觉性，并于同年在全党全面开展"三讲"教育。他强调，深入开展"三讲"教育是在新的历史条件下加强党的建设和推进中国特色社会主义事业发展的需要。

"三讲"是一个由三方面内容相互联系、相互影响所构成的关于党的先进性建设的整体性概念。其中，"讲学习"是前提，只有认真学习，夯实理论功底，

①　《江泽民文选》第3卷，人民出版社2006年版，第537页。
②　《十三大以来重要文献选编》中，人民出版社1991年版，第805页。

掌握马克思主义立场观点方法，才能"扒开迷雾见真章"，在纷繁复杂的局势中始终保持正确的政治方向，才能经受住各种挫折和困难的考验，拒绝各种诱惑，持守共产党人的凛然正气；"讲政治"是核心，政党本质上是一个政治组织，有着严格的组织纪律和修养要求，"讲学习"是为了更好地"讲政治"，只有"讲政治"才能"讲正气"；"讲正气"是体现，"讲学习""讲政治"的效果要通过"讲正气"加以体现和检验。

江泽民丰富完善了民主集中制这一党的先进性组织建设，强调中国共产党"靠坚持和完善民主集中制"①组织起来，具有强大力量。党的十四大、十五大都强调要健全和完善民主集中制，强调："把民主基础上的集中与集中指导下的民主有机地结合起来。"②在此基础上，他主张加强党内民主建设，首次提出"党内民主是党的生命"的科学论断，要求"以保障党员民主权利为基础""建立健全充分反映党员和党组织意愿的党内民主制度"，③ 从而丰富了马克思主义民主集中制理论。

江泽民创立了"八个坚持，八个反对"这一党的先进性作风建设新形式。他把党的作风上升到事关"党的形象"的高度，强调"加强党风建设意义十分重大"，④ 要求"全面加强党的思想作风、学风、工作作风、领导作风和干部作风建设"。⑤ 他要求贯彻落实"八个坚持，八个反对"，从党的思想路线、党风学风、群众路线、民主制度、组织纪律、优良作风、清正廉洁、选人用人等方面，规定了党的先进性建设的基本内容和基本要求。

江泽民强调加强党的作风建设，必须持之以恒地开展反腐败斗争。他客观辩证地分析了反腐败斗争的形式，认为虽然"总体局势还是好的，腐败只是存在少数党员身上"，但是"绝对不能掉以轻心"，⑥ 主张反腐败斗争必须系统推进，坚持以教育为基础，以法制为保障，以监督为关键；必须坚持标本兼治、综合治

---

① 《十四大以来重要文献选编》上，人民出版社1996年版，第331页。
② 《中国共产党第十五次全国代表大会文件汇编》，人民出版社1997年版，第68页。
③ 《全面建设小康社会 开创中国特色社会主义事业的新局面》，人民出版社2002年版，第50页。
④ 江泽民：《论"三个代表"》，中央文献出版社2001年版，第139页。
⑤ 江泽民：《论"三个代表"》，中央文献出版社2001年版，第175页。
⑥ 江泽民：《论党的建设》，中央文献出版社2001年版，第26页。

理、创新体制，"从思想上筑牢拒腐防变的堤防"，① "从源头上预防和解决腐败问题"、"铲除腐败现象滋生的土壤和削弱其发展的条件"。② 他还创新性提出加强党的执政能力建设，强调"要提高我们党的领导水平和执政能力。"③

### (三) 胡锦涛深入推进马克思主义方法论的中国化

面对发展困境和难题的日益显现，胡锦涛创造性运用马克思主义方法论，紧紧扣住发展问题，创造性提出科学发展观，深入推进马克思主义方法论的中国化。

### 1. 高度重视学习、掌握和运用马克思主义方法论

胡锦涛非常重视方法在认识和改造世界过程中的重要作用，强调"科学方法的运用对提高党的建设水平至关重要"，④ 加强和改进党的建设、发挥党的领导核心作用，必须"要有科学方法"，⑤ 从实际出发改进党的"领导方式、组织形式、活动方式和工作方法"，⑥ 强调"正确方式方法是做好群众工作的重要保障"，⑦ 强调选人用人"要有正确的方法"。⑧

胡锦涛强调坚持以马克思主义为指导，关键在于领会其精神实质，善于运用其立场观点方法来解决实际问题，学习马克思主义理论的目的是为了"从中找立场、找观点、找方法"。⑨ 他要求党的领导干部"系统掌握马克思主义立场、观点、方法"；⑩ 要求科技专家"树立正确的世界观和科学方法论"。⑪

胡锦涛强调，中国共产党人必须学习掌握马克思主义世界观和方法论，认为

---

① 江泽民：《论党的建设》，中央文献出版社 2001 年版，第 520 页。
② 江泽民：《论党的建设》，中央文献出版社 2001 年版，第 520 页。
③ 江泽民：《论党的建设》，中央文献出版社 2001 年版，第 484 页。
④ 《胡锦涛文选》第 3 卷，人民出版社 2016 年版，第 253 页。
⑤ 《胡锦涛文选》第 3 卷，人民出版社 2016 年版，第 254 页。
⑥ 《胡锦涛文选》第 1 卷，人民出版社 2016 年版，第 465 页。
⑦ 《胡锦涛文选》第 3 卷，人民出版社 2016 年版，第 446 页。
⑧ 《胡锦涛文选》第 1 卷，人民出版社 2016 年版，第 117 页。
⑨ 《胡锦涛文选》第 1 卷，人民出版社 2016 年版，第 203 页。
⑩ 《胡锦涛文选》第 3 卷，人民出版社 2016 年版，第 255 页。
⑪ 《胡锦涛文选》第 1 卷，人民出版社 2016 年版，第 197 页。

"老祖宗不能丢"的意思就是马克思主义的"基本原理"与"科学世界观和方法论不能丢",① 辩证唯物主义与历史唯物主义是人们认识和改造世界的"最科学最根本的思想武器"。② 他把坚持马克思主义世界观和方法论,"冷静观察和全面把握国际社会发展变化,科学制定外交工作方针政策和战略策略"③置于改革开放以来我国外交工作的五条重要启示的首位,要求领导干部必须重视学习,掌握贯穿于毛泽东思想、邓小平理论和"三个代表"重要思想中的"马克思主义立场、观点、方法";④ 要求广大党员"刻苦学习,掌握科学的世界观与方法论",⑤ "用辩证唯物主义和历史唯物主义世界观、方法论去分析和解决面临的问题";⑥ 要求党校学员全面掌握马克思主义基本原理和"科学世界观、方法论";⑦ 要求青年"用辩证唯物主义与历史唯物主义武装自己"。⑧

胡锦涛强调,要用马克思主义立场、观点、方法,分析、解答国际国内重大理论和实际问题,"做好释疑解惑、提高认识、理顺情绪、凝聚人心工作",⑨ 引导广大干部群众沿着正确的方向不断前进。

## 2. 牢固确立科学认识和对待马克思主义的方法论

马克思主义观就是人们关于"什么是马克思主义,怎样对待马克思主义"这一重大基本问题的根本观点。胡锦涛非常重视引导人们确立科学的马克思主义观。2008 年 12 月,在纪念改革开放 30 周年大会上的讲话中,他把改革开放以来中国共产党的全部理论和全部实践归结为"四个重大基本问题",并将"什么是马克思主义、怎样对待马克思主义"⑩置于这"四个重大基本问题"之首。面对国内

---

① 《胡锦涛文选》第 1 卷,人民出版社 2016 年版,第 455 页。
② 《胡锦涛文选》第 1 卷,人民出版社 2016 年版,第 183 页。
③ 《胡锦涛文选》第 2 卷,人民出版社 2016 年版,第 85 页。
④ 《胡锦涛文选》第 2 卷,人民出版社 2016 年版,第 528 页。
⑤ 《胡锦涛文选》第 1 卷,人民出版社 2016 年版,第 87 页。
⑥ 《胡锦涛文选》第 1 卷,人民出版社 2016 年版,第 497 页。
⑦ 《胡锦涛文选》第 1 卷,人民出版社 2016 年版,第 442 页。
⑧ 《胡锦涛文选》第 1 卷,人民出版社 2016 年版,第 368 页。
⑨ 《胡锦涛文选》第 1 卷,人民出版社 2016 年版,第 411 页。
⑩ 胡锦涛:《在纪念党的十一届三中全会召开 30 周年大会上的讲话》,《人民日报》2008 年 12 月 19 日,第 1 版。

外形势的严峻挑战、意识形态领域的激烈斗争，他确立了科学认识和解答这一首要的重大基本问题的方法论。

（1）确立科学认识马克思主义的方法论。"什么是马克思主义"是马克思主义观的首要问题。胡锦涛从三个方面，科学解答了这一问题。

一是系统分析马克思主义的本质特征。2003年胡锦涛在"三个代表"重要思想理论研讨会上的讲话中，从辩证唯物主义和历史唯物主义的世界观和方法论、实现共产主义、实现最广大人民根本利益、在实践中检验真理和发展真理四个方面，全面揭示了马克思主义"最根本的理论特征""最崇高的社会理想""最鲜明的政治立场""最重要的理论品质"。① 这"四个最"，四位一体，共同构成了对马克思主义的本质特征的整体性认识。

二是定性分析马克思主义的理论特点。胡锦涛明确宣布中国共产党坚信马克思主义是"颠扑不破的科学真理"。② 他强调，马克思主义是指导人们认识和改造世界的科学理论，科学性是马克思主义鲜明的理论特征，否定马克思主义的科学性是"错误的、有害的"。③

三是阶级分析马克思主义的价值功能。胡锦涛认为，一个执政党的执政能力、执政水平离不开科学理论的指导。中国共产党作为无产阶级政党，其先进性首先体现在理论上的先进性上。坚持用马克思主义理论武装全党，是中国共产党保持先进性的根本经验。他强调，马克思主义理想信念是中国共产党人的政治灵魂、精神支柱和"行动指南。"④

（2）确立科学对待马克思主义的方法论。"怎样对待马克思主义"是确立科学的马克思主义观的根本目的。胡锦涛强调，对待马克思主义必须坚持以下基本要求：

一要认真学习马克思主义理论。胡锦涛非常重视学习，强调善于学习是"中

---

① 胡锦涛：《在"三个代表"重要思想理论研讨会上的讲话》，人民出版社2003年版，第6页。

② 胡锦涛：《在庆祝中国共产党成立90周年大会上的讲话》，人民出版社2011年版，第11页。

③ 胡锦涛：《在"三个代表"重要思想理论研讨会上的讲话》，人民出版社2003年版，第26页。

④ 胡锦涛：《在"三个代表"重要思想理论研讨会上的讲话》，人民出版社2003年版，第26页。

国共产党始终走在时代前列引领中国发展进步的决定性因素"；① 强调善于学习意义重大，要求广大党员干部"要深刻认识学习好、运用好科学理论对推进事业发展的重大意义"，② 确立良好的学风。他提出"建设马克思主义学习型政党"③ 的目标任务，要求全体党员、干部"都要把学习作为一种精神追求"，④ 深入学习马克思主义理论、"提高理论素养，不断加强工作中的理论自觉和理论指导"。⑤ 他要求学习马克思主义理论必须坚持"四个紧密结合"，⑥ 即"紧密结合"改革开放和现代化的实际问题、全面建设小康社会目标、党的建设、实际行动。他推动实施马克思主义理论研究和建设工程，主张通过向书本、实践和群众学习，"切实提高全党的学习能力"。⑦

二要坚持马克思主义在意识形态领域的指导地位。胡锦涛认为，马克思主义是我们的"主心骨"，⑧ 把"巩固马克思主义在我国意识形态领域的指导地位"视为"一项重大任务"，⑨ 既从正面重申江泽民提出的"两个坚定不移，不能含糊"是检验真假马克思主义者的"试金石"，⑩ 又从反面发出警醒，如果不能坚持马克思主义基本原理，就"迷失方向，就会走上歧途"。⑪

三要在实践中丰富发展马克思主义。胡锦涛强调，马克思主义只有结合各国具体国情、时代发展、人民需求，不断发展，才能具有强大的生命力，才能不断焕发出勃勃生机。他强调必须把"既没丢老祖宗"与"又发展老祖宗"、⑫ "老祖宗

---

① 《中共中央关于加强和改进新形势下党的建设若干重大问题的决定》，人民出版社2009年版，第10页。

② 《十六大以来重要文献选编》上，中央文献出版社2005年版，第364页。

③ 《中共中央关于加强和改进新形势下党的建设若干重大问题的决定》，人民出版社2009年版，第10页。

④ 胡锦涛：《在庆祝中国共产党成立90周年大会上的讲话》，《人民日报》2011年7月2日，第2版。

⑤ 《十六大以来重要文献选编》上，中央文献出版社2005年版，第376页。

⑥ 胡锦涛：《坚持马克思主义指导地位　大力推进哲学社会科学繁荣发展》，《人民日报》2004年5月30日，第2版。

⑦ 中共中央宣传部：《科学发展观学习纲要》，人民出版社2013年版，第122页。

⑧ 《十六大以来重要文献选编》下，中央文献出版社2008年版，第684页。

⑨ 《十六大以来重要文献选编》中，中央文献出版社2006年版，第243页。

⑩ 《十六大以来重要文献选编》下，中央文献出版社2008年版，第595页。

⑪ 《十六大以来重要文献选编》上，中央文献出版社2005年版，第365页。

⑫ 《十七大以来重要文献选编》上，中央文献出版社2009年版，第102页。

不能丢"与"说新话"、"坚持马克思主义"和"发展马克思主义"相统一，要求在新的历史条件下必须继续推进马克思主义中国化，使马克思主义具有更加鲜明的真理性与实践性。

四要坚持"结合"原则。在党的十七大报告中，胡锦涛首次对马克思主义中国化的宝贵经验作了"十个结合"的科学概括，其中"坚持马克思主义基本原理同推进马克思主义中国化结合起来"①居于"十个结合"之首。他把坚持"结合"原则视为"马克思主义具有蓬勃生命力的关键"、保持党的先进性和创造力的"决定性因素"。②

胡锦涛认为，"30年的历史经验归结到一点"③就是坚持"结合"原则，中国共产党的一条根本历史经验也是坚持"结合"原则，"中国共产党八十五年的历史"④就是坚持"结合"原则的历史。

胡锦涛强调，坚持"结合"原则，必须"不断赋予当代中国马克思主义鲜明的实践特色、民族特色、时代特色"，⑤根据我国社会发展和人民群众需求，不断进行新的理论概括，增强当代中国马克思主义的实践特色；扎根中国土壤，把马克思主义真理的力量熔铸于中华民族的血脉中，不断增强当代中国马克思主义的民族特色；站在时代前列、把握时代特征、反映时代要求，不断增强当代中国马克思主义的时代特色。

### 3. 深入推进马克思主义方法论的理论创新

胡锦涛强调，"理论创新永无止境"，⑥要求紧密结合我国国情和时代特征，"用发展着的马克思主义指导新的实践"，⑦不断推进理论创新。

如何推进马克思主义的理论创新呢？胡锦涛对此给予了系统解答，明确了理

---

① 《中国共产党第十七次全国代表大会文件汇编》，人民出版社2007年版，第10页。

② 《十六大以来重要文献选编》中，中央文献出版社2006年版，第158页。

③ 胡锦涛：《在纪念党的十一届三中全会召开30周年大会上的讲话》，《人民日报》2008年12月19日，第1版。

④ 《十六大以来重要文献选编》下，中央文献出版社2008年版，第520页。

⑤ 《十七大以来重要文献选编》上，中央文献出版社2009年版，第451页。

⑥ 胡锦涛：《在庆祝中国共产党成立90周年大会上的讲话》，《人民日报》2011年7月2日，第2版。

⑦ 《十六大以来重要文献选编》下，中央文献出版社2008年版，第895页。

论创新的"源泉""目的""动力""着力点",① 形成了马克思主义方法论的理论创新成果。

（1）首次提出"解放思想、实事求是、与时俱进、求真务实"这一中国化的马克思主义根本方法。一是"解放思想、实事求是"。胡锦涛强调"二十年改革开放进程，就是不断坚持解放思想、实事求是的进程",② 认为"解放思想、实事求是"是中国特色社会主义理论与实践发展的必然要求，是"党制定正确政治路线和方针政策的基础和前提，也是我们正确贯彻执行党的路线方针政策的基础和保证",③ 把"解放思想、实事求是"提升到推进党的作风建设的"第一位"的高度，视为马克思主义的"精髓"④和领导干部"培养良好思想作风和精神状态的首要要求",⑤ 要求理论研究要"解放思想、实事求是",⑥ 哲学社会科学工作者要"坚持解放思想、实事求是的思想路线"。⑦

为什么要"解放思想、实事求是"？这是因为我国的社会主义事业没有现成经验可以借鉴，特别是建立社会主义市场经济体制将会遇到许多新情况新问题。如何坚持"解放思想、实事求是"？胡锦涛认为，必须"刻苦学习，掌握科学世界观和方法论",⑧ 必须"讲真话，办实事，大胆开拓，创造性工作"。⑨

二是"与时俱进"。胡锦涛认为，当今世界和时代发生了"巨大而深刻的变化"，中国特色社会主义建设面临着许多新情况新问题，只有"与时俱进"，才能适应情况、解决新问题。他强调，"与时俱进"就必须深入研究国内外一系列重大问题，不断总结新的实践经验，不断深化对共产党执政、社会主义建设、人类社会发展等方面的规律性认识，不断推进各方面创新。

三是"解放思想、实事求是、与时俱进"。胡锦涛强调，"解放思想、实事求是、与时俱进"是"马克思主义活的灵魂"，是中国共产党人"适应新形势、认识

---

① 《十六大以来重要文献选编》上，中央文献出版社 2005 年版，第 645~646 页。
② 《胡锦涛文选》第 1 卷，人民出版社 2016 年版，第 312 页。
③ 《胡锦涛文选》第 1 卷，人民出版社 2016 年版，第 278 页。
④ 《胡锦涛文选》第 1 卷，人民出版社 2016 年版，第 524 页。
⑤ 《胡锦涛文选》第 1 卷，人民出版社 2016 年版，第 143 页。
⑥ 《胡锦涛文选》第 1 卷，人民出版社 2016 年版，第 135 页。
⑦ 《胡锦涛文选》第 1 卷，人民出版社 2016 年版，第 383 页。
⑧ 《胡锦涛文选》第 1 卷，人民出版社 2016 年版，第 87 页。
⑨ 《胡锦涛文选》第 1 卷，人民出版社 2016 年版，第 87 页。

新事物、完成新任务的根本思想武器"。① 他要求开展党的先进性建设必须"解放思想、实事求是、与时俱进……使党始终保持旺盛的活力和蓬勃的朝气"；② 要求宣传思想工作必须"坚持解放思想、实事求是、与时俱进"，努力走在前列。

四是"求真务实"。胡锦涛赋予"求真务实"以很高的地位，强调"求真务实"是马克思主义"科学精神"，是"党的思想路线的核心内涵"，是"党的优良传统"，是共产党人的"政治品格"。③ 他通过正反两方面的对比，凸显了"求真务实"的必要性，强调中国共产党的发展历程表明，"求真务实"是"党的活力之所在"，"党和人民事业兴旺发达的关键之所在"，④ 认为什么时候能够坚持"求真务实"，党就充满朝气和活力，党和人民的事业就能顺利发展；反之，党就缺乏朝气和活力，党和人民的事业就会受到挫折。他强调了"求真务实"的重要性和紧迫性，认为我国正处于一个改革发展关键期，面对新形势新任务，坚持"求真务实"，显得"十分重要和紧迫"。⑤

什么是"求真务实"？胡锦涛用"四求""四务"科学阐释了求真务实的基本内涵和主要内容，"四求"就是从基本国情、发展规律、人民主体、执政规律四个方面去"求真"；"四务"就是从艰苦奋斗、抓好发展、人民利益、党的建设四个方面去"务实"。"四求""四务"，也是坚持"结合"原则，深入推进马克思主义中国化的四个基本问题和基本任务。

如何"求真务实"？胡锦涛强调坚持"求真务实"是一项系统工程，要从思想、工作落实、制度等方面采取综合措施。具体而言就是：一要"切实加强思想教育"，二要"切实抓好工作落实"，三要"切实建立健全制度"。⑥

五是"解放思想、实事求是、与时俱进、求真务实"。"解放思想、实事求是、与时俱进、求真务实"是一个相互促进、有机统一的整体。"实事求是"与"求真务实"本质上是一致的。"实事"就是一切从实际出发，就是"务实"；"求是"就是寻求客观事物的内部联系和规律性，就是"求真"。只不过"实事求是"的

① 《胡锦涛文选》第 2 卷，人民出版社 2016 年版，第 494 页。
② 《胡锦涛文选》第 2 卷，人民出版社 2016 年版，第 343 页。
③ 《胡锦涛文选》第 2 卷，人民出版社 2016 年版，第 151 页。
④ 《胡锦涛文选》第 2 卷，人民出版社 2016 年版，第 152 页。
⑤ 《胡锦涛文选》第 2 卷，人民出版社 2016 年版，第 152 页。
⑥ 《胡锦涛文选》第 2 卷，人民出版社 2016 年版，第 159 页。

侧重点和落脚点是思想认识层面，而"求真务实"的侧重点和落脚点是实践层面。"解放思想""与时俱进"是"实事求是""求真务实"的根本要求，"实事求是""求真务实"是"解放思想""与时俱进"的目的和归宿。这四者相互联系、相互影响、密不可分，统一于科学发展观，共同构成了一个中国化的马克思主义根本方法。其中，"解放思想"是科学发展观的首要前提，是我们党的每一次重大理论创新和实践创造的内在动力；"实事求是"是科学发展观的根本要求，是我国革命、建设和改革事业不断取得胜利的重要法宝；"与时俱进"是科学发展观的内在品格，是马克思主义中国化得以不断推进的精神支撑；"求真务实"是科学发展观的精神品质，是中国共产党人科学精神和实践品质的集中体现。

(2)首次提出"正视矛盾，化解矛盾"这一中国化的马克思主义基础方法。胡锦涛清醒认识到，当前中国正处于一个社会矛盾凸显期，社会利益关系更加复杂、多样，"统筹兼顾各方面利益难度加大"，① 认为社会主义和谐社会也是一个充满矛盾的社会，"构建社会主义和谐社会的过程"就是"在妥善处理各种矛盾中不断前进的过程"。②

胡锦涛认为，我国社会主义初级阶段的基本矛盾"发生了意义深远的重大变化"，主要矛盾"没有变"。③ 人民内部矛盾是社会主义初级阶段的最普遍、最主要的矛盾，是根本利益一致基础上的矛盾。他高度重视正确处理人民内部矛盾，把"提高正确处理人民内部矛盾能力和水平"视为"加强党的执政能力建设的重要任务"，④ 强调"正确处理人民内部矛盾"对于保持社会稳定、创造良好社会环境"具有十分重要的意义"。⑤ 他科学分析了人民内部矛盾的四个新特点，一是"一些人民内部矛盾难以完全避免……处理起来比较复杂"；二是"由人民内部矛盾引发的群体性事件"，在性质上较为复杂，总体上属于人民内部矛盾，但也为一些国内外敌对势力和敌对分子所利用；三是处理人民内部矛盾的"法律和政策"

---

① 《十六大以来重要文献选编》中，中央文献出版社 2006 年版，第 61 页。

② 胡锦涛：《在省部级主要领导干部提高构建社会主义和谐社会能力专题研讨班上的讲话》，人民出版社 2005 年版，第 24 页。

③ 胡锦涛：《高举中国特色社会主义伟大旗帜　为夺取全面建设小康社会新胜利而奋斗》，人民出版社 2007 年版，第 14 页。

④ 胡锦涛：《在中共中央政治局第二十三次集体学习时的讲话》，《人民日报》2010 年 9 月 29 日，第 1 版。

⑤ 《胡锦涛文选》第 2 卷，人民出版社 2016 年版，第 117 页。

"工作力度""处置机制"等方面有待进一步完善和改进；四是"群体性事件参与人数多、社会影响大"必须慎重处理，否则，"个别问题、局部问题可能转化为全局性问题，非对抗性问题可能转化为对抗性问题"。① 他要求各级党委和政府都要"扎扎实实做好正确处理人民内部矛盾及其引发的群体性事件的工作。关键是要努力减少矛盾、缓解矛盾、解决矛盾，并积极预防和妥善处置群体性事件，最大限度减少其对社会稳定的冲击"。② 他提出了处理人民内部矛盾的总原则和根本方法，强调："要讲原则、讲法制、讲政策、讲策略……对于人民内部矛盾，要采取教育、疏导、化解的办法来解决。"③在此基础上，他系统提出了妥善处理人民内部矛盾的四个基本原则和方法，即"要正确处理改革发展稳定的关系""要扎实解决好关系群众切身利益的问题""要把解决群众切身利益工作纳入制度化法制化轨道""各级党政领导和职能部门要切实负起责任"。④ 也就是说，正确处理人民内部矛盾，必须采取教育、疏导、化解的方法，反对官僚主义，保护群众利益，做好群众思想政治工作，构建人民内部矛盾防范化解机制，从而丰富和发展了马克思主义正确处理人民内部矛盾的方法论。

胡锦涛深刻分析了影响我国社会和谐的突出矛盾及其解决方法，要求推进对社会主义社会主要矛盾的判断，深入研究这一主要矛盾的表现形式；推动经济社会又快又好发展，夯实解决各种矛盾、促进社会和谐的物质基础；深入分析新形势下我国社会存在的各类矛盾及其新的特点；掌握和运用新的有效方法和手段，妥善处理新形势下的人民内部矛盾；高度警惕西方敌对势力的不良政治图谋，尤其要警惕国内外敌对势力利用人民内部矛盾挑起事端、进行破坏活动的动向。

针对我国社会主义初级阶段的各种矛盾，胡锦涛首次提出"正视矛盾，化解矛盾"，⑤ 丰富发展了中国化的马克思主义基础方法。这一方法，由"正视矛盾"与"化解矛盾"两个环节所构成，前者是后者的前提，后者是前者的目的。如何"正视矛盾，化解矛盾"呢？他要求认识和处理矛盾必须坚持辩证分析、看主流。

---

① 《胡锦涛文选》第 2 卷，人民出版社 2016 年版，第 118 页。
② 《胡锦涛文选》第 2 卷，人民出版社 2016 年版，第 118 页。
③ 《十六大以来重要文献选编》中，中央文献出版社 2006 年版，第 910 页。
④ 《胡锦涛文选》第 2 卷，人民出版社 2016 年版，第 118~120 页。
⑤ 《中国共产党第十六届中央委员会第六次全体会议文件汇编》，人民出版社 2006 年版，第 4 页。

　　一要辩证分析。胡锦涛非常重视对各种现实问题的辩证分析。关于防治"非典"和推动经济发展的关系，他认为，二者相互联系、相互促进，抓好"非典"防治工作可以为经济社会发展提供良好社会环境，抓好发展这个第一要务可以"把非典带来的不利影响减少到最低限度"；① 关于政治外交和经济外交的关系，他认为，二者相辅相成、相互促进，政治外交是经济外交的重要保证，良好经贸合作有利于巩固政治关系，既要"善于利用政治外交来维护我国发展利益和经济安全"，又要"善于运用经济外交来维护我国政治利益和政治安全"；② 关于韬光养晦与有所作为的关系，他认为，二者是辩证统一的，韬光养晦，并不是妄自菲薄、消极无为，而是要尽可能减少外部对我国发展的压力和阻力，有所作为，也不是锋芒毕露、无所不为，而是要"更好维护我国利益、促进世界和平与发展"；③ 关于农村经济与城市经济的关系，他认为，二者相互联系、相互依赖、相互补充、相互促进，"农村发展离不开城市辐射和带动，城市发展也离不开农村促进和支持"。④ 此外，他还对市场机制和发挥政府作用、增加政府投入和吸引社会投资、中国共产党与民主党派、汉族和少数民族、信教群众与不信教群众、思想道德建设与制度建设、廉政建设与勤政建设、加强对干部的监督与发挥干部主观能动性等多对关系，进行了辩证分析。

　　二要"看主流"。胡锦涛运用主次矛盾与矛盾的主次方面关系原理，提出了"看主流"的用人方法，指出："要树立用人看主流、看本质、看发展的思想。对年轻干部的长处、短处、优点、缺点，要全面客观分析，用其所长。对本质好、主流好、有发展潜力的干部，虽有某些缺点，也要敢于合理使用，同时帮助他们克服缺点。"⑤ 人的本质是由其主流决定的。俗话说"金无足赤，人无完人"，因此，要"看主流"。只要一个人的主流、本质是好的，那么，就可以大胆使用，用其所长。

　　用人要"看主流"，成事、理政要善于"抓关键"。胡锦涛非常重视、善于"抓关键"。他强调，要抓住发展这个关键，"坚持以经济建设为中心，不断增强综

① 《胡锦涛文选》第 2 卷，人民出版社 2016 年版，第 26 页。
② 《胡锦涛文选》第 2 卷，人民出版社 2016 年版，第 222 页。
③ 《胡锦涛文选》第 3 卷，人民出版社 2016 年版，第 236 页。
④ 《胡锦涛文选》第 2 卷，人民出版社 2016 年版，第 18 页。
⑤ 《胡锦涛文选》第 1 卷，人民出版社 2016 年版，第 116 页。

合国力"；① "办好中国的事情，关键在党"；② 一个地方经济发展的关键是"这里的领导班子坚强有力"。③ 他要求农村基层组织建设要"真正解决关键问题"，④ 精神文明建设要"把抓落实的主要注意力，放在解决当前干部群众普遍关心的重要问题上"。⑤

（3）首次提出"具体问题具体分析"这一中国化的马克思主义灵魂方法。胡锦涛把矛盾的特殊性原理运用于方法论领域，提出了"具体问题具体分析"方法。他明确要求"在民族地区团结的问题上"，要"具体问题具体分析，是什么问题就按什么问题来处理，不要把什么事情都往民族问题上联系，把简单问题复杂化"；⑥ 在"提高正确处理人民内部矛盾的本领"上，要"坚持具体情况具体分析，针对不同情况采取不同方法和措施，切忌简单化"，⑦ "要区别不同情况，采取说服教育、思想引导和解决实际问题相结合方法"，⑧ "要加强有针对性的教育"；⑨ 在"防范处置突发事件"上，要"区别情况、果断处置。各部门各单位和专门机关要正确分析情况，正确处理不同性质的矛盾，防止因处理不当而引发新的问题"。⑩

胡锦涛强调落实科学发展观必须坚持"因地制宜、因时制宜"，"充分考虑地区部门发展差异和不同情况……不能强求一律，搞齐步走、一刀切"。⑪ "因地制宜、因时制宜"，实质上就是"具体问题具体分析"。

胡锦涛非常注重运用"具体问题具体分析"方法来解决各种实际问题。他要求培养选拔少数民族干部"要根据不同对象、不同层次提出不同要求"，⑫ "分类

---

① 《胡锦涛文选》第 2 卷，人民出版社 2016 年版，第 167 页。
② 《胡锦涛文选》第 1 卷，人民出版社 2016 年版，第 233 页。
③ 《胡锦涛文选》第 1 卷，人民出版社 2016 年版，第 48 页。
④ 《胡锦涛文选》第 1 卷，人民出版社 2016 年版，第 93 页。
⑤ 《胡锦涛文选》第 1 卷，人民出版社 2016 年版，第 226 页。
⑥ 《胡锦涛文选》第 1 卷，人民出版社 2016 年版，第 71 页。
⑦ 《胡锦涛文选》第 1 卷，人民出版社 2016 年版，第 412 页。
⑧ 《胡锦涛文选》第 1 卷，人民出版社 2016 年版，第 532 页。
⑨ 《胡锦涛文选》第 1 卷，人民出版社 2016 年版，第 563 页。
⑩ 《胡锦涛文选》第 1 卷，人民出版社 2016 年版，第 43 页。
⑪ 《胡锦涛文选》第 2 卷，人民出版社 2016 年版，第 169 页。
⑫ 《胡锦涛文选》第 1 卷，人民出版社 2016 年版，第 66 页。

指导、因人而异"；① 要求农村基层组织建设必须"坚持分类指导……根据不同性质、不同情况采取相应措施"，② "因地制宜推广"；③ 要求各地区各部门应对加入世贸组织的机遇与挑战，要"对各自面临的机遇和挑战分别进行科学分析和实事求是评估，并在此基础上分别制定有针对性的措施"；④ 要求新经济组织党建工作"必须从实际出发，因地制宜、因企制宜，加强分类指导"；⑤ 要求扶贫开发工作必须"坚持突出重点、分类指导。……对致贫原因不同的贫困群众，要采取更有针对性的扶持措施"。⑥

胡锦涛强调，思想政治教育要坚持"具体问题具体分析"，强调一切工作部门以及企业、农村、学校、社区都要"根据各自特点和实际加强思想教育……根据不同社会群体思想实际，有的放矢进行工作"，⑦ 职工群众思想政治工作"要因地制宜、因人制宜，创新教育方法、改进引导方式，做到因势利导，注重实效"；⑧ 要求学习研究宣传邓小平理论要"注意讲求理论宣传、理论教育的方法和艺术，根据不同对象的不同情况，采取他们喜闻乐见、易于接受的方法，使之收到好的效果"；⑨ 要求贯彻"双百"方针要"注意区分学术问题和政治问题的界限"，⑩ 学术研究没有禁区，政治宣传要有纪律；要求用社会主义核心价值体系引领社会思潮必须注重"区分层次、区别对象，尊重差异、包容多样，妥善处理思想文化领域的问题，最大限度增进社会认同"；⑪ 要求社会主义精神文明建设"由于各地情况不尽相同，这种领导体制和工作机制的具体形式可以不强求一律"，⑫ 必须抓好"任务落实的具体化。要区别领导机关和基层的不同情况，有针

① 《胡锦涛文选》第 1 卷，人民出版社 2016 年版，第 69 页。
② 《胡锦涛文选》第 1 卷，人民出版社 2016 年版，第 92 页。
③ 《胡锦涛文选》第 1 卷，人民出版社 2016 年版，第 101 页。
④ 《胡锦涛文选》第 1 卷，人民出版社 2016 年版，第 420 页。
⑤ 《胡锦涛文选》第 1 卷，人民出版社 2016 年版，第 470 页。
⑥ 《胡锦涛文选》第 3 卷，人民出版社 2016 年版，第 569 页。
⑦ 《胡锦涛文选》第 1 卷，人民出版社 2016 年版，第 394 页。
⑧ 《胡锦涛文选》第 1 卷，人民出版社 2016 年版，第 533~534 页。
⑨ 《胡锦涛文选》第 1 卷，人民出版社 2016 年版，第 135 页。
⑩ 《胡锦涛文选》第 1 卷，人民出版社 2016 年版，第 382 页。
⑪ 《胡锦涛文选》第 3 卷，人民出版社 2016 年版，第 63 页。
⑫ 《胡锦涛文选》第 1 卷，人民出版社 2016 年版，第 228 页。

对性进行工作。抓基层也要注意不同的特点，切忌一般化"，① 各级领导机关和领导干部"要一个部门一个部门、一个行业一个行业、一个问题一个问题研究"；② 要求弘扬雷锋精神应当"针对不同对象提出不同要求"。③

胡锦涛对"具体问题具体分析"提出了相应要求。

一要"调查研究"。通过调查研究、把握"事实"，是"具体问题具体分析"的必要前提。胡锦涛强调，"调查研究是我们的谋事之基、成事之道"，要求各级党政干部都要加强调查研究；强调"调查研究"是实施正确决策的必要手段，离开了调查研究，即使有了正确决策和有效办法"也难以真正落到实处"；④ 要求加强和改进党的作风建设，要"把加强调查研究作为一个切入点和重要环节，在全党大兴调查研究之风"；⑤ 强调"调查研究"是领导干部的基本功和基本的工作方法，要求各级领导干部都要"带头加强调查研究"。⑥

胡锦涛提出"三个以利于"的调查研究的目的，即"以利于深入认识……我国社会发展的特点和规律""以利于……更好地统筹各方面的利益关系""以利于健全维护社会稳定的有效机制"。⑦ 他要求领导干部加强理论学习必须"同调查研究、认真总结经验、提高领导水平结合起来"，⑧ 要求外交工作要"加强对新情况新问题的调查研究"。⑨

胡锦涛对如何进行调查研究提出了一些原则性要求：其一，坚持理论联系实际。他要求进行"调查研究"必须以科学理论为指导，以实际问题和正在做的事情为中心，"着眼于研究新情况、解决新矛盾"。⑩ 其二，实事求是。他强调："对任何问题进行调查研究，都要坚持实事求是的态度。"⑪"实事求是"的调查态

---

① 《胡锦涛文选》第 1 卷，人民出版社 2016 年版，第 225 页。
② 《胡锦涛文选》第 1 卷，人民出版社 2016 年版，第 226 页。
③ 《胡锦涛文选》第 1 卷，人民出版社 2016 年版，第 60 页。
④ 《胡锦涛文选》第 1 卷，人民出版社 2016 年版，第 525 页。
⑤ 《胡锦涛文选》第 1 卷，人民出版社 2016 年版，第 526 页。
⑥ 《胡锦涛文选》第 1 卷，人民出版社 2016 年版，第 526 页。
⑦ 胡锦涛：《加强调查和研究，着力提高工作本领，把和谐社会建设各项工作落到实处》，《人民日报》2005 年 2 月 23 日，第 1 版。
⑧ 《胡锦涛文选》第 1 卷，人民出版社 2016 年版，第 111 页。
⑨ 《胡锦涛文选》第 2 卷，人民出版社 2016 年版，第 99 页。
⑩ 《胡锦涛文选》第 1 卷，人民出版社 2016 年版，第 526 页。
⑪ 《胡锦涛文选》第 1 卷，人民出版社 2016 年版，第 526 页。

度，就是如实反映事物的真实状态和本来面貌，反对主观主义、形式主义。其三，深入基层、深入群众。他认为，调查研究与群众路线本质上是一致的，调查研究的过程也是一个群众路线的过程，是一个"深入了解民情、充分反映民意、广泛集中民智""密切联系群众、虚心向群众学习、深入做群众工作"①的过程，要求领导干部"要坚持深入基层，深入群众，深入第一线……开展系统的调查研究"。② 他主张"要坚持和完善调查研究制度"，③ 从制度上使"调查研究"规划化、长期化。

从马克思、恩格斯重视通过调查研究来把握"事实"，列宁提出"社会调查"，到毛泽东的"没有调查就没有发言权"、提出一系列调查研究方法，到邓小平的"深入实际调查研究"、要求为领导干部进行调查研究提供时间保证，再到江泽民的"没有调查就没有发言权，更没有决策权"，并就如何撰写、提交、交流调研报告提出具体指导，反映了马克思主义者历来重视、不断丰富发展调查研究方法。胡锦涛提出"坚持和完善调查研究制度"、为调查研究提供制度保障，则把马克思主义调查研究方法发展到了一个新的水平。

二要"系统分析"。坚持"具体问题具体分析"，必须运用系统分析方法，系统把握"事实"。

其一，坚持整体分析。胡锦涛认为，中国特色社会主义事业是一个经济、政治、文化、社会建设"有机统一、互为条件、不可分割的整体"，④ 邓小平理论是一个"统一的科学体系"，⑤ "三个代表"是一个"有机统一的整体"，⑥ "全面体现了社会主义的本质和党的先进性，是相互联系、相互促进、内在统一的"。⑦ 因此，他强调我们党要有一大批"系统地而不是零碎地"⑧掌握了马克思主义理论的

---

① 《胡锦涛文选》第 1 卷，人民出版社 2016 年版，第 526 页。

② 胡锦涛：《高举中国特色社会主义伟大旗帜　为夺取全面建设小康社会新胜利而奋斗——在中国共产党第十七次全国代表大会上的报告》，《人民日报》2007 年 10 月 25 日，第 1 版。

③ 《胡锦涛文选》第 2 卷，人民出版社 2016 年版，第 160 页。

④ 《胡锦涛文选》第 2 卷，人民出版社 2016 年版，第 378 页。

⑤ 《胡锦涛文选》第 1 卷，人民出版社 2016 年版，第 314 页。

⑥ 《胡锦涛文选》第 1 卷，人民出版社 2016 年版，第 426 页。

⑦ 《胡锦涛文选》第 1 卷，人民出版社 2016 年版，第 433 页。

⑧ 《胡锦涛文选》第 1 卷，人民出版社 2016 年版，第 110 页。

同志，要求领导干部"在全面系统掌握建设有中国特色社会主义理论科学体系上下功夫"，① 要把马克思主义"作为一个统一的科学体系来学习和掌握，不能把它们割裂开来"，② 要完整理解"三个代表"重要思想三方面内容的内在联系，要"融会贯通，完整准确理解""党的十四大报告概括的九个方面的理论观点和原则"，③ 要求少数民族干部要"系统学习、完整准确理解"④邓小平理论。

胡锦涛非常重视整体观念、大局意识，强调科学、民主、依法执政是"有机统一的整体，其核心是要为人民执好政、掌好权"，⑤ 要求领导班子要有整体观念、大局意识，"在服从真理、顾全大局的前提下求同存异"，⑥ 无论考虑问题、制定政策还是做出决定都要"从全局利益出发……主动服从全局利益"；⑦ 要求各地方各部门必须把应对加入世贸组织的工作"作为一项系统工程，统筹兼顾，通盘考虑，真正做到全国一盘棋"；⑧ 要求地方和部门的同志特别是领导同志一定要站在全局立场上"正确处理全局利益和局部利益关系。……善谋一域者，必先谋全局"。⑨ 他要求必须把大局意识、整体观念落实于各项具体工作中，必须"大力发扬全国一盘棋思想"。⑩ 他强调，"同舟共济、团结协作的大局观念"⑪是载人航天精神的重要体现。

胡锦涛把整体分析方法进一步具体化为"统筹兼顾"方法。他认为，"统筹兼顾"并不是简单摆平各方面关系，而是把"总揽全局、统筹规划"与"着力推进、重点突破"⑫有机统一起来。他强调，"统筹兼顾"是一种重要历史经验、重大战略方针，也是中国共产党一贯坚持的"科学有效的方法"。⑬

---

① 《胡锦涛文选》第 1 卷，人民出版社 2016 年版，第 110 页。
② 《胡锦涛文选》第 1 卷，人民出版社 2016 年版，第 291 页。
③ 《胡锦涛文选》第 1 卷，人民出版社 2016 年版，第 46 页。
④ 《胡锦涛文选》第 1 卷，人民出版社 2016 年版，第 67 页。
⑤ 《胡锦涛文选》第 2 卷，人民出版社 2016 年版，第 461 页。
⑥ 《胡锦涛文选》第 1 卷，人民出版社 2016 年版，第 71 页。
⑦ 《胡锦涛文选》第 1 卷，人民出版社 2016 年版，第 122 页。
⑧ 《胡锦涛文选》第 1 卷，人民出版社 2016 年版，第 420 页。
⑨ 《胡锦涛文选》第 1 卷，人民出版社 2016 年版，第 256 页。
⑩ 《胡锦涛文选》第 3 卷，人民出版社 2016 年版，第 123 页。
⑪ 《胡锦涛文选》第 2 卷，人民出版社 2016 年版，第 386 页。
⑫ 《胡锦涛文选》第 3 卷，人民出版社 2016 年版，第 8 页。
⑬ 《胡锦涛文选》第 3 卷，人民出版社 2016 年版，第 7 页。

胡锦涛强调，落实科学发展观，必须"更加自觉地运用统筹兼顾的根本方法"。① 他要求反腐倡廉要统筹推进，采取各种措施，"增强反腐倡廉建设整体性、协调性、系统性、实效性"②；人才队伍建设要"统筹抓好各类人才队伍建设"，③ "加强统筹协调，注重整体推进"；④ 城乡社会保障体系建设要"统筹推进"；⑤ 治水兴水必须"总揽全局、统筹规划、兼顾各方"，⑥ 统筹安排各项水利工作，统筹解决各项水利问题，统筹流域和区域水利发展，统筹城乡水利发展。

胡锦涛强调，运用"统筹兼顾"方法要做到"三个必须"，即"必须正确处理认识和妥善处理中国特色社会主义事业中的重大关系""必须统筹经济建设和国防建设""必须统筹国内国际两个大局"。⑦

其二，坚持结构分析。胡锦涛非常重视结构分析，认为转变经济发展方式必须着力"推进经济结构战略性调整"，着力解决一些"重大结构性问题"。⑧ 他提出调结构促就业的主张，要求"加大结构调整力度……加大产业结构、所有制结构、企业结构调整力度，通过结构调整增加就业岗位"；⑨ 针对"不少领导班子专业结构不够合理……领导成员年龄没有形成合理梯次配备"⑩情况，他要求调整领导班子专业结构；针对"经济结构不合理"情况，他要求"全面推进工业结构优化升级"，⑪ "把工作重点放到优化经济结构、提高经济增长质量和效益上来"；⑫ 他非常重视农业结构调整，要求"把农业结构调整的重点放到提高农产品质量和效益、提高农业竞争力上来"；⑬ 他要求必须重点抓好"加快调整出口贸易结构……

① 《胡锦涛文选》第3卷，人民出版社2016年版，第7页。
② 《胡锦涛文选》第3卷，人民出版社2016年版，第45页。
③ 《胡锦涛文选》第3卷，人民出版社2016年版，第391页。
④ 《胡锦涛文选》第3卷，人民出版社2016年版，第393页。
⑤ 《胡锦涛文选》第3卷，人民出版社2016年版，第642页。
⑥ 《胡锦涛文选》第3卷，人民出版社2016年版，第551页。
⑦ 《胡锦涛文选》第3卷，人民出版社2016年版，第8页。
⑧ 《胡锦涛文选》第3卷，人民出版社2016年版，第630页。
⑨ 《胡锦涛文选》第2卷，人民出版社2016年版，第79页。
⑩ 《胡锦涛文选》第1卷，人民出版社2016年版，第108页。
⑪ 《胡锦涛文选》第2卷，人民出版社2016年版，第165页。
⑫ 《胡锦涛文选》第2卷，人民出版社2016年版，第177页。
⑬ 《胡锦涛文选》第2卷，人民出版社2016年版，第175页。

优化出口产品结构""加快调整进口贸易结构""推动我国……产业结构优化升级"①等方面工作。

其三，确立开放视野。胡锦涛认为，当今世界是个开放的世界，中国的发展离不开世界，要求"树立宽广的世界眼光""始终坚持对外开放"，② 全面观察世界发展大势，积极借鉴世界各国人民的有益经验，坚决反对闭关自守、夜郎自大。

其四，实现系统优化。科学发展观实质上是一种全面、协调、可持续的系统优化的发展观，社会主义和谐社会实质上是一个系统优化的社会。胡锦涛提出了系统优化经济社会发展的重点举措和主要目标：着力提高"经济增长质量和效益"③，努力实现速度和结构、质量、效益相统一，经济发展与资源节约、环境保护相统一，"促进区域协调发展"④等。

三要"理论联系实际"。胡锦涛强调："马克思主义本质上是实践的科学，社会主义是一个不断向前发展的实践的运动"，⑤ 认为"真理来自实践、指导实践，又要在实践中经受检验"，⑥ "实践是检验真理的唯一标准"，⑦ 呼吁"恢复实践的地位，承认实践的权威，在实践中来认识真理和发展真理"，⑧ 要求学习邓小平"尊重实践"的思想方法和工作方法。"尊重实践"，实质上就是尊重"事实"。

尊重"事实"就必须注重解决实际问题，坚持理论联系实际。胡锦涛把"提高理论修养，增强理论指导实践能力"视为"领导干部加强党性修养的重要方面"，⑨把"能不能把所掌握的理论运用到实践中去，有效解决改革发展稳定中的实际问题"视为"衡量领导干部理论水平高低⑩的重要标准，要求领导干部必须"既要大力提高理论水平，更要大力提高理论联系实际能力"，⑪ "在运用理论研究和解决

① 《胡锦涛文选》第 3 卷，人民出版社 2016 年版，第 356 页。
② 《胡锦涛文选》第 2 卷，人民出版社 2016 年版，第 141 页。
③ 《胡锦涛文选》第 2 卷，人民出版社 2016 年版，第 168 页。
④ 《胡锦涛文选》第 2 卷，人民出版社 2016 年版，第 41 页。
⑤ 《胡锦涛文选》第 1 卷，人民出版社 2016 年版，第 315 页。
⑥ 《胡锦涛文选》第 1 卷，人民出版社 2016 年版，第 525 页。
⑦ 《胡锦涛文选》第 1 卷，人民出版社 2016 年版，第 547 页。
⑧ 《胡锦涛文选》第 1 卷，人民出版社 2016 年版，第 315 页。
⑨ 《胡锦涛文选》第 3 卷，人民出版社 2016 年版，第 199 页。
⑩ 《胡锦涛文选》第 3 卷，人民出版社 2016 年版，第 199 页。
⑪ 《胡锦涛文选》第 3 卷，人民出版社 2016 年版，第 199～200 页。

实际问题上下功夫"，① 强调"知识分子只有联系实际加强理论学习，才能确立科学的世界观和方法论"。②

　　胡锦涛强调，坚持理论联系实际必须：一要学好理论。他很重视科学理论的指导作用，强调工人阶级政党的实际工作离不开科学理论指导、"工人阶级先锋队战士，必须有科学理论武装"，③ 尤其注重实践基础上的理论研究，要求广大党员干部必须"坚持以建设有中国特色社会主义理论为指导"；④ 要求青年知识分子"要努力学习马克思列宁主义、毛泽东思想特别是邓小平建设有中国特色社会主义理论"⑤。他从反面发出警醒，如果不努力学习和掌握马克思主义理论，就不能正确把握社会发展规律，不能树立科学的理想信念，严厉批评了领导干部"放松或忽视理论学习的倾向"。⑥

　　二要坚持一切从实际出发。他把"能不能坚持一切从实际出发"上升为对一个国家和地区发展"具有决定性意义"⑦的高度，认为理论联系实际就是"要求我们的思想认识符合客观实际，一切从实际出发，因时因地制宜"；⑧ 他要求领导干部"善于从当地实际出发，做好发动和引导群众工作"；⑨ 要求理论研究和理论宣传必须从实际出发，解答实际问题；要求做理论工作的同志要"密切联系改革开放和现代化建设实际，特别是发展社会主义市场经济实际，为党和政府决策提供更多科学依据、政策建议和有力理论支持，对干部群众关心的问题努力做好释疑解惑工作"；⑩ 要求领导干部贯彻执行党的路线方针政策时"要坚持从本地实际出发，把中央方针政策同本地区本部门实际结合起来"；⑪ 要求外交工作"要从实际出发，量力而行"。⑫

---

① 《胡锦涛文选》第 1 卷，人民出版社 2016 年版，第 110 页。
② 《胡锦涛文选》第 1 卷，人民出版社 2016 年版，第 133 页。
③ 《胡锦涛文选》第 1 卷，人民出版社 2016 年版，第 201 页。
④ 《胡锦涛文选》第 1 卷，人民出版社 2016 年版，第 46~47 页。
⑤ 《胡锦涛文选》第 1 卷，人民出版社 2016 年版，第 197 页。
⑥ 《胡锦涛文选》第 1 卷，人民出版社 2016 年版，第 110 页。
⑦ 《胡锦涛文选》第 2 卷，人民出版社 2016 年版，第 40 页。
⑧ 《胡锦涛文选》第 1 卷，人民出版社 2016 年版，第 46 页。
⑨ 《胡锦涛文选》第 1 卷，人民出版社 2016 年版，第 410 页。
⑩ 《胡锦涛文选》第 1 卷，人民出版社 2016 年版，第 134 页。
⑪ 《胡锦涛文选》第 1 卷，人民出版社 2016 年版，第 278 页。
⑫ 《胡锦涛文选》第 2 卷，人民出版社 2016 年版，第 92 页。

三要坚持理论与实践相结合。他强调："理论来源于实践，理论的作用在于指导实践，理论的力量也必须在实践中才能充分显示出来。"①马克思主义世界观的确立"既需要从书本中吸取理论和知识的营养，更需要到实践中去锻炼"，②要求"在科学理论指导下，大胆实践"。③具体而言，党校教育必须"将理论和实践紧密结合起来"；④党的思想理论建设、学习邓小平理论都必须坚持理论联系实际。他强调，实现理论与实际相结合的关键一环在于以科学理论为指导，深入实际，对现实问题进行调查研究，"在调查研究中进一步学习理论"。⑤

胡锦涛大力倡导理论联系实际的学风，要求"进一步在各级领导干部中倡导这样的好风气"，⑥要求兴起理论学习新高潮，就"必须大力弘扬理论联系实际的马克思主义学风"。⑦他通过正反两方面的比较分析，凸显了坚持理论联系实际学风的必要性和重要性，强调只有坚持理论联系实际，才能了解理论的科学体系和精神实质，懂得贯穿其中的世界观和方法论。如果"联系实际学习理论"，学习效果就比较好；反之，"学习就势必流于形式，收不到应有效果"。⑧他严厉批评了一些领导干部"轻视理论学习"和"不能正确运用理论研究解决现实问题"的"学风不正现象"，⑨以及有些党员"学习理论不联系实际，学而不信，学而不行，学而不用"⑩等情况。他要求各级党校"要在科研工作中大力弘扬理论联系实际的马克思主义学风"，⑪要求广大党员"努力提高运用理论指导实践、解决现实问题能力"。⑫他强调坚持理论联系实际的学风，就必须"进一步明确学习的目的全在于应用……坚持为用而学、学以致用"，⑬不仅"要深入学习、掌握理论"，更重

① 《胡锦涛文选》第1卷，人民出版社2016年版，第134页。
② 《胡锦涛文选》第1卷，人民出版社2016年版，第183页。
③ 《胡锦涛文选》第1卷，人民出版社2016年版，第318页。
④ 《胡锦涛文选》第1卷，人民出版社2016年版，第442页。
⑤ 《胡锦涛文选》第1卷，人民出版社2016年版，第203页。
⑥ 《胡锦涛文选》第1卷，人民出版社2016年版，第203页。
⑦ 《胡锦涛文选》第1卷，人民出版社2016年版，第292页。
⑧ 《胡锦涛文选》第1卷，人民出版社2016年版，第202页。
⑨ 《胡锦涛文选》第1卷，人民出版社2016年版，第388页。
⑩ 《胡锦涛文选》第1卷，人民出版社2016年版，第493页。
⑪ 《胡锦涛文选》第1卷，人民出版社2016年版，第443页。
⑫ 《胡锦涛文选》第1卷，人民出版社2016年版，第493页。
⑬ 《胡锦涛文选》第1卷，人民出版社2016年版，第255页。

要的是切实用理论指导工作，自觉运用理论研究解决"新情况新问题……提高解决实际问题能力"。①

四要"历史分析"。所谓"历史分析"，就是注重分析"历史事实"。"历史事实"包括历史进程、实践验证、历史任务、历史依据、历史选择、历史基础、历史渊源等方面内容。

胡锦涛用"回顾历史"方法要求领导干部带头增强党性锻炼，强调"之所以简要回顾历史"，② 就是要引起大家对增强党性锻炼问题的进一步重视，尤其要理解在新的历史条件下增强党性锻炼的必要性和重要性。"回顾历史"，就是回顾党发展的历史进程。他强调："八十年的历史证明，中国共产党是五四精神最忠诚的继承者。"③"历史证明"就是历史发展的实践验证。他科学分析了中国共产党的三大历史任务，要求思考人民军队"应该肩负起什么样的历史使命"。④ 他分析了中国共产党执政的历史依据，指出："我们党成为执政党，是历史的选择、人民的选择。"⑤他强调，中国坚持走和平发展道路是"基于中国历史文化传统的必然选择"。⑥

(4)进一步丰富了中国化的马克思主义方法论的基本内容。胡锦涛在推进当代中国科学发展的实践中，进一步丰富了中国化的马克思主义方法论的基本内容。

一是"独立自主"。胡锦涛认为，"独立自主"就是"任何国家的事情都只能由那个国家的政党和人民去判断，各国政党有权根据本国情况和自身条件独立自主决定自己的一切事务"。⑦ 他强调，各国的国情和发展道路各不相同，适用于所有国家和所有时代的模式是不存在的，中国"必须始终坚持独立自主地探索中国社会主义建设的道路"。⑧

胡锦涛把"独立自主"原则运用于内政外交等各项工作中。他倡导在国家交

---

① 《胡锦涛文选》第1卷，人民出版社2016年版，第278页。
② 《胡锦涛文选》第1卷，人民出版社2016年版，第164页。
③ 《胡锦涛文选》第1卷，人民出版社2016年版，第363页。
④ 《胡锦涛文选》第2卷，人民出版社2016年版，第256页。
⑤ 《胡锦涛文选》第2卷，人民出版社2016年版，第257页。
⑥ 《胡锦涛文选》第2卷，人民出版社2016年版，第382页。
⑦ 《胡锦涛文选》第1卷，人民出版社2016年版，第189页。
⑧ 《十六大以来重要文献选编》上，中央文献出版社2005年版，第647页。

往中，应该"按照事情的是非曲直对国际事务独立作出判断，并采取相应立场"；① 倡导在政党交往中，最核心的就是要"尊重对方的独立自主权利"，② 他公开宣称："中国政府坚定不移奉行独立自主的和平外交政策"，③ 要求外交工作必须坚持"独立自主"，指出："对于一切国际事务，都从中国人民和世界人民根本利益出发，根据事情本身的是非曲直来决定自己的立场和政策。我们不允许任何国家干涉我国内部事务，同时我们也尊重别国人民的选择，不干涉别国内政，不把自己的意志强加于人"④；要求科技发展必须走"独立自主"之路，认为只有依靠自己的努力在尖端科技方面取得突破，才能掌握主动权，强调独立自主、自力更生，"在一些重要领域和科技前沿拥有自主创新能力和自主知识产权，大力提高核心竞争力"；⑤ 强调"独立自主"是"我们的根本立足点"，⑥ "越是对外开放""越是要坚持独立自主、自力更生"。⑦

二是"批评与自我批评"。胡锦涛强调，"批评与自我批评"方法是"不能丢"的党的优良传统。他认为，延安整风和党的十一届三中全会前后的拨乱反正"这两次批评和自我批评"是全党范围内开展"批评与自我批评"的范例，强调在新的历史时期这一"武器不能丢"，党内所有人"都要接受批评与自我批评"。⑧ 是加强党的建设的必然要求。他认为，批评与自我批评是加强党的建设的有效办法，保护党的健康肌体、肩负起自己的历史使命必须"拿起批评和自我批评这个武器"。⑨ 他形象地把"我们党需要批评和自我批评"喻为"如同人需要空气和水一样重要"，⑩ 要求加强领导班子思想作风建设，要"认真开展批评与自我批评"，⑪ 每个领导干部都要"严肃而不是敷衍地进行批评与自我批评"，各级党组织和全

① 《胡锦涛文选》第 1 卷，人民出版社 2016 年版，第 188 页。
② 《胡锦涛文选》第 1 卷，人民出版社 2016 年版，第 189 页。
③ 《胡锦涛文选》第 1 卷，人民出版社 2016 年版，第 372 页。
④ 《胡锦涛文选》第 2 卷，人民出版社 2016 年版，第 88 页。
⑤ 《胡锦涛文选》第 2 卷，人民出版社 2016 年版，第 114 页。
⑥ 《胡锦涛文选》第 2 卷，人民出版社 2016 年版，第 141 页。
⑦ 《胡锦涛文选》第 2 卷，人民出版社 2016 年版，第 141 页。
⑧ 《胡锦涛文选》第 1 卷，人民出版社 2016 年版，第 207 页。
⑨ 《胡锦涛文选》第 1 卷，人民出版社 2016 年版，第 207 页。
⑩ 《胡锦涛文选》第 1 卷，人民出版社 2016 年版，第 209 页。
⑪ 《胡锦涛文选》第 1 卷，人民出版社 2016 年版，第 50 页。

体党员、干部应当"以身作则，带头拿起批评和自我批评的武器"，① 哲学社会科学的发展要"提倡同志式的充分说理的批评和反批评"。② 他对不认真开展批评与自我批评的"好人主义""不讲原则，掩盖矛盾，软弱涣散"③等现象提出了严厉批评。

如何正确开展"批评与自我批评"呢？就此，胡锦涛提出了一系列具体要求：一要"善于进行真诚的自我批评"。④ 他要求广大党员干部都要严于律己，认真进行批评和自我批评。二要"敢于批评错误的思想行为"。⑤ 这是因为姑息迁就"既害了同志，又损害党和人民事业"。⑥ 三要"虚心接受别人批评"。⑦ 他强调不允许以各种借口来抵制批评与自我批评。四要坚持"团结——批评——团结的方针"。⑧ 他要求开展"批评与自我批评"，必须本着爱护同志、帮助同志的目的，求得在原则基础上的团结。五要坚持"严肃认真、实事求是"⑨的原则。他强调"真正站在一切以党和人民事业为重的立场上，讲党性、讲原则"，是开展"批评与自我批评"的"根本立足点"。⑩

三是群众路线。胡锦涛强调，人民群众是"我们党的力量源泉和事业的胜利之本"，⑪ "推动历史前进的根本力量"。⑫ 他强调，中国共产党是"来自人民、植根于人民、服务于人民的党"。⑬ 他把党的群众路线视为"无价之宝"，⑭ 把相信群众、依靠群众、密切联系群众视为中国共产党的"力量源泉"。⑮ 他强调，青年

① 《胡锦涛文选》第 1 卷，人民出版社 2016 年版，第 208 页。
② 《胡锦涛文选》第 1 卷，人民出版社 2016 年版，第 382 页。
③ 《胡锦涛文选》第 1 卷，人民出版社 2016 年版，第 185 页。
④ 《胡锦涛文选》第 1 卷，人民出版社 2016 年版，第 185 页。
⑤ 《胡锦涛文选》第 1 卷，人民出版社 2016 年版，第 185 页。
⑥ 《胡锦涛文选》第 1 卷，人民出版社 2016 年版，第 208 页。
⑦ 《胡锦涛文选》第 1 卷，人民出版社 2016 年版，第 185 页。
⑧ 《胡锦涛文选》第 1 卷，人民出版社 2016 年版，第 185 页。
⑨ 《胡锦涛文选》第 1 卷，人民出版社 2016 年版，第 208 页。
⑩ 《胡锦涛文选》第 1 卷，人民出版社 2016 年版，第 208 页。
⑪ 《胡锦涛文选》第 1 卷，人民出版社 2016 年版，第 87 页。
⑫ 《胡锦涛文选》第 2 卷，人民出版社 2016 年版，第 130 页。
⑬ 《胡锦涛文选》第 1 卷，人民出版社 2016 年版，第 204 页。
⑭ 《胡锦涛文选》第 1 卷，人民出版社 2016 年版，第 204 页。
⑮ 《胡锦涛文选》第 2 卷，人民出版社 2016 年版，第 140 页。

知识分子只有"深深植根于人民群众之中"，才能"真正干出一番事业来"，① 要求一切有志青年"都要自觉深入人民群众之中，与工农相结合、与实践相结合"。②

由人民群众的主体地位出发，胡锦涛强调，群众路线是党的优良传统和根本工作路线，坚持党的群众路线始终是"我们党保持工人阶级先锋队性质、党的组织增强凝聚力和战斗力、共产党员保持先进性的一个根本问题"，③ 要求必须做到"三个决不能"，即党的宗旨决不能变，群众观点、群众路线决不能丢，相信和依靠群众等优良传统决不能忘。他要求全党同志"务必牢固树立马克思主义群众观点，掌握党的群众路线，始终保持同群众的密切联系，摆正自己在人民群众中的位置"；④ 要求国家公务人员"一定要牢固树立马克思主义群众观点，切实摆正自己同人民群众关系"。⑤

胡锦涛对群众路线方法的主要贡献有：

其一，科学阐释群众路线的基本内涵。胡锦涛认为，群众路线包括两方面的基本内涵：一方面是"为人民服务，相信群众、依靠群众"。胡锦涛强调，坚持群众路线，就必须做到"五个坚持"，即"坚持全心全意为人民服务""坚持一切从人民利益出发""坚持向人民负责和向党的领导机关负责的一致性""坚持相信群众""坚持虚心向群众学习"。⑥ 具体而言，一要"为人民服务"。他强调，全心全意为人民服务"仍然是我们每一个共产党员所必须遵循的根本宗旨"，⑦ 这一"宗旨没有变"，⑧ 为人民服务"永远是我们共产党人的崇高职责"，⑨ 要求领导干部必须牢记党的宗旨，坦承在改革开放特别是发展社会主义市场经济新时期，始终坚持"全心全意为人民服务，却不是很容易的事情"。⑩ 二要"相信群众、依靠群

① 《胡锦涛文选》第 1 卷，人民出版社 2016 年版，第 196 页。
② 《胡锦涛文选》第 1 卷，人民出版社 2016 年版，第 367 页。
③ 《胡锦涛文选》第 1 卷，人民出版社 2016 年版，第 266 页。
④ 《胡锦涛文选》第 1 卷，人民出版社 2016 年版，第 267 页。
⑤ 《胡锦涛文选》第 1 卷，人民出版社 2016 年版，第 284 页。
⑥ 《胡锦涛文选》第 1 卷，人民出版社 2016 年版，第 204 页。
⑦ 《胡锦涛文选》第 1 卷，人民出版社 2016 年版，第 57 页。
⑧ 《胡锦涛文选》第 1 卷，人民出版社 2016 年版，第 159 页。
⑨ 《胡锦涛文选》第 1 卷，人民出版社 2016 年版，第 112 页。
⑩ 《胡锦涛文选》第 1 卷，人民出版社 2016 年版，第 172 页。

众"。他强调，深化改革、促进发展、保持稳定必须"相信群众、依靠群众"，①
"虚心向群众学习，尊重群众首创精神"，② "不断从人民群众中汲取丰富政治营
养"。③ 他认为，"任何一个党组织，任何一个党员，只有虚心向群众学习，才能
获得丰富的知识和经验，提高为人民服务本领"，④ 要求各级领导干部面对改革、
建设的繁重任务，面对人民群众日益发展变化的多方面要求，必须"要更加注意
坚定相信和依靠群众"。⑤ 他既从正面强调，改革开放和社会主义现代化建设是
人类历史上全新的事业，也是人民群众自己的事业，"在前进中必然会遇到许多
新情况新问题，只有依靠群众智慧和力量才能解决"，⑥ 又从反面提醒："如果没
有人民群众积极性和创造性的发挥，是不可能取得成功的。"⑦

另一方面是"从群众中来，到群众中去"。一要"从群众中来"。胡锦涛号召，
全党同志要认真学习新时期人民群众的"新鲜经验"。⑧ 二要"到群众中去"。他要
求广大党员干部必须"到群众中去，了解群众疾苦，倾听群众呼声，努力解决群
众关心的热点难点问题，妥善处理人民内部矛盾"；⑨ 要求党的县(市)委要"把上
级部署的各项工作任务——落实到基层和群众中去"；⑩ 要求国家公务员"在工作
中要坚持从群众中来、到群众中去的根本工作路线"。⑪

其二，系统提出践行群众路线的具体要求。一要"深入群众"。胡锦涛强调，
任何一个党组织、任何一个党员"只有把自己置身于群众之中，真正与群众同甘
共苦，才能赢得群众信任和支持，获得战胜困难的力量"。⑫ 他要求各级领导干
部要"经常深入到群众中去"，⑬ "深入实际，深入基层，多到条件差、问题多、

---

① 《胡锦涛文选》第 1 卷，人民出版社 2016 年版，第 213 页。
② 《胡锦涛文选》第 1 卷，人民出版社 2016 年版，第 221 页。
③ 《胡锦涛文选》第 1 卷，人民出版社 2016 年版，第 184 页。
④ 《胡锦涛文选》第 1 卷，人民出版社 2016 年版，第 205 页。
⑤ 《胡锦涛文选》第 1 卷，人民出版社 2016 年版，第 432 页。
⑥ 《胡锦涛文选》第 1 卷，人民出版社 2016 年版，第 86 页。
⑦ 《胡锦涛文选》第 1 卷，人民出版社 2016 年版，第 205 页。
⑧ 《胡锦涛文选》第 1 卷，人民出版社 2016 年版，第 139 页。
⑨ 《胡锦涛文选》第 1 卷，人民出版社 2016 年版，第 87 页。
⑩ 《胡锦涛文选》第 1 卷，人民出版社 2016 年版，第 139 页。
⑪ 《胡锦涛文选》第 1 卷，人民出版社 2016 年版，第 284 页。
⑫ 《胡锦涛文选》第 1 卷，人民出版社 2016 年版，第 205~206 页。
⑬ 《胡锦涛文选》第 1 卷，人民出版社 2016 年版，第 143 页。

群众意见大的地方去，倾听群众呼声，帮助群众解决实际问题"。① 他认为，"一切进步文艺，都源于人民、为了人民、属于人民"，② 只有热爱、了解、理解人民，才能创作出人民欢迎的优秀作品。因此，理论、新闻、出版、文艺工作者必须"要深入改革、建设第一线"，③ 了解人民利益需求。

二要"密切联系群众"。胡锦涛认为，党同人民群众的血肉联系是中国共产党"从小到大、由弱变强"的根本原因，"保持党同人民群众的密切联系"是"我们党的优良传统，是实现新的历史任务的重要保证，也是加强领导班子思想作风建设必须解决好的根本问题"，④ "密切联系群众"是"党在长期斗争中形成的"的优势，要求在新的历史条件下更要十分珍惜并"充分发挥这个优势"。⑤ 他对一部分干部包括一些领导干部中严重存在的"脱离群众甚至损害群众利益现象"提出了严厉批评，认为这"脱离了建设有中国特色社会主义的政治"，"也就失去了共产党人的先进性"，⑥ 要求各级党组织特别是领导干部务必把"脱离群众问题解决好"，⑦ 发扬"密切联系群众的优良传统"；⑧ 要求各级党组织"必须始终保持同群众的血肉联系，时刻警惕、坚决纠正脱离群众的思想和行为"；⑨ 要求文艺工作者"要密切同人民群众的血肉联系"。⑩

三要"牢记群众利益无小事"。胡锦涛强调："改革的过程也是发展的过程，实质上也是一个利益调整过程"，⑪ 认为改革不是要否定人们的物质利益，而是要在发展整体利益的前提下合理调整不同利益主体的利益格局和利益关系。他把"实现好、维护好、发展好最广大人民根本利益"视为"推进改革开放和现代化建

---

① 《胡锦涛文选》第 1 卷，人民出版社 2016 年版，第 112 页。
② 《胡锦涛文选》第 2 卷，人民出版社 2016 年版，第 541 页。
③ 《胡锦涛文选》第 1 卷，人民出版社 2016 年版，第 396 页。
④ 《胡锦涛文选》第 1 卷，人民出版社 2016 年版，第 73 页。
⑤ 《胡锦涛文选》第 1 卷，人民出版社 2016 年版，第 294 页。
⑥ 《胡锦涛文选》第 1 卷，人民出版社 2016 年版，第 205 页。
⑦ 《胡锦涛文选》第 1 卷，人民出版社 2016 年版，第 205 页。
⑧ 《胡锦涛文选》第 1 卷，人民出版社 2016 年版，第 143 页。
⑨ 《胡锦涛文选》第 1 卷，人民出版社 2016 年版，第 248 页。
⑩ 《胡锦涛文选》第 2 卷，人民出版社 2016 年版，第 541 页。
⑪ 《胡锦涛文选》第 1 卷，人民出版社 2016 年版，第 172 页。

设的出发点和落脚点",① 把"为人民谋利益"视为"我们党的全部任务和责任",②
把"是否符合最广大人民根本利益"视为"党的一切工作和方针政策"的"最高衡量
标准",③ 要求"坚决同一切损害群众利益的消极腐败现象作斗争",④ 强调"干部
职位越高、权力越大",越要"全心全意为人民谋利益"。⑤ 他对损害群众利益的
行为非常痛恨,严肃指出这种行为"妨碍了党的路线方针政策贯彻执行,损害了
党的形象和声誉",要求对于这种行为必须"坚决予以纠正"。⑥ 他明确提出"群众
利益无小事"⑦的要求,认为群众的切实利益和实际困难,再小也要竭尽全力去
办。他要求各级领导干部要牢记"群众利益无小事"的道理,把实现人民群众根
本利益落实到各项实际工作中,始终把群众利益放在第一位,不断让人民群众得
到实实在在的利益。他要求重点解决困难群众的实际困难,采取切实措施,千方
百计解决农村没有解决温饱问题的人口、"国有企业下岗职工、困难企业职工、
离退休人员、贫困地区和受灾地区困难群众、城镇低收入者"⑧等困难群体的实
际困难。

　　四要"反映群众意愿"。胡锦涛认为,民心不可违,任何一个党组织、任何
一个党员"只有尊重并维护人民主人翁地位,真心实意为群众谋利益,才能得到
群众拥护和爱戴"。⑨ 他把"最广大人们意愿是否得到了充分反映"视为"衡量一个
政治制度是不是民主"的"关键"。⑩

　　五要"坚持立党为公、执政为民"。胡锦涛强调:"坚持立党为公、执政为
民,是'三个代表'重要思想的本质。"⑪"为民,就是要坚持立党为公、执政为
民。"⑫他要求领导干部"要树立正确权力观,坚持立党为公、执政为民,真正为

---

① 《胡锦涛文选》第 2 卷,人民出版社 2016 年版,第 181 页。
② 《胡锦涛文选》第 1 卷,人民出版社 2016 年版,第 431 页。
③ 《胡锦涛文选》第 1 卷,人民出版社 2016 年版,第 431 页。
④ 《胡锦涛文选》第 1 卷,人民出版社 2016 年版,第 221 页。
⑤ 《胡锦涛文选》第 1 卷,人民出版社 2016 年版,第 258 页。
⑥ 《胡锦涛文选》第 1 卷,人民出版社 2016 年版,第 112 页。
⑦ 《胡锦涛文选》第 2 卷,人民出版社 2016 年版,第 58 页。
⑧ 《胡锦涛文选》第 1 卷,人民出版社 2016 年版,第 412 页。
⑨ 《胡锦涛文选》第 1 卷,人民出版社 2016 年版,第 205 页。
⑩ 《胡锦涛文选》第 2 卷,人民出版社 2016 年版,第 236 页。
⑪ 《胡锦涛文选》第 2 卷,人民出版社 2016 年版,第 75 页。
⑫ 《胡锦涛文选》第 2 卷,人民出版社 2016 年版,第 106 页。

人民掌好权、用好权，做到夙兴夜寐、勤奋工作"，① 把人民的意愿视为"衡量政绩的最终标准"。② 他要求把立党为公、执政为民的执政理念落实到关心群众的实际行动中。

六要"权为民所用"。胡锦涛强调，我们的国家各级机关的权力都"属于人民"，必须用来为民谋利，把"为人民掌好权、用好权"视为坚持党的根本宗旨的核心问题，把"是用权为民，还是以权谋私"视为"对干部的严峻考验"。③ 他要求共产党人"无论在什么岗位上掌权用权"，都要"真正做到全心全意为人民谋利益"；④ 要求广大党员干部"要正确运用人民赋予的权力，勤奋工作"；⑤ 要求领导干部都"要正确行使手中的权力，真正为人民掌好权、用好权"；⑥ 要求任何一个公务员"都要坚持用权为民，决不能以权谋私"。⑦ 他从反面发出警醒，如果一个干部，"不是用权为民，而是以权谋私"，那"迟早会失去领导资格，被人民所抛弃"。⑧

其三，积极探索践行群众路线的具体方法。一要身教示范。胡锦涛非常重视党员干部的示范、带动、引领作用，要求党风廉政建设"要从领导干部抓起、从领导干部做起"，⑨ 要求各级领导做到"廉洁自律，以身作则。正人先正己，要求干部群众做到的，各级领导必须首先做到"；⑩ 要求群众思想政治工作要重视"示范引导""身教重于言教"，⑪ 以广大党员、干部、先进人物的模范行为和先进事迹影响、感染、带动群众；要求广大党员干部在学雷锋活动中"要率先垂范、身体力行"。⑫ 他阐释了身教示范的必要性，从理论上讲，"我们党对党员的要求总是要高于"全体人民，"对干部特别是领导干部的要求"更应当高于普通党员，否

---

① 《胡锦涛文选》第 2 卷，人民出版社 2016 年版，第 11 页。
② 《胡锦涛文选》第 2 卷，人民出版社 2016 年版，第 122 页。
③ 《胡锦涛文选》第 1 卷，人民出版社 2016 年版，第 258 页。
④ 《胡锦涛文选》第 1 卷，人民出版社 2016 年版，第 173 页。
⑤ 《胡锦涛文选》第 1 卷，人民出版社 2016 年版，第 88 页。
⑥ 《胡锦涛文选》第 1 卷，人民出版社 2016 年版，第 294 页。
⑦ 《胡锦涛文选》第 1 卷，人民出版社 2016 年版，第 284 页。
⑧ 《胡锦涛文选》第 1 卷，人民出版社 2016 年版，第 174 页。
⑨ 《胡锦涛文选》第 2 卷，人民出版社 2016 年版，第 106 页。
⑩ 《胡锦涛文选》第 1 卷，人民出版社 2016 年版，第 74 页。
⑪ 《胡锦涛文选》第 3 卷，人民出版社 2016 年版，第 446 页。
⑫ 《胡锦涛文选》第 1 卷，人民出版社 2016 年版，第 60 页。

则"他们就难以服人，也难以担当重任"。①

二要典型教育。胡锦涛倡导典型教育法，要求反腐倡廉"善于运用正反两方面典型"，② 增强教育的说服力和感染力，提高教育的针对性和有效性。他以学雷锋活动为例，说明了如何实施典型教育方法，主要举措有："创造一种学习先进、弘扬正气、催人向上的舆论环境和激励机制"，"积极培养、善于发现、大力表彰"先进典型，"使学雷锋、学先进制度化经常化"。③

三要疏导。所谓疏导，就是疏通引导。胡锦涛强调处理人民内部矛盾要靠"深入细致的思想政治工作来疏导教育……多做调解和说服工作，多做理顺情绪工作"；④ 强调思想政治教育必须贯彻"民主的原则和疏导的方针"；⑤ 强调弘扬和培育社会主义核心价值体系，必须"更加注重人文关怀和心理疏导"。⑥

四要坚持解决思想问题与解决实际问题相结合。这一方法，是马克思主义物质利益原则在思想政治教育与群众工作领域的具体应用，是毛泽东提出的一条重要的思想政治教育与群众工作原则方法。胡锦涛非常重视运用这一方法。他要求对于农村党员的思想教育"要把思想教育同解决实际问题结合起来，在提高党员思想觉悟的同时解决党员思想、工作、学习中存在的问题和实际困难"；⑦ 对于群众的思想教育"要坚持把解决思想问题同解决群众工作生活中的实际问题结合起来……要从群众迫切需要解决的问题入手，诚心诚意为群众排忧解难"；⑧ 军队思想政治工作必须"紧密联系官兵思想实际和工作实际……把严格要求、严格管理和帮助官兵解决实际问题结合起来"。⑨

四是阶级分析。胡锦涛非常善于运用阶级分析法来阐释和解决各种现实问题。他运用阶级分析法阐释了我国工人阶级的性质、地位和作用，认为我国工人阶级不愧是"同社会化大生产相联系的觉悟最高、纪律性最强的阶级""国家的领

---

① 《胡锦涛文选》第 1 卷，人民出版社 2016 年版，第 174 页。
② 《胡锦涛文选》第 3 卷，人民出版社 2016 年版，第 46 页。
③ 《胡锦涛文选》第 1 卷，人民出版社 2016 年版，第 60 页。
④ 《胡锦涛文选》第 1 卷，人民出版社 2016 年版，第 214 页。
⑤ 《胡锦涛文选》第 1 卷，人民出版社 2016 年版，第 394 页。
⑥ 《胡锦涛文选》第 3 卷，人民出版社 2016 年版，第 63 页。
⑦ 《胡锦涛文选》第 1 卷，人民出版社 2016 年版，第 97 页。
⑧ 《胡锦涛文选》第 1 卷，人民出版社 2016 年版，第 394 页。
⑨ 《胡锦涛文选》第 3 卷，人民出版社 2016 年版，第 184~185 页。

导阶级""推动社会进步的中坚力量""革命、建设的主力军"，① 是"先进生产力和生产关系的代表""改革发展的主力军和保持社会稳定的中坚力量""党和国家政权最重要的阶级基础"；② 分析了我国知识分子的性质、地位和作用，认为我国知识分子是"工人阶级的一部分""社会主义现代化的骨干力量"；③ 分析了政党的阶级性质和中国共产党的党性，认为"党性就是阶级性最高最集中的体现"，任何一个政党都具有阶级性，阶级性决定党性，强调中国共产党的党性是"工人阶级阶级性和阶级利益的集中体现"。④

### 4. 创造性运用马克思主义方法论，深入推进经济社会科学发展和党的建设

面对发展瓶颈和困境，胡锦涛创造性运用马克思主义方法论，回应和解答中国面临的发展难题，深入推进当代中国科学发展的伟大实践。

（1）创造性提出"科学发展观"。"科学发展观"是马克思主义的新发展理念。什么是"科学发展观"？胡锦涛认为，"科学发展观"是"坚持以人为本、全面协调可持续的发展观"。⑤ 为什么要树立科学发展观呢？他从"我国改革发展正处在关键时期"的现实境遇出发，从"综合国力竞争日趋激烈，外部环境日趋复杂多样""我国工业化和城镇化进程加快""经济市场化程度迅速提高""经济社会发展不平衡""社会利益更趋多样化，社会利益关系更趋复杂""人们思想活动独立性、选择性、多变性、差异性明显增强"等方面，剖析了我国发展面临的难得机遇和严峻挑战。为了"抓住新机遇、解决新问题、实现新发展"，⑥ 他创造性提出科学发展观。

科学发展观的提出有何重大意义呢？胡锦涛强调，科学发展观在总结改革开放 20 多年的成功经验和社会发展规律的基础上，"反映了我们党对发展问题的新

---

① 《胡锦涛文选》第 1 卷，人民出版社 2016 年版，第 78 页。
② 《胡锦涛文选》第 1 卷，人民出版社 2016 年版，第 248 页。
③ 《胡锦涛文选》第 1 卷，人民出版社 2016 年版，第 195 页。
④ 《胡锦涛文选》第 1 卷，人民出版社 2016 年版，第 161 页。
⑤ 《胡锦涛文选》第 2 卷，人民出版社 2016 年版，第 166 页。
⑥ 《胡锦涛文选》第 2 卷，人民出版社 2016 年版，第 174 页。

认识"，① 是事关党和国家事业发展全局的"重大战略思想"，② 集中体现了马克思主义关于发展的世界观和方法论，"开辟了当代中国马克思主义发展新境界"。③

科学发展观创造性运用马克思主义的人的自由而全面的发展的价值目标和群众史观，坚持"以人为本"，把人民作为发展的出发点和落脚点，科学解答了"为什么要发展、如何发展、为谁发展"这一重大基本问题，体现了马克思主义唯物史观的基本要求和价值取向；倡导全面、协调和可持续发展，强调人与自然平衡、人与社会和谐，注重物质、精神、社会关系、人自身等方面的生产以及经济、政治、文化、社会等要素的协调发展，是对马克思主义系统分析方法的创造性运用。

（2）创造性提出"构建社会主义和谐社会"。胡锦涛论述了"构建社会主义和谐社会"的必要性和重要性，指出："随着国际环境变化和国内改革深化，影响我国社会和谐的各种矛盾和问题仍然十分突出，我们的工作也面临着许多新情况新问题。构建社会主义和谐社会，关系中国特色社会主义事业发展全局，是广大人民群众共同意愿，也是我们党要为之奋斗的一个重要目标。"④他运用马克思主义社会发展观，对社会主义和谐社会的一系列重大理论与实践问题，进行了系统阐发。关于"构建社会主义和谐社会"的科学定位，他认为，构建社会主义和谐社会，是"结合现阶段我国改革发展稳定实际，为解决新形势下面临的突出矛盾和问题而提出的新论断，是在新的历史条件下深化对中国特色社会主义认识取得的新成果"，"既是全面建设小康社会的现实要求，也是一个长远目标"。⑤ 关于"构建社会主义和谐社会"的本质任务，他认为，我们所要建设的社会主义和谐社会，是"在全国人民根本利益一致基础上全体人民共同建设、共同享有的和谐社会，是为中国最广大人民谋幸福的和谐社会，同奴隶社会、封建社会、资本主

①　《胡锦涛文选》第2卷，人民出版社2016年版，第174页。

②　《胡锦涛文选》第2卷，人民出版社2016年版，第166页。

③　胡锦涛：《坚定不移沿着中国特色社会主义道路前进　为全面建成小康社会而奋斗——在中国共产党第十八次全国代表大会上的报告》，人民出版社2012年版，第7~8页。

④　《胡锦涛文选》第2卷，人民出版社2016年版，第423页。

⑤　《胡锦涛文选》第2卷，人民出版社2016年版，第424页。

义社会时期提出的社会和谐有着本质区别"。① 关于"构建社会主义和谐社会"的构成要素，他认为，既可指经济、政治、文化、社会等方面建设协调发展，也可指"人与人、人与社会、人与自然整体和谐的社会"。② 关于"构建社会主义和谐社会"的有效机制，他强调，要探索建立化解矛盾的有效机制，建立和完善"社会矛盾调处机制"。③ 关于"构建社会主义和谐社会"的有效途径，他强调："既要发挥我们党的政治优势，总结长期以来我们党促进社会和谐的成功经验，发扬中华民族优秀传统，又要借鉴国外有益做法"。④

从党的十六大的"社会更加和谐"、到党的十六届四中全会的"构建社会主义和谐社会"，到党的十七大的"社会和谐是中国特色社会主义的本质属性"，⑤ 中国共产党不断完善"构建社会主义和谐社会"这一重要论断。这一重要论断，创造性运用马克思主义社会基本矛盾和主要矛盾原理，通过改革不断解决我国社会主义初级阶段生产力与生产关系、经济基础与上层建筑的矛盾，以科学发展消除不和谐因素，创新性发展了无产阶级社会建设思想。

（3）创造性提出"两个根本建设"。面对中国共产党执政面临的新形势、新挑战，胡锦涛适时提出"两个根本建设"即"加强党的执政能力建设""加强党的先进性建设"，从而明确了马克思主义的无产阶级执政党建设新任务。2004年，胡锦涛强调党的执政能力建设"关系党的建设和中国特色社会主义事业的全局"，⑥ 是"党执政后的一项根本建设"，⑦ 要求"以党的执政能力建设为重点"，⑧ 全面加强和改进党的建设。2005年，他强调，党的先进性建设是党的"根本性建设"。⑨

何谓"两个根本建设"？胡锦涛认为，"加强党的执政能力建设"，就是从理

---

① 《胡锦涛文选》第 2 卷，人民出版社 2016 年版，第 425 页。

② 《十六大以来重要文献选编》下，中央文献出版社 2008 年版，第 675~676 页。

③ 《胡锦涛文选》第 2 卷，人民出版社 2016 年版，第 427 页。

④ 《胡锦涛文选》第 2 卷，人民出版社 2016 年版，第 427 页。

⑤ 《十七大以来重要文献选编》上，中央文献出版社 2009 年版，第 13 页。

⑥ 胡锦涛：《高举中国特色社会主义伟大旗帜 为夺取全面建设小康社会新胜利而奋斗——在中国共产党第十七次全国代表大会上的报告》，人民出版社 2007 年版，第 51 页。

⑦ 《十六大以来重要文献选编》中，中央文献出版社 2006 年版，第 379 页。

⑧ 胡锦涛：《在邓小平同志诞辰周年纪念大会上的讲话》，《人民日报》2004 年 8 月 22 日，第 2 版。

⑨ 《十六大以来重要文献选编》中，中央文献出版社 2006 年版，第 615 页。

论、路线、方针、政策、策略的提出和运用，宪法和法律的制定和实施，人民的动员和组织等方面，加强党"有效治党治国治军，建设社会主义现代化国家的本领"；① "加强党的先进性建设"，就是保持"党的理论和路线方针政策""党组织""广大党员"等方面的先进性。

如何推进"两个根本建设"呢？胡锦涛要求"加强党的执政能力建设"，必须不断增强党在建设社会主义市场经济、民主政治、先进文化、和谐社会和应对国际局势和处理国际事务的能力；② "加强党的先进性建设"，不仅必须坚持"四个紧密结合"和"一个始终围绕"，即紧密结合"贯彻落实科学发展观""构建社会主义和谐社会""加强党的执政能力建设""保持党同人民群众血肉联系"③的实践和"始终围绕实现党的中心任务"，④ 而且必须与时俱进，这是因为时代和实践的发展，既给党的建设"提出新的要求"，也给"党的先进性赋予新的内涵"。⑤

胡锦涛认为，"两个根本建设"是紧密相关、相辅相成的。只有保持和发展党的先进性，才能有效提高党的执政能力；反之，只有不断加强党的执政能力建设，才能有效提升党员素质，为保持和发展党的先进性提供坚实保障。他要求必须把"两个根本建设"统一起来，作为党的建设的"主线"，使党始终成为执政能力强的先进的马克思主义执政党。"两个根本建设"的提出，指明了新时期无产阶级执政党建设的根本目标和根本任务，明确了新时期无产阶级执政党建设的努力方向。

(4)创造性提出"弘扬和培育社会主义核心价值体系"。社会主义核心价值体系是指在我国社会主义初级阶段居于核心、统摄、支配地位，起着引领、主导作用的价值取向、价值判断、价值目标、价值追求的综合体，引领和规约着我国多样化社会思潮的生成流变和发展方向。

价值体系是一种社会意识形态的本质，关乎一个社会的和谐稳定。人类社会发展的历史证明，社会制度的更替总是与价值观的更替相伴而生的。马克思、恩

① 《十六大以来重要文献选编》中，中央文献出版社 2006 年版，第 272 页。

② 《十六大以来重要文献选编》中，中央文献出版社 2006 年版，第 276 页。

③ 《十六大以来重要文献选编》下，中央文献出版社 2008 年版，第 535 页。

④ 胡锦涛：《在庆祝中国共产党成立 85 周年暨总结保持共产党员先进性教育活动大会上的讲话》，《人民日报》2006 年 7 月 1 日，第 2 版。

⑤ 《十六大以来重要文献选编》中，中央文献出版社 2006 年版，第 615 页。

格斯曾生动而深刻地揭示了资产阶级价值观对资本主义生产关系和社会道德风尚的重大改变，认为资产阶级"把宗教虔诚、骑士热忱、小市民伤感这些情感的神圣发作，淹没在利己主义打算的冰水之中。它把人的尊严变成了交换价值"。①这种利己主义、功利主义的价值观成为资本主义制度取代封建主义制度并发展至今的内在价值支撑。

社会主义与资本主义意识形态之争本质上就是价值观之争。在西方加紧对我国实施"和平演变"战略和意识形态强势渗透的现实境遇下，胡锦涛提出"弘扬和培育社会主义核心价值体系"新任务。这一"新任务"以巩固"马克思主义指导地位"、树立"中国特色社会主义共同理想"、弘扬"民族精神和时代精神"、践行"社会主义荣辱观"②为主要内容，融于国民教育和精神文明建设全过程，体现了社会主义意识形态建设的本质要求，是马克思主义意识形态建设的创新成果。

通过上述系统梳理，我们不难发现：各阶段的马克思主义方法论既一脉相承又不断发展完善。

辩证唯物主义与历史唯物主义的"整个世界观"，是马克思主义的根本方法，在马克思主义方法论体系中居统领地位。毛泽东将这一根本方法用中国化语言凝练为"实事求是"，历代中国共产党人将这一根本方法发展为"解放思想、实事求是""解放思想、实事求是、与时俱进""解放思想、实事求是、与时俱进、求真务实"。

唯物辩证法在马克思主义方法论体系中是居于基础地位的"基础"方法。马克思、恩格斯用"对立的相互渗透"范畴，揭示了唯物辩证法的本质；列宁在马克思主义发展史上首次明确提出"对立面的统一"范畴、"唯物主义的逻辑、辩证法和认识论是同一个东西"命题，揭示了唯物辩证法的本质，确立了科学理解唯物辩证法的基本原则；毛泽东在马克思主义发展史上首次提出"矛盾法则"这一范畴，揭示了唯物辩证法的本质，并把唯物辩证法具体化为"观察与分析矛盾的运动"方法；邓小平、江泽民、胡锦涛则分别把唯物辩证法具体化为"善于把握矛盾""正确分析和处理矛盾""正视矛盾，化解矛盾"等方法。历代马克思主义者始终牢牢抓住唯物辩证法的本质，在实践中不断丰富和发展唯物辩证法。

---

① 《马克思恩格斯文集》第 2 卷，人民出版社 2009 年版，第 34 页。

② 《中国共产党第十七次全国代表大会文件汇编》，人民出版社 2007 年版，第 33 页。

　　具体问题具体分析在马克思主义方法论体系中是居于"精髓"地位的"灵魂"方法。马克思、恩格斯提出"结合具体情况"方法，认为具体情况就是"事实"，重视"亲身观察和可靠资料"，要求把握"最简单、最普通、最基本、最常见、最平凡"的"事实"，从整体上把握"事实"之间的联系，用发展的眼光看"事实"，坚持"逻辑与历史相统一"；列宁首次提出"对具体情况作具体分析"方法，明确这一方法是马克思主义的"活的灵魂"和"精髓"，强调"以事实为依据"，要求整体、发展、灵活地把握"事实"，提出"社会调查""比较""科学的抽象""从现象到本质""历史的分析"等把握"事实"的具体方法；毛泽东首次提出"对具体问题作出具体的分析"方法，强调"从事实出发"，要系统、全面、灵活、"抓住要点"地把握"事实"，提出"调查研究""比较""先分析后综合""由特殊到一般，由一般到特殊""改造制作""历史的分析"等把握"事实"的具体方法；邓小平、江泽民、胡锦涛分别提出"具体分析""一具体就深入""具体问题具体分析"方法，并在实践中不断探索把握"事实"的具体方法。

　　马克思、恩格斯提出了发挥主观能动性与尊重客观规律性相结合、"批评"、抓关键、必然性与偶然性相结合、"历史的活动是群众的活动"、阶级分析等方法，开创性建构了马克思主义方法论的基本内容；列宁提出了批评与自我批评及"抓住主要环节""幻想""分析和综合的结合""组织和引导群众""阶级分析"等方法，丰富发展了马克思主义方法论的基本内容；毛泽东提出了"独立自主"、"批评与自我批评"、理论与实际相结合、群众路线、"阶级分析"等方法，开创性建构了中国化的马克思主义方法论的基本内容，之后邓小平、江泽民、胡锦涛不断丰富和发展中国化的马克思主义方法论的基本内容。

# 第六章  马克思主义方法论当代创新的历史方位

当代中国马克思主义方法论，是对马克思主义经典作家和历代中国共产党人方法论的创造性传承，是对科学社会主义方法论、中国共产党方法论、新中国治国理政方法论、改革方法论的历史承接与历史延续，是 21 世纪马克思主义方法论，是马克思主义理论品格的集中体现。

从马克思、恩格斯创立马克思主义方法论，到列宁、历代中国共产党人结合俄国与中国具体实践丰富和发展马克思主义方法论，再到当代中国马克思主义不断创新马克思主义方法论，体现了马克思主义方法论发展的阶段性与连续性的有机统一。不同阶段的马克思主义方法论，虽然它们分别以英国、苏联、中国为中心重镇，形成的历史环境和历史条件、承担的历史使命和历史任务各不相同，体现了马克思主义方法论发展的阶段性，但是它们的人民性的根本立场、追求人的自由而全面发展的价值取向、社会主义共产主义理想信念、辩证唯物主义和历史唯物主义基本原理、与时俱进的理论品格是内在一致及一脉相承的，体现了马克思主义方法论发展的连续性。

理解马克思主义方法论的当代创新，要放到科学社会主义不断发展、中国共产党不懈奋斗、新中国艰苦创业、改革开放全面推进的历史背景及历史进程中加以把握，要从科学社会主义发展史、中共党史、新中国史、改革开放史的历史交汇期和历史方位视角加以把握。

## 一、科学社会主义方法论 500 多年历史发展的创新性承接

马克思主义方法论的发展历程和发展命运始终与科学社会主义运动紧密相

连。在历时 500 多年的发展历程中，作为一种无产阶级认识和改造世界的工具和手段，马克思主义方法论在推动社会主义发展过程中，始终发挥着至关重要的指引作用。

19 世纪，资产阶级民主革命方兴未艾，现代无产阶级革命已登上世界历史舞台；新兴资产阶级古典思潮风头正劲，空想社会主义思潮已应运而生。当时的社会急剧变动，新旧阶级相互对立，新旧思想纷繁杂陈，各种矛盾错综复杂，困难挑战层出不穷。物质财富的快速增长与贫富差距的日益严重、物质产品的丰富与人的发展片面"异化"，成为当时社会发展的两大突出矛盾和难题。为了解答时代难题，世界众多的思想家纷纷进行了思考，但由于阶级立场的局限，缺乏科学方法论的指导，而归于失败。只有马克思、恩格斯在辩证唯物主义与历史唯物主义世界观和方法论的指导下，找到了通过无产阶级的解放而实现全人类解放、通过无产阶级专政而过渡到无阶级共产主义社会的科学道路，科学解答了时代之问，成功破解了时代难题，推动社会主义由空想变为科学，建构了"19 世纪马克思主义方法论"、科学社会主义方法论。

19 世纪和 20 世纪之交，列宁坚持"结合"原则，创造性运用马克思主义方法论，分析了资本主义社会新变化，得出了"帝国主义是垂死的资本主义""社会主义革命可以在一国或数国首先胜利"等一系列科学新论断，探索了像俄国这样经济落后的国家如何从资本主义向社会主义过渡的问题，确立了科学社会主义发展新阶段的新任务、新主题。在俄国十月革命的影响下，以毛泽东为代表的中国共产党人坚持"结合"原则，创造性运用马列主义方法论，分析当时世界政治经济格局的新变化，提出了农村包围城市的革命道路、新民主主义理论，探索了像中国这样经济文化落后的国家如何向社会主义过渡问题，对科学社会主义的发展主题，做出了一系列理论创新。列宁、毛泽东接力推动科学社会主义由理想到现实、由一国到多国的发展，共同建构了"20 世纪马克思主义方法论"，丰富和发展了科学社会主义方法论。

苏联社会主义制度建立后，人类社会进入社会主义与资本主义两种制度和意识形态共存和竞争、较量的时代。苏东剧变使得国际共产主义运动进入一个低潮期，有人据此认为，社会主义、共产主义已经彻底宣告失败，并提出所谓"历史终结论"。21 世纪更是一个挑战层出不穷、风险日益增多的时代。解决和平、发展、治理难题，是人类面临的共同挑战。面对世界社会主义运动的低潮和新世纪人类面临的共同挑战，中国共产党人坚持用马克思主义观察、解读、引领时代，坚持博采众长、守正出新，推动中国特色社会主义日益蓬勃发展，不断取得一个又一个胜利。中国特色社会主义事业的巨大成就，为科学社会主义发展提供了中国样本、有力佐证、新鲜活力、强大动力，表明社会主义、共产主义取代资本主义仍是历史发展的必然趋势。随着世界社会主义运动进入一个新发展阶段，当代中国马克思主义方法论应运而生。

当代中国马克思主义方法论，本质上是一种在解码当代西方资本主义现代性样本与中国特色社会主义现代化样本的基础上，推动科学社会主义在当代中国与世界实现新的现代性发展的方法论。当代世界社会主义运动的中心在当代中国，所以当代马克思主义方法论的发展中心也在中国。中国特色社会主义进入新时代，意味着中华民族迎来了伟大复兴的光明前景，科学社会主义焕发出强大生机活力，中国为人类发展贡献了自己的智慧和方案，昭示着当代中国马克思主义方法论，既致力于解决中国如何实现从"富起来"到"强起来"的转变，又致力于解决落后国家如何建设社会主义、追赶发达国家发展水平的问题，同时为解决全人类面临的共同问题、实现全人类解放提供中国智慧和中国方案，具有解答新时代之问、破解新时代难题的民族性和世界性的双重性"典型样本"意义，对马克思主义方法论的当代创新，起着主导和支配作用。

从科学社会主义 500 年的大视野来看，我们依然处在马克思所指明的历史时代。新时代的中国，正发生着 21 世纪人类最伟大、最精彩的故事，是世界社会主义、共产主义运动走向振兴的中流砥柱，是当代马克思主义研究的中心重镇，是当代马克思主义研究者最钟情的样本；中国共产党是引领当代马克思主义、社会主义、共产主义创新发展的先进政党，是当代马克思主义、社会主义、共产主义创新发展的忠实践行者、积极推动者、自觉开拓者、重大贡献者；中国化的马克思主义最新形态是当之无愧的当代马克思主义的主体形态，中国特色社会主义的成功和成就充分彰显了社会主义制度的优越性，扭转了社会主义在竞争中的被动局面、在发展中的不利局面。作为马克思主义方法论中国化发展的最新成果，当代中国马克思主义方法论的研究对象是当今全球最伟大的中国样本、理论价值具有世界历史意义、实践成效深刻改变了中国和世界，其不仅是中国的，也是世界的，不仅是指导新时代中国经济社会发展的科学方法论，而且是解决人类面临的共同难题、建设美好世界的科学方法借鉴，极大地鼓舞了世界社会主义、共产主义运动者的信心，已经超越了国家地理边界而进一步具有了世界性、普遍性意义，成为马克思主义方法论当代创新的典型性、代表性样态，构成当代马克思主义方法论的主流、主体、主干，开辟了科学社会主义方法论发展的新境界。

## 二、中国共产党方法论百年来历史发展的创新性承接

中华民族是一个具有悠久历史和灿烂文化的伟大民族，曾长期处于世界领先地位，只是到了近代才由盛转衰。面对外族入侵、山河破碎、祖国备受凌辱、人民痛苦不堪的悲惨境遇，从魏源到洪秀全，从康有为、梁启超、谭嗣同到孙中山，无数仁人志士一直苦苦探索着救亡图存、强国富民之路，经过多种选择，尝试了不同方案，封建地主阶级中的维新派和洋务派、资产阶级等都无力担当起使中华民族"站起来"的历史重任，资本主义、改良主义、自由主义等形形色色的方案在中国都行不通。

面对一次次探索历程的失败，中国工人阶级的优秀分子接过了探索的接力棒，他们苦苦思索着、孜孜探求着中国的出路。恰逢此时，十月革命一声炮响，给我们送来了马克思主义。走一条"结合"的崭新之路，这就是中国的出路。中国工人阶级的优秀分子勇担历史使命、勇立历史潮头，创立了中国共产党，从此中国革命进入了一个崭新时期。中国共产党自成立之日起，就始终牢记为人民谋利益的初心和使命，坚持不懈地为实现国家富强、民族振兴、人民幸福而艰辛探索、努力奋斗，始终坚持"结合"原则，始终坚持实事求是的思想路线和根本方法，不断推进马克思主义中国化，成功探索出一条符合中国国情、具有中国特色的新民主主义革命道路。新中国成立后，中国共产党领导全国人民迅速恢复和发展国民经济，成功完成社会主义改造这一巨大社会变革，提出并推进社会主义现代化建设新征程。改革开放后，中国共产党领导全国人民，实现了战略中心的转移，坚持以经济建设为中心，坚持改革不适应经济发展的各种体制障碍，成功探索出一条符合中国国情、具有中国特色的革命和建设道路。

一部中国共产党的历史，实际上就是一部运用马克思主义方法论指导中国具

体实践，并在实践中不断创新马克思主义方法论的历史。中国共产党自建党之日起，就一直坚持以马克思主义方法论为指导，探索中国革命的有效路径。建党之初，由于经验不足，少数领导人以为照搬照抄马克思主义经典著作和共产国际的指示就是坚持马克思主义，结果先后发生了陈独秀的右倾机会主义和李立三、王明的"左"倾冒险主义错误，这些错误看似坚持马克思主义实则违背了马克思主义，几乎断送了中国革命的前途。为了破解中国革命向何处去、该怎么走的重大课题，毛泽东总结了正反两方面的经验教训后，确立了"结合"原则，创立了一条建立农村革命根据地、积蓄革命力量、夺取全国革命胜利的革命道路，成功解决了中国革命胜利道路的选择这一"首要问题"；① 创立了一条以工业化为主体、三大改造为两翼的具有中国特色的生产资料私有制的社会主义改造道路，领导全党全国人民确立了社会主义基本制度；提出中国正处于并将长期处于"不发达的社会主义阶段"的论断，积极探索正确处理社会主义各种矛盾的有效方法，成功解决了如何建设社会主义这一"崭新课题"，② 创立了中国化的马克思主义方法论。

中国共产党人对马克思主义方法论的丰富发展，是紧密结合怎样看待马克思主义、社会主义、共产党执政、发展等重大实际问题进行的。"文化大革命"结束后，人们的思想一度产生混乱，"怎么看待马列主义、毛泽东思想的问题"③成为当时思想领域亟待解决的重要问题。邓小平支持和肯定关于真理标准问题的大讨论，要求解放思想，反对教条主义，实事求是地科学评价毛泽东同志和毛泽东思想。改革开放后，社会上出现了诸如我国的改革开放是"中国式的国家资本主义""打着社会主义旗号的资本主义""新资本主义"等质疑、否定改革开放的声音。面对种种质疑、否定的声音，邓小平以马克思主义方法论为指导，不断深化对社会主义及其建设规律的认识，开启了改革开放的崭新局面，丰富发展了中国化的马克思主义方法论。

随着改革开放的深入发展，中国共产党面临的新的考验更加严峻，苏共"自毁长城"，世界社会主义运动遭受严重挫折，我国正处在改革攻坚的关键时刻，

---

① 《十八大以来重要文献选编》上，中央文献出版社 2014 版，第 689 页。
② 《十八大以来重要文献选编》上，中央文献出版社 2014 版，第 691 页。
③ 《邓小平文选》第 2 卷，人民出版社 1994 年版，第 114 页。

国内经济成分、利益主体、社会组织和社会生活方式日趋多样化，中国共产党进入新老交替的关键时刻，一部分党员干部自我要求放松、思想懈怠保守、理想信念动摇、作风散漫漂浮，党内腐败问题较为严重。面对新的考验，江泽民以马克思主义方法论为指导，对治党治国治军等一系列重大现实问题，进行了规律性认识、创新性解答，成功把马克思主义方法论中国化推向新世纪。

新世纪，我国发展出现了一系列新情况新问题，面临着一系列新挑战。国际上，霸权主义和强权政治依然存在，局部冲突时有发生，南北差距拉大，恐怖主义威胁增大，世界和平与发展面临诸多难题；国内，经济体制、社会结构、利益格局、思想观念的深刻变化，既给我国经济社会发展带来了巨大活力、强大动力，也给我国经济社会发展带来了一系列诸如城乡地区居民收入差距扩大、就业和社会保障压力加大、生态环境恶化、经济增长方式落后、经济整体竞争力不强、社会不公等新问题。面对新情况、新问题，胡锦涛以马克思主义方法论为指导，对如何实现科学发展进行了创新性解答，进一步深入推进马克思主义方法论中国化。

只有坚持创造性运用马克思主义方法论来解决中国具体问题，才能挽救民族危亡，改变国家积贫积弱的状态，才能实现中华民族的独立、繁荣、富强，这是近代以来中国历史发展的基本经验和必然结论。实践证明，什么时候，中国共产党能够创造性、灵活性运用马克思主义方法论，中国革命、建设、改革事业就会取得成功；反之，中国革命、建设、改革事业就会遭受挫折和失败。故而历代中国共产党人均非常重视创造性、灵活性运用马克思主义方法论来指导中国实践，并在中国实践中接力推进马克思主义方法论中国化，形成了中国共产党人方法论。马克思主义方法论的当代创新，是对历代中国共产党人方法论的创造性传承和创新性发展。

## 三、新中国治国理政方法论 70 多年历史发展的创新性承接

70 年筚路蓝缕、辟除榛莽，中华民族之所以能够遇挫折之后毅然奋起、磨难面前而百折不挠、失误之后而拨乱反正、历尽艰难而迭现辉煌，新中国各项事业之所以能够在险象环生中披荆斩棘、不断前行，关键在于中国共产党作为执政

党，始终积极探索治国理政的科学方法论。

新中国成立之初，一穷二白、百废待兴、国内外局势复杂严峻。20 世纪 50 年代，新中国又面临三年自然经济灾害、"大跃进"的严重困难。以毛泽东同志为核心的中国共产党人，运用辩证唯物主义与历史唯物主义世界观和方法论指导新中国治国理政实践，坚持实事求是，领导全国人民采取有效措施，迅速恢复和发展国民经济，开基创业、立纲立纪，确立社会主义基本制度，战胜各种经济困难，独立自主地探索社会主义建设道路，建立了独立的、门类比较齐全的工业体系和国民经济体系，在国际上站稳了脚跟。

虽然在过渡过程中存在一些失误，虽然在探索社会主义建设道路的历程中犯过"文化大革命"的严重失误，但以邓小平同志为核心的中国共产党人，坚持解放思想、实事求是，创造性运用马克思主义方法论指导改革开放实践，领导全国人民拨乱反正，实现伟大历史转折与工作重心的转变，提出社会主义初级阶段理论，大力推进经济体制改革和社会主义民主法治建设，成功开启改革开放的伟大征程。

苏东剧变后，国际共产主义运动遭受严重挫折，国内长期累积的矛盾开始显现，以江泽民同志为核心的中国共产党人创造性运用马克思主义方法论应对国内外挑战，与时俱进地深刻总结中国共产党执政规律，提出"三个代表"重要思想，成功应变局、平风波、战洪水，取得一个又一个胜利。新世纪新阶段，以胡锦涛同志为核心的中国共产党人坚持求真务实，创造性运用马克思主义方法论指导新发展实践，系统总结我国发展的经验教训，提出科学发展观，继续推动我国经济社会实现又好又快发展。

党的十八大以来，以习近平同志为核心的党中央，创造性运用历代中国共产党人的治国理政方法论，指导新时代治国理政实践，根据我国社会主要矛盾的转化，不断进行治国理政的理论与实践创新，回答时代之问，破解时代难题，推动党和国家事业发生历史性变革，丰富和完善了中国共产党人的治国理政方法论。

## 四、改革方法论 40 多年历史发展的创新性承接

实行改革开放，既是对中国特色社会主义建设历史经验教训总结反思的结

果，也是实现新时代中华民族繁荣富强的必然要求和关键一招。

邓小平是改革开放的总设计师，并在实践中形成了系统完善的改革方法论。他认为，改革开放必须坚持从我国国情出发，走自己的路，他指出："改革开放必须从各国自己的条件出发。……别人的经验可以参考，但是不能照搬"，① "在某些国家能实行的，不一定在其他国家也能实行"，② 要求从我国社会主义初级阶段的实际情况和具体特点出发，决定中国特色的制度、规划和管理方式；改革开放是一项事关人民切身利益的探索性的崭新事业，没有前人的经验可以借鉴，必须坚持"摸着石头过河""胆子要大，步子要稳"；改革开放是一项长期的事业，必须坚持"循序渐进"，"要先从一两件事上着手，不能一下子大干，那样就乱了"；③ 改革开放是一项系统工程，必须"统筹兼顾"，正确处理改革、发展与稳定，先富与共富，政治体制改革与经济体制改革等方面的关系，等等。

历史进入新时代，改革开放也进入深水区，要改革的基本上都是历史遗留下来的"烫手的山芋""硬骨头"，需要解决各个领域的难题，而且改革越深入，牵扯到的利益就越复杂，涉及的问题就越敏感。新时代改革面临着前所未有的广度、深度、难度。

面对新时代的严峻挑战，习近平总书记强调，新时代改革必须坚持党的全面领导，统一部署抓落实，才能做到全国一盘棋、上下一条心，高效整合各种改革资源和力量，才能使党在各项事业中总揽全局、协调各方，推动各领域、各层级、各部门协调行动，集中力量办大事，克服改革路上的无数艰难险阻，才能充分发扬民主、科学决策，最大限度地集中力量，避免不必要的党派纷争，实现中华民族整体利益的最大化；必须坚持中国特色社会主义的政治方向，不走"老路""邪路"，才能保证改革始终在正确的方向上前行；必须坚持改革为了人民、改革依靠人民、改革成果为人民共享，注重解决人民的实际困难，着力提升人民的获得感和幸福感，不断满足人民对美好生活的追求，增强改革的内在动力；必须坚持理论创新，把创新视为改革的生命，以创新的马克思主义方法论引领改革实践，在改革实践中不断推进马克思主义方法论的发展。习近平总书记认为，当

---

① 《邓小平文选》第3卷，人民出版社1993年版，第265页。
② 《邓小平文选》第3卷，人民出版社1993年版，第221页。
③ 《邓小平文选》第3卷，人民出版社1993年版，第177页。

代中国的社会变革与实践创新为理论创新提供了坚实基础和强大动力，要求哲学社会科学工作者"聆听时代的声音，回应时代的呼唤""推动理论创新"，① 要求中国共产党人"要以科学的态度对待科学，以真理的精神追求真理……续写马克思主义中国化新篇章"。②

习近平总书记在创造性运用马克思主义立场观点方法，观察、分析和处理改革问题，推进全面深化改革的实践过程中，不断推进改革方法论、马克思主义方法论的当代创新。

① 习近平：《结合中国特色社会主义伟大实践　加快构建中国特色哲学社会科学》，《人民日报》2016 年 5 月 18 日，第 1 版。

② 习近平：《学习马克思主义基本理论是共产党人的必修课》，《社会主义论坛》2019 年第 12 期，第 6 页。

# 第七章 马克思主义方法论当代创新的现实境遇

马克思、恩格斯认为，任何思想理论体系都是适应一定时代的需要而形成的，强调："任何真正的哲学都是自己时代的精神上的精华。"①以习近平为代表的中国共产党人在"新时代""新阶段"为适应"新变局"、迎接"新考验"、开创"新局面"而推动"新发展"的伟大实践中，逐步深入推进马克思主义方法论的当代创新。

## 一、中国特色社会主义进入新时代

马克思主义方法论的当代创新，是在"新时代"这样的伟大时代中应时而为的。"新时代"，是一个新的重大政治论断，"在中华人民共和国发展史上、中华民族发展史上具有重大意义"，② 在中国特色社会主义发展史上也具有重大意义，意味着中华人民共和国的发展进入了一个新的历史方位，意味着中华民族的发展迎来了一个伟大飞跃和伟大复兴的光明前景，意味着中国特色社会主义的发展进入了一个新的历史阶段。

"新时代"有着丰富内涵。一是"新时代之'新'，首先在于我们进入了一个新的发展阶段"。③ "新时代"标志着我国从"未发展"时期经"已发展"时期而进入"发展好"时期，发展的环境、条件、目标、手段都发生了新的变化。近代以来，中国共产党为了完成民族独立、人民解放的历史任务，确立"结合"原则，团结

---

① 《马克思恩格斯全集》第 1 卷，人民出版社 1995 年版，第 220 页。
② 《习近平新时代中国特色社会主义思想学习纲要》，学习出版社、人民出版社 2019 年版，第 14 页。
③ 《习近平新时代中国特色社会主义思想三十讲》，学习出版社 2018 年版，第 2 页。

和带领全国各族人民，经过长期艰苦奋斗，建立了新中国、社会主义制度，实现了中华民族"站起来"的伟大目标。改革开放后，为了实现国家富强、人民幸福，中国共产党坚持"结合"原则，团结和带领全国各族人民，持续推进中国特色社会主义建设伟大实践，实现了中华民族"富起来"的伟大目标。党的十八大以来，中国共产党人发展和完善"结合"原则，团结和带领全国各族人民，推动中国特色社会主义进入一个主要解决"好不好"问题的高质量发展的"新时代"，中华民族开始为实现"强起来"的伟大目标而奋力拼搏。

二是"新时代之'新'，在于我们面临着新的社会主要矛盾"。① 党的十九大提出，我国社会主要矛盾已经转化为人民日益增长的美好生活需要和不平衡不充分的发展之间的矛盾。这一重大政治论断，准确揭示了我国经济社会发展的现实状况、突出特点和客观规律，科学指明了党和国家各方面工作的关键抓手，有效提供了党和国家各项决策的根本依据，丰富发展了马克思主义社会主义主要矛盾学说。一方面，新时代人民美好生活需要不仅有量的增长、范围的扩大，人民的民主意识、法治意识、权利意识、公平意识、环保意识不断增强，希望能够依法参与国家管理、社会环境更加公平正义、生态环境更加优美宜居、社会治安更加安定太平，而且有质的提高、层次的提升，期盼教育质量更高、工作更加稳定、待遇不断改善、分配更加合理、社会保障与医疗水平更高、居住条件更为舒适、精神文化生活更加丰富多彩，获得感幸福感安全感更加强烈；另一方面，发展不平衡问题更加突出，既存在着区域和产业之间发展不平衡、生产关系内部不均衡、生产力与生产关系之间不平衡等问题，也存在着高质量高水平有效性供给不足、供给侧结构性矛盾突出等问题。社会主要矛盾的变化，要求党和政府必须致力于改善民生、创新社会治理、促进社会公正，以充分平衡的发展来解决好人民的美好生活需要问题。

三是"新时代之'新'，还在于我们迈向新的奋斗目标"。② "新时代"预示着中华民族踏上了实现伟大复兴的新征程。任何国家、任何人都不能剥夺中国人民追求发展、追求美好生活的权利，都不能阻挡中华民族"强起来"的历史步伐。"新时代"必须着力解决"大"而不"强"的问题，使中国由"大国"成为"强国"。这

---

① 《习近平新时代中国特色社会主义思想三十讲》，学习出版社 2018 年版，第 2 页。
② 《习近平新时代中国特色社会主义思想三十讲》，学习出版社 2018 年版，第 2 页。

个"强国"意味着：我国的五大文明将全面提升，现代化将全面实现，美好目标将全面达成。

"新时代""新阶段"的"新主要矛盾""新任务""新目标"呼唤着马克思主义方法论的当代创新。

# 二、当今世界经历新变局

马克思主义方法论的当代创新，是在世界百年未有之大变局中顺势而为的。20 世纪以来国际秩序的百年变迁史，大体上经历了 20 世纪初到 1945 年的欧洲主导国际秩序、1945 年到 1991 年的美苏"冷战"、1991 年到 2008 年的美国主导国际秩序、2008 年至今的旧国际秩序的崩解与新国际秩序的重构四个阶段。

当今世界正处于百年未有之大变局时期。"大变局"意味着人类社会正在发生大发展大变革大调整，意味着新的世界格局正在形成，意味着国际秩序正在发生全方位、深层次的变化。"大变局"主要表现为：

## (一) 共同性严重困境引发人类发展的"大变"

由资源瓶颈和贫富分化引发的当代人类严重困境，呼唤新的发展模式和理念。其一，西方发达资本主义国家控制和消耗了世界大部分资源，但由于资本的贪婪、自私、扩张的本性以及西方个人主义价值观的影响，它们在几百年间不仅没有利用自己掌握的先进技术、雄厚资金、优秀人才，为人类的和平与发展做出贡献、造福人类，反而热衷于搞资本扩张、民主输出、"颜色革命"，在世界不断制造战争、动乱，成为世界麻烦的制造者。其二，第二次世界大战结束后，全球范围内的工业化尽管推动了人类发展，但也大量消耗了各种资源、能源，使得人类面临着资源短缺、能源枯竭的严重风险，人类的粮食安全、用水安全、能源安全面临严重挑战，人类的生存和发展压力日益加大。其三，全球贫富分化十分严重。西方发达国家凭借科技和人才优势，长期占据着产业链的顶端，主导着高附加值产品的生产和交换，加之其内部不合理的财富分配制度，导致少数富人控制着全球大多数财富。贫富悬殊过大，不仅带来了经济增长动能不足、缺乏持久性等问题，而且引发了极端民族主义、恐怖主义、难民等问题。发展理念和发展模式的改革创新已成为人类亟待解决的共同问题。

中国特色社会主义发展模式，为人类走出生态困境，走上良性发展之路，提供了重要的有益的借鉴。其一，中华优秀传统文化蕴育着诸多解决人类现代难题的智慧。中华文明历来倡导克勤克俭、自强不息、和而不同、天下为公，长期以来不是依靠对外扩张和侵略，而是依靠勤劳勤奋、自立自强，实现了自给自足，创造了一个又一个繁荣富强、长治久安、安居乐业的盛世奇迹。其二，新中国的发展经验为人类发展提供了有益借鉴。中国共产党认为，适合自己国情的民主政治制度才是好制度，任何国家都有选择自己的发展道路和发展模式的权利，世界上没有适用于一切国家的绝对优越的民主政治制度模式。坚持独立自主地探索中国特色社会主义发展道路，用社会主义核心价值观凝聚全国人民的共识，用五大新发展理念指引新时代发展，为人类发展提供了示范性样本。其三，新时代中国的发展主张为人类发展提供示范引领。中国共产党为了促进人类发展、繁荣，维护世界公平、正义，公开声明中国不走国强必霸的道路，愿意与世界各国和平友好相处，主张实现"双赢""多赢""共赢"，积极倡导与推进构建人类命运共同体理念、"一带一路"倡议，以自身发展的先行先试和积极探索为人类发展探路，以自身发展的成功经验和巨大成就为人类发展开道。

## (二)新一轮科技革命引发国际关系的"大变"

以网络化、数字化、智能化为重要标志的新一轮科技革命正在孕育兴起，引发当代国际关系的"大变"。随着新一轮科技革命的逐步深入，传统国际关系面临着全方位、严重性冲击，科技革命正成为改变国际关系的原动力、核心力。

信息网络化使得一国政府对信息扩散的管控难度大幅增加、管控能力明显减弱，美国甚至凭借其先进的网络技术，在丹麦的协助下，对德、法等传统盟国的领导人实施监控，数字化技术使西方发达国家出现了信息碎片化、民粹主义抬头、民意撕裂等现象；新一轮科技革命使得生产、交换、分配、消费等环节均突破了传统意义上的国家边界，世界各国的经济联系日益紧密，经济全球化日益加深；通信技术、遥感技术的发展，大大增强了卫星观察能力、信息处理能力，给传统意义上的国家安全带来了严峻挑战；新一轮科技革命也带来了核扩散、环境污染、气候变暖等人类共同面临的难题。解决这些难题，需要世界各国精诚合作、携手应对。

新一轮科技革命，进一步拓展了大国博弈的空间。太空由于没有国界，日益成为大国博弈的新战场。美国长期以来凭借其先进的卫星定位导航技术，在太空博弈中占据着主动、主导地位。中、俄、欧盟等为了维护自身安全，正加快发展卫星定位导航系统，尤其是中国的"北斗"卫星导航系统后来居上，在安全性、精确性等方面具有后发优势，神舟十二号载人飞船的成功发射更是惊艳世界。美国对此深感不安和不满，甚至扬言以战止战、备战"太空战争"。如何和平开发利用太空、造福人类，已成为世界上绝大多数国家的共同心愿；北极日益成为大国博弈的新要地，由于北极地区蕴藏着丰富的石油、天然气等自然资源，破冰技术和石油开采技术的发展使得开发北极自然资源成为可能，引发了大国对北极的激烈争夺；军事无人机的使用使得应对无人机的自杀式攻击成为各国共同面临的挑战，海底无人航空器的应用使得国际海洋安全面临着严重威胁。

人类社会发展的历史证明，科技水平在一定意义上决定着一个国家的富强、一个民族的兴盛，大国崛起总是与科技革命相伴而生。一个国家如果能够抓住科技革命机遇，敢于弄潮、勇立潮头，就会大大增强综合国力、大大提升国家实力和国际地位。为此，世界各国在科技领域的竞争日益激烈。新时代我国科技发展虽仍存在着"缺芯"等短板，但科技创新能力总体上大幅提升，5G 技术、航空技术、探海技术、开采技术、通信技术等方面均形成了一批叫得响的品牌。为了扼制中国的崛起，美国正想方设法地拉拢盟友，试图构筑打压中国科技发展的"包围圈"，国际斗争形式十分严峻复杂。

## (三) 新兴市场国家群体性崛起引发世界力量的"大变"

2008 年爆发的世界金融危机使欧美发达国家大伤元气，给新兴市场国家加快发展、加速崛起提供了良机。

金融危机以来，西方发达国家创新动能不足、人口老龄化、劳动力短缺、资源匮乏、债务大幅增加、经济增长疲乏，对世界经济增长的引领作用和控制力逐步弱化，贡献逐步减少，在世界经济中的地位和影响力日益下降，而民粹主义、种族主义日益泛滥，它们的资本强行扩张、价值观强行推销、发展模式强行推广，正受到越来越多国家的反感和抵制，日益不得人心。

与此同时，一大批新兴市场国家群体性崛起。它们劳动力与自然资源丰富，国内市场巨大。为了加快经济发展，它们纷纷加大改革开放力度，取消贸易壁垒、减免关税，国际市场扩张速度加快，进出口贸易额大幅增加；经济的快速发展、居民收入的显著增长，带动了市场需求和消费水平的大幅增长；市场的扩张、消费水平的提高，又反哺了市场与经济，大大提升了它们的市场与经济活跃度；电子信息技术的广泛使用，更使得外国直接投资可以畅通、快捷地进入具有强大吸引力的新兴市场国家。

金融危机以来，新兴市场国家发展速度大大加快，经济规模大大增加，正成为全球经济新的增长点，对世界经济增长的贡献率大大增加，在世界经济中的地位大大提升。亚洲正逐渐取代欧美成为全球经济增长的重心，一些非洲、拉丁美洲国家正在加快发展、加速崛起，发达国家对发展中国家市场的依赖、发展中国家相互之间的经济依赖均显著增强，世界经济的发展格局日益呈现出多极化特征。

## (四)经济全球化深入发展引发世界格局的"大变"

当今时代是一个政治多极化、经济全球化、信息网络化、文化多样化的时代，科技发展日新月异，产业革命方兴未艾，世界各国的联系日益加深和紧密，人类正成为一个休戚与共的命运共同体，和平与发展仍是当今时代的主题，合作和共赢成为当今时代的潮流。但与此同时，世界面临的不稳定性不确定性依旧突出。

世界怎么了？应该怎么办？面对动荡不定的大世界，面对百年不遇的大变局，过去主要是发展中国家感到迷茫，现在一些发达国家也感到迷茫。"没有哪个国家能够独自应对人类面临的各种挑战。"①面对一系列重大问题，世界需要新的方案。在这样的时代背景下，中国日益走进世界舞台中央，中国在世界上的影响力、话语权显著增强，中国智慧、中国理念、中国方案赢得世界上的广泛认同，在维护人类和平、促进人类发展、彰显人类正义中发挥着重要作用。

新的世界格局对中国而言，既是一种严峻挑战，美国等西方发达资本主义国

---

① 《坚持和平发展道路，推动构建人类命运共同体》，《光明日报》2017 年 10 月 25 日，第 4 版。

家不愿看到这种"大变局",会对中国继续围堵打压,又是一种战略机遇期,中国在这种"大变局"中的发展空间会逐渐拓宽,影响力与话语权会逐渐提升。马克思主义方法论的当代创新,正是在解决人类共同难题、化解人类共同赤字、建构人类命运共同体的大势下不断展开的。

## 三、科学社会主义迈向新阶段

科学社会主义 500 年的发展,深刻改变着人类命运,影响着世界历史进程。苏联解体、东欧剧变后,科学社会主义事业遭受严重挫折。"民主化浪潮""历史终结论"风靡一时,马克思主义"无用论"、共产主义"失败论"、中国"崩溃论"粉墨登场。但是,随着时间的推移,人们发现,中国特色社会主义不仅没有崩溃,反而日益兴盛,并用自身取得的一个又一个成就证明,马克思主义仍然有用,共产主义事业前途光明。

一方面,中国特色社会主义的本质是科学社会主义。关于中国特色社会主义,近年来国内外有着种种质疑,有人认为中国搞的是"资本社会主义",也有人认为中国搞的是"国家资本主义""新官僚资本主义"。针对种种质疑,习近平总书记旗帜鲜明地指出这些质疑都是错误的,明确指出中国特色社会主义是"适应中国和时代发展进步要求的科学社会主义"。[①] 中国特色社会主义始终坚持科学社会主义的最基本原则、最本质要求、最根本原理,始终坚持以共产主义为奋斗目标、以社会生产力为物质基础、以公有制为经济基础、以人民当家做主为民主本质、以为绝大多数人谋利益为根本宗旨,本质上是具有鲜明的中国特色、时代特征的科学社会主义。

另一方面,中国特色社会主义有力推动了科学社会主义的发展。党的十八大以来,我国经济持续健康高质量发展,对世界经济的稳定和发展做出了不可替代的重大贡献;中国式民主政治建设持续推进,人民的民主权利得到了真实而可靠的保障;社会主义先进文化建设成效显著,社会主义核心价值观、中华民族精神深入人心,人们对马克思主义、社会主义、共产主义的信念日益坚定,中华民族的自信心日益增强;国家治理现代化不断推进,社会治理的制度化、规范化、程

---

① 《十八大以来重要文献选编》上,中央文献出版社 2014 年版,第 118 页。

序化水平日益提升，制度优越性日益彰显；美丽中国建设成绩斐然，中国人民的生产生活环境日益优化。实践证明，中国特色社会主义道路越走越宽。中国特色社会主义，是一个内容涵盖五大文明建设与党的建设、涉及治党治国治军与内政外交国防等各个方面的科学理论体系，科学解答了科学社会主义发展的一系列重大问题，有力推动了科学社会主义的理论创新与实践探索。马克思主义方法论的当代创新，是在对科学社会主义发展的理论思考、实践探索、经验总结过程中不断深化的。

## 四、中国共产党面临执政新考验

马克思主义方法论的当代创新是新时代党应对执政新考验的迫切需要。任何一个执政党都不可避免地面临着执政考验，迎来执政风险。防控执政风险是现代执政党面临的共同的艰巨任务。风险社会学家乌尔里希·贝克曾发出警示，在风险情境中政治有可能走上自我失势的滑坡。[1] 20 世纪 80 年代以来，苏联共产党、墨西哥革命制度党、日本自民党等一些大党、老党先后失去执政地位，说明乌尔里希·贝克的警示必须引起高度重视。这些政党之所以未能有效防控执政风险、失去执政地位，根本原因在于这些政党忽视自身建设、放松自我要求而导致政党认同度下降、执政地位动摇、政党威信力受损，进而累积触发执政风险。

中国共产党自执政以来就面临着各种执政考验和风险。刚执政时，党面临着以美国为首的帝国主义国家拒绝承认执政的合法性、经济上扼杀、政治封锁、外交上孤立，新旧社会更替中的经济衰败、政治混乱、社会无序等内外考验和风险。面对考验和风险，中国共产党经济上致力于恢复和发展国民经济，政治上研究"历史周期率"问题、牢记"两个务必"、加强党的政治能力与作风建设，外交上团结一切待我友好的国家，有效防控了执政的内外风险。改革开放后，党又面临着西方发达国家的霸权主义、强权政治以及意识形态的强势渗透，国内经济、政治、文化发展多样化，党内存在着个人主义、功利主义、权力寻租、贪污腐败等内外考验和风险。面对考验和风险，中国共产党"冷静观察""稳住阵脚""沉着

---

① 乌尔里希·贝克著、何博闻译：《风险社会》，译林出版社 2004 年版，第 279 页。

应付",① 对内，明确"首先中国自己不要乱"②"唯一的办法是我们自己不乱"③"中国的问题，压倒一切的是需要稳定"④"关键是我们共产党内部要搞好",⑤ 正确处理改革、发展与稳定的关系；对外，致力于"争取一个有利的国际和平环境"⑥"诚心诚意地希望不发生战争，争取长时间的和平",⑦ 奉行"不结盟、不对抗、不针对第三方"⑧的外交原则，有效防控了执政的内外风险。

　　党的十八大以来，中国共产党执政面临着新考验、新风险，经济领域的发展动力不足、质量不高，政治领域的西方加紧实施"分化""西化"的"和平演变"战略、中国特色社会主义方向道路上可能出现颠覆性错误，文化领域的多种西方错误思潮影响加强、核心价值观淡化、网络治理无序、低俗文化丛生，社会领域的不公正、贫困、发展不平衡，生态领域的资源短缺、环境污染严重……从党的自身建设来说，一些地方和单位管党不力、治党不严，一些党员干部脱离群众、理想信念动摇、贪污腐败，党执政面临着"四大考验"与"四种危险"。历史和现实都一再证明，一个执政党"不进行自我革命就必然会被历史所淘汰"。⑨ 新时代的新考验、新风险，迫切要求中国共产党以马克思主义执政党建设理论为指导，深化对共产党执政规律、党的自身建设规律的认识，探索中国特色执政党建设的有效方法，加强党的自我净化、自我完善、自我革新、自我提高，练好"内功"，提升"内力"，更新党内执政生活气象，优化党内政治生态，巩固党的团结统一，改善党群关系，有效防控执政风险，切实把执政危险消灭于萌芽状态中。马克思主义方法论的当代创新，是在新时代加强党的建设的实践历程中逐步推进的。

---

① 《邓小平文选》第 3 卷，人民出版社 1993 年版，第 321 页。

② 《邓小平文选》第 3 卷，人民出版社 1993 年版，第 320 页。

③ 《中国共产党的九十年——改革开放和社会主义现代化建设新时期》，中共党史出版社 2016 年版，第 778 页。

④ 《邓小平文选》第 3 卷，人民出版社 1993 年版，第 284 页。

⑤ 《邓小平文选》第 3 卷，人民出版社 1993 年版，第 381 页。

⑥ 《中国共产党的九十年——改革开放和社会主义现代化建设新时期》，中共党史出版社 2016 年版，第 752 页。

⑦ 《邓小平文选》第 3 卷，人民出版社 1993 年版，第 57 页。

⑧ 《中国共产党的九十年——改革开放和社会主义现代化建设新时期》，中共党史出版社 2016 年版，第 861 页。

⑨ 《习近平新时代中国特色社会主义思想三十讲》，学习出版社 2018 年版，第 4 页。

# 第八章　马克思主义方法论的当代理论创新

习近平总书记高度重视方法论，认为新时代中国特色社会主义事业离不开正确方法论的指导，改革开放"必须坚持正确的方法论"，① 要求做好新形势下统战工作必须"讲究方法"，② 现在的很多领导干部不善于辩证思考，需要提高"思想方法和工作方法"。③ 他以全新的视野适应新的实践，构建了思想内容崭新、体系结构严整的当代中国马克思主义方法论，对马克思主义方法论做出了重大的理论创新。

## 一、牢固确立马克思主义方法论的指导地位

马克思主义方法论的当代创新，不是要抛开马克思主义方法论、另起炉灶、另搞一套方法论，而是结合新时代实践，丰富和发展马克思主义方法论。

### (一) 坚持马克思主义的科学指导

习近平总书记认为，马克思主义科学揭示了事物的发展规律，是分析问题、解决问题的科学思想武器。中国共产党之所以能够克服一个又一个困难，取得一个又一个胜利，就在于始终坚持马克思主义的科学指导；中国共产党之所以没有自己的任何私利，以大无畏的革命精神，不断坚持真理、修正错误，就在于始终坚定对马克思主义的科学信仰。他强调，马克思主义是中国共产党人的理想信念

---

① 《习近平谈治国理政》，外文出版社 2014 年版，第 67 页。
② 《习近平出席中央统战工作会议并发表重要讲话》，《人民日报》2015 年 5 月 21 日，第 2 版。
③ 习近平：《领导干部要爱读书读好书善读书》，《学习时报》2013 年 4 月 28 日，第 1 版。

和"灵魂"，为中国共产党人指明了前进方向和奋斗目标，如果没有马克思主义，"就没有中国共产党，就没有中国特色社会主义"。①

习近平总书记强调，中国共产党历来重视思想建党，始终坚持用马克思主义哲学武装全党；马克思主义是"共产党人的本"，②"丢了就丧失根本"，③中国共产党人要固的"本"就是坚定马克思主义信仰、中国特色社会主义和共产主义信念、对党和人民的忠诚。如果失去丢了"本"，马克思主义政党就会"土崩瓦解"。坚持以马克思主义为指导是"当代中国哲学社会科学区别于其他哲学社会科学的根本标志"，④各级领导干部必须努力把马克思主义哲学作为自己的看家本领。

### (二) 掌握和运用马克思主义立场观点方法

习近平总书记认为，马克思主义立场观点方法是"马克思主义的精髓和活的灵魂"，⑤是贯穿于马克思主义理论体系之中的"精髓所在"，⑥新时代坚持马克思主义，最重要的是坚持马克思主义立场观点方法；运用马克思主义立场观点方法解决中国具体问题，是中国共产党人的"传家宝"，是马克思主义中国化的实质；毛泽东的一系列著作就是学习和运用马克思主义立场观点方法写出来的。他引用邓小平提出的"用马克思主义的立场、观点、方法来分析问题，解决问题"、江泽民提出的"始终坚持马克思主义立场、观点和方法"⑦等要求，来论证中国共产党历代领导人都高度重视掌握和运用马克思主义立场观点方法。

习近平总书记认为，掌握马克思主义最重要的是"掌握它的精神实质"，⑧要求广大党员干部坚持运用"马克思主义立场、观点、方法"来分析和解决问题；

① 习近平：《在全国党校工作会议上的讲话》，《求是》2016年第9期，第5页。
② 习近平：《在全国党校工作会议上的讲话》，《求是》2016年第9期，第5页。
③ 《习近平谈治国理政》，外文出版社2014年版，第9页。
④ 习近平：《在哲学社会科学工作座谈会上的讲话》，人民出版社2016年版，第8页。
⑤ 习近平：《在哲学社会科学工作座谈会上的讲话》，《人民日报》2016年5月19日，第2版。
⑥ 习近平：《深入学习中国特色社会主义理论体系　努力掌握马克思主义立场观点方法》，《求是》2010年第7期，第17页。
⑦ 习近平：《深入学习中国特色社会主义理论体系　努力掌握马克思主义立场观点方法》，《求是》2010年第7期，第17~18页。
⑧ 习近平：《中国共产党90年来指导思想和基本理论的与时俱进及历史启示——在纪念中国共产党成立90周年党建研讨会上的讲话》，《党建研究》2011年第7期，第20页。

要求全党学习和运用马克思主义哲学，"提高运用马克思主义立场、观点、方法分析和解决问题的能力"；① 要求领导干部"努力把马克思主义立场、观点、方法学到手，作为自己的看家本领"；② 要求党校要引导学员读原著、学原文、悟原理，"理解其中包含的马克思主义立场、观点、方法"；③ 建议中央政治局委员"读一些马克思主义哲学基本著作，掌握科学世界观和方法论"。④ 他强调，只有掌握马克思主义立场观点方法，才能从根本上不断提高自己的思想理论水平，坚定理想信念，正确理解和贯彻党的路线、方针、政策，"才能不断改进工作作风和工作方法……把自己的工作做得更好"。⑤

习近平总书记认为，马克思主义方法是科学的"根本思想方法和工作方法"，⑥ 强调马克思主义者一直高度重视马克思主义方法，他系统梳理了从恩格斯、列宁，到毛泽东、邓小平、江泽民、胡锦涛等人关于马克思主义方法的重要论述，有力证明了马克思主义经典作家和历代中国共产党领导人对马克思主义方法的高度重视，生动凸显了马克思主义方法在马克思主义理论体系与发展过程中的重要作用。在此基础上，他原创性提出了学习和掌握马克思主义方法的"三个必须"，即"必须学习和掌握唯物辩证的思想方法""必须学习和掌握实事求是的思想方法""必须学习和掌握群众路线的工作方法"。⑦ "三个必须"明确了学习和掌握马克思主义方法的重点和关键。

## (三) 掌握和运用辩证唯物主义与历史唯物主义世界观和方法论

习近平总书记认为，辩证唯物主义与历史唯物主义是马克思主义的理论基

---

① 习近平：《坚持历史唯物主义　不断开辟当代中国马克思主义发展新境界》，《社会主义论坛》2020 年第 2 期，第 5 页。

② 习近平：《在全国党校工作会议上的讲话》，《求是》2016 年第 9 期，第 8 页。

③ 习近平：《在全国党校工作会议上的讲话》，《求是》2016 年第 9 期，第 8 页。

④ 习近平：《坚持历史唯物主义　不断开辟当代中国马克思主义发展新境界》，《社会主义论坛》2020 年第 2 期，第 4 页。

⑤ 习近平：《深入学习中国特色社会主义理论体系　努力掌握马克思主义立场观点方法》，《求是》2010 年第 7 期，第 17 页。

⑥ 习近平：《深入学习中国特色社会主义理论体系　努力掌握马克思主义立场观点方法》，《求是》2010 年第 7 期，第 23 页。

⑦ 习近平：《深入学习中国特色社会主义理论体系　努力掌握马克思主义立场观点方法》，《求是》2010 年第 7 期，第 23、24、24 页。

础、科学性和革命性的根源，是无产阶级的科学世界观和方法论、强大思想武器，是世界社会主义运动的指路明灯。

习近平总书记强调，重视学习与运用辩证唯物主义与历史唯物主义，是中国共产党的优良传统，指出毛泽东、邓小平、江泽民、胡锦涛都非常重视和善于运用辩证唯物主义与历史唯物主义，要求广大党员干部必须"坚持辩证唯物主义和历史唯物主义世界观和方法论，正确处理改革发展稳定关系"。①

关于辩证唯物主义，习近平总书记认为，辩证唯物主义是中国共产党领导全国人民，实现中华民族伟大复兴的科学世界观和方法论，是学习理论首先要掌握的正确的思想方法。关于历史唯物主义，他认为，历史唯物主义是"关于人类社会发展一般规律的科学"、② "认识和研究社会历史发展的科学世界观和方法论"，③ 强调学懂了历史唯物主义，"我们就能坚定理想的主心骨、筑牢信念的压舱石，保持强大的战略定力"。④ 中国共产党之所以能够科学解答一系列重大历史性课题是"正确运用历史唯物主义的结果"，⑤ 要求新时代"依然要推动全党掌握历史唯物主义基本原理和方法论"。⑥ 他强调，学习历史唯物主义的目的就是更好地认识中国国情、党和国家事业发展大势、历史发展规律，从而"更加能动地推进各项工作"，⑦ 并运用"社会存在决定社会意识"这一历史唯物主义基本原理，分析了全面深化改革总体部署的正确性，认为这一总体部署是党的十八届三

---

① 习近平：《在庆祝改革开放 40 周年大会上的讲话》，《人民日报》2018 年 12 月 19 日，第 2 版。

② 习近平：《坚持历史唯物主义　不断开辟当代中国马克思主义发展新境界》，《社会主义论坛》2020 年第 2 期，第 4 页。

③ 习近平：《坚持历史唯物主义　不断开辟当代中国马克思主义发展新境界》，《社会主义论坛》2020 年第 2 期，第 5 页。

④ 习近平：《坚持历史唯物主义　不断开辟当代中国马克思主义发展新境界》，《社会主义论坛》2020 年第 2 期，第 5 页。

⑤ 习近平：《坚持历史唯物主义　不断开辟当代中国马克思主义发展新境界》，《社会主义论坛》2020 年第 2 期，第 4 页。

⑥ 习近平：《坚持历史唯物主义　不断开辟当代中国马克思主义发展新境界》，《社会主义论坛》2020 年第 2 期，第 4 页。

⑦ 习近平：《坚持历史唯物主义　不断开辟当代中国马克思主义发展新境界》，《社会主义论坛》2020 年第 2 期，第 4 页。

中全会"从我国现在的社会存在出发"①而做出的。

习近平总书记原创性提出学习和掌握辩证唯物主义的"四个学习掌握"与历史唯物主义的"三个学习和掌握"方法论。所谓"四个学习掌握",是指"学习掌握世界统一于物质、物质决定意识的原理""学习掌握事物矛盾运动的基本原理""学习掌握唯物辩证法的根本方法""学习掌握认识和实践辩证关系的原理";② 所谓"三个学习和掌握",是指"学习和掌握社会基本矛盾分析法""学习和掌握物质生产是社会生活的基础的观点""学习和掌握人民群众是历史创造者的观点"。③ "四个学习掌握""三个学习和掌握",精到准确地明确了学习和掌握辩证唯物主义与历史唯物主义的着力点。

## 二、创新性确立科学认识和对待马克思主义的方法论

确立科学的马克思主义观是完成"新时代"的"新使命""新目标""新任务"的必然要求,是深刻把握、切实运用马克思主义的内在要求。党的十八大以来,习近平总书记创造性运用马克思主义方法论,深刻思考、科学解答新时代的一系列重大理论与实践问题,创新性确立了科学认识和对待马克思主义的方法论。

### (一)创新性确立科学认识马克思主义的方法论

马克思是马克思主义的创立者、奠基人,马克思的一生都献给了马克思主义。理解"什么是马克思的一生",是理解"什么是马克思主义"的必然要求。习近平总书记在马克思主义发展史上,第一次分别用"三个是""四个是",科学解答了"什么是马克思的一生""什么是马克思主义"。

---

① 习近平:《推动全党学习和掌握历史唯物主义　更好认识规律更加能动地推进工作》,《人民日报》2013 年 12 月 5 日,第 1 版。
② 习近平:《辩证唯物主义是中国共产党人的世界观和方法论》,《奋斗》2019 年第 1 期,第 2、3、4、5 页。
③ 习近平:《坚持历史唯物主义　不断开辟当代中国马克思主义发展新境界》,《社会主义论坛》2020 年第 2 期,第 5、5、6 页。

### 1."什么是马克思的一生"

习近平总书记对马克思的一生进行了"三个是"的原创性凝练，即"是胸怀崇高理想、为人类解放不懈奋斗的一生""是不畏艰难险阻、为追求真理而勇攀思想高峰的一生""是为推翻旧世界、建立新世界而不息战斗的一生"。[①]

"三个是"，饱含深情地回顾了马克思富有传奇色彩的人生轨迹，充满敬佩地总结了马克思理想崇高、信念坚定、勇于奋斗、胸怀磊落的人生境界，构成了一个科学认识"什么是马克思的一生"的系统方法论。

### 2."什么是马克思主义"

习近平总书记用"四个是"对"什么是马克思主义"这一重大基本问题，做出了创新性理论回应。

首先，马克思主义是科学的理论。习近平总书记用"三个科学"与"三个最"阐述了马克思主义是科学的世界观和方法论。"三个科学"即"关于自然、社会和思维发展规律的科学""关于工人阶级和人民大众解放与发展的科学""关于社会主义、共产主义的科学"，"三个最"即"最科学、最完整、最严谨"[②]的世界观和方法论"。他强调，科学性是马克思主义与空想社会主义的根本区别，马克思主义科学揭示了人类社会的发展规律，找到了人类解放的有效途径，对社会发展做出了重大贡献，而空想社会主义由于"没有揭示社会发展规律"，所以"难以真正对社会发展发生作用"。[③] 他认为，马克思主义的科学性源于它"是人类创造的知识财富的集大成者"；源于它"科学揭示了人类社会发展的客观规律"；[④] 源于它

---

①  习近平：《在纪念马克思诞辰 200 周年大会上的讲话》，《人民日报》2018 年 5 月 5 日，第 2 版。

②  习近平：《领导干部要树立正确的世界观权力观事业观》，《中国党政干部论坛》2010年第 9 期，第 4 页。

③  习近平：《在纪念马克思诞辰 200 周年大会上的讲话》，《人民日报》2018 年 5 月 5 日，第 2 版。

④  习近平：《中国共产党 90 年来指导思想和基本理论的与时俱进及历史启示——在纪念中国共产党成立 90 周年党建研讨会上的讲话》，《党建研究》2011 年第 7 期，第 17 页。

"为人民指明了实现自由和解放的道路"。① 他强调，马克思主义的科学性已为历史、现实与实践所反复证明，"历史和现实都证明它是科学的理论""实践也证明……马克思主义依然显示出科学思想的伟力"。②

其次，马克思主义是人民的理论。任何一种学说都有一个为什么人服务的问题。是否承认和尊重人民的历史地位，是否始终站在广大人民的立场上，是区分真假马克思主义的试金石。习近平总书记强调，马克思主义本质上是为人民服务的学说，扎根于人民之中，依靠人民，推动社会发展，指出："马克思主义博大精深，归根到底就是一句话，为人类求解放。"③由马克思主义的人民性出发，他强调，人民是"决定执政党命运的主宰"，④ 是主宰历史发展的真正英雄，人民立场、人民观点是马克思主义的根本立场、根本观点；"全心全意为人民服务""立党为公""执政为民"是马克思主义政党的根本宗旨、根本原则、执政本质；"始终把人民放在心中最高的位置"⑤"始终把人民的利益放在高于一切的地位"⑥"要像爱自己的父母那样爱老百姓"⑦"坚持以人民为中心"⑧"把解决民生问题放在一切工作的首位"，⑨ 是对马克思主义者的基本要求。

再次，马克思主义是实践的理论。习近平总书记强调，实践性是马克思主义的鲜明特征，马克思主义是在无产阶级革命实践中应运而生的，形成、丰富、发

---

① 习近平：《在纪念马克思诞辰 200 周年大会上的讲话》，《人民日报》2018 年 5 月 5 日，第 2 版。

② 习近平：《在哲学社会科学工作座谈会上的讲话》，《人民日报》2016 年 5 月 19 日，第 2 版。

③ 习近平：《在纪念马克思诞辰 200 周年大会上的讲话》，《人民日报》2018 年 5 月 5 日，第 2 版。

④ 习近平：《全面加强党的基层组织建设，为实施"八八战略"、建设"平安浙江"奠定坚实基础》，《今日浙江》2014 年第 13 期，第 6 页。

⑤ 《习近平谈治国理政》，外文出版社 2014 年版，第 43 页。

⑥ 习近平：《全面加强党的基层组织建设，为实施"八八战略"、建设"平安浙江"奠定坚实基础》，《今日浙江》2014 年第 13 期，第 6 页。

⑦ 《习近平谈治国理政》，外文出版社 2014 年版，第 432 页。

⑧ 习近平：《在中国文联十大、中国作协九大开幕式上的讲话》，《人民日报》2016 年 12 月 1 日，第 2 版。

⑨ 习近平：《之江新语》，浙江人民出版社 2007 年版，第 257 页。

展于"人民求解放的实践中"，① 是人民认识世界、改造世界的科学理论武器和强大精神力量。

最后，马克思主义是不断发展的开放的理论。习近平总书记认为，马克思主义不是一个僵化的封闭的理论体系，强调马克思主义"不是教条，而是行动指南"，② "必定随着时代、实践和科学的发展而不断发展"。③ 马克思主义经典作家和历代马克思主义者都始终根据实践的发展而不断发展马克思主义，马克思主义强大的生命力和旺盛的活力源于其不断探索时代新课题、回应人类新挑战。

把"四个是"作为一个整体，用来解答"什么是马克思主义"这一重大基本问题，这在马克思主义发展史上是第一次。"四个是"，既吸纳、吸收，又融合、融通了历代中国共产党人关于"什么是马克思主义"的思想理论成果；既彼此独立、相互并列，分别揭示了马克思主义的科学性、人民性、实践性、开放性特征，各自凸显了马克思主义的真理魅力、使命担当、显著特征、理论品格，又相互联系、相互贯通、辩证统一、"四维一体"，共同揭示了马克思主义的内在本质；既全面总结了经典马克思主义和马克思主义发展史，又生动探析了当下马克思主义，标志着中国共产党人对"什么是马克思主义"的认识提升到了一个新的水平，昭示着中国共产党人对"什么是马克思主义"的认识永不停息、不断深化、不断升华，提供了正确把握"什么是马克思主义"的根本遵循。

"三个是""四个是"，把"什么是马克思的一生"与"什么是马克思主义"联系起来加以理解，是迄今为止对"什么是马克思主义"这一重大基本问题最为全面、系统、准确的解答。

## (二) 创新性确立科学对待马克思主义的方法论

习近平总书记在继承历代中国共产党人思想理论成果的基础上，对"怎样对待马克思主义"这一重大基本问题，做出了科学的创新性理论解答。

---

① 习近平：《在纪念马克思诞辰 200 周年大会上的讲话》，《人民日报》2018 年 5 月 5 日，第 2 版。

② 习近平：《在纪念马克思诞辰 200 周年大会上的讲话》，《人民日报》2018 年 5 月 5 日，第 2 版。

③ 《习近平谈治国理政》，外文出版社 2014 年版，第 23 页。

### 1. 认真学习马克思主义经典著作

习近平总书记强调，好学才能上进，中国共产党就是靠学习走到今天、走向明天的，我们的干部、党和国家要上进，就必须"大兴学习之风，坚持学习、学习、再学习"，① 要求领导干部一定要"把学习放在很重要的位置上"，每天坚持挤时间看书，"必定会积少成多、积沙成塔，积跬步以至千里"，② 把"多一点学习"视为"转变工作作风的重要内容"，③ 警醒如果不注意学习，"思想就容易僵化、庸俗化"。④

习近平总书记认为，学习必须要"善于挤时间""沉下心来，贵在持之以恒"，不能"心浮气躁、浅尝辄止、不求甚解"，⑤ 强调必须坚持马克思主义的指引，才能有明确的学习目标和强大的学习动力。

习近平总书记非常重视学习马克思主义理论，把学习、掌握和运用马克思主义基本原理视为党员干部"做好一切工作的看家本领"。⑥ 如何掌握"看家本领"呢？习近平认为，经典著作是马克思主义理论的活水源头，掌握好"看家本领"的根本途径是"要原原本本学习和研读经典著作"。⑦

习近平总书记强调，学习马克思主义理论必须"下大力气、下苦功夫"，有一种为了探索和追求真理而刻苦、认真、踏实、执着的精神状态。马克思主义经典著作是一座不朽的思想丰碑、一笔珍贵的文化遗产，具有历久弥新的跨时空价值，是我们学习的"蓝本"。目前由于拜金主义、功利主义、实用主义、享乐主义等价值观与浮躁之风的消极影响，各种考核评估的压力，有的人放松自我要求，有的人认为"研读马克思主义经典著作太花功夫，不划算""马克思主义经典著作读不读无所谓"，因而不愿读、不想读、读不进马克思主义经典著作；有的人热衷于扬名立万、快速成名，热衷于自我标榜、自我包装；有的人热衷于钻

① 《习近平谈治国理政》，外文出版社 2014 年版，第 407 页。
② 《习近平谈治国理政》，外文出版社 2014 年版，第 407 页。
③ 《习近平谈治国理政》，外文出版社 2014 年版，第 407 页。
④ 《习近平谈治国理政》，外文出版社 2014 年版，第 407 页。
⑤ 《习近平谈治国理政》，外文出版社 2014 年版，第 407 页。
⑥ 《习近平谈治国理政》，外文出版社 2014 年版，第 404 页。
⑦ 习近平：《在全国党校工作会议上的讲话》，《求是》2016 年第 9 期，第 8 页。

营、攒资源；有的人热衷于走捷径，凭借拼凑裁剪甚至抄袭剽窃，多出成果、快出成果；有的人拿对马克思主义的似是而非的理解充脸面；有的人把马克思主义作为卖弄的资本，等等。上述种种做法，不仅误人误己，而且误国误民。因为马克思主义经典著作是对事物发展的抽象性理论概括，要融会贯通地把握其真谛、精髓，必然要经历一个艰难的学习过程，毛主席曾将《共产党宣言》看了不下一百遍，并经常、重点读一些马列主义经典著作。因此，学习马克思主义经典著作必须"下大气力""下苦功夫"，① 而不能"浅尝辄止、蜻蜓点水"。② 就党校而言，"要加强学员对马克思主义经典著作的学习研究，开出基本书目"。③

习近平总书记就如何学习马克思主义理论，做出了"九个就要学习和实践"的原创性凝练，即就要学习和实践"马克思主义关于人类社会发展规律的思想""马克思主义关于坚守人民立场的思想""马克思主义关于生产力和生产关系的思想""马克思主义关于人民民主的思想""马克思主义关于文化建设的思想""马克思主义关于社会建设的思想""马克思主义关于人与自然关系的思想""马克思主义关于世界历史的思想""马克思主义关于马克思主义政党建设的思想。"④ "九个就要"相互联系、相互影响、不可分割，共同构成了一个学习马克思主义的科学方法论体系。

## 2. 深入思考马克思主义经典著作

习近平总书记强调，"学习和思考"是"相辅相成的"，"思"对于"学"马克思主义经典著作，极为重要。马克思主义经典著作逻辑严密、高度抽象，要把握其精髓要义，就必须在学习过程中重"思"。一要勤于思考。学习马克思主义经典著作，不能投机取巧，而必须经常思考。如，《共产党宣言》的诞生是一个渐进过程。因此，学习《共产党宣言》，就需要思考马克思、恩格斯思想的转变、转

① 习近平：《在哲学社会科学工作座谈会上的讲话》，《人民日报》2016 年 5 月 19 日，第 2 版。

② 习近平：《在哲学社会科学工作座谈会上的讲话》，《人民日报》2016 年 5 月 19 日，第 2 版。

③ 习近平：《在全国党校工作会议上的讲话》，《求是》2016 年第 9 期，第 8 页。

④ 习近平：《在纪念马克思诞辰 200 周年大会上的讲话》，《人民日报》2018 年 5 月 5 日，第 2 版。

折、飞跃的历史进程，就需要思考《1844年经济学哲学手稿》《关于费尔巴哈的提纲》《德意志意识形态》《哲学的贫困》《政治经济学批判大纲》《共产主义原理》等一系列相关论著的思想内容及其与《共产党宣言》的关系。二要独立思考。马克思主义经典著作有多种译本和多种解读。学习马克思主义经典著作，必须要选择权威译本，占有第一手资料，读出其中的原汁原味。三要深入思考。学习马克思主义经典著作必须安心、静心、耐心、细心，钻进去。要深入思考，养成独立评判能力；要写读书笔记，及时把那些拍案叫绝、受用无穷、备受启迪的精彩内容，完整规范地记下来；要写读书感，以免遗忘思想火花；要及时进行成果转化，将之转化成论文、著作，进一步加深对马克思主义经典著作的理解。

### 3. 系统掌握马克思主义基本理论

马克思主义本身历史和逻辑方面的严整性，马克思主义立场观点方法的高度统一性，决定了马克思主义具有鲜明的整体性。从马克思主义整体性出发，习近平总书记强调，领导干部特别是高级干部要"系统掌握马克思主义基本理论"，①即要完整地而不是零碎地把握马克思主义基本理论，要全面地学习，向书本、向实践学习，向人民群众、向专家学者、向国外有益经验学习，既学习理论知识，也学习实践知识。一要整体性把握马克思主义理论，把各部分内容放到整体中、相互联系中加以把握。二要整体性把握马克思主义世界观，马克思主义提供的是一套完整的世界观。三要整体性把握马克思主义方法论，马克思主义提供的是一套完整的方法论。四要整体性把握马克思主义的历史发展，了解马克思主义一脉相承的完整的发展历程。

### 4. 坚定信仰马克思主义

习近平总书记要求必须确立对马克思主义的坚定信仰，强调："坚持以马克思主义为指导，首先要解决真懂真信的问题。"②在阶级社会中，人们都处于一定的社会关系中，他们的思想都会受到一定的阶级关系影响，具有意识形态性，能

---

① 《习近平在全国宣传思想工作会议上强调　胸怀大局把握大势着眼大事　努力把宣传思想工作做得更好》，《人民日报》2013年8月21日，第1版。

② 习近平：《在哲学社会科学工作座谈会上的讲话》，《人民日报》2016年5月19日，第2版。

否坚定信仰马克思主义，决定着为谁学习经典著作、从经典著作学习什么、如何学习经典著作等问题。唯物辩证法的实质是革命批判精神，但是，目前仍有人公开鼓吹"学术自由""独立品格"，借"纯粹的学术研究"之名来行否定马克思主义在意识形态领域的指导地位之实；仍有人信奉"实证主义""价值中立"等西方理论，借马克思主义的意识形态性来否定马克思主义的科学性。这些人缺乏坚定的马克思主义信仰，既无学好马克思主义经典著作的动力，也无学好马克思主义经典著作的方法。实际上，马克思、恩格斯、列宁等是世界无产阶级的革命导师，马克思主义是服务于无产阶级的科学指南。我们只有坚定信仰马克思主义、崇敬感恩革命导师，怀有为党、为人民学习马克思主义经典著作的热情和真心，才能为学马克思主义经典著作而甘坐冷板凳。

### 5. 善于运用马克思主义

习近平总书记强调，坚持马克思主义"最终要落实到怎么用上来"，[①] 要求领导干部"做到干中学、学中干，学以致用、用以促学、学用相长"。[②] 学习、掌握马克思主义是为了解决实际问题的，脱离实际、脱离群众的马克思主义没有任何价值。因此，必须重视正确运用马克思主义，对需要解决的重大紧迫问题，对遇到的各种热点难点问题，对群众所关心、关注的重点敏感问题，做出及时性、深刻性的解答；把马克思主义理论讲深、讲透，做到以理服人，切实增强马克思主义理论教育的感染性和吸引力、说服力；理直气壮地高举马克思主义大旗，旗帜鲜明地同各种违反、违背马克思主义的思想行为展开坚决斗争。[③]

习近平总书记就如何运用马克思主义，原创性提出了"三个坚持"的基本要求，即坚持中国特色社会主义理论体系中贯穿的"马克思主义立场""马克思主义观点""马克思主义方法"。[④] "三个坚持"，既相互独立，分别阐释了坚持马克思

---

① 习近平：《在哲学社会科学工作座谈会上的讲话》，《人民日报》2016年5月19日，第2版。

② 《习近平谈治国理政》，外文出版社2014年版，第406页。

③ 崔华前：《高校思政课教师练好"看家本领"的方法论思考》，《高校思想政治理论课教学研究》2018年第5期，第117~121页。

④ 习近平：《深入学习中国特色社会主义理论体系　努力掌握马克思主义立场观点方法》，《求是》2010年第7期，第19、20、23页。

主义立场、马克思主义观点、马克思主义方法的基本要求，又相互联系、相互贯通，共同构成了科学运用马克思主义的方法论体系。

习近平总书记认为，正确运用马克思主义最为关键的是要坚持"结合"原则，强调中国共产党不断发展壮大的一个根本原因，就在于始终坚持"结合"原则；中国的革命和建设，是马克思主义发展史上的崭新事业，必须坚持"结合"原则；中国共产党的每一次理论创新都是坚持"结合"的结果，毛泽东思想、邓小平理论都是坚持"结合"原则而形成的理论创新成果。

如何坚持"结合"原则呢？习近平总书记提出了坚持"结合"原则的根本方法论，这一根本方法论包括一个总要求和三个具体要求。

一个总要求是"坚持马克思主义和发展马克思主义的统一"。① 关于"坚持马克思主义"，改革开放后先后出现了马克思主义"无用论""过时论""失灵论""学派论""非学派论"，以及马克思主义"表面化""浮躁化""边缘化"等种种噪音杂音和错误做法。面对各种噪音杂音和错误做法，习近平总书记立场坚定、态度鲜明，强调必须坚持马克思主义的指导地位、固守马克思主义之"本"，新形势下坚持马克思主义最重要的是坚持其基本原理和"立场、观点、方法"。②

关于"发展马克思主义"，习近平总书记强调，马克思主义没有结束真理、"而是开辟了通向真理的道路"，不是僵化、封闭而是在实践中不断发展，要求不能"教条"式对待马克思主义，而必须在实践中"不断丰富和发展马克思主义"。③

三个具体要求是："真正掌握马克思主义""深刻认识中国国情""把两者正确地统一于革命、建设、改革的实践之中"。④

"真正掌握马克思主义"，是实现"结合"的前提基础。因为马克思主义基本

---

① 习近平：《中国共产党90年来指导思想和基本理论的与时俱进及历史启示——在纪念中国共产党成立90周年党建研讨会上的讲话》，《党建研究》2011年第7期，第20页。

② 习近平：《在哲学社会科学工作座谈会上的讲话》，《人民日报》2016年5月19日，第2版。

③ 习近平：《在庆祝中国共产党成立95周年大会上的讲话》，《人民日报》2016年7月2日，第2版。

④ 习近平：《中国共产党90年来指导思想和基本理论的与时俱进及历史启示——在纪念中国共产党成立90周年党建研讨会上的讲话》，《党建研究》2011年第7期，第20页。

原理"具有普遍和根本的指导意义";① 马克思主义立场观点方法是马克思主义的"精髓所在"。② 所以,"真正掌握马克思主义",最为关键的是真正掌握马克思主义基本原理与立场观点方法。

"深刻认识中国国情",是实现"结合"的另一个前提基础。习近平总书记认为,科学认识中国国情,是指深刻认识中国的实际情况,"最重要的是认识对中国革命、建设、改革有重大影响的一切有利的和不利的条件和因素",③ 尤其是要认识"新时代""新阶段"的"新矛盾""新任务"以及它们的变化。

"把两者正确地统一于革命、建设、改革的实践之中",是指把"真正掌握马克思主义"与"深刻认识中国国情"正确统一于新时代中国的具体实践中,这是实现"结合"的根本目的。如果不能"把两者正确地统一","结合"也就没有任何实际意义。习近平认为,马克思主义中国化实质上就是坚持"结合"原则、"把两者正确地统一"。④

一个总要求和三个具体要求,集历代中国共产党人思想理论成果之大成,有总有分、环环相扣,是坚持"结合"原则的最为全面、最为严整的方法论,提供了坚持"结合"原则的根本范式。

## 三、原创性提出"四个就要",创新"实事求是"这一中国化的马克思主义根本方法

习近平总书记清醒认识到,"坚持实事求是说起来容易做起来难",⑤ 这是因为隐藏在现象背后的事物的内在规律是难以把握的。为了坚持"实事求是",习近平总书记原创性提出"四个就要"的基本要求,即"就要深入实际了解事物的本

---

① 习近平:《中国共产党 90 年来指导思想和基本理论的与时俱进及历史启示——在纪念中国共产党成立 90 周年党建研讨会上的讲话》,《党建研究》2011 年第 7 期,第 20 页。

② 习近平:《深入学习中国特色社会主义理论体系　努力掌握马克思主义立场观点方法》,《求是》2010 年第 7 期,第 17 页。

③ 习近平:《中国共产党 90 年来指导思想和基本理论的与时俱进及历史启示——在纪念中国共产党成立 90 周年党建研讨会上的讲话》,《党建研究》2011 年第 7 期,第 20 页。

④ 《十七大以来重要文献选编》上,中央文献出版社 2009 年版,第 241 页。

⑤ 习近平:《深入学习中国特色社会主义理论体系　努力掌握马克思主义立场观点方法》,《求是》2010 年第 7 期,第 24 页。

来面貌""就要清醒认识和正确把握我国仍处于并将长期处于社会主义初级阶段这个基本国情""就要坚持为了人民利益坚持真理、修正错误""就要不断推进实践基础上的理论创新"。① 具体而言，要"深入实际了解事物的本来面貌"，就必须努力掌握"全面、真实、丰富、生动的第一手材料"；② 坚持实事求是，就是"坚持一切从实际出发来研究和解决问题"，③ 因此必须"清醒认识和正确把握我国……基本国情"这个最大实际，并据此制定政策；"为了人民利益坚持真理、修正错误"，就必须"敢于讲真话、讲实话"，④ 因为"坚持实事求是不是一劳永逸的"，⑤ "常制不可以待变化，一途不可以应无方，刻船不可以索遗剑"，⑥ 必须"不断推进实践基础上的理论创新"。

"四个就要"，相互联系、相互影响，共同构成了一个逻辑严密、体系完整的坚持"实事求是"的方法论要求，创造性发展了"实事求是"这一中国化的马克思主义根本方法。

# 四、原创性提出"不断认识和解决矛盾"，创新"矛盾分析"这一中国化的马克思主义基础方法

习近平总书记认为，人类认识和改造世界的过程实质上就是一个"不断认识矛盾、不断解决矛盾"⑦的过程。这一思想，把"认识矛盾"和"解决矛盾"有机统一，视为一个不断发展的过程，创造性发展了"矛盾分析"这一中国化的马克思主义基础方法。

---

① 习近平：《在纪念毛泽东同志诞辰 120 周年座谈会上的讲话》，《党的文献》2014 年第 1 期，第 7 页。

② 习近平：《坚持实事求是的思想路线》，《学习时报》2012 年 5 月 28 日，第 1 版。

③ 中共中央宣传部：《习近平新时代中国特色社会主义思想学习纲要》，学习出版社、人民出版社 2019 年版，第 243 页。

④ 习近平：《深入学习中国特色社会主义理论体系　努力掌握马克思主义立场观点方法》，《求是》2010 年第 7 期，第 24 页。

⑤ 习近平：《在纪念毛泽东同志诞辰 120 周年座谈会上的讲话》，人民出版社 2013 年版，第 15~16 页。

⑥ 人民日报评论部：《习近平用典》第 2 辑，人民日报出版社 2017 年版，第 3 页。

⑦ 习近平：《辩证唯物主义是中国共产党人的世界观和方法论》，《奋斗》2019 年第 1 期，第 3 页。

## (一) 系统性提出运用"矛盾分析"方法的基本要求

习近平总书记系统性提出具有普遍性指导意义、时代性特征的运用"矛盾分析"方法的基本要求。

### 1. 强化问题意识

马克思主义具有鲜明的批判性,主张"通过批判旧世界发现新世界",① 具有"改造世界"的实践品格、强烈的问题意识。马克思曾经指出:"主要的困难不是答案,而是问题。因此,真正的批判要分析的不是答案,而是问题","问题就是时代的口号"。② 毛泽东认为,问题就是"事物的矛盾"。③ 因此,强化问题意识,是坚持矛盾分析的必然要求。

为什么要强化问题意识呢?习近平总书记认为,这是因为:坚持问题导向是"马克思主义的鲜明特点";④ 发现问题、解决问题是推动一个国家、一个民族、一个时代前进的必然要求,人类社会正是在不断发现问题、解决问题的过程中发展进步的,人类社会前进的过程实质上就是一个科学认识、准确把握、正确解决问题的过程;发现问题、解决问题是理论创新的前提、动力、根本目的,是衡量创新水平与创新能力的根本标准,"理论创新只能从问题开始",⑤ "问题是创新的起点,也是创新的动力源"。⑥ 理论创新的过程实质上就是一个发现、筛选、研究、解决问题的过程,只有认真研究、切实解决问题,才能真正推动理论创新。发现问题、解决问题是中国共产党治国理政的根本目的和必然要求,中国共产党人的主要任务就是"为了解决中国的现实问题",⑦ 党的各项路线、方针、政

---

① 《马克思恩格斯文集》第 10 卷,人民出版社 2009 年版,第 7 页。

② 《马克思恩格斯全集》第 40 卷,人民出版社 1982 年版,第 289 页。

③ 《毛泽东选集》第 3 卷,人民出版社 1991 年版,第 839 页。

④ 习近平:《在哲学社会科学工作座谈会上的讲话》,《人民日报》2016 年 5 月 19 日,第 2 版。

⑤ 习近平:《在哲学社会科学工作座谈会上的讲话》,《人民日报》2016 年 5 月 19 日,第 2 版。

⑥ 习近平:《在哲学社会科学工作座谈会上的讲话》,《人民日报》2016 年 5 月 19 日,第 2 版。

⑦ 《习近平谈治国理政》,外文出版社 2014 年版,第 74 页。

策都是"为推动解决我们面临的突出矛盾和问题提出来的"。①

习近平总书记强调，新时代中国特色社会主义各项工作都必须强化问题意识，全面深化改革"要有强烈的问题意识"②"更加强化问题导向"，③ 瞄准重大问题、抓住关键问题、解决具体问题，要"坚持从具体问题抓起""着眼于解决发展中存在的突出矛盾和问题"，④ 把实际问题解决的"量"与"质"作为"评价改革成效的标准"；⑤ 法治建设要"直面问题、聚焦问题"，⑥ 及时回应广大干部群众反映强烈、普遍关注的法治问题；全面从严治党要"坚持问题导向"⑦"以自我革命的政治勇气，着力解决党自身存在的突出问题"。⑧

如何强化问题意识呢？习近平总书记就此提出了一系列具体要求：一要承认问题的客观存在。强化问题意识，就是"承认矛盾的普遍性、客观性"，⑨ 就必须以发现问题、解决问题作为打开工作局面的突破口。二要善于发现问题。世界的发展过程就是一个旧问题得以解决、新问题又不断产生的过程，而且"事业越前进、越发展，新情况新问题就会越多"。⑩ 因此，广大党员干部要善于发现问题。三要正确分析问题。问题是复杂的，老问题依然存在、"新问题每时每刻都在出现"，⑪ 有的老问题又具有新的形式、有的问题又不熟悉或不太熟悉，因此，广

① 《十八大以来重要文献选编》中，中央文献出版社 2016 年版，第 249 页。

② 《十八大以来重要文献选编》上，中央文献出版社 2014 年版，第 497 页。

③ 习近平：《一鼓作气抓好第一批活动收尾工作　认真扎实做好第二批活动准备工作》，《人民日报》2013 年 12 月 10 日，第 1 版。

④ 习近平：《改革要聚焦聚神聚力抓好落实，着力提高改革针对性和实效性》，《人民日报》2014 年 6 月 7 日，第 1 版。

⑤ 《习近平谈治国理政》第 2 卷，外文出版社 2017 年版，第 124 页。

⑥ 《习近平谈治国理政》第 2 卷，外文出版社 2017 年版，第 123 页。

⑦ 习近平：《决胜全面建成小康社会　夺取新时代中国特色社会主义伟大胜利——在中国共产党第十九次全国代表大会上的报告》，《人民日报》2017 年 10 月 28 日，第 1 版。

⑧ 习近平：《在庆祝中国共产党成立 95 周年大会上的讲话》，《人民日报》2016 年 7 月 2 日，第 2 版。

⑨ 《习近平在中共中央政治局第二十次集体学习时强调　坚持运用辩证唯物主义世界观方法论　提高解决我国改革发展基本问题本领》，《人民日报》2015 年 1 月 25 日，第 2 版。

⑩ 中共中央宣传部：《习近平总书记系列重要讲话读本》，学习出版社、人民出版社 2016 年版，第 43 页。

⑪ 习近平：《在中央党校建校 80 周年庆祝大会暨 2013 年春季学期开学典礼上的讲话》，《人民日报》2013 年 3 月 3 日，第 1 版。

大党员干部"要善于具体问题具体分析"。① 四要有效解决问题。"有问题并不可怕，关键是我们要共同解决问题，而不能被问题牵着鼻子走。"②要有效解决问题，就必须总结反思"一些带有共性、规律性的问题"；③ 就必须重点解决重点问题，"坚持问题导向，哪里矛盾和问题最突出，哪个疙瘩最难解，就重点抓哪项改革"；④ 就必须对不同问题采取不同的解决方法，对待"原则问题""发展问题""难点问题""实际问题"，⑤ 要根据问题的不同性质，分别采取不同的方法加以解决。

### 2. 坚持两点论和重点论相统一

一要坚持两点论。习近平总书记强调，想问题、办事情必须坚持"两点论"，要一分为二地看问题，对待国内外形势的研判，既要看到"有利的一面"，也要看到"不利的一面"；⑥ 解决矛盾和问题，"要用辩证法，要讲两点论，要找平衡点"；⑦ 把握全面深化改革的含义，必须坚持"两点论"，做到"中国特色社会主义道路"与"完善和发展中国特色社会主义制度"这"两句话都讲"。⑧

二要坚持重点论。习近平总书记强调，解决矛盾必须把握好主次矛盾和矛盾的主次方面关系原理，"要优先解决主要矛盾和矛盾的主要方面"。⑨

习近平总书记把主次矛盾与矛盾的主次方面关系原理运用于方法论领域，提

---

① 中共中央宣传部：《习近平新时代中国特色社会主义思想学习纲要》，学习出版社、人民出版社 2019 年版，第 248~249 页。

② 习近平：《努力构建中美新型大国关系——在第六轮中美战略与经济对话和第五轮中美人文交流高层磋商联合开幕式上的致辞》，《人民日报》2014 年 7 月 10 日，第 2 版。

③ 中共中央宣传部：《习近平新时代中国特色社会主义思想学习纲要》，学习出版社、人民出版社 2019 年版，第 249 页。

④ 《中央全面深化改革领导小组第二十九次会议举行》，《人民日报》2016 年 11 月 2 日，第 1 版。

⑤ 中共中央宣传部：《习近平新时代中国特色社会主义思想学习纲要》，学习出版社、人民出版社 2019 年版，第 248 页。

⑥ 《习近平谈治国理政》，外文出版社 2014 年版，第 111 页。

⑦ 习近平：《干在实处走在前列》，中共中央党校出版社 2013 年版，第 550 页。

⑧ 中共中央文献研究室：《习近平关于全面深化改革论述摘编》，中央文献出版社 2014 年版，第 21 页。

⑨ 习近平：《辩证唯物主义是中国共产党人的世界观和方法论》，《奋斗》2019 年第 1 期，第 4 页。

出了"抓中心""抓关键"等工作方法,指出:"各地各部门一定要从各自的实际出发,善于抓主要矛盾,抓关键环节。"① 强调中国特色社会主义建设必须"始终抓好发展这个第一要务,必须始终坚持以经济建设为中心";② 强调全面深化改革要"以改革为主线",③ 抓住重要领域和任务、关键主体和环节,解决突出矛盾和问题,"努力在重要领域和关键环节改革上取得新突破,以此牵引和带动其他领域改革";④ 强调坚持国有企业党的领导、加强国有企业党的建设,必须"要抓实重点任务,突破薄弱环节";⑤ 强调革命老区、民族地区、边疆地区、贫困地区在"三农"工作中要把扶贫开发作为重中之重;强调脱贫攻坚"要找准路子、构建好的体制机制,抓重点、解难点、把握着力点";⑥ 强调推进国家治理现代化,必须重视政治制度的"决定性作用"。⑦

三要坚持两点论与重点论相统一。习近平总书记坚持"两点论"和"重点论"相统一,大力倡导统筹兼顾方法论,要求领导干部"在方法论上要学会统筹兼顾",⑧ 认为在中国当领导人必须"统筹兼顾……要十个指头弹钢琴"。⑨ 统筹兼顾,是运用矛盾分析方法于工作领域,既统揽全局、统筹规划,又重点突破、协调推进。

习近平总书记要求治国理政各项工作都必须坚持两点论与重点论相统一。就推进"四个全面"战略布局而言,全面建成小康社会既要全面部署,又"关键看老乡";全面深化改革既要讲两点论、注重总体谋划,又要讲重点论、注重牵住

---

① 习近平:《干在实处走在前列》,中共中央党校出版社 2013 年版,第 549 页。
② 习近平:《深入学习中国特色社会主义理论体系 努力掌握马克思主义立场观点方法》,《求是》2010 年第 7 期,第 21~22 页。
③ 《习近平谈治国理政》,外文出版社 2014 年版,第 74 页。
④ 中共中央文献研究室:《习近平关于全面深化改革论述摘编》,中央文献出版社 2014 年版,第 6 页。
⑤ 《中央全面深化改革领导小组第二十九次会议举行》,《人民日报》2016 年 11 月 2 日,第 1 版。
⑥ 《十八大以来重要文献选编》下,中央文献出版社 2018 年版,第 38 页。
⑦ 《习近平在庆祝全国人民代表大会成立 60 周年大会上的讲话》,《人民日报》2014 年 9 月 6 日,第 2 版。
⑧ 习近平:《之江新语》,浙江人民出版社 2007 年版,第 62 页。
⑨ 《习近平接受俄罗斯电视台的采访》,《人民日报》2014 年 2 月 9 日,第 1 版。

"牛鼻子"，不能"平均用力、齐头并进"，① 而必须整体推进和重点突破"相结合"；② 全面依法治国既要系统部署，又要以健全和完善法治体系为抓手；全面从严治党既要"提出系列要求"，又要以"党风廉政建设作为突破口"，着力解决"'四风'问题"。③ 就贯彻落实新发展理念而言，要区分轻重缓急，"以重点突破带动整体推进，在整体推进中实现重点突破"。④ 就扶贫开发工作而言，既要"因地制宜"，又要"精准发力"。⑤ 就推动长江经济带发展而言，既要"整体推进"，又要"重点突破"，"实现整体推进和重点突破相统一"。⑥ 就精神文明建设而言，"既抓主流，又注意支流；既突出重点，又照顾一般；既树立典型，又带动面上"。⑦

## (二) 创造性运用矛盾分析方法

习近平总书记创造性运用矛盾分析方法，科学分析认识论和社会历史领域的基本问题。

### 1. 创造性运用矛盾分析方法于认识论领域

习近平总书记科学阐释了认识和实践的辩证关系，认为实践决定认识、认识反作用于实践，强调实践观是马克思主义认识论的"基本观点"，⑧ 实践性是马克

---

① 中共中央文献研究室：《习近平关于全面深化改革论述摘编》，中央文献出版社 2014 年版，第 44 页。

② 中共中央文献研究室：《习近平关于全面深化改革论述摘编》，中央文献出版社 2014 年版，第 44 页。

③ 习近平：《辩证唯物主义是中国共产党人的世界观和方法论》，《奋斗》2019 年第 1 期，第 4 页。

④ 《习近平在省部级主要领导干部学习贯彻党的十八届五中全会精神专题研讨班上的讲话》，《人民日报》2016 年 5 月 10 日，第 2 版。

⑤ 李贞、雷龚鸣整理：《习近平谈扶贫》，《人民日报》(海外版) 2016 年 9 月 1 日，第 1 版。

⑥ 习近平：《在深入推动长江经济带发展座谈会上的讲话》，《人民日报》2018 年 6 月 14 日，第 2 版。

⑦ 习近平：《摆脱贫困》，福建人民出版社 1992 年版，第 158 页。

⑧ 习近平：《在纪念马克思诞辰 200 周年大会上的讲话》，《人民日报》2018 年 5 月 5 日，第 2 版。

思主义理论的"显著特征"。①

习近平总书记借用荀子、刘向、陆游、王夫之等古代贤哲关于知行合一的论述，用富有中国特色、中国风格、中国气派的语言，生动阐释了认识和实践的辩证关系，强调"推进各项工作，根本的还是要靠实践出真知"，② 强调改革开放离开不认识与实践的统一，"只能通过实践、认识、再实践、再认识的反复过程，从实践中获得真知"，③ "摸着石头过河"，就是"摸规律，从实践中获得真知"。④

## 2. 创造性运用矛盾分析方法于社会历史领域

习近平总书记要求全党必须"学习和掌握社会基本矛盾分析法"，⑤ 强调学习马克思主义就要"学习和实践马克思主义关于生产力和生产关系的思想"；⑥ 学习《共产党宣言》，就要深刻领悟和把握其中的社会基本矛盾分析法，指出《共产党宣言》揭示了人类社会发展的基本矛盾，解释了"人类社会发展一般规律"、资本主义的基本矛盾、"两个必然"的"历史规律"；⑦ 要求学习和掌握中国特色社会主义理论体系，就要学习和掌握马克思主义的社会基本矛盾分析方法。

习近平总书记系统提出了运用社会基本矛盾分析法的基本要求：一是把握矛盾的主要方面。他要求应适应生产力和经济基础的发展需要来调整、完善生产关系和上层建筑。二是整体把握，争取产生综合效应。他强调，必须"把社会基本

---

① 习近平：《在纪念马克思诞辰 200 周年大会上的讲话》，《人民日报》2018 年 5 月 5 日，第 2 版。

② 习近平：《辩证唯物主义是中国共产党人的世界观和方法论》，《奋斗》2019 年第 1 期，第 5 页。

③ 《习近平关于全面深化改革论述摘编》，中央文献出版社 2014 年版，第 34 页。

④ 中共中央文献研究室：《习近平关于协调推进"四个全面"战略布局论述摘编》，中央文献出版社 2015 年版，第 54 页。

⑤ 《习近平在中共中央政治局第 11 次集体学习时强调：推动全党学习和掌握历史唯物主义更好认识规律更加能动地推进工作》，《人民日报》2015 年 12 月 5 日，第 2 版。

⑥ 习近平：《在纪念马克思诞辰 200 周年大会上的讲话》，《人民日报》2018 年 5 月 5 日，第 2 版。

⑦ 习近平：《学习马克思主义基本理论是共产党人的必修课》，《社会主义论坛》2019 年第 12 期，第 4 页。

矛盾作为一个整体来观察"，① 只有整体性解决好生产关系和上层建筑中的不适应问题，才能产生综合效应。

习近平总书记运用社会基本矛盾分析法，分析了一系列重大现实问题，深入剖析了全面深化改革的必要性、重要性与基本要求，强调"进一步解放和发展社会生产力"要求"全面深化改革"，② "全面深化改革"必须"以解放和发展社会生产力为改革提供强大牵引"；③ "在解决矛盾的过程中推动事物发展"；④ 深刻论证了经济体制改革的重要性，指出："经济基础决定上层建筑。经济体制改革……具有牵一发而动全身的作用。"⑤

## 五、原创性提出"精准思维"，创新"具体问题具体分析"这一中国化的马克思主义灵魂方法

"精准思维"是一种对事物进行精确化、精准化认识，并采取针对性、实效性对策的思维方式，是马克思主义具体问题具体分析方法在思维领域的集中体现。习近平总书记强调，开展工作必须"具体问题具体分析"，⑥ 对广大干部群众反映的问题应"一一回应、具体解决"。在此基础上，他创造性地把"具体问题具体分析"方法转化为"精准思维"方式，要求各项工作必须"精准"施策，创造性发展了"具体问题具体分析"这一中国化的马克思主义灵魂方法。他要求全面深化改革必须"突出重点，对准焦距，找准穴位，击中要害"，⑦ "对准瓶颈和短板，

---

① 习近平：《推动全党学习和掌握历史唯物主义　更好认识规律更加能动地推进工作》，《人民日报》2013 年 12 月 5 日，第 1 版。

② 习近平：《在纪念毛泽东同志诞辰 120 周年座谈会上的讲话》，《党的文献》2014 年第 1 期，第 5 页。

③ 中共中央文献研究室：《习近平关于全面深化改革论述摘编》，中央文献出版社 2014 年版，第 48 页。

④ 习近平：《辩证唯物主义是中国共产党人的世界观和方法论》，《奋斗》2019 年第 1 期，第 5 页。

⑤ 《习近平谈治国理政》，外文出版社 2014 年版，第 94 页。

⑥ 中共中央宣传部：《习近平新时代中国特色社会主义思想学习纲要》，学习出版社、人民出版社 2019 年版，第 248 页。

⑦ 《科学统筹突出重点对准焦距让人民对改革有更多获得感》，《人民日报》2015 年 2 月 28 日，第 2 版。

精准对焦、协同发力",① "分类施策、精准施策";② 要求全面从严治党必须"具体地而不是抽象地、认真地而不是敷衍地落实到位",关键"在于精,在于务实管用,突出针对性和指导性"。③

习近平总书记把"精准思维"运用于扶贫工作中,提出了"精准扶贫"的工作方法。2013年,他到湖南湘西考察时首次提出"精准扶贫"概念。2015年,他就扶贫工作提出了"六个精准"的基本要求,即在扶贫的"对象""项目安排""资金使用""措施到位""因村派人""脱贫成效"这六个方面"要精准"。④ 他把精准发力作为扶贫工作的重中之重,认为扶贫工作贵在精准,重在精准,成败之举在于精准,强调要"坚持精准扶贫、精准脱贫"⑤"建立精准扶贫工作机制,扶到点上、扶到根上,扶贫扶到家"。⑥ 具体而言:首先,要找准扶贫对象。扶贫必先识贫,精准识别贫困人口是精准施策的前提,只有解决好"扶持谁"的问题,把扶贫对象搞清楚,才能"因户施策、因人施策"。其次,要找准扶贫根源。只有"找到'贫根',对症下药,靶向治疗",⑦ 才能"真正扶到点上、扶到根上"。⑧ 再次,要找准扶贫路子。扶贫工作要有精准规划,推进扶贫开发要"因地制宜。"⑨又次,要对扶贫资源进行"精确化配置"。在对扶贫对象进行"精细化管理"的基础上,通过对扶贫资源的"精确化配置",达到对扶贫对象的"精准化扶持"。⑩ 最后,要

---

① 《推动改革举措精准对焦协同发力形成落实新发展理念的体制机制》,《人民日报》2016年3月23日,第2版。

② 《中央全面深化改革领导小组第二十九次会议举行》,《人民日报》2016年11月2日,第1版。

③ 《习近平在党的群众路线教育实践活动总结大会上的讲话》,《人民日报》2014年10月8日,第2版。

④ 习近平:《在部分省区市扶贫攻坚与"十三五"时期经济社会发展座谈会上的讲话》,《人民日报》2015年6月19日,第1版。

⑤ 习近平:《决胜全面建成小康社会 夺取新时代中国特色社会主义伟大胜利——在中国共产党第十九次全国代表大会上的报告》,人民出版社2017年版,第47~48页。

⑥ 《以习近平同志为总书记的党中央关心扶贫工作纪实》,《人民日报》2015年11月27日,第3版。

⑦ 《十八大以来重要文献选编》中,中央文献出版社2016年版,第720页。

⑧ 李贞、雷龚鸣:《习近平谈扶贫》,《人民日报》(海外版)2016年9月1日,第1版。

⑨ 习近平:《做焦裕禄式的县委书记》,中央文献出版社2015年版,第17页。

⑩ 习近平:《在参加十二届全国人大二次会议贵州代表团审议时的讲话》,《人民日报》2014年3月8日,第1版。

实施精准举措。推出"五个一批"措施，即从发展生产、易地搬迁、生态补偿、发展教育、社会保障兜底等五个方面帮助不同类型的贫困群众脱贫致富，[①] 各地和有关部门要制定精准扶贫的具体举措，做到"精准到户""精准到群体"。[②]

习近平总书记不仅将"具体问题具体分析"方法具体化为精准思维，而且把这一方法创造性运用于各项工作中，要求考察、选拔、任用干部必须"具体问题具体分析"，提出了考察干部的"三个区分开来"原则，即把"因缺乏经验、先行先试出现的失误和错误"同"明知故犯的违纪违法行为"、把"探索性试验中的失误和错误"同"我行我素的违纪违法行为"、把"为推动发展的无意过失"同"为谋取私利的违纪违法行为"[③]区分开来；具体分析了"好干部"的"德才兼备"标准，认为不同的历史时期有着不同的具体要求，革命战争年代"好干部"的要求是"对党忠诚，英勇善战，不怕牺牲"，社会主义革命和建设时期"好干部"的要求是"懂政治、懂业务，又红又专"，新时代"好干部"的要求是"政治上靠得住，工作上有本事，作风上过得硬，人民群众信得过"；[④] 主张通过观察法考察干部的具体表现，通过观察干部"对重大问题的思考""对群众的感情""对待名利的态度""处理复杂问题的过程和结果"，分别考察其"见识见解""品质情怀""境界格局""能力水平"；[⑤] 要求全面深化改革必须"具体问题具体分析"，各项改革都要有"具体部署、具体规划、具体要求"；[⑥] 要求扶贫工作必须"具体问题具体分析"，指出："防止不分具体情况，简单把所有扶贫措施都同每一个贫困户挂钩"；[⑦] 要求法治建设必须"具体问题具体分析"，认为"法律制度因国情而有很大的差别"，各国的法律制度分别适应各自的历史文化和现实国情，如果照搬别国的法律制度，"就有可能'水土不服'，产生南橘北枳的结果"。[⑧]

① 习近平：《脱贫攻坚战冲锋号已经吹响 全党全国咬定目标苦干实干》，《人民日报》(海外版)2015年11月29日，第1版。

② 《十八大以来重要文献选编》下，中央文献出版社2018年版，第39页。

③ 《习近平在省部级主要领导干部学习贯彻党的十八届五中全会精神专题研讨班上的讲话》，《人民日报》2016年5月10日，第2版。

④ 《十八大以来重要文献选编》上，中央文献出版社2014年版，第337页。

⑤ 《十八大以来重要文献选编》上，中央文献出版社2014年版，第343页。

⑥ 中共中央文献研究室：《习近平关于全面深化改革论述摘编》，中央文献出版社2014年版，第142页。

⑦ 《十八大以来重要文献选编》下，中央文献出版社2018年版，第39页。

⑧ 习近平：《干在实处走在前列》，中共中央党校出版社2013年版，第361页。

"具体问题"，就是具体事实。围绕如何全面占有、客观把握、科学分析"事实"，习近平总书记在创造性运用"具体问题具体分析"方法的实践历程中，对如何运用这一方法，形成了系统的科学方法论。

## （一）一切从实际出发、调查研究

### 1."一切从实际出发"

"具体问题具体分析"必须坚持一切从"事实"出发，也就是从实际出发。习近平总书记遵循物质统一性观点，从正反两方面分析了坚持一切从实际出发的必要性和重要性，强调"研究问题和作决策的出发点"只能是"客观实际"而不能是"本本"，[①] 明确要求必须坚决纠正"超越现实"的"急于求成的倾向"与"落后于实际"的"因循守旧、固步自封的观念和做法"，[②] 认为脱离实际是各种主观主义错误的"思想根源"。[③]

习近平总书记强调，一切工作都必须"要坚持一切从实际出发，按照客观规律办事……不能拍脑袋、瞎指挥、乱决策，杜绝短期行为、拔苗助长"。[④] 全面深化改革"要坚持一切从实际出发"，[⑤] "要从我国国情出发、从经济社会发展实际出发"；[⑥] 全面推进依法治国"必须从我国实际出发"，[⑦] 认为一个国家的法治道路和法治体系是由该国的基本国情决定的，不能超越或落后国情；政治建设必

① 《习近平总书记系列讲话精神学习读本》，中共中央党校出版社 2013 年版，第 130 页。

② 习近平：《在纪念毛泽东同志诞辰 120 周年座谈会上的讲话》，《人民日报》2013 年 12 月 26 日，第 2 版。

③ 习近平：《辩证唯物主义是中国共产党人的世界观和方法论》，《奋斗》2019 年第 1 期，第 2 页。

④ 中共中央文献研究室：《习近平关于全面深化改革论述摘编》，中央文献出版社 2014 年版，第 7 页。

⑤ 习近平：《辩证唯物主义是中国共产党人的世界观和方法论》，《奋斗》2019 年第 1 期，第 5 页。

⑥ 中共中央文献研究室：《习近平关于全面深化改革论述摘编》，中央文献出版社 2014 年版，第 20 页。

⑦ 《习近平谈治国理政》第 2 卷，外文出版社 2017 年版，第 117 页。

须"要坚持从国情出发、从实际出发",① 要把握长期形成的历史传承与现实要求,不能隔断历史、不顾现实;对提出的各项工作目标要"从实际出发进行细化和量化"。②

习近平总书记就如何坚持一切从实际出发提出了具体要求:一要把握客观实际。他认为,我国的基本国情主要是"人口多,底子薄,发展很不平衡",③ 要求在任何情况下推进任何方面的改革都要"牢牢立足这个最大实际"。④ 二要准确把握客观实际的变化。因为客观实际"是不断发展变化的",因此,坚持一切从实际出发,必须把握我国经济社会发展的新特点、新跨越、新变化,不能"守株待兔,刻舟求剑"。⑤ 三要使主观符合客观。他强调,"使主观世界更好符合客观实际"是"必须牢牢记住的工作方法",⑥ 因为只有符合客观实际的政策措施和工作方法,"才能取得人民满意的成效"。⑦

### 2."调查研究"

坚持一切从实际出发,就必须重视"调查研究"。什么是"调查研究"?习近平总书记对此进行了科学阐释,指出:"调查研究,是对客观实际情况的调查了解和分析研究"。⑧ 可见,"调查研究"是由相互联系的"调查"与"研究"两个环节所构成的。"调查"就是把握实情;"研究"就是把握规律、寻找方法。"调查"是"研究"的前提,"研究"是"调查"的升华,二者密不可分。这一阐释,丰富了"调查研究"的内涵。

---

① 中共中央文献研究室:《习近平关于社会主义政治建设论述摘编》,中央文献出版社2017年版,第10页。

② 《习近平在听取河北省委党的群众路线教育实践活动情况汇报时的讲话》,《人民日报》2013年12月10日,第2版。

③ 习近平:《坚持实事求是的思想路线》,《学习时报》2012年5月28日,第1版。

④ 《习近平谈治国理政》,外文出版社2014年版,第10页。

⑤ 习近平:《辩证唯物主义是中国共产党人的世界观和方法论》,《奋斗》2019年第1期,第2~3页。

⑥ 《坚持运用辩证唯物主义世界观方法论提高解决我国改革发展基本问题本领》,《人民日报》2015年1月25日,第2版。

⑦ 《习近平谈治国理政》第2卷,外文出版社2017年版,第7页。

⑧ 《习近平新时代中国特色社会主义学习纲要》,人民出版社2019年版,第249页。

习近平总书记高度重视"调查研究"，强调做好领导工作必须夯实"调查研究"的基本功，提升"调查研究"的能力和素质，明确提出要"建立和完善制度，保证调查研究经常化"，① 明确要求"要加强调查研究"。② 习近平强调"没有调查就没有发言权，没有调查就没有决策权"，"调查研究是谋事之基、成事之道"，倡导"要在全党大兴调查研究之风"。③

习近平总书记强调，解答重大问题、提出顶层设计和总体规划必须建立在"深入调查研究的基础上"，④ 研究、思考、确定全面深化改革的思路和重大举措必须"进行全面深入的调查研究"。⑤

习近平总书记就如何开展"调查研究"进行了积极探索。一要有高度。他强调，"调查研究"要站到一定高度，透过现象看本质。二要有深度。他强调：深入实际，调查研究，这是党的优良传统，要求领导干部进行调查研究必须"扑下身子、沉到一线……到车间码头，到田间地头，到市场社区，亲自察看、亲身体验"，⑥ "努力在求深、求实、求细、求准、求效上下功夫"。⑦ 三要有广度。他认为，要掌握实情就必须开展对机关和基层、干部和群众、典型和全局的多层次、全方位的调查研究，"既要听群众的顺耳话，也要听群众的逆耳言"。⑧

习近平总书记不仅大力倡导"调查研究"，而且身体力行、率先垂范地进行"调查研究"。据统计，自党的十八大之后，他仅在三年左右的时间里，就对 23 个省、自治区、直辖市进行了考察，前后考察调研近 30 次，用时 80 多天。⑨

---

① 习近平：《谈谈调查研究》，《学习时报》2011 年 11 月 21 日，第 1 版。
② 习近平：《辩证唯物主义是中国共产党人的世界观和方法论》，《奋斗》2019 年第 1 期，第 5 页。
③ 习近平：《在党的十九届一中全会上的讲话》，《求是》2018 年第 1 期，第 3 页。
④ 中共中央宣传部：《习近平总书记系列重要讲话读本》，学习出版社 2016 年版，第 56 页。
⑤ 《习近平在广东考察工作时的讲话》，《人民日报》2012 年 12 月 12 日，第 1 版。
⑥ 习近平：《在党的十九届一中全会上的讲话》，《求是》2018 年第 1 期，第 3 页。
⑦ 习近平：《之江新语》，浙江人民出版社 2007 年版，第 1 页。
⑧ 习近平：《在党的十九届一中全会上的讲话》，《求是》2018 年第 1 期，第 3 页。
⑨ 柴逸扉：《习近平国内考察凸显治国理政新思路》，《人民日报》（海外版）2016 年 1 月 14 日，第 5 版。

### (二) 系统分析"事实"

唯物辩证法要求，必须发展地、联系地、全面地、系统地观察和把握"事实"。习近平总书记认为，世间万物是普遍联系的，反对孤立、静止地看待事物，指出："世界上的事物总是有着这样那样的联系，不能孤立地静止地看待事物发展，否则往往会出现盲人摸象、以偏概全的问题。"①

由普遍联系原理出发，习近平总书记非常重视科学把握和运用系统观念，把"坚持系统观念"作为我国"十四五"时期经济社会发展必须遵循的一个重要原则，强调要用系统观念妥善处理各种重大关系，高质量发展必须"依照新发展理念的整体性和关联性进行系统设计"。②

习近平总书记把"坚持系统观念"作为治国理政的一个重要原则，坚持运用系统观念，推进国家治理现代化。他认为，国家治理体系与治理能力是一个有机系统，国家治理体系是"一整套紧密相连，相互协调的国家制度"，③ 国家治理能力则是"运用国家制度管理社会各方面事务的能力"，④ 治理体系和治理能力是一个有机整体，强调推进国家治理现代化必须"构建系统完善、科学规范、运行有效的制度体系"，⑤ "形成总体效应、取得总体效果"。⑥

习近平总书记把系统观念作为全面深化改革的基本方法，认为改革是一个系统工程，全面深化改革目标"体现了我们党对改革认识的深化和系统化"；⑦ 各项改革之间相互联系、相互影响，每一项改革与其他改革之间都既相互影响，又必须协同配合，提醒"有的地方、单位、干部……对全面深化改革的艰巨性、复杂性、关联性、系统性估计不足"是"值得注意的问题"，要求领导小组"善于观大

① 习近平:《坚持历史唯物主义　不断开辟当代中国马克思主义发展新境界》,《社会主义论坛》2020年第2期, 第5页。

② 《习近平谈治国理政》第2卷, 外文出版社2017年版, 第221页。

③ 《习近平谈治国理政》, 外文出版社2014年版, 第91页。

④ 《习近平谈治国理政》, 外文出版社2014年版, 第91页。

⑤ 《党的十九大报告学习辅导百问》, 学习出版社2017年版, 第17页。

⑥ 《完善和发展中国特色社会主义制度　推进国家治理体系和治理能力现代化》,《人民日报》2014年2月18日, 第2版。

⑦ 中共中央文献研究室:《习近平关于全面深化改革论述摘编》, 中央文献出版社2014年版, 第26页。

势、谋大事"，① 站在大局和全局上来思考和研究问题，要求各部门一定要增强大局意识，自觉在大局下思考和行动、相互支持和配合，要求各地区各部门主要负责同志必须"顾全大局，握指成拳，合力攻坚"。②

习近平总书记要求各项工作都必须坚持系统观念、追求系统优化。他认为，"创新是一个系统工程"，强调："科技创新、制度创新要协同发挥作用"。③ 他认为，"山水林田湖是一个生命共同体"，④ 要求生态文明建设必须系统优化，对"山水林田湖进行统一保护、统一修复"，⑤ 环境治理必须"多策并举，多地联动，全社会共同行动"；⑥ 要求扶贫工作必须构建专项、行业、社会扶贫"互为补充的大扶贫格局"，引领"市场、社会协同发力"；⑦ 要求统战工作者要"坚持从大局出发考虑问题"，追求"全局利益"；⑧ 要求司法工作者要追求多方面效果的统一，正确处理"全局利益与局部利益""法律效果与社会效果"之间的关系，防止"不顾大局孤立执法、机械执法"；⑨ 要求宣传思想工作要齐抓共管、形成协同效应，树立大宣传的工作理念，"形成党委统一领导、各部门各方面齐抓共管的工作格局"，⑩ "使各类课程与思想政治理论课同向同行，形成协同效应"。⑪

---

① 《习近平主持召开中央全面深化改革领导小组第一次会议》，《人民日报》2014年1月23日，第1版。

② 《中央全面深化改革领导小组第二十九次会议举行》，《人民日报》2016年11月2日，第1版。

③ 《习近平谈治国理政》第2卷，外文出版社2017年版，第273页。

④ 《习近平谈治国理政》，外文出版社2014年版，第85页。

⑤ 《习近平谈治国理政》，外文出版社2014年版，第85~86页。

⑥ 中共中央文献研究室：《习近平关于全面深化改革论述摘编》，中央文献出版社2014年版，第111页。

⑦ 习近平：《提高脱贫质量聚焦深贫地区　扎扎实实把脱贫攻坚战推向前进》，《人民日报》2018年2月15日，第1版。

⑧ 习近平：《干在实处走在前列》，中共中央党校出版社2013年版，第420页。

⑨ 习近平：《干在实处走在前列》，中共中央党校出版社2013年版，第358页。

⑩ 《习近平在全国高校思想政治工作会议上强调：把思想政治工作贯穿教育教学全过程，开创我国高等教育事业发展新局面》，《人民日报》2016年12月9日，第1版。

⑪ 《习近平在全国高校思想政治工作会议上强调：把思想政治工作贯穿教育教学全过程，开创我国高等教育事业发展新局面》，《人民日报》2016年12月9日，第1版。

### (三) 理论联系实际

"事实"既可以指实际情况，也可以指实践效果。"具体问题具体分析"要求，科学理论必须来源于、客观反映、服务于具体实际情况，并根据实践效果，对自身加以不断丰富和完善。习近平总书记把这一思想运用于认识论领域，提出了理论联系实际方法。

习近平总书记强调，理论联系实际是党的优良传统、优良作风和工作要求，认为中国共产党一贯强调理论必须同实践相统一，要求全党同志一定要"弘扬理论联系实际的学风"，① 要求推进各项工作时"理论必须同实践相统一"，② 要求弘扬和培育社会主义核心价值观必须融入社会生活。他从反面发出警醒，如果理论与实践相脱离，既会使理论"成为僵化的教条"，也会使实践"容易'盲人骑瞎马，夜半临深池'"。③

习近平总书记就如何坚持理论联系实际提出了一些基本要求：一是坚持"实践出真知"。④ 他要求"不断推进实践基础上的理论创新"。⑤ 二是"高度重视理论的作用"。⑥ 他强调，必须增强理论自信，坚定不移地坚持业已经过实践反复检验的科学理论。三是"理论指导和实践探索辩证统一"。⑦ 他要求必须根据实践发展不断进行理论创新，"将理论高度与实践深度有机地结合起来"，⑧ 大力倡导理论联系实际的学风。

---

① 习近平：《在党的十九届一中全会上的讲话》，《前线》2018 年第 1 期，第 5 页。
② 《坚持运用辩证唯物主义世界观方法论提高解决我国改革发展基本问题本领》，《人民日报》2015 年 1 月 25 日，第 2 版。
③ 习近平：《辩证唯物主义是中国共产党人的世界观和方法论》，《奋斗》2019 年第 1 期，第 5 页。
④ 《中共中央政治局就辩证唯物主义基本原理和方法论进行集体学习》，《人民日报》2015 年 1 月 24 日，第 2 版。
⑤ 《中共中央政治局就辩证唯物主义基本原理和方法论进行集体学习》，《人民日报》2015 年 1 月 24 日，第 2 版。
⑥ 习近平：《辩证唯物主义是中国共产党人的世界观和方法论》，《奋斗》2019 年第 1 期，第 5 页。
⑦ 习近平：《辩证唯物主义是中国共产党人的世界观和方法论》，《奋斗》2019 年第 1 期，第 5 页。
⑧ 习近平：《摆脱贫困》，福建人民出版社 2014 年版，第 210~211 页。

习近平总书记用"知行合一"这一中国特色的语言形式，生动形象地阐释了理论联系实际方法，要求想问题、办事情必须做到知行合一。这一新时代的"知行合一"观，把"知"与"行"、马克思主义与中华优秀传统文化有机结合，既是对中华优秀传统文化成果的马克思主义诠释，实现了"古为今用"，又是对马克思主义认识论的中华民族形式表达，推进了马克思主义中国化。他要求领导干部必须"努力做到知行合一，理论联系实际"，① "以知促行，以行促知，知行合一"，② 倡导人人做身体力行、知行合一的实干家，要"以知促行、以行求知"。③

### (四) 历史分析

"具体问题具体分析"意味着必须对具体的历史事实进行具体的分析。习近平强调："历史潮流浩浩荡荡"，④ "一切向前走，都不能忘记走过的路"，⑤ "历史、现实、未来是相通的"，⑥ 认为"历史"与"现实""未来"密不可分，历史是过去的现实，现实是未来的历史。

习近平总书记非常重视以史为鉴，强调"明镜所以照形，古事所以知今"，⑦ "度之往事，验之来事，参之平素，可则决之"，⑧ 强调重视历史、研究历史、借鉴历史是中华民族的优良传统，"充分发挥党的历史以史鉴今、资政育人的作用"是"党和国家工作大局中一项十分重要的工作"，⑨ 把"历史分析"视为一种重要思想方法和工作方法，要求必须"系统研究中国历史和文化"，把握历史规律，

---

① 习近平：《之江新语》，浙江人民出版社 2007 年版，第 271 页。

② 《习近平总书记重要讲话文章选编》，中央文献出版社、党建读物出版社 2016 年版，第 166 页。

③ 习近平：《在北京大学师生座谈会上的讲话》，《人民日报》2018 年 5 月 3 日，第 2 版。

④ 习近平：《在〈中俄睦邻友好合作条约〉签署 15 周年纪念大会上讲话》，《人民日报》2016 年 6 月 26 日，第 2 版。

⑤ 《习近平谈治国理政》第 2 卷，外文出版社 2017 年版，第 32 页。

⑥ 《习近平谈治国理政》，外文出版社 2014 年版，第 67 页。

⑦ 人民日报评论部：《习近平用典》第 2 辑，人民日报出版社 2018 年版，第 269 页。

⑧ 人民日报评论部：《习近平用典》第 2 辑，人民日报出版社 2018 年版，第 273 页。此句意即，要善于运用历史规律，预测事物发展趋势，对未来发展进行科学决策。

⑨ 习近平：《在全国党史工作会议上的讲话》(摘要)，《中共党史研究》2010 年第 8 期，第 5 页。

"在对历史的深入思考中汲取智慧、走向未来",① 牢记"历史经验""历史教训""历史警示",把"学习党史、国史"当做一门"必修课",在全国广泛推行"四史"教育;强调推进国家治理现代化必须运用"历史分析",借鉴历史智慧,认为一个国家的治理体系和治理能力是与其"历史传承和文化传统密切相关的";② 强调推进改革开放事业必须运用"历史分析",系统梳理改革开放的历史进程、深刻认识改革开放的历史必然性、科学把握改革开放的规律性、坚定肩负起改革开放的历史责任,认为"改革开放只有进行时没有完成时,没有改革开放,就没有中国的今天,也就没有中国的明天";③ 强调"历史分析"是中国共产党一贯重视并倡导的一个重要的领导思想和方法,要求领导干部必须重视学习历史、总结历史经验、把握和运用历史规律,并从中找到前进的正确方向和道路。

为什么要重视历史分析呢?习近平总书记认为,这是因为"历史是最好的老师"④"忘记历史就意味着背叛";⑤ 这是因为历史分析有利于以史为鉴、把握社会历史发展规律、更好地前进,"历史总是要前进的"⑥"学史可以看成败、鉴得失、知兴替";⑦ 这是因为"中国革命历史是最好的营养剂",⑧ 汲取党史国史的基本经验、正确了解党史国史上的历史人物和历史事件是"正确认识党情、国情""开创未来"⑨的必然要求;这是因为"历史不能任意选择",⑩ "历史分析"可

① 《习近平致信祝贺中国社会科学院中国历史研究院成立》,《人民日报》2019 年 1 月 4 日,第 2 版。

② 《牢记历史经验历史教训历史警示 为国家治理能力现代化提供有益借鉴》,《人民日报》2014 年 10 月 14 日,第 2 版。

③ 《习近平谈治国理政》,外文出版社 2014 年版,第 69 页。

④ 习近平:《在德国科尔伯基金会的演讲》,《人民日报》2014 年 3 月 30 日,第 2 版。

⑤ 习近平:《在纪念中国人民抗日战争暨世界反法西斯战争胜利 70 周年招待会上的讲话》,《人民日报》2015 年 9 月 4 日,第 3 版。

⑥ 习近平:《在庆祝中国共产党成立 95 周年大会上的讲话》,《人民日报》2016 年 7 月 2 日,第 2 版。

⑦ 习近平:《在中央党校建校 80 周年庆祝大会暨 2013 年春季学期开学典礼上的讲话》,人民出版社 2013 年版,第 9 页。

⑧ 中共中央宣传部:《习近平总书记系列重要讲话读本》,学习出版社、人民出版社 2016 年版,第 287 页。

⑨ 《习近平总书记重要讲话文章选编》,中央文献出版社、党建读物出版社 2016 年版,第 34 页。

⑩ 《十八大以来重要文献选编》上,中央文献出版社 2018 年版,第 694 页。

以帮助人们总结历史经验、吸取历史教训、把握历史规律、获得历史启迪；这是因为历史经验教训可以在推进国家治理能力现代化、增强前进动力、推进反腐倡廉等方面，提供有益借鉴，增加正能量，给人以深刻启迪。

如何进行历史分析呢？习近平总书记要求必须做到如下几点：一要学习历史。因为学习历史有助于"增强工作本领、提高解决实际问题的水平"，[1] 可以"看成败、鉴得失、知兴替"，[2] 所以领导干部要"认真学习党史、国史"。[3] 二要把握历史本质与主流。对历史的认识、历史人物的评价都要抓住其本质与主流，研究中共党史"要牢牢把握党的历史发展的主题和主线、主流和本质"，[4] 研究中国历史要认识到"变革和开放总体上是中国的历史常态"，[5] 对毛泽东的历史分析要全面把握其"历史功过"，认识到其错误是"一个伟大的革命家、伟大的马克思主义者所犯的错误"。[6] 三要客观地、实事求是地看待历史。历史结论必须"建立在翔实准确的史料支撑"[7]基础上，对历史人物的评价应该放在一定的"社会的历史条件下"，[8] 既要看到革命领袖的出众之处，又要认识到他们也要受到时代条件限制。之所以"历史分析"必须实事求是，是因为"历史就是历史，事实就是事实"，[9] 历史事实是客观存在、不容改变的，违背历史事实的一切"信口雌黄""指鹿为马""颠倒黑白"都注定会失败。四要全面、辩证地看待历史。他认为，改革

[1] 习近平：《在中央党校建校 80 周年庆祝大会暨 2013 年春季学期开学典礼上的讲话》，人民出版社 2013 年版，第 10 页。

[2] 习近平：《在中央党校建校 80 周年庆祝大会暨 2013 年春季学期开学典礼上的讲话》，人民出版社 2013 年版，第 9 页。

[3] 习近平：《在中央党校建校 80 周年庆祝大会暨 2013 年春季学期开学典礼上的讲话》，人民出版社 2013 年版，第 10 页。

[4] 习近平：《在全国党史工作会议上的讲话》(摘要)，《中共党史研究》2010 年第 8 期，第 5 页。

[5] 习近平：《在庆祝改革开放 40 周年大会上的讲话》，《人民日报》2018 年 12 月 19 日，第 2 版。

[6] 习近平：《在纪念毛泽东同志诞辰 120 周年座谈会上的讲话》，《党的文献》2014 年第 1 期，第 6 页。

[7] 习近平：《让历史说话用史实发言，深入开展中国人民抗日战争研究》，《人民日报》2015 年 8 月 1 日，第 2 版。

[8] 习近平：《在纪念毛泽东同志诞辰 120 周年座谈会上的讲话》，《党的文献》2014 年第 1 期，第 6 页。

[9] 习近平：《任何人都不可能改变历史和事实》，《人民日报》2014 年 7 月 8 日，第 1 版。

开放前后两个历史时期，既"相互联系"又"有重大区别"，① 不能人为地用一个历史时期来否定另一个历史时期，要求"全面、历史、辩证地看待和分析"②毛泽东晚年所犯的错误。五要反对历史虚无主义。他认为，苏联解体、苏共垮台的教训就在于没有科学对待历史，搞否定苏联和苏共历史、列宁和斯大林的"历史虚无主义"。③

## 六、原创性提出"以人民为中心"，创新群众路线方法

习近平总书记强调，"人民是历史的创造者"是"历史唯物主义群众史观"，④ 是中国共产党永远要牢记的"历史唯物主义最基本的道理"，⑤ 人民群众的主体力量已为"历史反复证明"，⑥ 群众路线是中国共产党人对历史唯物主义群众史观的实际应用，是中国共产党的根本"工作路线""工作方法""生命线"和"重要传家宝"。

### (一) 反复强调广大党员干部应"始终站在人民大众立场上"

习近平总书记强调，"始终站在人民大众立场上"是贯穿于马克思主义理论体系中的一条"一脉相承又与时俱进的思想主线"，是马克思主义的"根本出发点和落脚点"，⑦ 要求广大党员干部必须"始终站在人民大众立场上"。⑧

---

① 《习近平谈治国理政》，外文出版社 2014 年版，第 22 页。
② 习近平：《在纪念毛泽东同志诞辰 120 周年座谈会上的讲话》，《党的文献》2014 年第 1 期，第 6 页。
③ 中共中央宣传部：《习近平总书记系列重要讲话读本》，学习出版社、人民出版社 2016 年版，第 32 页。
④ 习近平：《坚持历史唯物主义 不断开辟当代中国马克思主义发展新境界》，《社会主义论坛》2020 年第 2 期，第 5 页。
⑤ 中共中央文献研究室：《习近平关于全面深化改革论述摘编》，中央文献出版社 2014 年版，第 128 页。
⑥ 习近平：《在纪念毛泽东同志诞辰 120 周年座谈会上的讲话》，《党的文献》2014 年第 1 期，第 8 页。
⑦ 习近平：《深入学习中国特色社会主义理论体系 努力掌握马克思主义立场观点方法》，《求是》2010 年第 7 期，第 19 页。
⑧ 中共中央宣传部：《习近平总书记系列重要讲话读本》，学习出版社、人民出版社 2016 年版，第 283~284 页。

习近平总书记庄严宣告，中国共产党人的初心和使命是"为中国人民谋幸福"，① 要求广大党员干部必须扎根群众、向群众学习、从群众中汲取智慧和力量，牢记党的宗旨，"扎实做好事关群众切身利益的每项工作"；② 必须解决好为谁掌权用权的问题，把手中的权力当做为人民谋利益而不是牟私利的工具，始终做到公正用权、依法依规用权，主动自觉乐于接受监督，为民用好权。

## (二) 原创性提出"以人民为中心"的工作导向

习近平总书记把"始终站在人民大众立场上"的根本要求，落实于实际工作中，原创性提出"以人民为中心"的工作导向。

2013 年 8 月 19 日，在全国宣传思想工作会议上，习近平以党的总书记的身份首次明确提出"以人民为中心的工作导向"，要求新闻工作者认真思考"为了谁、依靠谁、我是谁"③这一根本问题，强调宣传思想工作必须坚持"以人民为中心的工作导向"。

2014 年 10 月 15 日，在文艺工作座谈会上，习近平总书记明确要求文艺创作必须坚持"以人民为中心"，为人民服务，反映好人民心声，强调文艺只有"真正做到了以人民为中心"，才能"发挥最大正能量"。文艺创作坚持"以人民为中心"就是坚持为人民服务的天职，把"人民"作为"文艺表现的主体""文艺审美的鉴赏家和评判者"。④ 2016 年 11 月 30 日，在中国文联十大、中国作协九大开幕式上，他再次要求广大文艺工作者准确把握"为什么人的问题"，"坚持以人民为中心的创作导向"。⑤

2015 年 10 月 12 日，习近平总书记主持召开中共中央政治局会议，以中共中央政治局的名义首次将"以人民为中心的发展思想"作为中国特色社会主义的基

① 中共中央宣传部：《党的十九大报告学习辅导百问》，学习出版社 2017 年版，第 1 页。
② 习近平：《深入学习中国特色社会主义理论体系 努力掌握马克思主义立场观点方法》，《求是》2010 年第 7 期，第 19~20 页。
③ 中共中央宣传部：《习近平总书记系列重要讲话读本》，学习出版社、人民出版社2016 年版，第 193 页。
④ 习近平：《在文艺工作座谈会上的讲话》，《人民日报》2015 年 10 月 15 日，第 2 版。
⑤ 习近平：《在中国文联十大、中国作协九大开幕式上的讲话》，《人民日报》2016 年 12 月 1 日，第 2 版。

本方略，强调"必须坚持以人民为中心的发展思想"，① 把人民作为推动发展的根本力量。此后，他多次强调要把人民放在心中最高位置，不断提高人民生活的品质品位，要求把"以人民为中心"的工作导向落实于实践中，体现在经济社会发展各个环节，强调中国共产党的奋斗目标是"带领人民创造幸福生活"，② 要求党和政府采取各种措施以保障和改善民生。

2015 年 10 月 26—29 日，党的十八届五中全会通过的党的正式文件首次写入"以人民为中心"的表述，不仅再次强调"坚持以人民为中心的工作导向"，而且再次强调"坚持以人民为中心的发展思想"，同时在"坚持以人民为中心的发展思想"的基础上，提出五大新发展理念。

2016 年 5 月 17 日，在哲学社会科学工作座谈会上，习近平总书记明确要求，哲学社会科学必须坚持"以人民为中心的研究导向"，③ 强调脱离了人民，哲学社会科学就无法形成伟大成果，就不会有吸引力和生命力，就无法发挥自身的作用，体现自身的价值。

### (三) 原创性提出"四个就要"的基本要求

所谓"四个就要"，是指坚持群众路线的四个方面的基本要求。

一是"就要坚持人民是决定我们前途命运的根本力量"。习近平总书记充分肯定人民的主体地位，强调人民是党的执政根基、力量源泉，"要坚信党的根基在人民、党的力量在人民"，④ "人民拥护和支持是党执政的最牢固根基"，⑤ 认为党只有与人民心心相印、命运与共，才能"做到哪怕'黑云压城城欲摧'，'我自岿然不动'，安如泰山、坚如磐石"；⑥ 强调中国特色社会主义事业必须"坚持

---

① 《中共中央政治局召开会议　习近平主持会议》，《人民日报》2015 年 10 月 13 日，第 1 版。

② 习近平：《在庆祝中国共产党成立 95 周年大会上的讲话》，《人民日报》2016 年 7 月 2 日，第 2 版。

③ 习近平：《在哲学社会科学工作座谈会上的讲话》，《人民日报》2016 年 5 月 19 日，第 2 版。

④ 习近平：《在庆祝中国共产党成立 95 周年大会上的讲话》，《人民日报》2016 年 7 月 2 日，第 1 版。

⑤ 《习近平谈治国理政》，外文出版社 2014 年版，第 368 页。

⑥ 《习近平谈治国理政》，外文出版社 2014 年版，第 368 页。

人民主体地位，发挥人民首创精神"，① "紧紧依靠人民"；② 强调实现中华民族伟大复兴的中国梦必须"紧紧依靠人民、始终为了人民"。③

二是"就要坚持全心全意为人民服务的根本宗旨"。习近平总书记强调，中国共产党来自、根植于人民，始终坚持为人民服务，人民的拥护和支持是党的事业兴旺发达和党的工作顺利开展的必要条件。中国特色社会主义新时代，中国共产党要继续经受住"四大考验"，就必须始终密切联系群众。

习近平总书记认为，"坚持党的宗旨不能忘"就必须"把党的群众路线贯彻到治国理政全部活动之中，把人民对美好生活的向往作为奋斗目标，依靠人民创造历史伟业"。④ 具体而言，就是要把"让人民过上幸福美好生活"作为"党和政府一切工作的最终归宿"，⑤ 把"让老百姓过上好日子""增进人民福祉"作为一切工作的出发点和落脚点。

三是"就要保持党同人民群众的血肉联系"。习近平总书记把脱离群众视为党执政后的最大危险，坦言"党内脱离群众的现象大量存在"，⑥ 集中表现在"四风"上，分析了脱离群众现象产生的原因，主要有"立场""感情""方法""能力"等方面问题，要求各级领导干部更应"保持同人民群众的血肉联系，始终与人民同呼吸、共命运、心连心"。⑦

如何"保持党同人民群众的血肉联系"呢？习近平总书记认为，必须做到以下几点：一要深刻认识密切联系群众的重要性。二要深入群众、了解民意、获取

---

① 习近平：《对照检查中央八项规定落实情况讨论研究深化改进作风举措》，《人民日报》2013 年 6 月 26 日，第 1 版。

② 中共中央文献研究室：《习近平关于实现中华民族伟大复兴的中国梦论述摘编》，中央文献出版社 2013 年版，第 53 页。

③ 《习近平谈治国理政》，外文出版社 2014 年版，第 44 页。

④ 习近平：《决胜全面建成小康社会 夺取新时代中国特色社会主义伟大胜利——在中国共产党第十九次全国代表大会上的报告》，人民出版社 2017 年版，第 21 页。

⑤ 《习近平系列重要讲话读本：让老百姓过上好日子——关于改善民生和创新社会治理》，《人民日报》2014 年 7 月 10 日，第 8 版。

⑥ 《习近平在党的群众路线教育实践活动工作会议上强调：深入扎实开展党的群众路线教育实践活动，为实现党的十八大目标任务提供坚强保证》，《人民日报》2013 年 6 月 19 日，第 1 版。

⑦ 习近平：《坚持历史唯物主义 不断开辟当代中国马克思主义发展新境界》，《社会主义论坛》2020 年第 2 期，第 5 页。

真知灼见，"我们读了很多书，但书里有很多水分，只有和群众结合，才能把水分蒸发掉"。① "读书是一个去粗取精、去伪存真的过程，因此要加强调查研究，必须问计于基层，必须问计于群众，才能获得真知灼见，形成正确思路"。② 三要把握群众工作的规律和特点。四要妥善处理群众的利益关切。五要"提高为人民服务的实际本领"。③ 这些"本领"主要有：掌握和运用语言艺术，拉近与群众的情感距离；掌握和运用群众工作的科学方法。他强调："鼓励基层群众解放思想积极探索，推动改革顶层设计和基层探索互动。"④所谓"顶层设计"，就是总结、凝练、升华群众实践经验为整体性、规律性认识与指导性规章制度，用以指导具体实践；所谓"基层探索"，就是通过创新性、探索性群众实践，获取局部性、特殊性经验。前者是后者的指导，后者是前者的来源，二者统一于、互动于改革实践中。二者的互动体现了"从群众中来"与"到群众中去"、理论与实践的统一，是对马克思主义群众工作方法的当代创新。

四是"就要真正让人民来评判我们的工作"。习近平总书记认为，无产阶级政党的终极价值追求是为了实现最广大人民群众的根本利益。工作效果必须由人民群众来加以评判，只有人民群众满意了，工作才算是成功的。他强调："民有所呼，我有所应"，⑤ "'知屋漏者在宇下，知政失者在草野。'让群众满意是我们党做好一切工作的价值取向和根本标准，群众意见是一把最好的尺子"，⑥ 要"让人民群众有更多获得感"。⑦ 他要求各项工作必须以人民的意愿为准绳，指出：

---

① 中央党校采访实录编辑室：《习近平的七年知青岁月》，中共中央党校出版社 2017 年版，第 36 页。

② 习近平：《之江新语》，浙江人民出版社 2007 年版，第 180 页。

③ 习近平：《深入学习中国特色社会主义理论体系　努力掌握马克思主义立场观点方法》，《求是》2010 年第 7 期，第 24 页。

④ 《习近平：鼓励基层群众解放思想积极探索　推动改革顶层设计和基层探索互动》，《人民日报》2014 年 12 月 3 日，第 1 版。

⑤ 中共中央文献研究室：《习近平关于全面深化改革论述摘编》，中央文献出版社 2014 年版，第 101 页。

⑥ 习近平：《在党的群众路线教育实践活动总结大会上的讲话》，《人民日报》2014 年 10 月 9 日，第 2 版。

⑦ 《习近平谈治国理政》第 2 卷，外文出版社 2017 年版，第 102 页。

"保障和改善民生，必须紧紧围绕人民群众所思所盼来进行。"①"人民群众反对什么、痛恨什么，我们就要坚决防范和纠正什么。"②

# 七、原创性提出马克思主义思维方法和工作方法

习近平总书记在运用马克思主义世界观与方法论，创造性解答新时代我国面临的实际问题上，原创性提出富有时代气息的马克思主义思维方法和工作方法。

## (一)原创性提出马克思主义思维方法

所谓思维方法，是指人们运用抽象思维形式来把握事物的本质和规律的理性认识工具。思维方式决定一个人、一个政党的行为方式，事关一个人、一个国家和民族的前途命运。恩格斯曾经指出："一个民族要想站在科学的最高峰，就一刻也不能没有理论思维。"③习近平总书记非常重视科学思维方式在治国理政中的重要作用，强调要坚持科学思维，"把党总揽全局、协调各方落到实处"。④

### 1. 战略思维

战略思维是一种把握大局、统揽全局、顺应事物发展总趋势的思维方法。习近平总书记强调，战略问题是一个政党和国家的"根本性问题"，⑤永远是"中国共产党人应该树立的思维方式"。⑥他把战略思维贯穿于各项实际工作中，要求全面深化改革要"提高战略思维能力"，⑦"加强宏观思考和顶层设计"；⑧要求各

---

① 习近平：《在党的十八届二中全会第二次全体会议上的讲话》，《人民日报》2013年2月28日，第1版。
② 习近平：《决胜全面建成小康社会　夺取新时代中国特色社会主义伟大胜利——在中国共产党第十九次全国代表大会上的报告》，《人民日报》2017年10月28日，第1版。
③ 《马克思恩格斯选集》第3卷，人民出版社2012年版，第875页。
④ 习近平：《决胜全面建成小康社会　夺取新时代中国特色社会主义伟大胜利——在中国共产党第十九次全国代表大会上的报告》，《人民日报》2017年10月28日，第1版。
⑤ 中共中央宣传部：《习近平总书记系列重要讲话读本》，学习出版社、人民出版社2016年版，第44页。
⑥ 《习近平谈治国理政》第2卷，外文出版社2017年版，第9页。
⑦ 《习近平谈治国理政》第2卷，外文出版社2017年版，第62页。
⑧ 《习近平谈治国理政》，外文出版社2014年版，第68页。

级领导干部要"有战略思维，成为各个岗位上的战略家"，① "用战略思维去观察当今时代"；② 要求县域农业和农村经济的发展"也要研究发展战略"。③

当代中国马克思主义本身就是一个具有全局性、战略性和前瞻性的行动纲领，是关于中华民族伟大复兴、中国特色社会主义事业发展、党和国家工作方向的战略谋划、战略指引，彰显了新时代中国共产党人的战略目标、战略自信、战略定力、战略举措。"八个明确"的核心内容和"十四个坚持"的基本方略既回答了战略性的总目标、总任务，又规定了经济、政治、文化、社会、生态、党建等方面具体的战略步骤、战略举措；从世界观和方法论的高度，明确了要坚定"四个自信"，体现了战略自信；强调中国共产党要树立坚定的理想信念，一心一意谋发展，体现了战略定力。

## 2. 创新思维

创新思维是一种打破固有的惯性思维，采取符合时代特征和发展规律，有利于解决新问题的新视角新思路的思维方法。何谓创新思维？习近平总书记认为："创新思维能力，就是破除迷信、超越过时的陈规，善于因时制宜、知难而进、开拓创新的能力。"④他强调坚持和发展中国特色社会主义"不可能找到现成的教科书"，⑤ 倡导"敢为天下先"⑥的风格，"我们做工作要顺应变化，应时而变，应势而变，不断开拓创新"。⑦

我国正处于改革开放的攻坚期、发展的关键期。全面深化改革、全面推进开放、谋求高质量发展，都要靠创新，创新是一个国家、民族、整个人类社会发展

---

① 习近平：《知之深爱之切》，河北人民出版社 2015 年版，第 134 页。

② 习近平：《之江新语》，浙江人民出版社 2007 年版，第 22 页。

③ 习近平：《知之深爱之切》，河北人民出版社 2015 年版，第 143 页。

④ 习近平：《深入学习中国特色社会主义理论体系》，《人民日报》2010 年 3 月 2 日，第 2 版。

⑤ 习近平：《在哲学社会科学工作座谈会上的讲话》，《人民日报》2016 年 5 月 19 日，第 2 版。

⑥ 习近平：《摆脱贫困》，福建人民出版社 1992 年版，第 59~60 页。

⑦ 习近平：《之江新语》，浙江人民出版社 2007 年版，第 35 页。

的重要推动力量，是"改革开放的生命"，① 是事关经济社会发展大局的"牛鼻子"。习近平总书记认为，勇于创新是中华民族的优秀道德精神，希望新时代仍要大力弘扬中华民族勇于创新的优良传统，"奋力创新创造"，② "摒弃不合时宜的旧观念，冲破制约发展的旧框框，让各种发展活力充分迸发出来"。③

习近平总书记将创新思维落实于各项实际工作中，要求推进理论、实践、制度、文化"以及其他各方面创新"；④ 要求每一个干部"都要做勇于创新的人"；⑤希望留学人员"走在创新前列"，⑥ "积极投身创新创造实践"⑦；要求对外宣传工作创新方式，着力打造"融通中外的新概念新范畴新表述"；⑧ 要求高校思想政治工作必须探索新办法，"因势而新"；⑨ 要求新冠肺炎疫情防控必须创新性推出各种管控举措、服务方式、诊疗方案。

党的十八大以来，以习近平同志为核心的党中央运用创新思维，创新性出台一系列改革方案、推出一系列改革措施、推进一系列重大工作，推动党和国家事业发生历史性变革，塑造了中国特色社会主义的崭新面貌，闯出了一条"强起来"新路，并依据"新矛盾"，做出"新判断"，提出"新任务"，明确"新要求"，形成了一系列治国理政的重大理论创新成果。

### 3. 辩证思维

辩证思维是一种运用辩证观点来分析解决问题的思维方法。习近平总书记非常重视辩证法，充分认识辩证法的重大现实价值，要求广大党员干部全面掌握、

---

① 习近平：《在庆祝改革开放 40 周年大会上的讲话》，《人民日报》2018 年 12 月 19 日，第 2 版。
② 《习近平谈治国理政》，外文出版社 2014 年版，第 59 页。
③ 《习近平谈治国理政》，外文出版社 2014 年版，第 330 页。
④ 习近平：《决胜全面建成小康社会　夺取新时代中国特色社会主义伟大胜利——在中国共产党第十九次全国代表大会上的报告》，人民出版社 2017 年版，第 26 页。
⑤ 习近平：《知之深爱之切》，河北人民出版社 2015 年版，第 148 页。
⑥ 《习近平谈治国理政》，外文出版社 2014 年版，第 59 页。
⑦ 《习近平谈治国理政》，外文出版社 2014 年版，第 60 页。
⑧ 习近平：《胸怀大局把握大势着眼大事　努力把宣传思想工作做得更好》，《人民日报》2013 年 8 月 21 日，第 1 版。
⑨ 《习近平在全国高校思想政治工作会议上强调：把思想政治工作贯穿教育教学全过程 开创我国高等教育事业发展新局面》，《人民日报》2016 年 12 月 9 日，第 1 版。

深入了解科学发展观中蕴含的辩证法，从而深刻理解、自觉践行科学发展观，"创造出推动科学发展、促进社会和谐的业绩"。①

习近平总书记把辩证法运用于思维领域，强调要"不断增强辩证思维能力"，② 科学阐释了辩证思维能力，认为辩证思维能力就是运用辩证分析方法来"洞察事物发展规律的能力"；③ 强调增强辩证思维能力，就要学习和掌握唯物辩证法，"反对形而上学的思想方法"。④ 他强调："我们要学会运用辩证法，善于'弹钢琴'……作出最为有利的战略抉择。"⑤这一论述，认为辩证思维是服务战略思维的重要手段，既凸显了辩证思维的重要性，又实现了两大思维方法的高度统一。

习近平总书记强调，辩证思维是一种重要的思想方法与工作方法。他要求选拔使用干部必须学会运用辩证思维方法，考察干部时既要看到干部的长处，又要看到干部的短处，使用干部时要"用其所长、避其所短或补其所短"。⑥ 他要求全面深化改革必须学会运用辩证思维方法，科学把握"摸着石头过河和加强顶层设计"⑦之间的辩证关系，认识到前者是后者的基础，后者是前者的前提。他要求新冠肺炎疫情防控，必须学会运用辩证思维方法，用全面、辩证、长远的眼光看待我国发展，准确把握疫情防控与经济社会发展的辩证法，既毫不放松地采取最严厉措施遏制疫情进一步扩散，又前瞻谋划经济社会发展，组织引导有序复工复产，确保"两手都要硬、两战都要赢"。

习近平总书记运用辩证思维，科学分析了一系列重大理论和实践问题，对

---

① 习近平：《深入学习中国特色社会主义理论体系 努力掌握马克思主义立场观点方法》，《求是》2010年第7期，第23~24页。

② 习近平：《辩证唯物主义是中国共产党人的世界观和方法论》，《奋斗》2019年第1期，第4页。

③ 习近平：《坚持运用辩证唯物主义世界观方法论 提高解决我国改革发展基本问题本领》，《人民日报》2015年1月24日，第2版。

④ 习近平：《辩证唯物主义是中国共产党人的世界观和方法论》，《奋斗》2019年第1期，第5页。

⑤ 习近平：《在省部级主要领导干部学习贯彻党的十八届五中全会精神专题研讨班上的讲话》（单行本），人民出版社2016年版，第15页。

⑥ 习近平：《深入学习中国特色社会主义理论体系 努力掌握马克思主义立场观点方法》，《求是》2010年第7期，第23页。

⑦ 《习近平谈治国理政》，外文出版社2014年版，第68页。

"两手抓"进行了辩证分析，认为"两手抓"是"符合历史唯物主义要求的"；① 他对"法治"与"德治"的关系进行了辩证分析，认为"法律与道德，历来是建设公序良俗、和谐稳定社会的两个保障。法治与德治，如车之两轮、鸟之两翼"，② 强调中国特色社会主义法治建设必须正确认识和处理"法治和德治""依法治国和以德治国"之间的辩证关系，使它们相辅相成、相得益彰；他对"变"与"不变"的关系进行了辩证分析，认为我国主要矛盾发生了变化，但这一变化"没有改变我们对我国社会主义所处历史阶段的判断"，③ 我国的基本国情与国际地位没有变；他对物质与精神的关系进行了辩证分析，要求把握"精神变物质、物质变精神的辩证法"，④ 坚定革命理想信念；他对经济发展与环境保护的关系进行了辩证分析，认为保护和改善生态环境就是保护和发展生产力，主张"走出一条经济发展和生态文明相辅相成、相得益彰的新发展道路"。⑤

## 4. 法治思维

法治思维是一种崇尚法律权威，善用法律方式，把法律作为判断是非和解决问题的准绳的思维方法。马克思主义者历来高度重视法律在国家治理中的重要作用。马克思、恩格斯认为，法律是"由统治阶级的共同利益所决定的统治阶级意志的表现"，⑥ 提出"在法律和法官面前，所有的人无论富贵贫贱都一律平等"⑦原则。列宁认为，法律是"取得胜利、掌握国家政权的阶级的意志的表现"，⑧ 强调工人阶级夺取政权之后要通过"实行新宪法来掌握和保持政权，巩固政权"，⑨

---

① 习近平：《坚持历史唯物主义　不断开辟当代中国马克思主义发展新境界》，《社会主义论坛》2020 年第 2 期，第 5 页。

② 习近平：《之江新语》，浙江人民出版社 2007 年版，第 206 页。

③ 习近平：《决胜全面建成小康社会　夺取新时代中国特色社会主义伟大胜利——在中国共产党第十九次全国代表大会上的报告》，人民出版社 2017 年版，第 12 页。

④ 《坚持运用辩证唯物主义世界观方法论提高解决我国改革发展基本问题本领》，《人民日报》2015 年 1 月 25 日，第 2 版。

⑤ 中共中央宣传部：《习近平总书记系列重要讲话读本》，学习出版社、人民出版社 2016 年版，第 236 页。

⑥ 《马克思恩格斯全集》第 3 卷，人民出版社 1960 年版，第 378 页。

⑦ 《马克思恩格斯全集》第 2 卷，人民出版社 1957 年版，第 70 页。

⑧ 《列宁全集》第 16 卷，人民出版社 1985 年版，第 292 页。

⑨ 《列宁全集》第 48 卷，人民出版社 1985 年版，第 292 页。

要使广大人民群众"既能参加国家法律的讨论，也能参加选举自己的代表"，① 呼吁要"制定新的相应的法规"。② 毛泽东亲自主持起草了《共同纲领》、1954 年宪法和其他几部法律，提出了一系列法制建设思想，奠定了中国特色社会主义法制基础与法制建设指导思想。邓小平认为，国家治理、廉政建设"还是要靠法制，搞法制靠得住些"，③ 制度的好坏对个人、社会、国家的发展起着至关重要的作用，要避免"文革"错误再次发生就必须"从制度方面解决问题"，④ "健全社会主义法制"，⑤ 呼吁要依法加强党的建设，强调"党要有党规党法"。⑥

习近平总书记把马克思主义法治建设思想进一步系统化，运用法治思维，提出了全面依法治国思想，"把依法治国作为我国治国理政的基本方略"，⑦ 提出到2035 年"法治国家、法治政府、法治社会基本建成"⑧的目标，强调全面依法治国是"党领导人民治理国家的基本方略"。⑨ 他认为，全面依法治国的关键在于贯彻实施宪法，因为宪法是国家的根本大法，"具有最高的法律地位、法律权威、法律效力"，⑩ 中国特色社会主义法治建设的实践证明：我国宪法是符合国情、有利于保障人民民主权利和中华民族实现伟大复兴的好宪法。切实尊重和有效实施宪法，中国特色社会主义事业就能顺利发展；反之，如果漠视、削弱甚至破坏宪法，中国特色社会主义事业就会遭受挫折。"全面贯彻实施宪法"必须"要更加自觉地恪守宪法原则、弘扬宪法精神、履行宪法使命。"⑪

习近平总书记把法治思维贯彻于各项实际工作中，强调坚持中国特色社会主义政治发展道路，必须坚持依法治国；凡属重大改革"都要于法有据……都要高

---

①　《列宁全集》第 34 卷，人民出版社 1985 年版，第 143 页。

②　《列宁全集》第 33 卷，人民出版社 1985 年版，第 106 页。

③　《邓小平文选》第 3 卷，人民出版社 1993 年版，第 379 页。

④　《邓小平文选》第 2 卷，人民出版社 1994 年版，第 348 页。

⑤　《邓小平文选》第 2 卷，人民出版社 1994 年版，第 359 页。

⑥　《邓小平文选》第 2 卷，人民出版社 1994 年版，第 147 页。

⑦　习近平：《紧紧围绕坚持和发展中国特色社会主义　学习宣传贯彻党的十八大精神》，人民出版社 2012 年版，第 8 页。

⑧　习近平：《决胜全面建成小康社会　夺取新时代中国特色社会主义伟大胜利——在中国共产党第十九次全国代表大会上的报告》，人民出版社 2017 年版，第 28 页。

⑨　《习近平谈治国理政》，外文出版社 2014 年版，第 138 页。

⑩　《习近平谈治国理政》，外文出版社 2014 年版，第 138 页。

⑪　《习近平谈治国理政》，外文出版社 2014 年版，第 137 页。

度重视运用法治思维和法治方式";① 生态文明建设要"实行最严格的制度、最严密的法治";② 新冠肺炎疫情防控要遵循"九个要"的依法防控要求,即"要完善疫情防控相关立法""要严格执行疫情防控和应急处置法律法规""要加大对危害疫情防控行为执法司法力度""要加强治安管理、市场监管等执法工作""要依法规范捐赠、受赠行为""要依法做好疫情报告和发布工作""要加强对相关案件审理工作的指导""要加强疫情防控法治宣传和法律服务""要强化疫情防控法律服务",③ 各级党委和政府要"坚持运用法治思维和法治方式开展疫情防控工作";④ 行政机关要带头严格执法,执法者要忠于法律,各级领导干部要提高运用法治思维和法治方式的能力,广大干警要信仰法治、坚守法治,处理问题、说话做事都要以法律为准绳。

### 5. 底线思维

底线思维是一种从坏处着手、争取好的结果的思维方法。马克思主义者历来高度重视底线思维,列宁曾强调,领导艺术的关键在于找到并掌握"目前最重要""最不容易从手中被打掉"的最低点和关键环节,以争取实现最好的结果。针对"大跃进"中的"左"倾错误,毛泽东提出"留有余地"思想,认为无论是过去打仗还是现在搞生产、订计划都要留有余地,才能应付随时可能发生的意外情况,掌握主动权,指出:"要想到事情的几种可能性,估计情况的几个方面,好的和坏的,顺利的和困难的,可能办到的和不可能办到的。尽可能地慎重一些,周到一些。"⑤改革开放后,邓小平曾提出"防止两极分化""坚持四项基本原则"等多条底线,强调如果守不住这些底线,就会导致改革的失败,就会动摇社会主义现代化事业。

---

① 《把抓落实作为推进改革工作的重点 真抓实干蹄疾步稳务求实效》,《人民日报》2014年3月1日,第2版。
② 中共中央文献研究室:《习近平关于社会主义生态文明建设论述摘编》,中央文献出版社2017年版,第99页。
③ 《全面提高依法防控依法治理能力 为疫情防控提供有力法治保障》,《人民日报》2020年2月6日,第1版。
④ 《全面提高依法防控依法治理能力 为疫情防控提供有力法治保障》,《人民日报》2020年2月6日,第2版。
⑤ 《毛泽东著作选读》下册,人民出版社1986年版,第820页。

习近平总书记在马克思主义发展史上首次明确提出底线思维，明确树立底线思维的目的是为了防控各种风险，要求重点防控各种"全局性风险"，① "决不能在根本性问题上出现颠覆性失误"，② 强调坚持底线思维就"必须强化忧患意识"③"做好应付最坏局面的思想准备"④"凡事要从坏处准备，努力争取最好结果，做到有备无患"。⑤

习近平总书记强调，中国特色社会主义各项工作都必须坚持底线思维，要求广大党员干部必须守好政治底线、法律底线、纪律底线、政策底线、道德底线；要求民生工作必须守住底线；要求生态保护工作，必须守住可耕地面积、减污排放等指标底线；要求国防和军事安全必须用好军事保底手段；要求生态环境保护必须"牢固树立生态红线的观念"，⑥ 这里的"生态红线"，实质上就是生态底线；要求全面从严治党必须"坚持高标准和守底线相结合"；⑦ 要求改革必须"有我们的政治原则和底线"；⑧ 要求扶贫工作必须"发挥低保线兜底作用"；⑨ 要求经济建设必须"坚持底线思维"；⑩ 要求新冠肺炎疫情防控必须"要坚持底线思维"。⑪

党的十九届五中全会明确要求"树立底线思维"，⑫ 并专门对"树立底线思维"的必要性和基本要求作了说明，认为"当前和今后一个时期是我国各类矛盾和风

---

① 中共中央宣传部：《习近平新时代中国特色社会主义思想学习纲要》，学习出版社、人民出版社 2019 年版，第 246 页。

② 中共中央文献研究室：《习近平关于全面深化改革论述摘编》，中央文献出版社 2014 年版，第 35 页。

③ 《习近平谈治国理政》第 2 卷，外文出版社 2017 年版，第 417 页。

④ 中共中央宣传部：《习近平总书记系列重要讲话读本》，学习出版社、人民出版社 2016 年版，第 288 页。

⑤ 《习近平关于全面建成小康社会论述摘编》，中央文献出版社 2016 年版，第 19 页。

⑥ 《习近平谈治国理政》，外文出版社 2014 年版，第 209 页。

⑦ 习近平：《在第十八届中央纪律检查委员会第六次全体会议上的讲话》，《人民日报》2016 年 5 月 3 日，第 2 版。

⑧ 中共中央文献研究室：《习近平关于全面深化改革论述摘编》，中央文献出版社 2014 年版，第 49 页。

⑨ 《十八大以来重要文献选编》下，中央文献出版社 2018 年版，第 43 页。

⑩ 《习近平总书记系列重要讲话读本》，学习出版社、人民出版社 2016 年版，第 288 页。

⑪ 《中共中央政治局常务委员会召开会议 习近平主持》，《人民日报》2020 年 4 月 9 日，第 1 版。

⑫ 《中共中央关于制定十四五规划和二〇三五年远景目标的建议》，《人民日报》2020 年 11 月 4 日，第 1 版。

险易发期",各种风险因素明显增多,面临着前所未有的挑战和压力,只有树立底线思维,才能"有效防范化解各类风险挑战"。① 把"树立底线思维"以党的中央全会和党的重要文件形式加以规定,并专门进行说明,这在马克思主义发展史上尚属首次,这是党的十九届五中全会精神的一大亮点,是党的一大理论创新,是对马克思主义方法论的创新性发展。

## (二)原创性提出马克思主义工作方法

习近平总书记非常重视工作方法,号召掌握正确的工作方法,批评了瞎子摸象与纸上谈兵等错误工作方法,原创性提出了"抓关键少数""钉钉子""顶层设计""整体推进""照镜子、正衣冠、洗洗澡、治治病""五个不让""以身作则""抓典型"等一系列富有时代气息的工作方法。

### 1."抓关键少数"

习近平总书记把主次矛盾与矛盾的主次方面关系原理运用于方法论领域,提出了"抓关键少数"的工作方法,强调中国特色社会主义事业必须抓好"党""人"这些"关键",认为"关键在党",就要确保党成为中国特色社会主义事业的"坚强领导核心";② "关键在人",就要建设一支具有铁一般信仰、信念、纪律、担当的"干部队伍";③ 全面从严治党关键在于发挥领导干部这个"关键少数"的"关键作用"。

### 2."钉钉子"

习近平总书记指出:"抓落实就好比在墙上敲钉子:钉不到点上,钉子要打歪;钉到了点上,只钉一两下,钉子会掉下来;钉个三四下,过不久钉子仍然会松动;只有连钉七八下,这颗钉子才能牢固。"④这一论述,全面准确地揭示了

---

① 《关于〈中共中央关于制定十四五规划和二〇三五年远景目标的建议〉的说明》,《人民日报》2020年11月4日,第2版。

② 郭亚丁:《全面从严治党——学习习近平党的建设思想论述》,中共中央党校出版社2015年版,第127页。

③ 习近平:《在全国党校工作会议上的讲话》,人民出版社2016年版,第5页。

④ 习近平:《之江新语》,浙江人民出版社2007年版,第241页。

"钉钉子"的方法论内涵。

"抓落实就好比在墙上敲钉子",旨在倡导实干精神。习近平总书记非常重视"抓落实",把"能否做到狠抓落实,是否善于狠抓落实"视为"衡量领导干部作风、能力、水平的重要标准",① 把"抓落实"视为"对各级领导干部工作能力的重要检验"。② 他不仅重视部署和制度,更重视部署和制度的落实,强调:"一分部署还要九分落实。制定制度很重要,更重要的是抓落实。"③要求广大党员干部大力弘扬和践行"抓落实"的实干精神,做实事、出实绩,指出:"反对空谈、强调实干、注重落实,是我们党的一个优良传统。"④"政贵有恒,治须有常",干工作必须保持韧劲,"一茬接着一茬干",坚持从头至尾把每件事情都干好。

"钉钉子"这一朴素直观、形象生动、通俗易懂的语言,折射出矛盾的特殊性、质变与量变的关系、重视实践等马克思主义深刻原理,渗透着两点论、重点论、实践论等马克思主义方法论。

### 3. "顶层设计"

习近平总书记认为,新时代中国特色社会主义经济、政治、文化、社会、生态文明建设与党的建设相互联系、相互影响、联系紧密,仅仅就某个领域、某个层次进行改革往往难以奏效,强调全面深化改革必须"加强顶层设计、整体规划"。⑤ 所谓顶层设计,就是要统筹设计经济、政治、文化、社会、生态体制,整体性研判各项改革的关联性、协同性,实现"全局和局部""治本和治标""渐进和突破"的有机统一。可见,顶层设计实质上就是整体设计、系统设计,是系统观点在方法论领域的具体运用。

---

① 陶文昭:《论习近平的务实思想作风》,《中国特色社会主义研究》2014 年第 6 期,第 17 页。

② 习近平:《关键在于落实》,《求是》2011 年第 6 期,第 4 页。

③ 《习近平关于党风廉政建设和反腐败斗争论述摘编》,中央文献出版社 2015 年版,第 129 页。

④ 习近平:《关键在于落实》,《求是》2011 年第 6 期,第 3 页。

⑤ 中共中央文献研究室:《习近平关于全面深化改革论述摘编》,中央文献出版社 2014 年版,第 47 页。

### 4."整体推进"

习近平总书记运用系统观点，提出了"整体推进"的工作方法，主张必须"统筹推进"①"统筹谋划"②改革，注重"改革措施整体效果"，③ 注重不同时期、不同领域的各项改革之间的"良性互动"④"协同配合"，⑤ 强调不能孤立地、片面地看问题，"犯形而上学的错误"，⑥ 而必须注重改革的整体性、协同性。

### 5."照镜子、正衣冠、洗洗澡、治治病"

习近平总书记明确要求党的群众路线教育实践活动必须以"照镜子、正衣冠、洗洗澡、治治病"⑦为总要求，科学阐释了这一总要求的基本内涵，"照镜子"，就是"以党章为镜"，"在宗旨意识、工作作风、廉洁自律上摆问题、找差距、明方向"；⑧ "正衣冠"，就是勇于正视自己的缺点和不足，敢于触及自己的思想和灵魂，自觉加强党性修养，自觉履行党员义务，自觉增强遵纪守法意识，"保持共产党人的良好形象"；⑨ "洗洗澡"，就是查找问题原因，"清洗思想和行为上的灰尘"；⑩ "治治病"，就是惩前毖后、治病救人。这一总要求，是马克思主义"批评与自我批评"方法在新时代的形象化表达，构成了新时代中国共产党人"批评与自我批评"的总体方法论。

习近平总书记强调，"批评与自我批评"是党的优良传统，中国共产党对于

---

① 中共中央文献研究室：《习近平关于全面深化改革论述摘编》，中央文献出版社 2014 年版，第 26 页。

② 中共中央文献研究室：《习近平关于全面深化改革论述摘编》，中央文献出版社 2014 年版，第 44 页。

③ 中共中央文献研究室：《习近平关于全面深化改革论述摘编》，中央文献出版社 2014 年版，第 44 页。

④ 《习近平谈治国理政》，外文出版社 2014 年版，第 68 页。

⑤ 中共中央文献研究室：《习近平关于全面深化改革论述摘编》，中央文献出版社 2014 年版，第 44 页。

⑥ 习近平：《之江新语》，浙江人民出版社 2007 年版，第 62 页。

⑦ 《习近平谈治国理政》，外文出版社 2014 年版，第 375 页。

⑧ 《习近平谈治国理政》，外文出版社 2014 年版，第 375 页。

⑨ 《习近平谈治国理政》，外文出版社 2014 年版，第 376 页。

⑩ 《习近平谈治国理政》，外文出版社 2014 年版，第 376 页。

自身的错误历来采取"敢于承认""正确分析""坚决纠正"的"郑重的态度"。① 这种态度，就是一种敢于和善于通过"批评与自我批评"方法，不断完善自身的认真负责的态度。他认为，"批评与自我批评"不仅是"解决党内矛盾的有力武器"，② 也是"保持党的肌体健康的有力武器"，③ 同时还是一剂良药，是"对同志、对自己的真正爱护"，提醒党员干部不能把"批评与自我批评"这个"防身治病的武器给丢掉了"，鼓励党员干部要大胆使用、经常使用这个武器，"使之越用越灵、越用越有效"。④

习近平总书记非常重视"批评与自我批评"，要求各级领导干部"要正确对待和诚恳接受同志的诤言挚语"；⑤ 要求全面从严治党必须"运用批评和自我批评的武器，自觉同一切违纪行为作斗争"，⑥ 党内生活必须使"批评与自我批评"成为常态，每个党员、干部必须把"批评与自我批评"作为"必修课"，党内监督要坚持开展批评与自我批评。

习近平总书记对正确开展"批评与自我批评"提出了一些具体要求，要求进行"批评"时必须做到"知无不言、言无不尽"，⑦ 对同志提出具体意见，帮助同志改正缺点错误；要求进行"自我批评"时必须按照"四自要求"，经常警示自己、反省自己，指出："领导干部要自重、自省、自警、自励，这'四自要求'，就是对自我批评的要求"；⑧ 要求"对待批评"必须做到"有则改之、无则加勉"。⑨

---

① 《十八大以来重要文献选编》上，中央文献出版社 2018 年版，第 693~694 页。
② 习近平：《坚持用好批评和自我批评的武器　提高领导班子解决自身问题能力》，《人民日报》2013 年 9 月 26 日，第 1 版。
③ 习近平：《在党的群众路线教育实践活动总结大会上的讲话》，《人民日报》2014 年 10 月 9 日，第 2 版。
④ 习近平：《坚持用好批评和自我批评的武器　提高领导班子解决自身问题能力》，《人民日报》2013 年 9 月 26 日，第 1 版。
⑤ 习近平：《深入学习中国特色社会主义理论体系　努力掌握马克思主义立场观点方法》，《求是》2010 年第 7 期，第 24 页。
⑥ 中共中央纪律检查委员会、中共中央文献研究室：《习近平关于严明党的纪律和规矩论述摘编》，中国方正出版社 2016 年版，第 126~127 页。
⑦ 《习近平同党外人士共迎新春》，《人民日报》2013 年 2 月 8 日，第 1 版。
⑧ 习近平：《之江新语》，浙江人民出版社 2007 年版，第 113 页。
⑨ 《习近平同党外人士共迎新春》，《人民日报》2013 年 2 月 8 日，第 1 版。

## 6."五个不让"

"五个不让",就是不让"小风险""个别风险""局部风险""经济风险""国际风险"演化为"大风险""综合风险""区域性或系统性风险""社会政治风险""国内风险",① 其主旨就是要求把风险化解在源头,消灭在萌芽状态,是量变与质变的关系原理在方法论领域的具体运用,是底线思维和忧患意识的集中体现。

习近平总书记认为,量变到一定程度就会引起质变,强调只有防微杜渐、防患于未然,才能立于不败之地,要求"增强忧患意识……做到'为之于未有,治之于未乱'"。② 他警醒广大党员干部,违纪乃至违法犯罪往往是从"小节"开始的,腐败问题、领导干部的蜕化变质往往都是"从作风失范开始的",③ 要求广大党员干部在道德修养、生活情趣上,要注意小节,勿以恶小而为之,做到防微杜渐,时刻自律自省。

习近平总书记把防微杜渐和忧患意识落实于各项实际工作中,把价值观的形成过程喻为"扣扣子",强调要引导青年从一开始就养成科学价值观,"人生的扣子从一开始就要扣好"。④

## 7."以身作则"

习近平总书记要求广大党员干部在各方面身先士卒、率先垂范,以自身的高尚品德与模范言行带动感染人民群众。就各级领导干部而言,要"带头遵守党章各项规定""带头执行党的政治纪律"⑤"以身作则,当好表率";⑥ 就广大党员干部而言,要用自己的模范行为和高尚人格"带动群众";⑦ 就党政主要负责同志而

① 《十八大以来重要文献选编》中,中央文献出版社 2016 年版,第 834 页。

② 《十八大以来重要文献选编》中,中央文献出版社 2016 年版,第 92 页。

③ 《十八大以来重要文献选编》中,中央文献出版社 2016 年版,第 93 页。

④ 习近平:《在北京大学师生座谈会上的讲话》,《人民日报》2014 年 5 月 5 日,第 2 版。

⑤ 习近平:《认真学习党章严格遵守党章》,《人民日报》2012 年 11 月 20 日,第 1 版。

⑥ 习近平:《之江新语》,浙江人民出版社 2007 年版,第 81 页。

⑦ 《习近平在中共中央政治局第十三次集体学习时强调:把培育和弘扬社会主义核心价值观作为凝魂聚气强国固本的基础工程》,《人民日报》2014 年 2 月 26 日,第 2 版。

言，要对改革事业亲力亲为，"勇于挑最重的担子、啃最硬的骨头"；① 就高级干部特别是中央领导层组成人员而言，要"以身作则，模范遵守党章党规，严守党的政治纪律和政治规矩"。②

8."抓典型"

习近平总书记强调，典型教育"历来是我们党重要的工作方法"，③ 认为实施典型教育的关键在于抓典型，指出："抓什么样的典型，就能体现什么样的导向，就会收到什么样的效果"，④ 号召人们学习先进典型的先进事迹，"在学习中养成好的思想品德追求"。⑤

① 《党政主要负责同志要亲力亲为抓改革 扑下身子抓落实》，《人民日报》2017 年 2 月 7 日，第 2 版。
② 习近平：《关于〈关于新形势下党内政治生活的若干准则〉和〈中国共产党党内监督条例〉的说明》，《人民日报》2016 年 11 月 3 日，第 2 版。
③ 习近平：《之江新语》，浙江人民出版社 2007 年版，第 212 页。
④ 习近平：《之江新语》，浙江人民出版社 2007 年版，第 212 页。
⑤ 《习近平谈治国理政》，外文出版社 2014 年版，第 182 页。

# 第九章 马克思主义方法论的当代实践创新

习近平总书记坚持以马克思主义基本原理为指导，创造性运用创新的马克思主义方法论，推进新时代中国特色社会主义发展、科学社会主义发展、构建人类命运共同体，充分彰显了马克思主义方法论的重大现实价值，对丰富和发展马克思主义方法论做出了不可磨灭的实践贡献。

## 一、创造性推进新时代中国特色社会主义伟大实践

新时代中国特色社会主义是一项崭新事业，既不能照搬照抄外国模式，也不能从马克思主义经典作家和历代中国共产党人那里找到现成答案，只能靠我们自己在实践中摸索。习近平敢于担当、勇于探索，以创新的马克思主义方法论为指导，以强烈的问题意识，聆听时代声音，解答时代之问，创造性推进中国特色社会主义伟大实践。

### (一) 创造性阐释中国特色社会主义的基本内涵

党的十八大以来，习近平总书记紧紧围绕中国特色社会主义这一主题，对其基本内涵进行了科学阐述。

一是拓宽了中国特色社会主义的基本内涵。习近平总书记明确了文化自信的重要地位与作用，强调文化是"一个国家、一个民族的灵魂"，① 是"民族的血脉，是人民的精神家园"，② 坚定中国特色社会主义道路、理论和制度自信"说到底是

---

① 习近平：《决胜全面建成小康社会　夺取新时代中国特色社会主义伟大胜利——在中国共产党第十九次全国代表大会上的报告》，《人民日报》2017 年 10 月 28 日，第 1 版。

② 《十八大以来重要文献选编》上，中央文献出版社 2014 年版，第 24 页。

要坚定文化自信",① 创造性地把中国特色社会主义的基本内涵拓展为道路、理论、制度、文化四个方面，认为这四个方面在新时代"焕发出强大生机活力",② 要求全党要更加自觉地牢固树立"四个自信"。"四个自信"中，道路、理论、制度、文化分别构成中国特色社会主义的实现途径、科学指南、根本保障、内在支撑，四者统一于中国特色社会主义的伟大实践之中、聚集于中国特色社会主义的伟大旗帜之下，构成了中国特色社会主义区别于其他一切"主义"的质的规定性，从而大大拓宽了对中国特色社会主义的理解。

二是揭示了中国特色社会主义的本质规定。习近平总书记全面阐释了中国特色社会主义的最本质的特征是"党的领导","本质要求"是"全面依法治国",③ 从而大大深化了对中国特色社会主义的理解。

三是展现了中国特色社会主义的特色和优势。习近平总书记强调，根本政治制度、基本政治制度和经济制度相互衔接、紧密相连，构成了中国特色社会主义制度体系，这一制度"集中体现了中国特色社会主义的特点和优势"。④ 实践证明，这一制度是在中国行得通、很管用的制度。他强调："中国特色社会主义的最大优势是中国共产党的领导",⑤ 要求"着力从制度安排上"⑥发挥这个最大优势。

四是明确了中国特色社会主义的根本性质。习近平总书记明确了中国特色社会主义的根本性质和鲜明底色，明确指出把中国特色社会主义当成是"资本社会主义""国家资本主义""新官僚资本主义"等观点都是"完全错误的",⑦ 旗帜鲜明地认为中国特色社会主义是"社会主义而不是其他什么主义",⑧ 不是"对社会主

---

① 习近平：《在哲学社会科学工作座谈会上的讲话》，《人民日报》2016 年 5 月 19 日，第 2 版。

② 习近平：《在第十三届全国人民代表大会第一次会议上的讲话》，人民出版社 2018 年版，第 7 页。

③ 习近平：《决胜全面建成小康社会　夺取新时代中国特色社会主义伟大胜利——在中国共产党第十九次全国代表大会上的报告》，《人民日报》2017 年 10 月 28 日，第 1 版。

④ 《习近平谈治国理政》，外文出版社 2014 年版，第 10 页。

⑤ 《在庆祝中国共产党成立九十五周年大会上的讲话》，人民出版社 2016 年版，第 22 页。

⑥ 《习近平谈治国理政》第 3 卷，外文出版社 2020 年版，第 90 页。

⑦ 《习近平系列重要讲话读本》，学习出版社、人民出版社 2016 年版，第 29 页。

⑧ 《习近平谈治国理政》，外文出版社 2014 年版，第 22 页。

义制度改弦易辙"。①

五是彰显了中国特色社会主义的价值功能。毛泽东曾经把"主义"喻为使大家"有所指望""知所趋赴"的旗帜。习近平明确认为，中国特色社会主义就是全党全国人民"团结的旗帜、奋进的旗帜、胜利的旗帜"，② 强调只有社会主义才能"救中国""发展中国"。③

## (二) 创造性得出中国特色社会主义进入新时代的科学判断

党的十八大以来，中国特色社会主义取得了全方位、开创性的历史性成就，经济结构不断优化，发展速度保持中高速，发展质量不断提升，经济总量稳居世界第二，综合国力显著提升；全面深化改革不断推进，啃下了许多难啃的硬骨头，主体框架基本确立；法治体系日益完善，全民法治观念明显增强；公共设施日趋完善，公共服务不断改善，人民生活水平不断提高；绿色发展理念深入人心，生态文明建设成效显著；全面从严治党深入推进，反腐败斗争呈现压倒性态势；社会主义意识形态建设进一步加强，思想舆论环境明显改善；中国特色大国外交不断推进，中国在国际上的影响力显著增强。

随着基本国情的变化，我国社会的主要矛盾也发生着变化。党的八大认为，我国社会的主要矛盾是"人民对于经济文化迅速发展的需要同当前经济文化不能满足人民需要的状况之间的矛盾"。④ 然而这一判断，由于各种原因未能持续。党的十一届六中全会认为，我国社会的主要矛盾是"人民日益增长的物质文化需要同落后的社会生产之间的矛盾"。⑤ 经过改革开放 40 多年的发展，我国生产力发展水平显著提升，"落后的社会生产"已经发生了新的阶段性变化；人民的可支配收入、受教育程度显著提高，健康状况、民生保障显著改善，人民对美好生活的向往更加强烈，生存、发展、享受等方面的要求日益增强，民主、法治、公平、正义、安全、环境等方面的需求日益增强，"人民的物质文化需要"层次更高、范围更广，已经发生了新的阶段性变化。

① 《习近平关于全面深化改革论述摘编》，中央文献出版社 2014 年版，第 15 页。
② 《习近平谈治国理政》，外文出版社 2014 年版，第 8 页。
③ 《习近平谈治国理政》，外文出版社 2014 年版，第 22 页。
④ 《建国以来重要文献选编》第 9 册，中央文献出版社 1994 年版，第 341 页。
⑤ 《三中全会以来重要文献选编》下，人民出版社 1982 年版，第 839 页。

针对我国经济社会和主要矛盾发生的新变化，习近平总书记得出了"中国特色社会主义进入了新时代"的科学论断，同时强调我国的基本国情和国际地位没有变，"一个中心，两个基本点"的基本路线并没有变。这一科学论断，集中体现了唯物辩证法与唯物史观，准确定位了我国社会的发展阶段和发展任务。

### (三) 创造性提出"推进国家治理体系和治理能力现代化"的重要命题

新中国成立后，中国共产党在国家治理方面虽然发生过严重挫折，但也积累了宝贵经验，取得了累累硕果；我国的国家治理体系和治理能力总体上是适应我国国情和发展要求的，但仍存在很多不足，仍有许多亟待改进的地方。

习近平总书记在马克思主义发展史上首次明确提出"推进国家治理体系和治理能力现代化"的重要命题，科学阐释了"国家治理体系和治理能力现代化"的科学内涵，认为国家治理体系和国家治理能力是一个相辅相成的有机整体，强调"推进国家治理体系和治理能力现代化"是"全面深化改革的总目标""完善和发展中国特色社会主义制度的必然要求""实现社会主义现代化的应有之义"。①

习近平总书记系统阐释了"推进国家治理体系和治理能力现代化"的本质要求、制度设计与具体路径。

首先，明确了"推进国家治理体系和治理能力现代化"的本质要求。一要坚持国家治理体系和治理能力建设的中国特色。习近平总书记认为，一个国家的治理体系是由这个国家的"历史传承、文化传统、经济社会发展水平"和"人民"②决定的，不能照抄照搬他国的治理体系，而必须立足本国实际、满足本国需求、扎根本国土壤；强调"中国式民主在中国行得通、很管用"，③ 中国特色的国家治理体系是历史文化传统与现实需求基础上"长期发展、渐进改进、内生性演化的结

---

① 《习近平谈治国理政》，外文出版社 2014 年版，第 90 页。
② 《完善和发展中国特色社会主义制度 推进国家治理体系和治理能力现代化》，《人民日报》2014 年 2 月 18 日，第 1 版。
③ 《中国式民主在中国行得通、很管用》，《人民日报》(海外版) 2019 年 11 月 14 日，第 5 版。

果",① 具有巨大优越性和强大生命力，符合人民根本利益、社会发展规律和时代进步潮流；要求我国国家治理体系建设必须始终坚持中国特色，"深深扎根于中国的社会土壤"。② 二要坚持国家治理体系和治理能力建设的正确方向。习近平总书记认为，我国国家治理体系与治理能力建设必须坚持正确方向，坚持四项基本原则不动摇，防止出现颠覆性错误，"绝不是西方化、资本主义化"。③ 三是坚持党对国家治理体系和治理能力建设的领导。习近平认为，党的总揽全局、协调各方的领导核心作用是我国社会主义政治制度的一个突出特点，坚持党的领导是我们国家治理体系的显著标识，把"党中央"喻为"国家治理体系的大棋局中"的"帅"。④

其次，明确了"推进国家治理体系和治理能力现代化"的制度设计。习近平总书记强调，推进国家治理体系和治理能力现代化，必须健全完善体制机制、法律法规，"增强按制度办事、依法办事意识"，⑤ 把制度优势有效转为治理效能。国家制度具有根本性、全局性、稳定性和长期性特点，制度现代化是中国特色社会主义治理现代化的基石。"推进国家治理现代化"，必须坚定制度自信，加强制度建设，发挥制度优势。具体而言，一要科学设计制度建设。他强调必须"不断提高运用中国特色社会主义制度有效治理国家的能力"，⑥ 结合治理现代化建设的要求，在制度创新、供给、配套等方面下功夫，推动制度更加成熟定型。二要充分发挥制度优势。好的制度如果执行不好，制度优越性仍无法发挥。因此，他强调在加强制度建设的基础上，还必须加强制度的执行和监督，要求党和国家机构以及各级领导干部必须抓好制度执行，使尊崇制度、执行制度、维护制度在全社会蔚然成风，充分彰显制度优势。三要全面推进制度改革。习近平总书记要

---

① 《完善和发展中国特色社会主义制度　推进国家治理体系和治理能力现代化》，《人民日报》2014 年 2 月 18 日，第 1 版。

② 习近平：《毫不动摇坚持和完善人民代表大会制度　坚持走中国特色社会主义政治发展道路》，《人民日报》2014 年 9 月 6 日，第 1 版。

③ 《习近平关于社会主义政治建设论述摘编》，中央文献出版社 2017 年版，第 8 页。

④ 中共中央文献研究室：《科学发展观重要论述摘编》，中央文献出版社、党建读物出版社 2008 年版，第 96 页。

⑤ 《习近平谈治国理政》，外文出版社 2014 年版，第 92 页。

⑥ 《完善和发展中国特色社会主义制度　推进国家治理体系和治理能力现代化》，《人民日报》2014 年 2 月 18 日，第 1 版。

求全面深化改革必须以制度改革为重点，"把制度建设和治理能力建设摆到更加突出的位置"，① 以对历史和人民负责的态度，制定科学合理的制度治理方案。

最后，明确了"推进国家治理体系和治理能力现代化"的具体路径。习近平总书记总结了古今中外国家治理经验，明确了新时代"推进国家治理体系和治理能力现代化"的基本方略。一要加强党的长期执政能力建设。实践证明，加强和改善党的领导、完善党的执政方略、健全党的执政体系、改进党的执政方式、提高党的执政能力，是提高国家治理效能的核心。把握住了提高党的执政能力的"牛鼻子"，就抓住了治国理政的根本。因此，新时代推进国家治理现代化的重点和原则是要"把加强党的长期执政能力建设同提高国家治理水平有机统一起来"。② 二要坚持依法治国和以德治国相结合。现代化国家治理的基本方略是坚持法治与德治相结合。推进国家治理现代化必须既加强法治，使学法、懂法、守法、护法成为全社会的良好风尚，又加强德治，为法治提供价值支撑，使社会主义法治成为良法善治，使法治和德治相辅相成、相得益彰。三要加强党和国家机构职能体系建设。实践表明，推进国家治理现代化必须深化党和国家机构改革，"继续完善党和国家机构职能体系"，③ 着力推进党和国家机构职能优化协同高效。四要提高信息化运用能力。新时代推进国家治理现代化，不断提升决策科学化、治理精准化、服务高效化水平，离不开信息化技术手段。

### (四) 创造性构建新时代中国特色社会主义的战略规划和部署

党的十八大以来，习近平总书记创造性确立了新时代坚持和发展中国特色社会主义的战略规划和部署。

中国特色社会主义事业总体布局，是中国共产党对社会主义建设的规律性认识不断深化的重要成果。改革开放初期，邓小平明确提出"两个文明"一起抓。党的十二大正式提出推进"两个文明"建设的要求。党的十二届六中全会首次正

① 《巩固党和国家机构改革成果　推进国家治理体系和治理能力现代化》，《人民日报》2019 年 7 月 6 日，第 1 版。

② 《巩固党和国家机构改革成果　推进国家治理体系和治理能力现代化》，《人民日报》2019 年 7 月 6 日，第 1 版。

③ 《巩固党和国家机构改革成果　推进国家治理体系和治理能力现代化》，《人民日报》2019 年 7 月 6 日，第 1 版。

式明确提出"总体布局"这一范畴，强调要使经济体制改革、政治体制改革、精神文明建设"互相配合、互相促进"。① 1991 年，江泽民首次提出建设有中国特色的社会主义经济、政治和文化这三个范畴，并用它们阐释了"富强、民主、文明"的基本内涵。党的十四大把发展社会主义市场经济、建设社会主义民主政治和精神文明并列为三大目标，深化了"富强、民主、文明"目标的基本内涵，拓展了"三位一体"的总体布局。党的十五大使建设有中国特色社会主义的经济、政治、文化的基本目标，与"富强、民主、文明"的奋斗目标，成为相互补充、相互说明的两个范畴。党的十六大首次提出"社会更加和谐"目标。党的十六届四中全会把建设社会主义和谐社会、市场经济、民主政治、先进文化四方面能力并列，对中国特色社会主义总体布局进行了新思考。2005 年 2 月，胡锦涛首次提出"社会主义经济建设、政治建设、文化建设、社会建设四位一体"②的论断和布局。党的十七大强调要实施"四位一体"的总体布局。党的十八大正式把生态文明建设纳入总体布局，使这一布局从"四位一体"发展为"五位一体"。从"两个文明"到"三位一体""四位一体"，再到"五位一体"，这是党的重大理论与实践创新，是中国共产党人精神品质的集中体现。党的十八大以来，习近平高度重视统筹推进"五位一体"的总体布局，坚持以经济建设为中心，协调推进五大文明建设。

"四个全面"战略布局，是中国共产党把握"新时代"的"新特征"而提出的"新方略"，是新时代中国特色社会主义的战略抉择。"四个全面"战略布局，是基于我国经济社会发展的现实需要和人民的热切期待，为推动解决我国现存的突出问题而提出的。这一战略布局的形成是一个渐进的过程。2012 年 11 月，习近平总书记提出实现"全面建成小康社会"的目标。③ 2012 年 12 月，他先后强调要"全面深化改革""全面推进依法治国""全面从严治党"。党的十八大要求到 2020 年"全面建成小康社会"，党的十八届三中全会通过了"全面深化改革"的决定，党的十八届四中全会形成了"全面推进依法治国"的决定，党的群众路线教育实践活动总结大会正式宣布要"全面从严治党"。2014 年 12 月，习近平总书记首次提

---

① 《十二大以来重要资料选编》下，人民出版社 1988 年版，第 1173 页。
② 《十八大以来重要文献选编》上，中央文献出版社 2014 年版，第 13~14 页。
③ 《十八大以来重要文献选编》上，中央文献出版社 2014 年版，第 83~84 页。

出"四个全面"。① 2015年1月，他首次明确提出"协调推进'四个全面'战略布局"。② "四个全面"战略布局是一个由相互联系、相互影响、有机统一的四个方面所构成的整体性布局，其中"全面建成小康社会"是居于引领地位的战略目标，"全面深化改革""全面依法治国""全面从严治党"相互联系、相互影响，共同构成了"全面建成小康社会"的战略举措和重要保障。

"五位一体"总体布局与"四个全面"战略布局既有区别，又有联系。首先，二者相互区别。二者的时间维度不同。"五位一体"总体布局贯穿于整个社会主义历史时代，"四个全面"战略布局则是到2020年的阶段性战略目标。其次，二者高度一致。二者"相互促进、统筹联动""协同推进人民富裕、国家强盛、中国美丽"，③ 都以辩证唯物主义与历史唯物主义为理论基础，以坚持和发展中国特色社会主义为主题，以实事求是为根本方法，以维护最广大人民群众的根本利益和满足人民的美好生活需要为价值取向。最后，二者互动互补。"四个全面"战略布局是新时代的"战略抉择"，④ 具有强烈的现实指向性，是实现"五位一体"总体布局的内在要求，是中国特色社会主义的重点规划；"五位一体"总布局则具有长期性和引导性，是实施"四个全面"战略布局的战略指引，是中国特色社会主义的整体规划，二者统一于中国特色社会主义伟大实践中。

## (五) 创造性提出新时代中国特色社会主义的新发展理念

发展理念是对发展问题的根本性、长远性、战略性思考，影响着发展的方向、规划、方法、路径。五大新发展理念是马克思主义发展观的当代传承与创新，标志着我党对发展规律认识的深化，必将对我国经济社会发展全局产生重大影响。

---

① 《习近平关于协调推进"四个全面"战略布局论述摘编》，中央文献出版社2015年版，第12页。

② 习近平：《在纪念陈云同志诞辰110周年座谈会上的讲话》，《人民日报》2015年6月13日，第2版。

③ 习近平：《在庆祝中国共产党成立95周年大会上的讲话》，《人民日报》2016年7月2日，第2版。

④ 习近平：《关于〈关于新形势下党内政治生活的若干准则〉和〈中国共产党党内监督条例〉的说明》，《人民日报》2016年11月3日，第2版。

## 1. 五大新发展理念的重大意义

五大新发展理念是科学把握我国发展现状和世界发展大势的战略抉择。当今世界的竞争是综合国力的竞争，发展是提升综合国力的根本途径。赢得发展的主动权，实现发展的科学化和持久性，是世界各国的共同追求。理念是行动的先导，实践证明，发展理念先进、科学的国家，往往能在发展实践中处于领先地位；反之，发展理念陈旧落后的国家，则往往在发展实践中处于不利地位。发展理念决定了一个国家能不能实现发展、发展的成败。五大新发展理念坚持从中国的具体国情与现实需求出发，科学把握世界大势、时代潮流，以马克思主义发展观为指导，总结吸取古今中外发展的经验教训，借鉴吸收世界各国发展的有益成果，成功实现了马克思主义发展观的当代跃升，必将使我国赢得发展的主动权和比较优势。

五大新发展理念是对经济新常态下我国发展问题的科学解答。党的十八大以来，以习近平同志为核心的党中央紧紧围绕经济新常态下的发展问题，顶层设计了"四个全面"战略布局。但是，在经济新常态的新形势下，协调推进"四个全面"战略布局，面临着发展速度减缓、创新动力不足、经济结构不合理、区域发展不平衡、环境污染严重等诸多挑战和难题。五大新发展理念把握了经济新常态下我国发展的新变化、新特点、新要求，指明了应对经济新常态下我国发展面临的挑战和难题的新方法、新路径，必将有力促进我国经济社会实现高质量发展。

五大新发展理念是对马克思主义发展观的创新性发展。新中国成立以来，我国发展的基础极为薄弱，发展的经验不足，面临着一个个发展难题和发展陷阱，经受过一次次发展挫折，但总能一次次破解发展难题、跨越发展陷进、战胜发展挫折，实现发展速度、质量、结构、效果的不断优化，究其原因是因为我们党始终坚持以马克思主义唯物史观为指导、以经济建设为中心，始终坚持"发展是硬道理"、一心一意谋发展，随着发展实践的发展而不断优化发展理念，用优化后的发展理念来指导发展实践，坚持发展实践与发展理念的互促共进。发展实践无止境，发展理念创新无止境。五大新发展理念是马克思主义发展观与新时代中国特色社会主义发展实践相结合而形成的重大理论创新成果，是推动新时代中国特色社会主义发展实践的科学理论。

### 2. 五大新发展理念的鲜明特征

五大新发展理念作为一种对发展问题的科学解答，反映了经济新常态下的发展规律与要求，具有创新性、实践性、人民性、科学性、系统性等鲜明特征。

搞好发展、谋划发展，必须坚持谋划创新。五大新发展理念是我党在科学把握新时代新常态下的新发展的新要求、新特点和内在规律，科学认识发展的速度与质量、效率与公平、效益与结构、经济发展与环境保护之间的关系的基础上，就发展理念所做出的一次创新性更新。创新发展在五大新发展理念中居于首要和核心的地位，创新融于新发展的各个层面和各项工作，创新性是五大新发展理念的最鲜明特征。

实践性是五大新发展理念重要的理论品格。五大新发展理念来源于实践，并用于指导实践。五大新发展理念具有强烈的问题意识，瞄准贫富差距拉大、生态环境恶化、供给体系的质量和效益不高等人民普遍关心的各种重大现实问题，直面创新动能与科技支撑不强、发展质量不高、发展层次和效益较低等发展实践中面临的各种突出矛盾和难题，知难而上，知难而进，积极应对，牢牢扭住各种发展的"牛鼻子"、关节点，勇于探索解决各种发展难题的"处方"，必将促进发展实践的顺利开展。

发展的价值取向，是一个解决为什么发展、为谁发展的根本性问题。为大多数人谋福利是无产阶级政党的价值追求，为人民谋利益是中国共产党一切工作的出发点和落脚点。新时代发展的根本目的就是为了满足人民日益增长的美好生活需要。能否为了人民发展、关注人民需求、回应人民期待、切实改善民生、保障发展公平，是检验新时代中国特色社会主义发展的试金石。五大新发展理念将共享发展作为一个重要组成部分，将提升人民的幸福感、获得感、满足感作为发展的价值追求，将人民的满意度作为衡量发展成败的根本标准，饱含着浓郁的人民情怀。

是否具有合规律性，即是否正确反映和揭示事物发展的客观规律，是判断一种理念是否科学的重要依据。一种发展理念，如果正确反映和揭示了事物发展的客观规律，它就是科学的；反之，则是不科学的。五大新发展理念坚持从新时代我国的具体国情出发，客观把握新时代我国发展的现实状况和现实问题，透过发展现象深刻认识发展规律，并把规律性认识运用于发展理念中，具有鲜明的合规律性。

五大新发展理念，既各富特色、各具内涵、各有侧重，分别以重点解决发展的动力、效能、境界、空间、本质为出发点和落脚点，又相互之间联系贯通、支撑促进，有着共同目标和主旨，共同构成了一个系统、完善的发展理论体系。

### 3. 五大新发展理念的践行路径

习近平总书记明确了践行五大新发展理念的基本路径。具体而言：践行创新发展理念，必须深入实施创新驱动发展战略，牢牢把握人才培养、科技发展、资源调配、产业结构调整、产能升级换代等创新关节点；建立健全完善创新体制机制，不断优化创新环境，为创新提供坚实保障；全方面、整体性推进各方面创新，使各项创新举措相得益彰，实现整体优化；把创新纳入各种考核评估指标体系，确保各项创新举措落到实处。

践行协调发展理念，就必须增强全局意识、大局意识、整体意识，系统性、整体性推进新时代发展，增强发展的均衡性。重视补短板、强弱项，重点扶持发展落后地区、发展薄弱环节；探索区域"一体化"发展模式，鼓励区域"一体化"试点，着力推进不同区域的均衡发展；整体推进"四个全面"，既使每一个"全面"显现出"全面"的效果，又使"四个全面"显现出"全面"的效果；切实做到"五位一体"，既每一个"位"都有"位"，又使"五位"真正成为"一体"。

践行绿色发展理念，必须牢固确立绿色价值取向，深刻完整地理解"像保护眼睛一样保护生态环境，像对待生命一样对待生态环境""绿水青山就是金山银山"等重要论断，确立绿色思维方式和低碳循环原则，明确生态保护的"底线"和"红线"、资源开发利用的"上线"，坚决杜绝破坏生态环境的过度开发行为；倡导绿色生活方式和消费模式；正确处理经济发展和环境保护的关系，在保护中发展、在发展中保护，大力发展绿色产业，努力实现发展经济与保护生态的双赢，把生态优势更好地转化为发展资源。

践行开放发展理念，必须充分认识"开放带来进步"的发展规律。谋划好如何高水平扩大新开放，打造高能级、正能量的开放高地，化解全球信任赤字；充分彰显、模范践行中华民族"贵和"价值取向，与世界上一切友好待我的国家和民族友好相处，坚决反对霸权主义、恐怖主义，积极维护世界公平正义，化解全球和平赤字；主动融入高质量发展，与相关国家共同落实"一带一路"倡议，充分发挥国家战略叠加优势，加快构筑"双循环"新发展格局，化解全球发展赤字。

践行共享发展理念，必须让人民享受到发展成果。运用大数据手段，深入调查研究，精准把握人民需求，打好与人民多样化需求相适应的政策组合拳；坚持共同富裕，创建共同富裕示范区，以点带面，充分彰显社会主义的本质，充分发挥社会主义制度的优越性；采取有效措施，巩固脱贫攻坚成果；改革收入分配制度，解决贫富差距拉大问题；补齐民生和社会公共服务短板，切实改善民生，使全体人民都能够过上好日子。

五大新发展理念是一个有机整体。践行五大新发展理念，必须坚持系统观念，整体推进。

## (六) 创造性推进新时代中国特色社会主义的党的建设

习近平总书记以一种全新的视野和高度对党的建设加以审视，将"全面从严治党"上升为国家发展的重大战略，改变了过去就党建论党建的局限性；将党的建设这一新的"伟大工程"作为"四个伟大"中"起决定性作用"①的方面，强调推进"四个伟大"必须"把党建设得更加坚强有力"，②从而将对党的建设重要性的认识拓展到民族复兴的高度；从社会主义最本质特征和最大优势的高度对党的建设加以审视，强调"办好中国的事情，关键在党，关键在党要管党、从严治党"，③将党的领导的重要性和必要性提升至社会本质与社会制度的高度。

习近平总书记立足于新时代党的建设的新境遇、新挑战、新要求，围绕新时代为什么要加强党的政治建设、怎样加强党的政治建设等重大问题，创造性发展了无产阶级政党的政治建设理论与实践。

---

①　习近平：《决胜全面建成小康社会　夺取新时代中国特色社会主义伟大胜利——在中国共产党第十九次全国代表大会上的报告》，《人民日报》2017 年 10 月 28 日，第 1 版。

②　习近平：《决胜全面建成小康社会　夺取新时代中国特色社会主义伟大胜利——在中国共产党第十九次全国代表大会上的报告》，《人民日报》2017 年 10 月 28 日，第 1 版。

③　《习近平关于全面从严治党论述摘编》，中央文献出版社 2016 年版，第 14 页。

## 1. 首次提出"把党的政治建设摆在首位"的重要论断

政党是阶级斗争发展到一定历史阶段而出现的，具有鲜明的政治纲领、严格的政治纪律。政治性是政党的根本属性。马克思、恩格斯自创立无产阶级政党之日起，就非常重视党的政治建设，强调政治纲领"毕竟总是一面公开树立起来的旗帜，而外界就根据它来判断这个党"。①《共产主义者同盟章程》中对盟员的政治立场、政治信仰和政治纪律做出了严格规定，即：生活方式和活动必须符合同盟的目的；承认共产主义；服从同盟的一切决议。《共产党宣言》中既明确规定了无产阶级政党的政治属性，又提出了无产阶级政党的政治纲领。列宁也高度重视党的政治建设，强调政治纲领是使一个政党保持"政治上比较完整""始终坚持自己路线"②的必要条件，"从政治上正确地看问题"是一个阶级"维持它的统治""完成它的生产任务"③的必要条件。

重视党的政治建设，是中国共产党的优良传统。毛泽东公开宣称："我们共产党人从来不隐瞒自己的政治主张"，④ 在革命战争时期他强调："没有正确的政治观点，就等于没有灵魂"，⑤ 要从教育上提高党内的政治水平，要求新党员必须政治观念没有错误，严厉批判了"不认识军队中政治领导的作用"、⑥ 片面强调军事而忽视政治作用的单纯军事观点；在社会主义建设初期，他提出了"政治工作是一切经济工作的生命线"⑦的光辉论断。刘少奇在党的七大上第一次明确提出"政治上建党"这一概念。改革开放以来，党的历任领导人均一直非常重视党的政治建设。邓小平强调："到什么时候都得讲政治"，⑧ 认为一个马克思主义的思想家、政治家必须研究和把握政治大局，认为科学评价毛泽东"不只是个理论问题，尤其是个政治问题，是国际国内的很大的政治问题"，⑨ "改革，现代化科

---

① 《马克思恩格斯文集》第 3 卷，人民出版社 2009 年版，第 415 页。
② 《列宁全集》第 20 卷，人民出版社 1989 年版，第 357 页。
③ 《列宁选集》第 4 卷，人民出版社 2012 年版，第 408 页。
④ 《毛泽东选集》第 3 卷，人民出版社 1991 年版，第 1059 页。
⑤ 《毛泽东文集》第 7 卷，人民出版社 1999 年版，第 226 页。
⑥ 《毛泽东文集》第 1 卷，人民出版社 1993 年版，第 80 页。
⑦ 《毛泽东文集》第 6 卷，人民出版社 1999 年版，第 449 页。
⑧ 《邓小平文选》第 3 卷，人民出版社 1993 年版，第 166 页。
⑨ 《邓小平文选》第 2 卷，人民出版社 1994 年版，第 299 页。

学技术，加上我们讲政治，威力就大多了"。① 江泽民、胡锦涛也反复强调党员干部一定要讲政治。

党的十八大以来，习近平总书记从新时代党的建设面临的复杂执政环境的"四大考验""四种危险"出发，统筹推进"四个伟大"，继承和发扬了马克思主义经典作家和历代中国共产党人重视党的政治建设的优良传统，首次提出"把党的政治建设摆在首位"②这一重大命题。

"把党的政治建设摆在首位"非常必要，因为政治方向是事关党的生死存亡的首要问题。只有政治方向正确，党的事业才能在正确道路上前进，因为党的政治建设是党的根本性建设。政治上的先进性是马克思主义政党的鲜明特征，如果马克思主义政党丧失了政治上的先进性，也就从根本上丧失了自身的先进性；因为党的政治建设具有统领性、决定性作用，全面从严治党必须"以党的政治建设为统领"。③

"把党的政治建设摆在首位"的重大命题，具有很强的现实针对性，深化了马克思主义关于执政党建设与党的政治建设的规律性认识。

### 2. 首次做出"全面从严治党"的战略部署

"全面从严治党"是以习近平同志为核心的党中央做出的一项重大战略部署，蕴涵着丰富的理论内涵和实践要求。"全面"意味着党的建设的理论主张和实践要求适用于全党、党的建设的各个方面。

其一，坚守政治方向是指引。政治方向是党的理想信念、奋斗目标、路线和方略。政治方向正确与否，决定着党的政治建设的成败，事关党的生死存亡。毛泽东多次强调，正确的政治方向是中国共产党领导人民进行革命和建设的政治保障。

习近平总书记把政治方向提升到了"党生存发展第一位"的战略高度，认为

---

① 《邓小平文选》第 3 卷，人民出版社 1993 年版，第 285 页。

② 习近平：《决胜全面建成小康社会　夺取新时代中国特色社会主义伟大胜利——在中国共产党第十九次全国代表大会上的报告》，《人民日报》2017 年 10 月 28 日，第 1 版。

③ 习近平：《决胜全面建成小康社会　夺取新时代中国特色社会主义伟大胜利——在中国共产党第十九次全国代表大会上的报告》，《人民日报》2017 年 10 月 28 日，第 1 版。

政治方向是指引党的政治建设航向的"政治指南针",① 强调坚守正确的政治方向，就必须坚定理想信念。他把理想信念喻为"共产党人精神上的'钙'",② 通过正反两方面的比较，凸显中国共产党人坚定理想信念的必要性和重要性，强调共产党人有了坚定的信念，就有了"安身立命的根本",③ 就能够站位高远、眼界宽广、心胸开阔、方向正确、经受考验、抵御诱惑，"永葆共产党人政治本色"。④ 反之，就会"'缺钙'，就会得'软骨病'"。⑤ 在此基础上，他强调中国共产党人坚定理想信念，就必须坚定马克思主义、社会主义、共产主义理想信念；就必须坚定"四个自信"；就必须与党中央保持一致，做到"两个维护"，拥护、支持和落实党的各项路线、方针、政策。

其二，强化政治领导是关键。坚持中国共产党的领导是历史的选择、人民的选择。作为执政党的中国共产党的所有领导活动基本上都是政治的或政治性的。因此，党的政治领导是"方向性、原则性问题，是党性，是大局，关系党、民族、国家前途命运"。⑥

强化党的政治领导关键在于：一要强化党的全面领导。要把党的领导落实于社会治理的方方面面，落实到"各领域各方面各环节"。⑦ 二要强化党的集中统一领导。马克思主义经典作家历来主张坚持党的集中统一领导。坚持党的集中统一领导是中国共产党的优良传统，是中国人民的利益所在，是实现中华民族伟大复兴的根本保障。党是坐镇中军帐中的"帅"、"众星望月"的"月"。中国共产党之所以能够把一盘散沙的中国人民团结起来，使四分五裂的中国统一起来，就是因为中国共产党本身就是"高度集中统一的马克思主义政党",⑧ 是一个思想上统

---

① 习近平：《把党的政治建设摆在首位》，《人民日报》(海外版)2018年7月2日，第1版。

② 《十八大以来重要文献选编》上，中央文献出版社2014年版，第80页。

③ 《十八大以来重要文献选编》上，中央文献出版社2014年版，第80页。

④ 《十八大以来重要文献选编》上，中央文献出版社2014年版，第117页。

⑤ 《十八大以来重要文献选编》上，中央文献出版社2014年版，第80页。

⑥ 中共中央文献研究室：《习近平关于全面从严治党论述摘编》上，中央文献出版社2016年版，第84页。

⑦ 《习近平在中共中央政治局第六次集体学习时强调：把党的政治建设作为党的根本性建设　为党不断从胜利走向胜利提供重要保证》，《人民日报》2018年7月1日，第2版。

⑧ 《习近平主持中共中央政治局会议　部署学习宣传贯彻党的十九大精神》，《人民日报》(海外版)2017年10月28日，第1版。

一、政治上团结、行动上一致的具有强大战斗力和号召力的无产阶级政党，是一个能够团结凝聚全国各族人民心往一处想、劲往一处使的"主心骨"。中国共产党是个大党，中国是个大国，"保证党的团结和集中统一""维护党中央权威"①对于中国共产党这个大党治理好中国这个大国至关重要。强化党的集中统一领导，是"党的领导的最高原则，从根本上关乎党和国家前途命运、关乎人民根本利益"，② 必须坚决做到"两个维护"，不断增强全党"四个意识"，加强和维护党中央的集中统一领导。

其三，严明政治纪律是保障。政治纪律是全党必须遵守的政治规矩。俗话说"无规矩不成方圆"，严明的组织纪律是一个政党形成强大凝聚力和战斗力的必要前提。

习近平总书记高度重视党的纪律，认为中国共产党历来是一个纪律严明的马克思主义政党，他引用 1859 年马克思在致恩格斯的信中指出的"必须绝对保持党的纪律，否则将一事无成"的论述，强调"用纪律管住全体党员"。③ 在此基础上，他进一步强调，政治纪律是"首要的"④纪律，"遵守政治纪律和政治规矩"永远排在"讲政治"的"首要位置"，⑤ 严明党的纪律只有抓住政治纪律这一党的纪律之"纲"，才能"把严肃其他纪律带起来"。⑥

其四，提高政治能力是目标。政治能力有着丰富的内涵，包括政治理论功底、政治辨析能力、政治选择能力、政治把控能力、政治执行能力。提高政治能力，就是要"增强领导干部政治警觉性和政治鉴别力"，⑦ 不断提高领导干部把握政治方向、大势、全局和处理复杂政治问题的能力。

政治能力是执政党执政和领导干部领导的首要能力。加强党的政治建设关键

① 《习近平谈治国理政》第 2 卷，外文出版社 2017 年版，第 188 页。

② 《习近平主持中共中央政治局会议　部署学习宣传贯彻党的十九大精神》，《人民日报》(海外版)2017 年 10 月 28 日，第 1 版。

③ 习近平：《在第十八届中央纪律检查委员会第六次全体会议上的讲话》，《人民日报》2016 年 5 月 3 日，第 2 版。

④ 《习近平关于严明党的纪律和规矩论述摘编》，中央文献出版社、中国方正出版社 2016 年版，第 13 页。

⑤ 《习近平谈中共的纪律和规矩》，《人民日报》(海外版)2016 年 1 月 8 日，第 1 版。

⑥ 《习近平谈中共的纪律和规矩》，《人民日报》(海外版)2016 年 1 月 8 日，第 1 版。

⑦ 习近平：《在第十八届中央纪律检查委员会第六次全体会议上的讲话》，《人民日报》2016 年 5 月 3 日，第 2 版。

是"要提高各级各类组织和党员干部的政治能力"。① 提高政治能力是一项系统工程：夯实政治理论功底，必须学精悟透用好马克思主义这个看家本领；提高政治辨析能力，必须善于运用马克思主义立场观点方法，分析"乱花渐欲迷人眼"的复杂政治现象和政治问题；提高政治把控能力，必须坚定社会主义、共产主义理想信念，排斥干扰诱惑、把准政治方向、站稳政治立场，保持"乱云飞渡仍从容"的政治定力，锻造"踏平坎坷成大道，斗罢艰险又出发"的政治意志；提高政治执行能力，必须在复杂的工作经历中增长才干、强筋壮骨。

其五，建设民心政治是根基。习近平总书记认为，"民心是最大的政治"，②只有建设民心政治，才能夯实党的执政根基。

为了建设民心政治，习近平提出了"尊重人民主体地位"③"站稳人民立场"④"要像爱自己的父母那样爱老百姓"⑤"树政绩的根本目的是为人民谋利益"⑥"为人民服务，担当起该担当的责任"⑦"同人民想在一起、干在一起"⑧"把解决民生问题放在一切工作的首位"⑨等重要观点。

其六，涵养政治生态是固本。"政治生态"概念是习近平总书记在十八届中央纪委二次全会上首次提出的，它是政治生活状态的集中反映、政治文化的目标追求，是党生存发展的重要条件、党风的生成土壤。营造良好政治生态，是做好各方面工作、解决党内存在的种种难题的必要前提，是全面从严治党的题中应有之义，"政治生态好，人心就顺、正气就足；政治生态不好，就会人心涣散、弊

---

① 《中共中央关于加强党的政治建设的意见》，《人民日报》2019年2月28日，第1版。
② 《习近平在第十八届中央纪律检查委员会第六次全体会议上的讲话》，《人民日报》2016年5月3日，第2版。
③ 习近平：《在庆祝中国共产党成立95周年大会上的讲话》，《人民日报》2016年7月2日，第2版。
④ 习近平：《把党的政治建设摆在首位》，《人民日报》（海外版）2018年7月2日，第1版。
⑤ 《习近平谈治国理政》，外文出版社2014年版，第432页。
⑥ 习近平：《之江新语》，浙江人民出版社2007年版，第34页。
⑦ 《习近平接受俄罗斯电视台专访》，《人民日报》2014年2月9日，第1版。
⑧ 习近平：《把党的政治建设摆在首位》，《人民日报》（海外版）2018年7月2日，第1版。
⑨ 习近平：《之江新语》，浙江人民出版社2007年版，第257页。

病丛生"。①

习近平总书记强调，营造良好政治生态必须"锲而不舍、久久为功"，② 提出了构建"三清"即干部清正、政府清廉、政治清明的党内政治生态系统的一系列举措：严肃党内政治生活，健全党内政治生活基本规范，提高党内政治生活质量；严格执行民主集中制原则，开展平等式的思想交流，推动党的组织生活制度化、经常化、规范化，营造心齐气顺的政治氛围；严明政治纪律和政治规矩，坚决反对腐败，坚持正确选人、用人，营造风清气正的政治环境；构建良好党内政治文化，滋养广大党员。

六个方面政治建设举措，相互联系、相互影响、有机统一，共同构成为一个严整严密的党的政治建设的理论与实践体系。

### 3. 建立健全完善、严格执行党的政治建设制度

制度本质上是"一个社会的游戏规则，它们由正式规则(成文法、普通法、规章)、非正式规则(习俗、行为准则和自我约束的行为规范)，以及两者执行的特征组成"。③ 中国共产党始终高度重视制度建设。毛泽东领导全国人民建立了社会主义基本制度，并于1957年指出："我国的社会主义制度还刚刚建立，还没有完全建成，还不完全巩固。"④改革开放以来，中国共产党对制度建设的认识越来越深入，邓小平反复强调制度建设的重要性，指出："制度问题不解决，思想作风问题也解决不了"，⑤ 并于1992年预言："恐怕再有三十年的时间，我们才会在各方面形成一整套更加成熟、更加定型的制度。"⑥

党的十八大以来，习近平总书记高度重视党的政治制度建设，强调要"强化

①　习近平：《在第十八届中央纪律检查委员会第六次全体会议上的讲话》，《人民日报》2016年5月3日，第2版。

②　习近平：《把党的政治建设摆在首位》，《人民日报》(海外版)2018年7月2日，第1版。

③　道格拉斯·C.诺思著、杭行译：《制度、制度变迁和经济绩效》，格致出版社2008年版，第48页。

④　《毛泽东文集》第7卷，人民出版社1999年版，第214页。

⑤　《邓小平文选》第2卷，人民出版社1994年版，第328页。

⑥　《邓小平文选》第3卷，人民出版社1993年版，第372页。

党内制度约束，扎紧制度的笼子""让党内政治生活有规可依、有章可循"①"创新体制机制，扎牢制度笼子"，②既坚持以德治党，又坚持依规治党；既坚持高标准，又坚持守底线；既坚持健全完善党的政治建设制度，又坚持严格执行党的政治建设制度。

习近平总书记认为，一个科学、先进的制度必须"符合国情""有效管用""得到人民拥护"，③必须兼具正当性、简便性、针对性、可操作性，必须行得通、真管用、有效率，既严厉批评了党的政治建设制度"过于原则、缺乏具体的量化标准""形不成系统化的制度链条""过于笼统、弹性空间大"④等不具体、不系统现象，又科学提出了健全完善党的政治建设制度的原则方法：本着于法周延、于事有效的原则，"对现有制度规范进行梳理，该修订的修订，该补充的补充，该新建的新建"。⑤

党的十八大以来，以习近平同志为核心的党中央坚持纪严于法、纪在法前、纪法分开，完善或修订了 90 多部党内法规，不断健全党的政治建设制度。一是修订党章。党章是"全党必须遵循的总章程，也是总规矩"，⑥是党的政治建设的根本依据，全面从严治党"首先要把中央和国家机关管好"。⑦二是对党的政治建设专门做出制度安排。2019 年 1 月，出台《中共中央关于加强党的政治建设的意见》，对加强党的政治建设做出明确要求和统筹部署。三是修订党内重要法规。为了规范党内政治生活，修订了《关于新形势下党内政治生活的若干准则》；为了加强政治巡视，修订了《中国共产党巡视工作条例》；为了强调政治纪律和政治规矩，修订了《中国共产党廉洁自律准则》和《中国共产党纪律处分条例》；为

---

① 习近平：《在党的十八届六中全会第二次全体会议上的讲话》，《前线》2017 年第 1 期，第 6、6~7 页。

② 习近平：《在第十八届中央纪律检查委员会第六次全体会议上的讲话》，《人民日报》2016 年 5 月 3 日，第 2 版。

③ 习近平：《坚持、完善和发展中国特色社会主义国家制度与法律制度》，《求是》2019 年第 23 期，第 2 页。

④ 《习近平谈中共的纪律和规矩》，《人民日报》(海外版)2016 年 1 月 8 日，第 1 版。

⑤ 习近平：《在党的十八届六中全会第二次全体会议上的讲话》，《前线》2017 年第 1 期，第 6~7 页。

⑥ 《习近平谈中共的纪律和规矩》，《人民日报》(海外版)2016 年 1 月 8 日，第 1 版。

⑦ 习近平：《在第十八届中央纪律检查委员会第六次全体会议上的讲话》，《人民日报》2016 年 5 月 3 日，第 2 版。

了加强基层党组织建设，修订了《中国共产党支部工作条例》，等等。四是制定具体规定。先后出台了"八项规定"、领导干部报告个人有关事项、加强"裸官"管理等具体规定，从而构建了以党章为根本依据、以《中共中央关于加强党的政治建设的意见》为统领、以党内重要法规为主体、以具体规定为行为标准的系统完备的党的政治建设制度。

习近平总书记认为，"法规制度的生命力在于执行"，① 强调要严格执行各项规定，"坚持有令必行、有禁必止"，坚决反对对制度"视而不见、听而不闻"现象，多次警醒要防止出现"破窗效应"，② 主张"使各项纪律规矩真正成为'带电的高压线'"，③ 高度重视制度的监督执行，要求中央政治局同志要带头遵守党的组织原则和党内政治生活准则，懂规矩，守纪律，要求各级党委和政府以及领导干部都要增强制度意识，要求广大党员干部都要"做制度执行的表率"。④

习近平总书记关于党的政治建设制度的理论与实践，提供了党的政治建设的完整架构和有力支撑，指明了党的政治建设的正确走向和有效方法，为切实推进新时代党的政治建设提供了根本遵循。

## 二、创造性推进新时代科学社会主义发展伟大实践

习近平总书记把马克思主义方法论创造性运用于科学社会主义发展实践中，对新时代科学社会主义发展，做出了诸多原创性贡献。

### (一) 对准确定位科学社会主义的发展阶段和发展前景做出了原创性贡献

习近平总书记创造性运用马克思主义方法论，科学解答了科学社会主义从哪里来、到哪里去等重大问题，准确定位了科学社会主义的发展阶段，清晰呈现了

---

① 《习近平谈中共的纪律和规矩》，《人民日报》(海外版)2016 年 1 月 8 日，第 1 版。

② 《习近平谈中共的纪律和规矩》，《人民日报》(海外版)2016 年 1 月 8 日，第 1 版。

③ 习近平：《在党的十八届六中全会第二次全体会议上的讲话》，《前线》2017 年第 1 期，第 6~7 页。

④ 习近平：《继续沿着党和人民开辟的正确道路前进 不断推进国家治理体系和治理能力现代化》，《人民日报》2019 年 9 月 25 日，第 1 版。

科学社会主义的发展脉络，科学预测了科学社会主义的发展前景，以中国成就坚定了人们的科学社会主义信念，以中国实践有力推动了科学社会主义的实践发展。

习近平总书记科学定位了科学社会主义的发展阶段。19世纪中叶，马克思、恩格斯提出唯物史观和剩余价值学说，使社会主义从空想走向科学，奠定了科学社会主义发展的理论基础；列宁领导俄国人民发起了十月革命，建立了世界上第一个以马克思主义为指导的、无产阶级政党执政的社会主义国家，使科学社会主义的美好理想成为现实；二战后，世界社会主义运动风起云涌，社会主义革命在一些国家纷纷取得胜利、开花结果，科学社会主义的影响空前增强，从苏联一个国家辐射至多个国家；以毛泽东、邓小平等同志为主要代表的中国共产党人，坚持以科学社会主义基本原理为指导，接力探索科学社会主义在中国的发展道路，持续进行了科学社会主义在中国的理论创新与实践探索，为科学社会主义在中国的发展提供了宝贵经验、理论准备、物质基础，以中国的理论创新与实践探索成果不断推进科学社会主义的世界发展。党的十八大以来，以习近平同志为核心的党中央接过在中国发展科学社会主义的接力棒，创造性传承历代中国共产党人关于科学社会主义在中国发展的奠基、探索、推进各阶段所积累的宝贵理论成果与实践经验，全面开创科学社会主义在新时代中国发展的新局面，全面推动科学社会主义在新时代走出低谷、走向繁荣，使科学社会主义焕发出璀璨夺目的时代光彩。面对新时代，习近平总书记以唯物辩证法和唯物史观为指导，准确把握新时代的发展特点，准确定位科学社会主义的发展阶段。他认为，虽然当今时代与过去相比，已经发生了中国特色社会主义崛起、资本主义危机重重等巨大变化，但从科学社会主义500年发展的大视野来看，当代的时代性质和人类社会发展的必然趋势并没有发生改变，我们依然处于科学社会主义创始人所指明的历史时代，科学社会主义发展进入了一个全面发展的新阶段。

习近平总书记科学预测了科学社会主义的发展前景。他认为，虽然资本主义社会形态在当今人类社会发展中仍占据主导地位，但是资本主义的基本矛盾依然存在、马克思主义社会基本矛盾分析法与"两个必然"的观点并没有过时。中国人民在中国共产党的领导下，吸收借鉴其他国家社会主义运动的经验教训，抵抗住苏联解体、东欧剧变后世界社会主义运动面临的巨大压力、严重困难和严峻挑战，始终坚守科学社会主义阵地，始终高举科学社会主义大旗。目前中国特色社会主义进入了全面发展的新时代，我国的综合国力、国际地位、国际影响力均大大提升，特别是我国在此次新冠肺炎疫情防控中的优秀表现和卓越贡献，更是充分彰显了中国特色社会主义的制度优势，呈现出"风景这边独好"的繁荣局面，有力打破了"共产主义失败论""历史终结论"等错误论调，使科学社会主义的大旗在世界上高高飘扬。中国以自身的发展历程和发展成就证明，科学社会主义的发展道路虽然曲折，但其发展前景一定是光明的。

## (二) 对深刻阐释中国特色社会主义与科学社会主义的内在联系做出了原创性贡献

习近平总书记科学阐释了共产主义与中国特色社会主义的内在联系。一方面，他强调，共产主义是中国特色社会主义的理论依据和逻辑前提，共产主义是中国共产党人的本；另一方面，他强调，中国特色社会主义是共产主义的实践形态和时代体现，要求广大党员干部"把共产主义远大理想同中国特色社会主义共同理想统一起来"，① 既要树立"坚定走中国特色社会主义道路的信念"，也要"胸怀共产主义的崇高理想"，② 认为坚持和发展中国特色社会主义就是向着共产主义"所进行的实实在在努力"。③

习近平总书记科学阐释了中国特色社会主义与科学社会主义的关系。他认为，二者是"流"与"源"、特殊性与普遍性关系，中国特色社会主义是近代以来中国共产党人领导全国人民，始终坚持科学社会主义基本原则，在接力探索中国革命、建设、改革的奋斗历程中得来的。一部中国近现代史，既是一部中国特色社会主义的发展史，也是一部科学社会主义的中国发展史。近代以来，面对中华民族如何"站起来""富起来""强起来"等一个个历史使命，中国尝试过改良主义、自由主义、实用主义、无政府主义、资本主义等各种道路，但都归于失败。实践证明，只有在中国共产党的领导下，坚持"结合"原则，坚持走科学社会主义道路，才能救中国，才能不断发展中国。中国特色社会主义是从中国的具体国情和

---

① 习近平：《在纪念马克思诞辰 200 周年大会上的讲话》，《人民日报》2018 年 5 月 5 日，第 2 版。

② 《习近平谈治国理政》，外文出版社 2014 年版，第 23 页。

③ 《习近平谈治国理政》第 2 卷，外文出版社 2017 年版，第 143 页。

人民需求出发，坚持创造性运用科学社会主义基本原则来指导中国具体实践，并在实践中丰富和发展科学社会主义，二者在本质上是内在一致的。

## (三) 对推动新时代科学社会主义发展做出了原创性贡献

习近平总书记对新时代坚持和发展中国特色社会主义做出了科学解答和行动部署，推动了新时代科学社会主义理论与实践的发展。

### 1. 丰富发展了科学社会主义的基本原则

习近平总书记对新时代坚持和发展中国特色社会主义做出了"八个明确"的精准概括。"八个明确"明确了"坚持和发展中国特色社会主义""新时代我国社会主要矛盾""中国特色社会主义事业总体布局……战略布局""全面深化改革总目标""全面推进依法治国总目标""党在新时代的强军目标""中国特色大国外交""中国特色社会主义最本质的特征……最大优势"，① 内容丰富、逻辑严密、体系完整，既从实践层面阐明了中国特色社会主义总目标、总任务、主要矛盾、总体布局、战略布局、政治保证等重大根本性问题，又从理论层面阐明了新时代坚持科学社会主义的基本依据、基本原则、基本战略。

### 2. 丰富发展了科学社会主义的行动纲领

习近平总书记对新时代坚持和发展中国特色社会主义做出了"十四个坚持"的科学部署。"十四个坚持"即"坚持党对一切工作的领导""坚持以人民为中心""坚持全面深化改革""坚持新发展理念""坚持人民当家做主""坚持全面依法治国""坚持社会主义核心价值体系""坚持在发展中保障和改善民生""坚持人与自然和谐共生""坚持总体国家安全观""坚持党对人民军队的绝对领导""坚持'一国两制'和推进祖国统一""坚持推动构建人类命运共同体""坚持全面从严治党"，环环相扣、浑然一体，从实践落实层面进行战略谋划，是落实"八个明确"的"路线图"和"方法论"，形成了新时代坚持和发展中国特色社会主义的基本方略，从实践层面阐明了新时代坚持科学社会主义的行动纲领、基本要求、具体举措。

---

① 习近平：《决胜全面建成小康社会　夺取新时代中国特色社会主义伟大胜利——在中国共产党第十九次全国代表大会上的报告》，《人民日报》2017 年 10 月 28 日，第 1 版。

### 3. 丰富发展了科学社会主义关于实现人的自由而全面发展学说

马克思主义经典作家把实现人的自由而全面发展作为价值追求，提出了"自由人联合体"这一范畴，赋予了这一范畴"以每一个个人的全面而自由的发展为基本原则"①"每个人的自由发展是一切人的自由发展的条件"②等基本内涵。历代中国共产党人一直致力于实现人的自由而全面发展。毛泽东强调，要"使农民群众共同富裕起来"，③ 我们追求的富强是"共同的富"和"共同的强"；④ 邓小平强调，"共同富裕"是社会主义的基本原则，社会主义的"富"是"人民共同富裕"；⑤ 江泽民强调，要采取各种有效措施，"逐步实现共同富裕"，⑥ 使广大人民群众能够"共同享受到经济社会发展的成果"；⑦ 胡锦涛强调，贯彻"科学发展观"，构建"和谐社会"要走共同富裕道路。

习近平总书记强调，"共同富裕，是马克思主义的一个基本目标，也是自古以来我国人民的一个基本理想"，⑧ 他把"人民是不是共同享受到了改革发展成果"作为"改革发展搞得成功不成功"的"最终的判断标准"，⑨ 强调共同富裕路上一个都不能掉队，把"人的全面发展"写进了党章，倡导以全体人民共享发展成果为价值追求。他推行精准扶贫战略，打赢脱贫攻击战，成功使中国贫困人口全部脱贫，为实现人的自由而全面发展贡献了中国经验、中国方案。

### 4. 丰富发展了科学社会主义关于人与自然关系的思想

习近平总书记继承与发展了马克思主义经典作家关于人类要尊重和善待自然、与自然和谐相处的思想，提出了绿色发展理念。

---

① 《马克思恩格斯文集》第5卷，人民出版社2009年版，第683页。
② 《马克思恩格斯文集》第2卷，人民出版社2009年版，第53页。
③ 《建国以来重要文献选编》第7册，中央文献出版社1993年版，第308页。
④ 《毛泽东文集》第6卷，人民出版社1999年版，第49页。
⑤ 《邓小平文选》第3卷，人民出版社1993年版，第265页。
⑥ 《江泽民文选》第1卷，人民出版社2006年版，第227页。
⑦ 《江泽民文选》第2卷，人民出版社2006年版，第262页。
⑧ 《习近平谈治国理政》第2卷，外文出版社2017年版，第214页。
⑨ 《中共中央召开党外人士座谈会》，《人民日报》2015年10月31日，第1版。

一是系统提出"五个追求"①的绿色发展理念。习近平总书记认为，生态系统是名副其实的人类"家园"，绿水青山、蓝天白云是自然财富、生态财富，更是社会财富、经济财富，指出："人与自然是生命共同体"，② 认为环境就是民生，青山就是美丽，蓝天也是幸福。习近平强调，贯彻绿色发展理念，就必须"追求人与自然和谐"，牢固确立人与自然是生命共同体的理念，充分认识保护自然界就是保护人类，建设生态文明就是造福人类，尊重和保护自然，使人与自然和谐相处；就必须"追求绿色发展繁荣"，牢固确立可持续发展的理念，处理好经济发展和生态环境保护的辩证关系，坚决摒弃发展问题上的短视、近视观点，给自然生态留下休养生息的时空，统筹生产发展、生活改善、生态优化，注重节约资源和保护环境；就必须"追求热爱自然情怀"，牢固确立生态环境没有替代品，用之不觉、失之难存的理念，充分认识污染容易治理难、失去容易追忆难、损毁容易弥补难，把生态环境保护放在更加突出位置，坚持节约优先、保护优先；就必须"追求科学治理精神"，牢固确立山水林田湖草是一个生命共同体的理念，充分认识自然规律不可违抗，统筹生态环境系统治理，深入实施一体化生态保护和修复；就必须"追求携手合作应对"，牢固确立人类生态命运共同体的理念，充分认识"环球同此凉热"、各国唇齿相依，与世界各国一道，共同呵护好人类家园。

二是大力推动形成绿色发展方式和生活方式。习近平总书记强调，绿色发展是发展观的一场深刻革命，推动高质量发展离不开发展观的深刻革命，必须实现保护生态环境和发展生产力的有机统一、良性互动。为此，就必须：一要加快形成绿色发展方式，推动生产方式绿色化，构建科技含量高、资源消耗低、环境污染少的产业结构与生产方式，实现绿色低碳循环发展；依靠创新驱动，把丰富的生态资源转化为致富的绿色产业，把生态环境优势转化为生态经济优势，构建以产业生态化和生态产业化为主体的生态经济体系，走出一条经济发展与碧水蓝天相伴的康庄大道；加快发展高新技术产业、高端制造业、互联网金融等新业态，推动产业结构与技术升级换代。二要加快形成绿色生活方式，大力弘扬生态文

---

① 习近平：《共谋绿色生活，共建美丽家园》，《人民日报》2019 年 4 月 29 日，第 2 版。

② 习近平：《决胜全面建成小康社会 夺取新时代中国特色社会主义伟大胜利——在中国共产党第十九次全国代表大会上的报告》，《人民日报》2017 年 10 月 28 日，第 1 版。

化，积极培育生态道德，全方位开展生态环境国情和绿色价值观教育，增强全民环境保护意识，让天蓝地绿水清深入人心；倡导绿色低碳的生活方式、消费模式，使低碳出行、绿色社区、生态城市成为社会发展的主基调；广泛开展绿色公益和生态文明创建活动，鼓励人人争当绿色发展的践行者、推动者，实现绿色生活方式与绿色生产方式的良性互动。

三是坚决实行最严格的环境保护制度、最严密的环境保护法治。习近平总书记认为，体制不健全、制度不严格、法治不严密、执行不到位、惩处不得力是当前我国生态环境保护的"软肋"，强调要把制度建设作为推进生态文明建设的重中之重，把生态文明建设纳入制度化、法治化轨道，构建激励约束并重、系统完善的生态文明制度体系，用制度红线守住绿色底线，用制度红利保障绿色发展行之久远。具体而言，一要建立全国统一、权责清晰、科学高效的国土空间规划体系，"多规合一"的编制审批、实施监督、法规政策和技术标准体系，动态的监测评估预警和调整完善机制；二要健全资源高效利用制度，实行资源总量管理和全面节约制度，形成环境治理、生态保护的市场体系和资源节约集约循环利用政策体系；三要建立以改善环境质量为导向，监管统一、执法严明、多方参与的环境治理体系，提供生态保护和修复的制度保障；四要建立科学合理的生态文明建设绩效评价指标体系，实行与主体功能区相适应的差异化绩效考核评价制度和奖惩机制，强化环境保护的企业主体和政府监管责任，落实生态环境保护党政同责、一岗双责、自然资源资产离任审计制度，推行生态环境显性责任即时惩戒、隐性责任终身追究制度。

习近平总书记提出的绿色发展理念，发展了科学社会主义关于人与自然关系的学说，为建设美丽中国、实现人与自然共生共荣提供了根本遵循。

习近平总书记提出的以人民为中心的发展思想丰富发展了社会主义本质理论与实践，社会主要矛盾转化思想丰富发展了社会主义发展阶段理论与实践，全面深化改革思想丰富发展了社会主义发展动力理论与实践，推进国家治理体系和治理能力现代化思想丰富发展了社会主义社会治理理论与实践，"五位一体"总体布局和"四个全面"战略布局丰富发展了社会主义全面发展理论与实践，五大新发展理念丰富发展了社会主义发展途径目标理论与实践，等等。上述新理念新观点新论断，构成了新时代创新发展科学社会主义的主要内容，具有世界性、普遍性价值意义。正如一名国际人士所说："对于世界各地的社会主义者来说，中国就像一座灯塔。如果我们不增加对中国和中国共产党的了解、学习其经验，难免会失败。"①

# 三、创造性推进构建人类命运共同体的伟大实践

立足点的不同是新旧唯物主义的明显区别。旧唯物主义把市民社会作为立足点，市民社会"是与人的共同本质相分离的、利己的人（homme）的权利领域"，②是一个不平等的私人等级社会，在市民社会中，人与人之间不仅存在着自然不平等，而且存在着精神、技能和财富甚至是"理智教养和道德教养"③等多方面的不平等。市民社会的等级性结构随着资本主义经济全球化的扩张和深入日益嵌入到"世界市场"中。市民社会内蕴着一种全球化过程中的殖民扩张冲动，这种殖民扩张使资本、技术和人力在全球流动起来，使得人类更为紧密地联系在一起，成为一个休戚与共的命运共同体。但等级性、殖民性的资本主义世界市场不是一种为全人类谋福利的"人类命运共同体"的发展模式，只是一种为了满足一些拥有"资本"和"霸权"的主体成员的利己主义的需要与欲望的发展模式，根本无法实现全人类的自由和解放。

马克思主义历史唯物主义以全部人类社会或者社会化的人类作为立足点，强调无产阶级只有解放全人类，才能使自身从资产阶级的"奴役下解放出来"，④ 主张以一种批判性与重构性相统一的方式来实现全人类解放。

习近平总书记创造性运用马克思主义方法论于新时代人类社会发展实践中，提出了构建人类命运共同体理念。人类只有一个地球，各国共处一个世界，各国之间的联系非常紧密，世界人民强烈向往美好生活。面对百年不遇的大变局，没有哪个国家能够独自生存和发展。实现人类共同繁荣、长治久安是世界各国人民

---

① 王新萍、胡泽曦等：《国际人士评中共执政：探索出有强大生命力发展之路》，《人民日报》2018年2月22日，第3版。

② 望月清司著、韩立新译：《马克思历史理论的研究》，北京师范大学出版社2009年版，第208页。

③ 黑格尔著、邓安庆译：《法哲学原理》，人民出版社2016年版，第342页。

④ 《马克思恩格斯选集》第1卷，人民出版社1995年版，第293页。

的共同呼声。习近平顺应世界各国人民的共同呼声，倡导构建人类命运共同体，认为"中国人历来主张'世界大同，天下一家'。中国人民不仅希望自己过得好，也希望各国人民过得好。当前，战乱和贫困依然困扰着部分国家和地区，疾病和灾害也时时侵袭着众多的人们"，① 真诚希望世界各国人民能够携起手来，共建和平繁荣的美好世界；认为世界各国休戚与共，呼吁世界各国人民真诚合作、实现共赢；深刻阐释人类命运共同体理念，呼吁每个国家、每个民族风雨同舟、荣辱与共，共同建设一个美好世界。

## （一）同世界各国一道维护世界和平

中华民族是爱好和平的民族。中国自古就提出了"国虽大，好战必亡"的箴言。中华民族曾饱受战乱之苦，非常珍惜和平，"中国人历来讲求'己所不欲，勿施于人'。中国需要和平，就像人需要空气一样，就像万物生长需要阳光一样"。随着中国的日益崛起，有些人开始产生各种怀疑和担心，散布中国威胁论。有鉴于此，习近平总书记郑重宣布："中国不认同'国强必霸'的陈旧逻辑"，② 公开宣布中国愿意与世界各国友好合作，共同推进构建人类命运共同体的伟大进程，无论中国发展到哪一步，中国永不称霸、永不扩张、永不谋求势力范围。

和平是世界各国人民的共同期盼，也是人类发展的大势。但是当今人类和平仍然面临着霸权主义、强权政治、单边主义、恐怖主义等种种威胁。以习近平同志为核心的党中央领导全国人民，发扬伟大斗争精神，坚决反对国际交往中的霸凌主义，敢于与善于同一切危害我国主权和人类安全的行为作坚决的斗争，以倡导文明包容、加强文明交流破解建立在冲突与对抗思维基础上的"新冷战"，主张一切国家不论大小，都应平等、友好相处，尊重每一个主权国家的安全，赢得了世界各国的普遍赞誉、广泛认同，已成为维护世界和平的中坚力量。

## （二）构建符合世界各国普遍要求的全球治理体系

随着新时代国际政治经济形势的新变化，现行全球治理体系的不公正、不合理日益凸显，已越来越不适应人类发展的需要。世界人民呼唤改革全球治理体

---

① 《国家主席习近平发表 2017 年新年贺词》，《人民日报》2016 年 12 月 31 日，第 2 版。
② 《习近平谈治国理政》，外文出版社 2014 年版，第 265、266、266 页。

系，世界各国普遍要求构建一个更加公正合理有效的全球治理体系。习近平总书记围绕世界需要什么样的全球治理、全球治理为了谁、如何推动全球治理改革和建设等重大问题，"主动承担国际责任"，① "坚持共商共建共享的全球治理观"，② 提出了一系列中国主张和中国方案，主张推动全球治理体系变革要尊重世界各国的意愿，由世界各国人民商量着办；主张各国共同制定国际规则，共同治理全球事务，共同分享发展成果。

面对霸凌主义、单边主义等全球治理体系中的不公正、不合理现象，中国主张各主权国家享有平等的全球治理地位和权利，平等探讨全球治理方案，平等商定国际治理措施，在平等的基础上协调利益、增进互信、共解难题、共谋发展，共同提高全球治理效率，反对以大凌小、以强凌弱；中国主张世界各国在制定全球治理规则、完善全球治理机制等方面共担义务、共同建设，倡导求同存异、包容理解、凝聚共识，反对少数国家动辄用自己的"规则"来取代国际规则；中国主张世界各国在全球治理成果享受方面一律平等，践行公平正义的全球治理理念，建构公平正义的全球治理机制，反对贸易壁垒，反对以意识形态划线，反对搞旨在封锁和对抗特定国家的小圈子、小团体。

## （三）坚持扩大对外开放

习近平总书记认为，经济全球化是历史大势和时代潮流，指出："让世界经济的大海退回到一个一个孤立的小湖泊、小河流，是不可能的，也是不符合历史潮流的。"③面对经济全球化的必然趋势，视而不见、掩耳盗铃无疑是愚蠢之举，人为切割、试图脱钩则必然会因违背历史发展规律而失败。基于对世界发展大势与发展规律的精准把握，习近平公开承诺："中国开放的大门不会关闭，只会越开越大"，④ 充分彰显了中国有决心、有能力、有魄力通过进一步扩大对外开放，促进中国的发展与世界的繁荣。

---

① 《习近平谈治国理政》第 2 卷，外文出版社 2017 年版，第 449 页。
② 习近平：《弘扬"上海精神"构建命运共同体——在上海合作组织成员国元首理事会第十八次会议上的讲话》，《人民日报》2018 年 6 月 11 日，第 2 版。
③ 《世界经济不能从大海退回到湖泊》，《人民日报》2017 年 1 月 18 日，第 1 版。
④ 习近平：《共建创新包容的开放型世界经济——在首届中国国际进口博览会开幕式上的主旨演讲》，《人民日报》2018 年 11 月 6 日，第 2 版。

新时代，面对美国拉着盟友鼓吹"经济脱钩论""贸易保护主义"，对中国实施经济打压、经济封锁，中国严正声明，任何国家都无权剥夺中国人民追求发展的权利，中国以开放应对"封锁"与"打压"，谁真心为人类谋发展、谋福利，世人一目了然。为了全面扩大开放，中国遵循市场规律，坚持依法办事，不断优化营商环境，精心打造开放新高地，不断扩大开放领域，不断提高开放质量，不断完善开放体制机制，一方面做好"引进来"，大力吸引世界上各类优秀人才、充裕资金、先进技术和管理经验，为中国经济发展注入新鲜血液、强大动能，以开放促进中国经济提质增效；另一方面做好"走出去"，加强对外投资、开展对外合作、实施对外援助，以开放推动世界经济的复苏，让世界共享中国发展的红利。

## (四) 积极推进"一带一路"倡议

2013 年秋，习近平总书记提出了共建丝绸之路经济带和 21 世纪海上丝绸之路重大倡议。共建"一带一路"，既根植历史，更面向未来，秉持共商共建共享原则，不以意识形态划界，不搞零和游戏，是搭建促进人类共同繁荣的实践平台的中国方案。习近平明确认为，中国提出"一带一路"倡议的目的是"为世界共同发展增添新动力"，[①]　"把我国发展同沿线和世界各国发展结合起来，把中国梦同沿线和世界各国人民的梦想结合起来"。[②]

8 年多来，中国积极推进"一带一路"倡议由设计到落实、由愿景到实践，取得了累累硕果。中国主动推进与"一带一路"沿线国家在政策、设施、贸易、资金、民心等方面的互联互通，各国间的政策沟通更为顺畅，相互往来更为便捷，资金融通和金融合作进一步加强，贸易总额稳步增长，民意基础不断巩固，生产要素流动更为自由，经济资源配置更为高效，市场融合度大大加深，区域合作水平大大提高，区域合作架构初步形成，参与各方普遍受益，有力促进了世界经济的发展繁荣，中国的"朋友圈"越来越大，"一带一路"倡议的国际认同感大大增强，国际参与度大大提升。

---

① 习近平：《在庆祝改革开放 40 周年大会上的讲话》，《人民日报》2018 年 12 月 19 日，第 2 版。

② 《习近平新时代中国特色社会主义思想三十讲》，学习出版社 2018 年版，第 298 页。

## （五）与世界各国人民同心协力共建一个美好世界

习近平总书记提出的建设一个美好世界的主张，反映了人类的共同价值追求，汇聚了世界各国人民需求的最大公约数，为人类社会实现共同发展、持续繁荣、长治久安绘制了蓝图，指明了前进方向，对中国和平发展、世界繁荣进步都具有重大而深远的意义。

习近平总书记主张建设一个美好世界，必须坚持对话协商，建设一个持久和平的世界，坚决反对"冷战思维和强权政治"，主张国家与国家之间应该"对话而不对抗，结伴而不结盟"。① 必须坚持共建共享，建设一个普遍安全的世界，指出："大家一起发展才是真发展，可持续发展才是好发展。"②"在经济全球化时代，各国安全相互关联、彼此影响。"③"面对错综复杂的国际安全威胁，单打独斗不行，迷信武力更不行，合作安全、集体安全、共同安全才是解决问题的正确选择"，④ 认为邻居出了问题，不能光想着扎好自家篱笆，而应该去帮一把；必须坚持合作共赢，建设一个共同繁荣的世界，倡导多边主义、反对单边主义，倡导"双赢、多赢、共赢的新理念"，反对"我赢你输、赢者通吃的旧思维"，⑤ 承诺："中国发展绝不以牺牲别国利益为代价，绝不做损人利己的事情。"⑥"坚持正确义利观……讲求言必信、行必果"，⑦ 倡导"一根原木盖不起一幢房屋""孤举者难起，众行者易趋"⑧等合作共赢理念。必须坚持交流互鉴，建设一个开放包容

① 习近平：《在中国共产党第十九次全国代表大会上的讲话》，《人民日报》2017年10月28日，第1版。

② 习近平：《携手建设更加美好的世界——在中国共产党与世界政党高层对话会上的主旨讲话》，《人民日报》2017年12月2日，第2版。

③ 《习近平谈治国理政》第2卷，外文出版社2017年版，第523页。

④ 习近平：《顺应时代前进潮流　促进世界和平发展——在莫斯科国际关系学院的演讲》，《人民日报》2013年3月24日，第2版。

⑤ 《习近平谈治国理政》第2卷，外文出版社2017年版，第523页。

⑥ 习近平：《携手追寻中澳发展梦想　并肩实现地区繁荣稳定——在澳大利亚联邦议会的演讲》，《人民日报》2014年11月18日，第2版。

⑦ 习近平：《守望相助，共创中蒙关系发展新时代——在蒙古国国家大呼拉尔的演讲》，《人民日报》2014年8月23日，第2版。

⑧ 习近平：《弘扬万隆精神　推进合作共赢——在亚非领导人会议上的讲话》，《人民日报》2015年4月23日，第2版。

的世界，他认为"人类文明因多样才有交流互鉴的价值""人类文明因平等才有交流互鉴的前提""人类文明因包容才有交流互鉴的动力"，呼吁"从不同文明中寻求智慧、汲取营养"。[①] 必须坚持绿色低碳，建设一个清洁美丽的世界，倡导国际社会"共谋全球生态文明建设之路"，[②] "构筑尊崇自然、绿色发展的生态体系"，[③] 强调人类生存必须遵循自然规律。

习近平总书记提出的构建人类命运共同体理念，对马克思主义历史唯物主义方法论做出了原创性贡献，使得历史唯物主义的人类解放途径不再只是阶级斗争，而是一种站在人类立场上、秉持人类关怀的人类自我救赎。

---

[①] 《习近平谈治国理政》，外文出版社 2014 年版，第 258、259、259、262 页。

[②] 《习近平谈治国理政》第 2 卷，外文出版社 2017 年版，第 525 页。

[③] 习近平：《携手构建合作共赢新伙伴 同心打造人类命运共同体》，《人民日报》2015年 9 月 29 日，第 2 版。